地名  来历

云南

云南省地方志编纂委员会办公室 编

云南美术出版社

图书在版编目（CIP）数据

云南地名来历 / 云南省地方志编纂委员会办公室编
. -- 昆明：云南美术出版社，2024.1
ISBN 978-7-5489-5499-6

Ⅰ . ①云… Ⅱ . ①云… Ⅲ . ①地名—史料—云南
Ⅳ . ① K927.4

中国国家版本馆 CIP 数据核字 (2023) 第 219555 号

责任编辑：台　文　郑涵匀
责任校对：陈铭阳　杨巧池
装帧设计：越凡文化

云南地名来历

云南省地方志编纂委员会办公室　编

出版发行　　云南美术出版社
　　　　　　（昆明市环城西路609号）

开　　本　　720mm × 1010mm　1/16

印　　张　　25

字　　数　　370千

版　　次　　2024年1月第1版

印　　次　　2024年1月第1次印刷

印　　装　　云南金伦云印实业股份有限公司

书　　号　　ISBN 978-7-5489-5499-6

定　　价　　98.00元

　　地名，是特定地理实体的指称，或指明其空间方位，或归纳其地理类型，或反映其地理特征。地名既是对一个地方自然环境的描述，也体现出对一个地方的历史记忆与时空想象或精神寄托与美好向往。

　　2023年6月2日，习近平总书记在出席文化传承发展座谈会时指出，中华优秀传统文化有很多重要元素，共同塑造出中华文明的突出特性。中华文明具有突出的连续性。中华文明的连续性从根本上决定了中华民族必然走自己的路。如果不从源远流长的历史连续性来认识中国，就不可能理解古代中国，也不可能理解现代中国，更不可能理解未来中国。而地名，既是文化符号，也是文化载体。

　　云南地处祖国西南边陲，山川秀丽，民族众多，文化灿烂，是人类文明的重要发祥地之一。悠久的历史文化，辉煌的近现代史，在云南一脉相承、历久弥新，为云南各族人民奋勇前行提供着不竭动力。

　　地名是山水的映像，描绘着人与自然的交融历程。"去城之东百举，有江横绝曰盘龙"，便称此地为盘龙；澜沧江上"夜覆云雾，晨则渐以升起，如龙"，云龙一名由此诞生；三山环绕，山脚平整，有田有水，似蓄墨砚池，故名砚山。茫茫山河润泽土地，养育人民；人民又以文字和口述史记土地、忆家乡，把炙热的情感融在名字里，把生活过的土地放在魂魄里。

地名是历史的印迹，保存着人与土地的记忆。比如晋宁，其地名可追溯到西晋，原为祈望晋朝统治长治久安之义，却一直沿用了1700多年之久；又如会泽，1725年云贵总督鄂尔泰在云贵川施行改土归流政策时，此地由雍正帝亲自取名；再比如水富，直到1974年才得名，2019年才设立县级市，地名中蕴含着一段互帮互助调整行政区划的佳话。

地名也是文明的映射，构造着内涵丰富的文化符号。一些地名也许用词简单，但背后凝结着人与地、地与物、物与事的关系。一些地名记录了战乱与迁徙，经过数代人的口耳相传，仍能引人冥想。"平""安""富""宁""康""昌"等祈福之词在地名中被广泛使用，反映着人们朴素的愿望，承载着人们对生活的美好向往。此外，云南还有不少彝语、傣语、白语等民族语音译地名，多民族文化在云南的土地上和谐共生，走向世界。

除史籍资料外，本书在编写中还加入了民族口述史、民族语言学、现代地理水文考察等领域的最新资料，力求展示每个地方在历史、人文、社会、自然等方面的特殊唯一性，做到集权威性、知识性和可读性于一体，使云岭之风土人情、地名文化跃然纸上。

本书对于不同的地名来源，采取"异说并举"的方法。以昆明为例，其名来源有彝语"地名说"、白语"地名说""因池得名说""描绘气象说"；又如双柏，有"西汉县筲古柏树说"、有彝语"龙潭城镇说"、彝语"金山财水说"；再如马龙，有"地缘说""文学说"，以及彝语"地名说"。总之，《云南地名来历》集诸家之说，汇多源之考，力求完整客观记录传承云南的地名文化。

最后，回到"云南"这一名称的来源。书中梳理了"云南"这一名称从西汉以来作为行政区名一直沿用至今的历史，但是"彩云南现说""云岭说""民族语改易地名说"等在诸多文献中大体沿袭旧说，无从考证。所以，对于"云南"的来历、含义，本书只梳理记载，不做定论。

云南省地方志编纂委员会办公室
2024年1月

目录 / CONTENTS

中国地名百花园

云南，是一个地貌独特、物产丰富、气候宜人的省份；地处边疆，历史发展自成脉络又与中原文化保持紧密互动；多民族文化共存，各美其美、美美与共，独具生机活力，是中华民族的文化宝藏。

云南位于中国西南方，全省地势西北高而东南低，地形类型极为多样化。红河及云岭以东为滇中高原，以西可分为滇西北高山峡谷、滇西中山宽谷、滇西南山原、哀牢山地。区域内深大断裂带十分发达，它们控制着地貌的格局和山河分布大势，形成主要由丘陵状高原面和分割高原面交错构成的多山的高原地貌。北部与中部有许多磅礴的山脉蜿蜒绵亘，主要有云岭、怒山、高黎贡山、无量山、点苍山、哀牢山、乌蒙山、拱王山、大白草岭、小白草岭、药山等。这些山脉大体呈现为西北向东南扩展，导引境内江河自西北往东面、东南、南面展开，成帚状水系。海拔四五千米甚至更高的山岭，一年中有很长时段都可看到茫茫无垠的冰雪景象，比如滇藏界上的梅里雪山、耸峙金沙江两岸的玉龙雪山和哈巴雪山、雄踞滇东北的轿子山等。山与山之间星罗棋布地分布着众多大大小小的盆地（坝子），比如滇池坝子、陆良坝子、祥云坝子、大理坝子、曲靖坝子等等。

境内的崇山峻岭间，奔流着众多的河流，它们分属金沙江、珠江、元江、澜沧江、怒江和伊洛瓦底江六大水系。发源于青藏高原的金沙江、澜沧江、怒江，进入省境西北部后，呈"川"字形自北而南纵流。金沙江在石鼓掉头东转，迂回穿行于川滇之间。澜沧江、怒江一路奔腾向南，流到境外。珠江上游南北两盘江在滇东北、滇东、滇南迂回盘曲，斜贯省境中部的元江流入越南，滇西和滇西北的一些河流汇入缅甸的伊洛瓦底江。在这片高原的一处处低洼地带，还镶嵌着众多明珠般旖旎的高原断层湖泊。它们有的叫湖，有的称"池"，还有的名"海"，其中水域面积最大的为昆明的滇池，大理苍山之麓有全省第二大湖泊洱海，其他称"海"的还有滇中的阳宗海、滇西北的程海等，称"湖"的则有抚仙湖、星云湖、杞麓湖、异龙湖、泸沽湖等。

"云南"这一名称是怎么来的呢？它的源头是一个县名。

西汉元封二年（前109）在今云南置益州郡，辖有云南县（今祥云县），"云南"二字作为地名始现史籍。东汉永平十二年（69）后，云南县隶属新设的永昌郡。蜀汉建兴三年（225）云南县改属云南郡。唐武德四年（621），于今云南境内设置姚州。唐开元二十六年（738），蒙舍诏部落酋长皮罗阁建立南诏国，被封为云南王，设云南安抚司。宋代封授大理政权的统治者为云南节度使。南诏、大理兴盛时期，其疆域包括今云南全省及贵州西部、四川南部，还有今缅甸、泰国、老挝、越南的部分地方。因此，唐宋时期的"云南"，地域比今广阔。当时的一些著述中，将这些区域也冠以"云南"的名号，例如唐代韦瑾的《云南事状》、窦滂的《云南别录》、樊绰的《云南志》（也称《蛮书》），宋人辛怡显的《云南录》、杨佐的《云南买马记》。元至元十三年（1276），将今天云南为主体并包括四川、贵州一部分和境外大片地方的一个广大区域设置为一个行省，因袭唐宋以来已经习惯而流行的叫法，定名为云南诸路行中书省，简称云南行省。此后，"云南"作为省区之名一直沿而未变。

为什么叫"云南"？它的含义又是什么？

"云南"作为行政区名，虽然在西汉便已出现，但是今天能读到的汉代文献，对此命名未作解释。此后直至南诏、大理国，官修或私人撰述的文献中，依旧没有解释。元代文献中，出现了彩云南现说。按《元史·地理志》等书的记载，南诏、大理国时期改原云南县为云南州，又曾称过镜州。元《混一方舆胜览》说："云南县，古镜州也……张乐进求时，五色云现，州在云南，故名。"这是关于"云南"含义迄今所能见到的最早的说法，这种说法中提到的"张乐进求"，与蒙舍诏诏主细奴逻为同时代人，大约生活在6世纪末至7世纪中期。明《景泰云南图经志书》记载云南州时有类似的说法，且更进一步，天现瑞云被说成经常出现的现象："谓常有庆云现于州之南，故名云南。"《万历云南通志·地理志》把"彩云"时间再往前推到了西汉中期，说道："汉武元狩间，彩云见于南中，遣使迹之，云南之名始此"。此后，谢肇淛《滇略》等诸多文献大体沿袭此说。彩云南现的传说，被很多人认为是"云南"得名的缘由，但这种说法出现在"云南"之名问世的千年之后，所说西汉彩云南现或张乐进求时五色云现之事，据传世的汉唐文献更是无从考证。从情感认同的角度，人们很愿意相信这是真的，但严格讲它当然不能成为定论，相反颇有臆度附会之嫌。"云南"来历、含义的另一种说法，源于南朝梁刘昭，他注释《续汉书·郡国志》云南县说："《南中志》曰：县西北数百十里有山，众山之中特高大，状如扶风太一，郁然高峻，与云气相连接，因视之不见。"近代以来，一些知名学者据此认为，"云南"正是因此而得名，意即云岭（云气缭绕的高山）之南或云山（鸡足山）之南。然而，由刘昭注而转圜出来的这种解释，不免牵强。综合各种因素看，"云南"为当时今洱海以东一带土著民族语音译的可能性更大，只是具体含义已无从考证。

云南又简称滇，这是因为先秦至秦汉时期今滇中一带活动着滇部族，并建立滇国。"滇"的来历含义，迄今众说纷纭。一是将"滇"与滇池联系起来解释，最早的是刘逵注释《文选·蜀都赋》引谯周《异物志》所说："水源深广而末更浅狭，似如倒流，故俗云滇池"；又如清王先谦《汉书补注》说："颠与滇同，以颠主义，顶也，皆因滇池居地高巅之故"；刘琳《华阳国志校注》说："盖滇本当地少数民族对此湖（指滇池——引者）的称呼，汉人译其音加水旁作滇耳。"近几十年来，出现了一些新的解释：李乔《从滇谈起》提出"滇是古代一个土著民族的名称"；林超民《漫谈滇的来源》认为滇来源于羌人中一个部落首领的姓氏，后用作部落名；孟平《滇来源的质疑》主张"滇"是今彝族先民的语言，近似于今彝语"甸"，意即大坝子；张庆培《滇的由来与彝文文献〈勒俄特依〉中的"滇濮殊罗"考》认为滇即古彝语滇濮殊罗，"滇"为"鹰"，"濮"为祖人或族，"殊罗"为深大的湖泊，全意为鹰族的大湖或滇濮族的大湖；张竹邦《滇的语种与含义初析》提出滇为傣族先民，源于梵语"禅"。"滇"的来历、含义虽然还难作定论，但它很大可能是当时今滇中一带民族语的音译，不应从汉语角度去解说。

在漫长的华夏历史中，云南一直是多民族融合的大家园，每个时代都有许多民族活动在这片舞台，并诞生了用他们的民族语言命名的地名。最早记录云南古代非汉语地名的典籍为司马迁的《史记》，以后直至明清，历代文献中都记载了不同数量的非汉语地名。总体上说，越往后文献记载的越多，它们包括政区地名、居民点地名、交通地名、山川地名等等。当然，由于各种因素，古代更多的非汉语地名没有被文献记载下来。

当今，全省境内除汉族以外世居着25个少数民族，有较多地区都保留以本民族语言命名的地名，云南因此而成为全国民族语地名语种最多的省。按全国第二次地名普查结果的统计，全省地名共计49万余条，其中彝语地名21793条，占所有少数民族语地名的32.03%；傣语地名19949条，占29.32%；藏语地名4810条，占7.07%；壮语地名4354条，占6.40%；

◆ 滇池湖畔的昆明城市风光

傈僳语地名4317条，占6.35%；哈尼语地名3872条，占5.69%；纳西语地名2544条，占3.74%；佤语地名1468条，占2.16%；白语地名1175条，占1.73%；景颇语地名1025条，占1.51%；拉祜语地名851条，占1.25%；怒语地名650条，占0.96%；独龙语地名530条，占0.78%；藏汉复合语地名484条，占0.71%；傈僳汉复合语地名213条，占0.31%。此外，还有基诺语、普米语、布朗语、德昂语、阿昌语、苗语、布依语、水语、蒙古语、满语等语种的地名。这些民族语地名在广袤的大地上交错分布在全省各区域，且分布密度悬殊很大。很多语种的地名呈现为大分散、小集中的分布状态。全省120多个县级行政区中，绝大多数都有民族语地名，全为汉语地名的地区，仅东北边缘的昭通市水富市与绥江县两地。西北部的民族语地名比例最高，西部、南部边缘多数县市的比例也较高，滇中、滇东、滇东北总体比例低一些。

云南少数民族语地名是自然与历史人文的结晶，是民族文化的珍贵宝藏。这些地名是各民族语言的活化石，它们储存地方历史，反映地理环境，记载民族分布或迁徙的信息，也承载着民族群众的观念与思想，还往往是民族生活情态的写照。云南省内来源于上述历史、地理等各种情形的地名，都有一定的数量。有些地名甚至具有综合多方面的文化内涵。

这些地名的命名方式主要有以下几类：第一类是地理环境，以小范围内特殊的地形地貌命名；第二类是特产风物，以野生动植物，包括野果、野菜、怪树、野兽等命名；第三类是历史遗存，以民族的生存、迁徙、发展等命名；第四类是反映生活，如歇息、玩耍、被骗、进行交易、奋起反抗坏人坏事等场景命名；第五类是宗教信仰或神话故事，以傣族语和藏族语地名最多，并且随故事路线形成系列；第六类为名号或姓氏，此类地名占有相当的数量，他们以某部族或民族的首领、英雄或长者、家支等的名号命名，或以某某姓氏命名。

资料卡：

云南省：处祖国西南边陲，东半部称为云南高原，西半部为横断山脉。东面是广西壮族自治区和贵州省，北面是四川省，西北面是西藏自治区。云南的国境线长4,060千米，与3个国家接壤：东南方是越南（主要口岸是河口–老街），南面是老挝（主要口岸是磨憨），西面是缅甸（主要口岸是瑞丽）。辖8个地级市（昆明市、曲靖市、玉溪市、保山市、昭通市、丽江市、普洱市、临沧市）；8个自治州（楚雄彝族自治州、红河哈尼族彝族自治州、文山壮族苗族自治州、西双版纳傣族自治州、大理白族自治州、德宏傣族景颇族自治州、怒江傈僳族自治州、迪庆藏族自治州），17个市辖区、18个县级市、65个县、29个自治县。2021年末常住人口约4690万人。除汉族外，还居住着彝族、哈尼族、白族、傣族、壮族、苗族等25个世居民族。

昆明市

——日月交辉，春城花都

　　"昆明市"这一行政区划地名最早可以追溯到民国十一年（1922）。《昆明市志》记载，民国十一年（1922）春，唐继尧回云南，复掌省政，于同年八月一日复成立市政公所，划定省会区域，脱离昆明县，隶属于市，并按历史地理关系命名为昆明市。

　　昆明市现为云南省省会，是全省的政治、经济、文化中心和交通枢纽。这座高原湖滨城市，三山护卫而立，依傍滇池而兴，集高原风光、人文历史、民族风情于一城。

　　"昆明"一词，或写为"昆弥"，本为古代"西南夷"中的一个古老民族的族称，《史记·西南夷列传》载："西自同师（今保山）以东，北至叶榆（今大理），名为嶲、昆明。皆编发，随畜迁徙，毋常处，毋君长，地方可数千里。"由此可知，昆明族分布在保山至大理之间的地区。当时的洱海被称为"昆明池"。汉武帝曾派遣使臣到西南夷地区寻求通蜀身毒道，因受阻于昆明族，就派人在长安西南挖了一个人工湖，命名为"昆明池"，训练水军，准备征讨洱海地区的昆明族。唐初在今四川盐源县设昆明县，这是"昆明"族名首次被移用作政区地名。"昆明"一词在滇池地区作为地名使用始于蒙古宪宗四年（1254），在善阐万户府下立昆明二千户所，以后时而用作县名，时而用作府名，时而称市政公所名，虽几经改名，但"昆明"一名最终被历史传承下来，成为今天省城的名称。

　　"昆明"得名还另有四说，其一为彝语地名说，昆明为彝语"呵密""咕弥""嘿米"的译音，意为海边或水边之意。其二为白语地名说，这种说法认为古代的昆明族为白族先民，居住于洱海一带，后向外迁徙。其三为因池得名说，境内有昆池，亦称昆川，池水光明如镜，故名。其四为描绘此地风貌气象，乃是日月相推而明生，烛照一切。民国《昆明市志》"名义及沿革"："究之县以昆明名，取义不外标识云南之文明景象。考昆，同也，谓比之是同；明，照也，谓日月相推而明生，可以烛照一切。盖云南僻处边徼，开辟较后，以昆明名省会，谓自后当可比同腹省，或其光明更著，可以照耀各先进省也。更就字形言，昆为'日''比'二字并合而成，即日日相比之意，言其文明将日比一日进步也；明为'日''月'二字并合而成，即日月合璧之意，言其前途之发达将如日月之升恒也。昆明之取义如是，如本市名义所以一如旧贯欤。"

昆明是国家级历史文化名城，古滇文化的重要发祥地。滇池地区"金马碧鸡"的传说形成已久，汉代就有皇帝派谏议大夫王褒到云南祭祀"金马碧鸡"的事迹。《汉书·郊祀志下》："或言益州有金马碧鸡之神，可醮祭而致，于是遣谏大夫王褒使持节而求之。"如淳注曰："金形似马，碧形似鸡。"滇池地区战国至西汉武帝前为滇国中心区。西汉元封二年（前109）置谷昌县，属益州郡，郡治滇池县（在今晋宁区晋城镇）。三国蜀汉及西晋属建宁郡。东晋属晋宁郡。两晋宁州及东晋晋宁郡均治滇池县。南齐永明五年（487）置益宁郡。隋、唐置昆州。唐广德二年（764）南诏置拓东城，为拓东节度驻地，后为东京。南诏劝丰祐时（824—859）置善阐府，为善阐节度驻地，后改为上都。大理国时期仍为善阐府，称东京。蒙古宪宗四年（1254）立昆明二千户，五年立善阐万户府。元至元十二年（1275）昆明千户改昆明县，十三年（1276）善阐万户府改为中庆路，为云南行省治所、中庆路附郭县，省治由大理迁到中庆（今昆明）。明洪武十五年（1382）中庆路改为云南府，昆明县仍为云南府附郭县、云南布政使司驻地。南明永历四年（1650）大西军余部改云南府为昆明府，改昆明县为昆海县。永历十年（1656）永历帝朱由榔入昆明，称滇都，改置兴龙府。清顺治十六年（1659）复名云南府。

民国二年（1913）废府，置滇中道于昆明县；五年（1916）废滇中道；八年（1919）置云南市政公所，九年（1920）裁；十一年（1922）复置昆明市政公所；十七年（1928）改昆明市，郊区置昆明县；三十五年（1946）改昆明县为谷昌县。1950年复名昆明县（属武定专区）。1953

◆ 昆明金马碧鸡坊清晨风光

年撤昆明县，并为昆明市郊区。1956年从楚雄专区划入安宁县。1958年从楚雄彝族自治州划入富民县。1960年从玉溪专区划入晋宁县（含呈贡县），1963年析晋宁县置呈贡区，后改为县。1983年从楚雄彝族自治州划入禄劝彝族苗族自治县，从曲靖地区划入嵩明县、宜良县及路南彝族自治县。1998年东川市改为东川区，与寻甸回族彝族自治县一并划入后成今境。2011年5月20日，改呈贡县为呈贡区。2016年，改晋宁县为晋宁区。

　　昆明自然条件得天独厚，是旅游、度假、居住的理想之地。地处云贵高原，总体地势北部高，南部低。最高点为东川区法者乡雪岭火峰，海拔4344米，最低点也在东川境内，是金沙江与支流小江口汇合处，海拔高度695米。城区坐落在滇池坝子，海拔1891米，三面环山，濒滇池，湖光山色交相辉映。主要山脉如清孙髯翁《大观楼长联》所述："东骧神骏（今金马山），西翥灵仪（今西山），北走蜿蜒（今长虫山），南翔缟素（白鹤山）。"湖泊有滇池、阳宗海等高原淡水湖泊，有盘龙江、宝象河等30多条河流注入滇池，池水经螳螂川、普渡河汇入金沙江。昆明属低纬度高原山地季风气候，冬无严寒，夏无酷暑，四季如春，有"春城"之美誉。明杨慎《滇海曲》描绘昆明："蘋香波暖泛云津，渔栅樵歌曲水滨。天气常如二三月，花枝不断四时春。"鲜花繁多，草木常青，斗南花卉小镇是全国规模最大的鲜切花生产基地和最具影响力的鲜切花集散中心（亚洲最大的鲜切花交易市场）。境内著名景点有石林、轿子山、滇池、翠湖、金殿、大观楼、金马碧鸡坊等。

各民族多元一体、和谐共生，团结合作，共同创造了丰富多彩的地方民族文化。这里有彝族最隆重的火把节，有独具云南地方特色的滇剧，还有独特工艺品——"昆明斑铜"。这里人杰地灵、名人辈出：大航海家郑和、出将入相的杨一清、古滇真名士兰茂、佛门三奇僧苍雪、担当、虚云，刚毅楷模钱南园、长联圣手孙髯翁、云南唯一的状元袁嘉谷、人民音乐家聂耳等，都曾在此生活。

昆明文物荟萃，遗址众多。2021年全市有各级文物保护单位656项（659处），其中，全国重点文物保护单位27项（29处），省级文物保护单位73项（74处），市级文物保护单位153项，县（市、区）级文物保护单位400项。全国重点文物保护单位有云南陆军讲武堂旧址、聂耳墓、太和宫金殿、筇竹寺、抗战胜利纪念堂、国立西南联大纪念旧址、真庆观、地藏寺经幢、金刚塔、惠光寺塔和常乐寺塔、石龙坝水电站、石寨山古墓群、马哈只墓碑、安宁文庙、王仁求碑、曹溪寺、大观楼、福林堂、丹桂村中央红军总部驻地旧址与金沙江皎平渡口、河泊所遗址、海口川字闸、温泉摩崖石刻群、云南大学会泽院、昆明卢氏公馆、凤凰山天文台近代建筑、中央电工器材厂一厂旧址等。

昆明区位优越，交通便利，为云南省省会，也是西南地区的中心城市之一；是全省铁路、公路、航空交通的枢纽；是我国面向东南亚、南亚乃至中东、南欧、非洲的前沿和门户，具有"东连黔桂通沿海，北经川渝进中原，南下越老达泰柬，西接缅甸连印巴"的独特区位优势。境内有国际航空枢纽、中国八大区域枢纽机场之一的昆明长水国际机场；有昆明南站（高铁站），昆明站（综合站），以及四通八达的公路交通网络，便利了四方游客进出昆明。

昆明正立足于建成中国春城、历史文化名城、国际大健康名城、区域性国际中心城市大步迈进，奋力开启区域性国际中心城市建设新征程，为把云南建设成为我国民族团结进步示范区、生态文明建设排头兵、面向南亚东南亚辐射中心不懈奋斗。

资料卡：

> 　　**昆明市：** 处云南省中部，东接曲靖市，东南临红河哈尼族彝族自治州，南接玉溪市，西与楚雄彝族自治州毗邻，北与四川省凉山彝族自治州以金沙江为界，东北与昭通市、曲靖市接壤。全市面积21012平方千米。辖五华区、盘龙区、官渡区、西山区、东川区、呈贡区、晋宁区7区，安宁1市（县级市），富民县、宜良县、嵩明县、石林彝族自治县、禄劝彝族苗族自治县、寻甸回族彝族自治县6县。设昆明经济技术开发区、昆明高新技术开发区、昆明滇池旅游度假区3个国家级开发（度假）区和昆明阳宗海风景名胜区。2021年末常住人口约850.20万人，境内除汉族外，还居住着彝族、回族、白族、苗族、傈僳族、壮族、傣族、哈尼族、布依族等民族。

五华区·五色光华

　　五华区成立于1956年9月，由原昆明市第二、四区合并设置，因境内五华山得名，为昆明主城核心区之一。

　　"五华山"之名，最早见于元代。元代名士王昇《滇池赋》："五华钟造化之秀，三市当间阎之冲，双塔挺擎天之势，一桥横贯日之虹。"明天启《滇志》卷之二载：商山"由东北而来，以开西南滇之望也""由商山而南，其山曰螺峰""由螺山叠巘而下，曰五华山"，即五华山系商山伸入滇池坝子的"宝山"，此山"乔林葱箐，管领众山，咸在仙掌之上，厥土赤色，可以锻金""其海外百里为晋宁，其耸拔相向，以为宝山"，或云"省城主山"。"五华"二字之含义，正如朱惠荣先生所指出："该山土为红色，又有五峰，像五朵红花高擎在城中，因而得名五华山。"

　　五华山在昆明城中，是首屈一指的名山。东起盘龙江，西至小西门，东北高峻陡峭，西南部舒缓绵长，是一列完整的山体，占地1.73平方千米，海拔1926米。山明水秀、林木葱翠、花开四季、雀鸟翔集，"五华鹰绕"是老昆明一胜景。它是昆明城区的最高点，为观赏昆明全景的胜地。明代韩宜可《五华山》一诗云："五华之山山上头，俯视东海如浮沤。岂无四万八千丈，亦有五城十二楼。翠葽影落中天晓，玉柱光含大地秋。何日相逢陪杖履，西风林外一长讴。"山脚的翠湖犹如镶嵌在城中的明珠，每年红嘴鸥迁徙聚集，形成人与自然和谐相处的城市景观。景色秀丽，山水相连，湖光山色浑为一体，高低错落别具一格。

五华山既有环境绝佳的自然风光，更有人文荟萃的厚重历史。南诏天启十七年（856）于其西置五华楼，楼址位于今武成小学一带。北宋元丰三年（1080）鄯阐侯高智升宅于此，元代在山顶建悯忠寺，明末孙可望曾在山上建秦王府，后为永历皇帝的皇宫。清初吴三桂称平西王，将皇宫改为王邸。清代在山顶建拜云亭，为地方官朔望习仪之所，在山南侧建五华书

◆ 五华山旁的昆明翠湖公园观鱼楼

院，成为云南著名的最高学府。从民国初年至今，五华山都是省级政府驻地。清宣统三年（1911）十月三十日，即农历九月初九，"重九起义"在此爆发，结束了清朝在云南的统治。民国四年（1915）十二月二十五日，反对复辟帝制，拥护共和的"护国起义"，拉开了护国运动的序幕。解放战争中的"一二一"运动和"七一五"学生运动，在中国革命史上谱写了光辉的篇章。1949年12月9日卢汉起义，为云南和平解放做出了重大贡献。

五华区是昆明历史文化核心区。这里钟灵毓秀，人文荟萃，是昆明历史文化的主要承载地。翠湖、文庙、筇竹寺、圆通寺、西南联大旧址、云南陆军讲武堂、昆明朱德旧居纪念馆、聂耳故居、中共云南地下党建党旧址等名胜古迹坐落于辖区内。这些历史文化遗产资源，为新时代五华发展凝聚了磅礴精神动力。

盘龙区 · 虎踞龙盘

盘龙区成立于1956年10月，由原昆明市第一、三区合并设置，因境内盘龙江得名。为昆明主城核心区之一。

盘龙区因盘龙江自北向南纵贯全境而得名。那么"盘龙江"之名，从何而来呢。唐代樊绰在论及滇池源头时说"水源从金马山东北来"，又说"水阔二丈余"，却不说这条水叫什么名字。直到元代孙大亨撰《大德桥碑记》曰："去城之东百举，有江横绝曰盘龙。"这条流入滇池的主要河流，才以"盘龙"之名被文献记载。但是，同样是元代邓麟所撰的《至正桥记》则曰："至正桥者，云南省治东新桥，而蟠龙江所经也。""盘"

与"蟠"的差别又似乎表明，在700多年前的元代，人们对于"pan龙"没有异议，但具体是用"盘"字还是"蟠"字，还没有形成共识。到了明代，《景泰云南图经志书》记载："盘龙江，在郡城东，源出屈偿昧样邵甸山中，凡九十九泉，混混然与诸涧会而为一，蜿蜒滂湃，南入滇池。"后世流传的文献，俱以"盘龙江"称之。

盘龙江是流经昆明城区的主要河流，发源于阿子营东葛勒山西南喳啦箐，起初叫牧羊河，牧羊河与发源于滇源镇龙马箐的邵甸河（又名冷水河），在小河乡岔河嘴处汇合后，开始叫盘龙江。如今的盘龙江河道，东流穿蟠龙桥、三家村至松华坝水库，又从松华坝向南流，经上坝、中坝、雨树村、落索坡、浪口、北仓、霖雨桥、金刀营、张家营，穿昆明城而过，再经螺蛳湾、南坝、陈家营、张家庙、严家村、梁家村、金家村、洪家村，最后流入滇池。全长90余千米，流域面积903平方千米。江水从松华山口到昆明城边的20千米左右，竟有百余个河湾，盘盘绕绕，蜿蜒曲折，到了雨季，江水涨溢，势若游龙，汹涌滂湃。如清《方舆考证》所说："绕城之东原三面流入滇池，故曰盘江。"

盘龙江与昆明城的发展息息相关，元代赛典赤·赡思丁主持修建位于盘龙江上游的松华坝，分盘龙江水入金汁河、银汁河，并开凿马料河、海源河、宝象河，使得旧昆明北郊"灌溉万倾，军民感之"。明代在盘龙江下游修筑南坝闸系列水利工程，使得盘龙江入滇河道分化为金家河、太家河、西坝河、鱼翅河等十条河道，拓展了灌溉面积，大大促进了昆明南郊农业的发展。明代修筑昆明府城，盘龙江的中游——即经过昆明城区的一段，成为城市的东护城河，也成为汛期的泄洪河。盘龙江既成为昆明城市用水和农业灌溉用水的主要输送管道，也成为雨季吸纳洪水的泄洪河道，还承担沟通滇池的水运功能，多方面助力昆明城的发展。

但是，这条以龙为名的江水，历史上也曾泛滥，带来"龙的危害"。孙大亨《大德桥碑记》中就说"（盘龙江）夏秋霖雨，泛滥涨溢，波及圜阓，民甚病之。"清咸丰七年（1857）六月，盘龙江洪水之大，城门都被淹没，人们甚至可以坐在城墙上洗脚。清同治十年（1871）盘龙江淹没东南城区六天，出入城门都要划船，昆明变身"水城"。洪水毁坏民房无数，东城鼓楼被浸坏，东门城墙陷落，城楼垛口坍塌。

◆ 昆明盘龙江畔盛开的蓝花楹

清代乾隆年间，《大观楼长联》的作者孙髯翁，经多方采访，实地踏勘，结合文献以及研究，写出《盘龙江水利图说》一书，他提出疏壅畅流、分势防隘等治水患建议，但并没有得到采纳。同治三年（1864），人们在盘龙江西岸的井宿祠内铸造掌水星宿井木犴的铜像以镇压水怪。铜犴为坐卧姿态，形似铜牛，独角，腹中空，背上有碗大的圆孔。传说铜犴身体下有井通盘龙江，如果江水涨溢进入井内，井中的空气就会从铜犴腹中孔洞上排，发出嗡鸣声。所以昆明有句老话"铜牛吼三声，水淹大东门"。

但铜犴镇水只是人们美好的愿望，直到中华人民共和国成立，政府投入巨资对盘龙江进行了彻底的治理，通过对松华坝水库进行加固，将部分弯曲狭窄河道裁弯取直，采取清淤除塞等措施，使盘龙江能够抵御百年一遇的大洪水，盘龙江才真正成为昆明的母亲河。可是，20世纪后期，因为城市人口增长和工农业发展，大量生产生活污水排入，盘龙江差点成为"黑龙江""臭龙江"。进入21世纪，随着技术方法的进步，人们通过截污导流、河床清污等举措，对盘龙江进行综合治理。今天的盘龙江，水质得到明显改善，生态得到修复，两岸公园绿树成荫，鸟语花香，母亲河又恢复了美丽的容颜。

盘龙江不仅是自然之河，它还见证承载了昆明历史的发展。比如在盘龙江上，至今仍然伫立着不同历史时期修建的桥梁，有昆明现存最古老的修建于元代的石拱桥——龙川桥，经历了吴三桂叛乱烽火的得胜桥；又比如在抗战期间寓居于盘龙江之畔的朱自清、闻一多、冯友兰、梁思成、林徽因等人的故居，今天仍点缀在盘龙江两岸。实体的建筑，记载的历史，流传的故事，使盘龙江成为昆明城市流淌的文化之河。

盘龙江，作为昆明最显著的地标之一，千万年来川流不息，见证城市的兴建和繁盛。"盘龙"不论是作为江水名，还是作为政区名，都在历史长河中留下不可磨灭的印记。

资料卡：

盘龙区：地处昆明市主城区东北部。东、南与官渡区相连，西临五华区，西南与西山区接壤，北接嵩明和富民两县。全区面积861.04平方千米。辖拓东、鼓楼、东华、联盟、金城、青云、龙泉、茨坝、松华、双龙、滇源、阿子营12个街道办事处。2022年末常住人口约为99.62万人。除汉族外，还居住着回族、白族、彝族、纳西族等民族。

官渡区·古渡新城

官渡区成立于1956年10月，由原昆明市第五、六区合并设置，因治古镇官渡得名。现为昆明市主城区之一。

官渡历史悠久，距今一万多年以前的旧石器时代就有人类活动。新石器时代的贝丘文化遗址在滇池东岸广为发现，螺峰村等6处有堆积如山的螺蛳贝壳。螺蛳贝壳又叫蜗牛壳，所以历史上曾将今官渡古镇一带称为"蜗洞"。今官渡区境西汉置郭昌县（后改谷昌县），隋初改置昆州，唐时改谷昌为益宁县。大理国时，高氏于蜗洞置治所，建有古城。元代置官渡县，后并入昆明县。

"官渡"一名，始于宋代，元代正式定名设县。道光《昆明县志》卷一载："蒙古宪宗四年（1254），始立昆明千户，至元十二年（1275）改善州，领县二曰昆明、官渡。二十一年（1284）复改州为中庆路治昆明，寻并官渡入焉"。而"官渡"得名由来，则有多种说法。一说是乡士大夫游览系船之渡头，俗称官家渡口。《新纂云南通志》卷九十四金石考十四《创建妙湛寺碑记》载："乡士大夫游赏缆船于渡头，吟啸自若，陶陶而忘反，名之曰官渡。"二说滇池之滨商旅穿梭如织，是民间共有码头，不能理解为官家私有。三说为官家设置公用码头，是"官中设船以渡行人者之意。"

官渡区景秀物丰，人杰地灵。历代名人辈出，有文武双全、为人耿直的明代名臣傅宗龙，有开一代地方文献收集整理之风的地方文献学家王思训，有书画大家"瘦马御史"钱沣，有组织发动永昌起义的旧民主主义革命先驱杨振鸿，有爱国实业家、全国政协原副主席缪云台，有民国时期主持修建云南历史上第一条公路（昆明至大理）的工程师李炽昌，有与国民党反动派斗争英勇就义的中共昆明地下市委负责人秦美。

区内历史文化遗迹中最负盛名的当属官渡古镇，唐宋时即为滇池北岸一大集镇。这里既是古滇文化的发祥地之一，也是誉满滇中的古渡口及佛教圣地。全国重点文物保护单位有妙湛寺金刚塔、地藏寺经幢、赛典赤·赡思丁墓、凤凰山天文台近代建筑，其中尤以明代修建的妙湛寺金刚塔最为著名，是我国保存完好的最古老的石质金刚塔，具有很高的历史和艺术价值。

◆ 官渡古镇南牌坊（王正鹏 摄）

官渡区区位优势显著，是中国（云南）自由贸易试验区昆明片区建设的核心区域，也是昆明对外开放的窗口。区内交通便利，商贸繁荣，长水国际机场、昆明火车站坐落境内，全区市场主体总量超25万，昆明滇池国际会展中心每年举办南博会、农博会等各类国际国内展会上千场。官渡区将发挥好这些优势，着力建设高质量发展引领区、高水平改革先行区、高品质城市样板区、高标准共同富裕示范区、高效率服务标杆区，打造产业兴盛的实力官渡、开放创新的活力官渡、绿色美丽的生态官渡、和谐包容的幸福官渡、实干争先的效能官渡，让古渡口展现新城发展的勃勃生机和崭新面貌。

资料卡：

　　官渡区：位于昆明市境中部。东接宜良县与呈贡区，南濒滇池，西南与西山区相连，北接盘龙区、嵩明县。全区面积575.42平方千米，辖关上、太和、吴井、金马、小板桥、官渡、矣六、六甲、阿拉、大板桥10个街道。其中，大板桥街道由滇中新区托管，阿拉街道由昆明国家经济技术开发区托管。2021年末全区常住人口约161.09万人。境内除汉族外，还居住着彝族、白族、苗族、壮族等民族，其中彝族撒梅人是滇池地区最古老的居民之一。

西山区·山魂水韵

　　昆明市西山区成立于1956年10月，原属昆明县，1953年裁县并入昆明市。1956年由昆明市第八、九两区合并设置，因境内西山而得名。1961年原昆阳海口区辖境并入，西山区为昆明主城核心区之一。

　　西山，古称碧鸡山，元代以来俗称西山，明代称太华山。峰峦叠嶂、林木苍翠，远眺形似巨佛长眠，亦名卧佛山，又如丰盈的美人躺卧滇池水边，故也有睡美人山的美称。西山北起碧鸡关，南至海口，绵亘35千米，最高峰为罗汉峰，海拔2511米。北部山势高耸，南部则山势较低。有碧峣山、华亭山、太华山、太平山、罗汉山、挂榜山、老青山、观音山等诸峰并列。其中尤以"碧鸡山"影响最为深远，金马、碧鸡的传说传到了滇池地区，更增西山的神秘色彩，"金马""碧鸡"究竟为何物？则有矿产、动物等多种说法。清代名士赵士麟在《碧鸡诗》里这样写道："彩云一片舞天鸡，五色光中望欲迷。化作青山千载碧，王褒空自渡巴西。"

"西山"顾名思义，意为地处西边之山，因方位得名。民国二十六年（1937），《云南概览》名胜古迹昆明条载："西山，距省三十里，因在省会西，故名。""西山"一名出现的时间有两说：一说"从元代见于记载，至今已行用了近700年，用字最少、笔画简单、方位明确，获得大众的喜爱，逐渐变为正名。"二说最早见于明天顺六年（1462）敕赐华亭山大圆觉禅寺圣旨碑（现存华亭寺），碑文中有"云南府昆明县海西山"的记载。而西山景致，历来为人称道，明代杨慎在《云南山川志》中称其"苍崖万丈，绿水千寻，月印澄波，云横绝顶，滇中一佳境也。"明代著名旅行家及地理学家徐霞客，在游遍全山后写下了脍炙人口的《游太华山记》。民间有"三月三，耍西山"的习俗，也反映了大众对这一名称的认可。陈毅在《昆明游西山》中赞道："昆明城，三月三，数万人，游西山。华亭怪，太华寒，龙门险，滇池宽。叹浩渺，嘉空阔……车如潮，人如海，清明游，相随攀……"从古至今，西山和滇池这一山一水一同成为昆明文化的重要传承地，也是西山区这片土地最显著的地理特征。山上名胜古迹还有华亭寺、太华寺、三清阁、龙门、聂耳墓、张天虚墓、南洋华侨机工回国抗战纪念碑，山顶有小石林，山麓有升庵祠、西园等。

西山区境内人文积累深厚，元代张立道主持疏浚海口河，得良田万顷，功劳卓著；明代高峣人毛玉办学，教授乡下子弟，培养了大批人才；明代状元杨慎，曾在"碧峣精舍"居住5年，留下不少辉煌诗篇和著述，为后世传颂；明代陈善在云南担任布政使期间，兴水利，平徭役，建树颇丰；明代地理学家徐霞客，曾考察西山周边的山水风物，留下了光辉的足迹；清代朝倪蜕倡办义学，为发展当地教育事业做出了贡献；清代解元那文凤，车家壁人，书法、诗文传世；清代道人吴自性，完成龙门石雕首期工程，留下宝贵的历史文化遗产。

西山区的历史，是在汉、彝、回等各族人民的相互交流融合中共同创造的。元代赛典赤任云南平章政事期间，大兴水利，疏挖滇池出水口海口

◆ 西山风景区龙门牌坊石窟

河。民国元年（1912）五月，中国第一座水力发电站——石龙坝水电站在西山区小海口建成。抗日战争时期，省外工厂纷纷迁滇，形成了马街工业区和海口工业区，留下了现代工业辉煌篇章。境内还有全国重点文物保护单位：聂耳墓、石龙坝水电站、惠光寺塔和常乐寺塔、大观楼、海口川字闸、中央电工器材厂一厂旧址等。

西山区境内山水相倚、绮丽如画。西山与滇池交相辉映，塑造了山魂水韵的城市气质。这里气候温润，田畴丰穰，物产丰富；天空云蒸霞蔚，大地繁花似锦，犹如梦幻仙境。历来被称为滇中第一胜境，素有"半城山水半城湖、半城春色半城梦"的美誉。

资料卡：

西山区：位于昆明市主城区西部，东与五华区、官渡区相连，与呈贡区隔滇池相望，南与晋宁区接壤，西与安宁市、禄丰市交界，北与富民县、五华区毗邻。全区面积881.32平方千米。现辖马街、金碧、永昌、前卫、福海、棕树营、西苑、碧鸡、海口、团结10街道。2021年末常住人口约96.60万人。境内除汉族外，还居住着彝族、白族、回族、苗族等民族。

呈贡区·古邑新区

西汉元封二年（前109），设益州郡滇池县，辖今呈贡之地。唐初为昆州辖地。南诏、大理国时期先后属拓东节度、善阐府辖地。蒙古宪宗六年（1256）置呈贡千户。元至元十二年（1275）置呈贡县，治呈贡城，后改呈贡县为晟贡县。明初复为呈贡县。清康熙七年（1668）归化县并入。1950年属玉溪专区；1959年并入晋宁县；1961年成立呈贡区，属昆明市，1965年复置县。呈贡区成立于2011年11月1日，区人民政府驻龙城街道，由原呈贡县撤县设区更名而来。

"呈贡"名称的出现可以追溯到大理国，称"呈贡城"。"呈贡"名称的来历，一说是彝语"扯过"的译音，"扯"为稻谷，"过"为海湾，意即盛产稻谷的海湾；二说是为南诏、大理国时期，滇东南各部落头领先在此集中，然后一起到东京（今昆明）向国主呈献贡物，故名之；三说是元代时，因甜美细腻的宝珠梨作为贡品受到称赞，皇帝下令将产地命名为"呈贡"。

呈贡区地势东高西低，呈三级台阶状。清代《呈贡县志》记载，"面临昆海，背倚三台；梁王拱秀于南，马料回环于北；平原广野，郡南辅车。"主要山脉有向阳山、乌纳山、盐白山、西路山、支锅山、凤凰山、蛇山、对歌山、风口山、菠萝山、拖磨山、小团山、杨家大山诸峰。主要河流有捞鱼河、马料河、东大河、梁王河、洛龙河等，皆西入滇池。

呈贡区历史悠久，这里是古滇文明的发源地。早在3万年前，就有人类在呈贡龙潭山一带繁衍生息，考古界将其命名为"昆明人"。战国至东汉初，今呈贡是滇国的核心地带。境内古迹有龙潭山"昆明人"遗址及天子庙战国墓、石碑村汉墓群、清代魁星阁等。

呈贡是人文荟萃之地。五千年的社会文明，孕育众多杰出人物，如明末清初的理学家文祖尧；誉满江南的诗僧赵苍雪；清代书画家、昆明大观楼匾额题书者孙铸；金马、碧鸡坊额题书者孙清彦；清末农民起义领袖华炳文；民国时期被誉为"天南师表"的教育家、著作家秦光玉；为振兴云南殚心尽智的实业家华封祝；云南农民运动先驱、早期共产党员罗彩；与聂耳共称"西南二士"的左翼革命作家张天虚；献身呈贡教育的民主人士昌景光等。民国二十七年至三十五年（1938—1946），云南大学社会学研究室和西南联大、清华大学国情普查研究所驻扎于此，费孝通、吴文藻等文化名流在魁星阁创办了中国社会学的重要流派——魁阁学派。《乡土中国》《云南三村》等大量研究成果也在这里诞生。思想的交融与碰撞让呈贡变得博大、宽容。1941年，呈贡飞机场建成后，飞虎队进驻，呈贡担负起阻击日本飞机空袭昆明、运输国际援华抗战物资的重任。

呈贡区既是具有深厚历史文化积淀的古县，也是欣欣向荣发展的新区。属北亚热带高原季风气候，冬无严寒，夏无酷暑，冬暖夏凉，夜冬昼夏，四季如春。历史上呈贡是闻名遐迩的"鱼米之乡""菜花果之乡""中国民间文化艺术之乡"和"中国花卉第一县"，著名社会学家费孝通先生曾留下"远望滇池一片水，水明山秀是呈贡"的赞誉。龙城蔬菜、万溪冲宝珠梨、马郎樱桃等一批品牌全国驰名。昆明斗南花卉市场为亚洲最大的鲜切花交易市场，呈贡被誉为"春城花都"。呈贡区先后荣获了国家园林城市、全国新能源示范城市、全国绿色生态示范城区、国家卫生城市、国家慢性病综合防控示范区、国家妇幼健康优质服务示范区等荣誉。呈贡从一个传统农业县"蝶变"为面向西南开放的区域性国际城市新区。

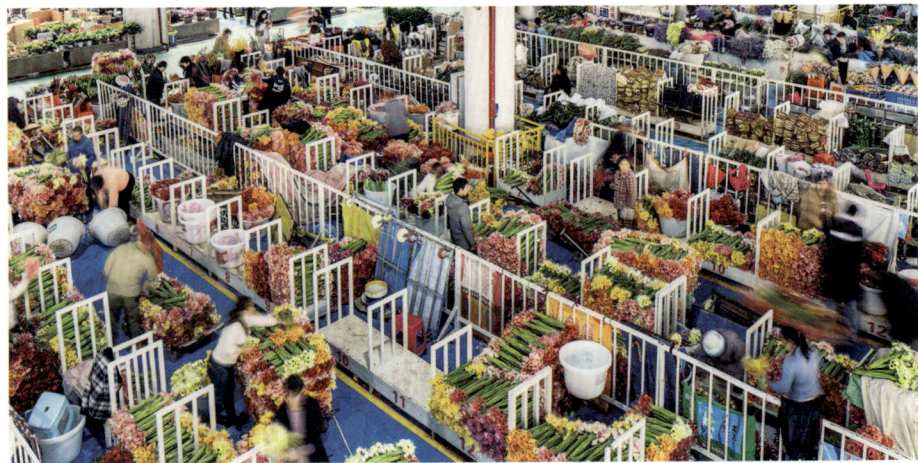

◆ 呈贡斗南花市

呈贡区：位于昆明市南部。东临宜良县、澄江市，南接晋宁区，西隔滇池与西山区相望，北接官渡区。全区面积510.2平方千米。辖龙城、斗南、洛羊、大渔、吴家营、马金铺、七甸、乌龙、洛龙、雨花10街道，其中洛羊、大渔、马金铺、七甸4街道分别委托昆明经济技术开发区管委会、昆明滇池旅游度假区管委会、昆明高新技术开发区管委会、昆明阳宗海风景名胜区管委会管理。2021年末常住人口约66.52万人。境内除汉族外，还居住着回族、彝族、白族等民族。

东川区·天南铜都

东川区成立于1998年12月6日，由地级东川市改设为县级东川区，为昆明市政府的派出机构。

东川之名，始于南诏蒙世隆所置东川城。"东川"的含义，一说意为金沙江东面的高山深川。《东川市地名志》亦称："据东川当时的疆域分析，东川的由来应当与河流有关。"金沙江旧称泸水，东川人称其为大江，流经东川已完全呈南北流向。东川在金沙江以东，地貌基本上为四川（即金沙江、小江、以礼河、牛栏江）夹三山（即碚王山、牯牛寨山、药山）。因是金沙江东面的高山深川之地，故名；二说"东川"意为会川以东。东川"因西连会川（今会理），究其地理位置而言，居于会川以东，故名东川"；三说唐前期，堂琅属"东爨"辖地，取其谐音，称作"东川"。

东川有悠久的历史、灿烂的文化，远在新石器时代就已有先民在这里繁衍生息。汉晋南朝为堂琅县地。南诏时期设东川城。大理国时期为东川郡地。元代为东川路地。明为东川府，属四川。清雍正四年（1726）东川府复属云南。后为会泽县地。辛亥革命后曾分属会泽、巧家两县。1950年统归会泽县。1958年改置东川市，撤会泽县并入。1964年复置会泽县，改属曲靖地区。1954年从会泽县析置东川矿区，1958年改置东川市，1998年改置东川区。

◆ 东川红土地风光

清雍正《东川府志》记载，"东川险阻，四塞之区也，金沙绕其北，牛栏抱其东，危峦矗矗，重围叠拥——幽箐深林，蓊荟鼻塞。"《钦定四库全书·史部·云南通志》卷五"东川府"条："地控金沙，临昭通之南面，山高云弄，绾省治之北门，东接威宁，西通会理，内负江山之雄，外连黔蜀之势。"东川由于地质侵蚀强烈，形成山峦叠嶂、地势陡峻、江河峡谷交错的立体地形。由于地质侵蚀强烈而加速地貌变化，形成山高谷深、地势陡峻的显著特点。辖区内旅游资源独特多样，乌蒙山、轿子山雄奇险秀，七彩斑斓的红土地独具特色。

东川区资源禀赋优异。采矿历史久远，铜冶文明厚重，据境内玉碑地考古证明，铜矿开采已有3000多年历史，是我国六大产铜基地之一，东汉以来即为历代王朝输送铜矿、铸币造钱，"康乾盛世"时的铜币有百分之七十为东川铜所铸造，东川铜称为"京铜""云铜"，"马踏露铜""铜运古道""滇铜京运"是东川的历史写照，素有"天南铜都""灵裕九寰"之美誉。境内拥有以云南铁胆石为代表的东川石、金沙江石、矿晶石、白花墨石、铜纹石等奇石种类，被授予"云南省赏石之乡"。

东川区有着革命的红色记忆和精神传承。革命战争年代，东川中心县委在新村进行革命活动，聚集武装力量，拉开了东川新民主主义革命的序幕。1935年，中国工农红军第九军团长征经过东川，在罗炳辉、何长工率领下在树桔抢渡金沙江，现建有红军渡江纪念馆。1947年后，东川人民勇敢地投入边纵斗争中，为云南解放作出了贡献。

资料卡：

> 东川区：位于昆明市东北部。东邻会泽县，南倚寻甸回族彝族自治县，西与禄劝彝族苗族自治县毗邻，北连巧家县，与四川省会东县隔金沙江相望。全区面积1897.09平方千米。辖铜都、碧谷2街道，汤丹、拖布卡、因民、阿旺、乌龙、红土地6镇和舍块乡。2021年末常住人口约25.81万人。境内除汉族外，还生活着彝族、回族、苗族、布依族等民族。

晋宁区·千年古县

晋宁是名副其实的千年古县，"晋宁"一名可以追溯到西晋永嘉二年（308）改益州郡为晋宁郡，以西晋的宁州治所得名，寓晋朝在南中的统治长治久安之意。"晋宁"一名，寓意深远，一直行用1700多年。

晋宁区历史悠久、文化厚重。河泊所、石寨山一系列考古发现证明，晋宁是滇文化的发祥地，是古滇国的都邑所在地，是古滇青铜文化的中心，西汉元封二年（前109）置益州郡，下辖滇池县等24县，郡治县治均在今晋城镇；于今区境西部置建伶县。晋宁区三国时属蜀汉建宁郡。晋滇池县为宁州治。太安二年（303）滇池县又为益州郡治。永嘉二年（308）改益州郡为晋宁郡，仍治滇池县。南朝郡治移建伶县。南朝梁末郡、县俱废。唐代于今区境东部置晋宁县，治今晋城镇，属昆州；

◆ 郑和公园全景（晋宁区委宣传部 提供）

于今区境西部置望水县，治今大古城，为钩州治。南诏时期升晋宁县为晋宁州，属拓东节度。大理国时期为阳城堡部和巨桥城，皆属善阐府。元代分置阳城堡万户府和巨桥万户府，至元十二年（1275）改阳城堡万户府为晋宁州，巨桥万户府为昆阳州，属中庆路。明清属云南府。民国二年（1913）改为晋宁县和昆阳县，均属滇中道；五年（1916）废道，直属省。1950年属玉溪专区。1958年昆阳县并入晋宁县，治移昆阳镇。1959年呈贡县并入。1960年改属昆明市。2016年11月24日，经国务院批准撤县设区。晋宁区为昆明市主城区之一。

晋宁区有着引人入胜的自然人文景观。石寨山、河泊所、渠西里小团山、黄牛墩、象山等新石器时代遗址述说着历史的过往；梅树村寒武系层型剖面及中国双脊龙化石和脚印化石在国内外绝无仅有。盘龙寺为云南三大佛教胜地之一。石寨山遗址及汉墓群、汉益州郡滇池县治故址、观音洞壁画、石将军北方天王摩崖石刻、洗澡堂石洞壁画、郑和公园、普照寺及长松山森林公园、盘龙山庄、昆阳文明坊、月山玉皇阁、六街三教殿、县委八角楼、国立艺专旧址、方树梅旧居等处都是探古寻幽的好去处。

晋宁区历史悠久，杰出人物有巾帼英雄、晋代著名女将李秀，题书黄陵的唐锜，航海先驱郑和，诗书画三绝的担当，一门三代四翰林的李因培家族，"一代闺秀之冠"李含章，文献学家方树梅，抗战殉国上将唐淮源，革命先驱甘汝松，抗日英烈赵琛，以及近代实业家阮有明，合作运动的带头人李能，扣林山九勇士之一的李明刚烈士等。他们为历史的发展做出了积极贡献，他们的英雄故事流传后世，鼓舞着继来者奋勇向前。

资料卡：

晋宁区：位于昆明市西南部。东邻澄江市，南连江川区、红塔区，西与峨山县、易门县、安宁市交界，北与西山区、呈贡区接壤。全区面积1336.66平方千米。辖昆阳、宝峰、晋城3街道，二街、上蒜、六街3镇，双河、夕阳2彝族乡。2021年末常住人口约34.72万人。境内除汉族外，还居住着彝族、回族、哈尼族等民族。

安宁市·螳川宝地

"安宁"一名来源，说法多样：一说为南齐时期所置安宁郡；一说为唐武德年间赶牛人过此地，牛停舔出盐井，特改连然县为阿宁州；一说来自唐宋时期的阿宁部。

西汉元封二年（前109）置连然县，设盐官，治今连然镇，属益州郡。三国蜀汉属建宁郡。东晋属晋宁郡。南朝齐隆昌元年（494），以阿宁谐音改置安宁郡。南诏置安宁城，隶拓东节度。大理隶善阐府。元北部置安宁州，治今连然镇；南部置三泊县，治今县街，属昆阳州。明、清隶云南府。清康熙八年（1669）三泊县并入昆阳州，雍正三年（1725）划归安宁州。民国二年（1913）改为安宁县，隶滇中道；五年（1916）废道，直属省。1950年属武定专区。1953年改属楚雄专区。1956年划归昆明市，改置安宁区。1959年复为安宁县。1995年10月13日，经国务院批准，撤县改市，市名沿用安宁县名。为昆明市辖区内唯一一个县级市。

安宁市自然条件得天独厚。该市地势南窄北宽，东南高，西北低。境内群山环绕，盆岭相间，溪河纵横。有连然、八街、禄脿三个坝子，其余为山区。山脉总体属乌蒙山脉，呈南北走向。主要山峰有笔架山、黑风洞、云龙山、老峨山、菜子山、孝母山等。主要河流有流沙河、鸣矣河、禄脿河从两侧汇入螳螂川，北入金沙江。最高点为西部黑风洞，最低点为南部鲁资村山谷。大部分属中亚热带湿润气候，农业主产水稻、玉米、小麦、蚕豆、薯类。

安宁市自然资源丰富，境内汉族与白族、彝族、苗族、回族等民族共同生活在这片热土上，共同推动着当地经济社会的发展。自然条件得天独厚，主要有磷、铁、钛、锡、铜等诸多矿产资源，境内盐矿储量居全国内陆型盐矿第二，仅次于青海。西汉时期，盐矿已被开发，汉王朝在此设"盐官"，盐业久负盛名。唐天宝年间的《南诏德化碑》，记录下当时的繁华："盐池鞅掌，利及祥欢。"安宁地处交通要道，历来为兵家必争之地，如今仍是内地通往滇西的"咽喉"，是通往滇西8个地州，并经畹町直接与缅甸相连的交通重镇；安宁还有着丰富的地热资源，有"天下第一

◆ 全国文明城市——安宁（安宁市委党史研究室 提供）

汤"美称的安宁温泉引得多少文人墨客流连忘返；明代学者，四川新都状元杨慎，将包括华清池在内的13处名泉和4处云南温泉进行比较，认为安宁温泉独具"泉水澄清，浮垢自去，苔污绝迹，温凉适宜"等7大特点，并亲笔手书"天下第一汤"。

安宁人文兴盛，流传后世。境内有唐代的《王仁求碑》，"字画古劲，盖有风牟，有足嘉者""颇得唐人笔意，很有初唐风韵"。杨一清、杨师程、杨泰、杨洪等吟诗作赋，颇有才名。人才辈出，杨一清、朱培德等历史名人和滇军将领陈钟书等民族英烈皆生于斯。名胜古迹有法华寺石窟、曹溪寺、洛阳山石窟、连然文庙。还有玉龙湾、青龙峡等景区，远近游客流连忘返。

安宁不愧为"连然金方，螳川宝地"之盛誉。

资料卡：

安宁市：位于昆明市西南部。东北与西山区相连，东南接晋宁区，西邻易门县、禄丰市。全市面积1301.81平方千米。现辖连然、金方、太平新城、八街、温泉、草铺、县街、青龙、禄脿9街道。2021年末常住人口48.60万人。境内除汉族外，还居住着白族、苗族、回族等民族。

富民县·民熙物阜

"富民县"一名最早出现在元代，至元十二年（1275）置富民县，至今已有747年的历史。因"境内尚觉富庶，故以富民称之"。"富民"二字展现出民熙物阜、丰饶富足的生动场景。明代著名旅行家徐霞客游览后，为富民写下了最美的赞美诗："桃花流水，不出人间，云影苔痕，自成岁月。"

西汉元封二年（前109）置秦臧县，属益州郡。三国蜀汉属建宁郡。东晋属晋宁郡。唐属昆州，南诏时期属拓东节度。大理国时期称黎濮甸，属善阐府。元至元四年（1267），置黎濮千户。至元十二年（1275）置富民县，治今旧县，属中庆路。明、清属云南府。万历初治迁今址。民国二年（1913）属滇中道；五年（1916）废道，直属省。1950年属武定专区。1953年改属楚雄专区。1958年划归昆明市，为昆明市的一个近郊县。

富民县自然条件优越，山奇水秀，人杰地灵。地处滇中湖盆高原北部，地势南高北低，群山环绕，河流纵横，螳螂川穿城而过，石灰岩分布广泛，喀斯特地貌发育较好。县城坐落在螳螂川南北两岸的富民坝子中，境内群山嵯峨，山峦起伏。主要山岭有玉屏山、望海山、老青山、大青山、尖山、大黑山等。最高点是者北区的金铜盆山，最低点在东村区境内的沙坪村北两公里螳螂川出境处。主要河流有螳螂川、龙泉河、大营河、木板河等。

富民县风景名胜及遗迹众多。主要有河上洞、九峰山禅寺、黉学（文庙）、款庄白龙寺、赤鹫东山学舍、万佛山、宝石洞、永定桥、北邑村碉楼、飞来寺等。河上洞为旧石器时代遗址，具有较高考古价值；九峰山禅寺曾名扬东南亚；文庙、款庄白龙寺、赤鹫东山学舍为古建筑代表。1935年5月和1936年4月，中国工农红军长征两次过富民县，撒下革命火种。主要人物有画家廖新学，抗日名将严家训，战斗英雄李启等。

富民县，气候适宜，物产丰富，汉、彝、苗、白、回等民族共同生活在这块富足的土地上。土特产品尤以大米、板栗、菱瓜、鸡枞、淮山药、大树杨梅、苹果颇具盛名。

◆ 富民县滨河风光（段绍云 摄）

富民县自古为四川、滇北进入昆明之要津。如今G5京昆高速公路穿境而过，充分发挥临近主城区的区位优势，打造昆明最美后花园。富民县立足于"山水园林卫星城，休闲康养目的地"的功能定位，大力促进农旅、文旅融合发展。

资料卡：

> **富民县：** 位于昆明西北部。东与盘龙区、寻甸县相邻，南靠五华区、西山区，西连禄丰、武定两县，北和禄劝县相连，全县面积993平方千米。辖永定、大营2个街道，罗免、赤鹫、款庄、东村、散旦5个镇。2021年末常住人口约15.10万人。境内除汉族外，还居住着彝族、苗族、白族、回族等民族。

宜良县·宜居良地

"宜良"用作政区地名始于元代，"宜良"一名的由来，一说源自古代的山名纪良山。清乾隆五十五年（1790）《宜良县志》记载："纪良，山名，在城西北十里，州以山名也"，至元十三年（1276）以"纪"与"宜"同音意雅，遂改宜良。二说"宜良"来自彝语地名"弥良"，大理国时期已有此名，彝语意为山谷间的开阔地。元至元十三年（1276），谐音汉化置宜良州，取"宜之为言善也，良易直也"之意。此说在1986年《宜良史志》第二期《"宜良"县名新释》一文中提出，1988年云南省《地名集刊》载文《"宜良"县名新释》也作出了类似表述（此说一经提出一直争议较大）。

宜良历史悠久，旧石器时代已有人类居住，商、周时期出现较大邑落。西汉置昆泽县，属益州郡。东汉因之。三国蜀汉属建宁郡。南朝梁废。陈、隋时土酋罗氏筑城，号罗衷笼。唐武德元年（618）置新丰县，属南宁州。南诏时期称新丰川，属拓东节度。大理国前期属善阐节度，后期属善阐府，为落蒙部之地。元至元十三年（1276）置宜良州，属中庆路；二十一年（1284）降为县，属中庆路，宜良县名自此始。明清两代沿称宜良县，属云南府。民国二年（1913）属滇中道；五年（1916）废道，直属省；三十六年（1947）属第三行政督察区。1949年12月28日成立县临时人民政府。1950年4月26日正式成立县人民政府，属宜良专区，县为专署驻地。1954年撤销宜良专区，并属曲靖专区。1958年路南彝族自治县并入，1964年析出复置。1983年划归昆明市下辖。

宜良自然环境优越，宜居宜业。地处滇中湖盆高原东部。北高南低，山多北南走向。中部平缓，有宜良、马街、汤池、草甸诸坝子，配套灌溉工程有柴石滩水库。境内最高点为西部老爷山主峰，海拔2730米，最低点为南端巴江汇入南盘江处老熊菁尾巴，海拔1270米。境内主要山岭有老爷山、大黑山、土主山、东山、云泉山、竹山等，山脉属梁王山系。主要河流有南盘江、贾龙河、麦田河、獐子坝河、摆衣河、巴江等。

明代大规模开发云南，在宜良兴修汤池渠、文公渠，引太池（今阳宗海）之水，灌溉滋润周边土地，成就了宜良"滇中粮仓"的美誉。土特产则以宝洪茶、烤鸭、香椿、云参、红枣、板栗最负盛名。其中宝洪茶产于县城西北5公里的宝洪寺，系绿茶类传统名茶，亦名十里香茶，明代由开山和尚从福建引来茶种，因茶香特异，鲜爽度高，自明代嘉靖三十六年至清咸丰年间，皆为贡茶，受到时人追捧。另一名产则为烤鸭。清光绪年间，宜良狗街人刘文创制出了名扬四海的宜良烧鸭，延续至今，仍为做客宜良的人们餐桌上的必点佳肴。地热资源丰富，建有多

◆ 宜良马蹄湾彩色稻田风光

个温泉度假基地，如汤池镇温泉、匡远镇温泉、小渡口温泉等，是度假休闲的好去处。

宜良境内有滇越铁路、南昆铁路、云桂高铁3条铁路，有昆石、东南绕、三清、福宜、宜石5条高速，连接三市一州九县区，境内交通极为便利，为旅游的理想之地。境内风景区及名胜古迹有九乡溶洞、唐法明寺古塔、清尊经阁、岩泉寺等，游览地有九乡风景区、阳宗海度假区等，时刻恭候八方之客"宜结良缘"。

资料卡：

> **宜良县**：位于昆明市东部。东临石林县、陆良县，南接弥勒市、华宁县，西与呈贡区、官渡区、澄江市毗邻，北同嵩明县、马龙区相连。全县面积1913.53平方千米。辖匡远、南羊、汤池3街道，马街、北古城、狗街、竹山4镇、耿家营彝族苗族乡、九乡彝族回族乡2乡。2021年末常住人口约38.28万人。境内除汉族外，还居住着彝族、回族、苗族等民族。

嵩明县·嵩秀泽明

嵩明的名称来源有两种说法，一说是南诏前期，嵩明称崧盟部。大理改置嵩盟部，属善阐府。《元史·地理志》载："嵩明州，治沙札卧城，乌蛮车氏所筑，昔汉人居之。后乌白蛮强盛，汉人徙去盟誓于此，因号崧盟。"另一说为诸葛亮平南中，在今县城南与少数民族首领孟获筑台结盟，盟台遥对秀嵩山而得名。元至元十五年（1278）长州改为嵩明府，始用"嵩明"地名，兼取"嵩秀泽明"之意，沿用至今。

嵩明历史悠久，是滇文化的重要发祥地之一。早在旧石器时代即有人类活动。汉为牧靡县地，属益州郡。三国蜀汉至南朝为牧麻县地，属建宁郡。唐置威州，属戎州都督府。南诏时期置长城郡，属拓东节度。大理国时期改置嵩盟部，属善阐府。元至元十二年（1275）改置长州，领杨林、邵甸两县；十五年（1278）长州升嵩明府；二十二年（1285）降为州，隶中庆路。明隶云南府，洪武十五年（1382）裁邵甸县入州；

成化十七年（1481）裁杨林县入州。清代仍设嵩明州。民国二年（1913）降为嵩明县，属滇中道；五年（1916）废道，直属省；三十六年（1947）属第二行政督察区。1950年属曲靖地区。1959年并入

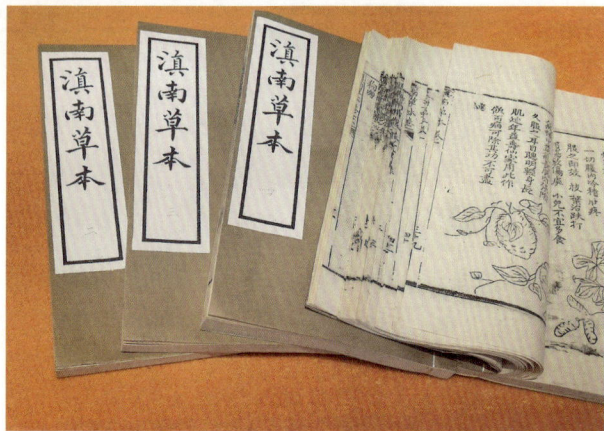

◆ 嵩明杨林兰公祠《滇南草本》

寻甸县，1961年析出，恢复嵩明县建制，1983年划归昆明市。

　　嵩明县位于云南省中部偏东北，地处滇东低纬度高原西缘，地势由西北向东南倾斜，起伏较缓、梁王、药灵（秀松）、笔架、五龙、大五诸山屏立四周，东部形成广阔平坦的湖积盆地。境内有5个较大坝子，其中嵩明坝子414.6平方千米，为云南省第七大、昆明市第二大平坝。梁王山雄踞北部，巍峨逶迤。其主峰大尖山海拔2840米，为境内最高点，东南部的洼子村海拔1770.5米，为境内最低点。果马河、普沙河、弥良河、对龙河、杨林河、匡郎河纵横嵩明坝，聚往嘉丽泽，汇入牛栏江奔注金沙江；牧羊河、冷水河合流为盘龙江，南行注滇池，转北流入金沙江。气候属温带、暖温带、北亚热带混合类型，冬无严寒，夏无酷暑。坝区河渠阡陌纵横，田畴平广，土地肥沃。农业主产水稻、小麦、玉米、蚕豆，经济作物有烤烟、油菜籽、蔬菜、啤酒大麦、药材、水果等，号称"滇中鱼米之乡"。

　　嵩明文化源远流长。元至正八年（1348）创办州学后，人文渐起，诗风日盛。历史名人迭兴，明代杨林人兰茂，医药学家、音韵学家、诗人，被誉为"神农后裔，滇南乡贤"。兰茂是嵩明县的文化名片，与兰茂同被誉为"杨林两隐君"的贾惟孝，以诗词歌赋著称于世，享有北宋诗人"魏野、林逋之亚"的美誉。明代高僧本帖，出家30余载，讲经建寺，传播佛教，足迹遍三迤，"诸方僧尊为宗师"。清光绪六年（1880），杨林人陈鼎，通过研究兰茂的药学书籍，酿造出翠绿如玉、

酒味醇厚的"杨林肥酒"享誉百年不衰。清末及民国时期，赵伸追随孙中山，投身民主革命，功勋卓著。汪向宸两度留学日本，为寻求救国救民之路，团结一批爱国青年，创办报纸杂志，声援民主革命。嵩明还享有"花灯之乡"的美誉，历史上汉、回、苗、彝等各族人民"务农耕，善歌舞，喜花灯，重诗书"。文物古迹和知名景点有红军长征纪念塔、古盟台、黄龙山千年古柏、兰茂墓及兰公祠、法界寺、海潮寺、嘉丽泽、黑龙潭、青龙潭等。

资料卡：

> **嵩明县：** 位于昆明市东北部。东与曲靖市马龙区接壤，南与宜良县、官渡区毗邻，西与盘龙区相交，北与寻甸回族彝族自治县相连。全县面积830.53平方千米。辖嵩阳、杨桥2个街道，杨林、小街、牛栏江3个镇。2021年末常住人口约41.10万人。境内除汉族外，还居住着彝族、白族、傣族、壮族等民族。

石林彝族自治县·彝乡胜境

石林彝族自治县，为昆明市下辖3个民族自治县之一，因境内"世界遗产·南方喀斯特地貌云南石林"而得名。

"石林"一名出现于清代，用以特指这独特的剑状喀斯特地貌，李子箐和石门皆称石林。县域历史悠久，几千年来，各族人民在这块美丽神奇的土地上，用勤劳的双手创造了光辉灿烂的历史文化。

汉为谈稿县地，属牂牁郡。蜀汉至南朝属建宁郡，唐初属南宁州新丰县。南诏时期属拓东节度。大理国时期为落蒙部，属石城郡，又称路甸，彝名又称作鲁乃，"鲁"为石头，"乃"为黑色，意即长满黑石头的地方。蒙古宪宗六年（1256）置落蒙万户府。元至元七年（1270）合并落蒙、罗伽、末迷三万户为中路。至元十三年（1276）置路南州，以落蒙部在中路之南，综合民族语的音义，得名"路南"，属澂江路。明、清属澂江府。民国二年（1913）路南州降为路南县，属滇中道；五年（1916）废道，直属省；三十七年（1948）属第三行政督察区。1950年属宜良专区。1954年改属曲靖专区。1956年12月13日成立路南彝族自治县。1958年底并入宜良县，1964年析出复置。1983年划归昆明市。1998年10月8日，经国务院批准，由路南彝族自治县更名为石林彝族自治县。

◆ 石林景区（石林县委党史研究室 提供）

石林彝族自治县，境内地势起伏平缓，由东向西呈阶梯状倾斜下降，山脉河流由北向南伸展，全县被分割为喀斯特（岩溶）、山地、盆地3种主要地貌类型，喀斯特地貌是当地最具特色的地理景观，以喀斯特地貌为主要特点的石林风景区是世界自然遗产、世界地质公园、国家5A级景区。其他自然景观同样奇异壮丽，大可河由南向北汇入巴江，形成了大叠水风景区。国家级圭山森林公园雄奇险秀。月湖、长湖、圆湖等岩溶湖泊分布其间，这里山川秀丽，峰林、溶洞、湖泉锦绣。境内最高峰老圭山海拔2601米，最低点大叠水瀑布跌落处海拔1500米。主要山脉有圭山山脉、九蟠山、打羊山脉、大佛山。巴江、普拉河由东北向南汇入南盘江，气候属北亚热带季风气候，夏无酷暑，冬无严寒，气候宜人。

除了驰名中外的石林外，这里还有独特浓郁的地方民族风情。境内除汉族外，还有彝族、苗族、壮族、白族、哈尼族、回族等20多个民族，彝族为全县主体民族，彝族撒尼人口传叙事长诗《阿诗玛》、彝族三弦舞撒尼大三弦、彝族（撒尼）刺绣、彝族摔跤被列入国家级非物质文化遗产保护名录。寺背后村、糯黑村为"中国少数民族特色村寨"，有"歌舞之乡""摔跤之乡"的美誉。

石林彝族自治县名优土特产有石林彩玉、甜柿、圭山山羊、石林乳饼、石林人参果等。重要纪念地有明嘉靖文庙、清咸丰彝民起义军独石山营盘遗址、清咸丰彝民起义记乍龙彝文摩崖、蜿蜒九蟠山间长达31千米的古石城埂，为解放战争时期滇桂黔边区纵队重要游击根据地之一，是后世追忆缅怀革命先烈的场地。

石林彝族自治县区位优势得天独厚。地处滇中城市群的交汇面，是广东、广西等沿海地区及滇东、滇东南3地州18县进入昆明和滇中的要冲，也是越南等东南亚国家入境我国的重要通道，昆石高速、石锁高速、西石高速、宜石高速、石泸高速、九石阿旅游专线与南昆铁路、云桂高铁构成现代交通网络，让石林彝族自治县的发展走上快车道。

资料卡：

> **石林彝族自治县：** 位于昆明市东南部。东南与泸西县毗邻，南与弥勒市相邻，西北与宜良县相连，东北与陆良县接壤。全县面积1719平方千米。现辖鹿阜、石林、板桥3街道，圭山、长湖、西街口3镇和大可乡。2021年末全县常住人口约23.88万人，其中彝族人口18.97万人。彝族为境内主体民族，其他还有汉族、苗族、壮族、白族、哈尼族、回族等民族。

禄劝彝族苗族自治县·罗婺故地

禄劝彝族苗族自治县，为昆明市下辖3个民族自治县之一，是昆明市辖区内面积最大的一个县级行政区域。禄劝县距昆明城区72千米，自古便是由滇入川的干道要冲，有"固滇省西北之屏蔽"之称。

禄劝古称"洪农碌券"，《南诏野史》载："禄劝羁縻宗州地，蛮名洪农碌券"。元代，赛典赤主滇，嫌"夷名不雅训"改"碌券"为禄劝，禄劝一名由此而来，并延用至今。洪农碌券系彝语"罗洪鲁者"的谐音，意为罗婺部族统治之地。罗婺部是禄劝最早的彝族部落，发源于禄劝中西部的丹霞秘境幸邱山一带。据说早在西周、春秋时期，彝族祖先笃慕为避洪水，来到洛尼白山（今云龙乡境内，又称火期山），娶三妻得六子，称"六祖"，后于此地举行了"六祖分支"的仪式。关于"禄劝"二字的含义，还有其他几种说法：一说彝语"碌"为石头，"券"为山梁，意即为是石头山梁下之地；二说"禄劝"为彝语"罗好知"的译音，意为有坚硬大石头的地方；三说因境内过去曾是少数民族统治的部落，后来封建王朝以官禄诱劝其归附，故名禄劝。

两汉属益州郡，三国蜀汉属建宁郡，东晋属建都郡。唐代属求州。南诏时期属拓东节度。大理国时期名洪农碌券甸，省称碌券甸，为罗婺部地，属威楚府。元至元二十六年（1289）设禄劝州，属武定路。明属武定府，洪武十七年（1384）省易笼县入州，正德中省石旧县入州。清乾隆三十五年（1770）降为禄劝县，属武定直隶州。民国二年（1913）属滇中

◆ 轿子山（段佳辰 摄）

道；五年（1916）废道，直属省。1950年属武定专区。1953年隶属楚雄专区。1958年属楚雄彝族自治州。1983年划归昆明市。1985年11月25日成立禄劝彝族苗族自治县。

禄劝地处滇中红层丘原东部。境内群山重叠，从东北向西南倾斜。绵亘耸立的群山与深邃的江河溪涧相间，地表被纵横交错的溪河切割。最为明显的是自南向北而流的普渡河与自北向南而流的掌鸠河，把县境切割为普渡河以东、普渡河与掌鸠河之间及掌鸠河以西三大块，形成很多断裂带。在崇山峻岭之间，依次分布着相对平缓的山间盆地，俗称"坝子"，为主要的农业生产区域。禄劝景色宜人，古迹众多。位于县境东部的乌蒙轿子雪山，以"奇峰绝壁""云海佛光""七彩悬瀑""惠湖积雪""万亩杜鹃""高山草甸"和虬枝盘曲、姿态各异的枯树林、冷杉林等山、石、水、雪、雾、树、花组成的独特自然风光，吸引着越来越多的省内外游客。

作为少数民族自治县，禄劝民族文化独特浓郁，我国现存放于北京的659部彝文古籍中，有522部源自禄劝。禄劝还留有彝族的礼仪舞（曲）、彝语支民族的跌脚舞（曲）、苗族的芦笙舞（曲）等独特文化，素有"三水一江地、彝歌苗舞乡"之美誉。文物古迹有营盘山新石器遗址、凤家城遗址、三台山石刻、鋬字岩彝文摩崖石刻等。

禄劝在中国革命的史册上，也曾写下浓墨重彩的一笔。1935年和1936年，红军长征两度经过禄劝，在皎平渡口抢渡金沙江，实现北上抗日伟大战略转移、彪炳史册，留下了毛主席长征路居旧址、团街总部旧址、田心筹粮广场旧址、普渡河铁索桥、红军烈士洞、九龙木克壁画、石板河阻击战、将军树等红色遗迹，是全国重点红色旅游地、全国红色文化旅游精品线路之一，是昆明地区中国近代史和国情教育基地之一，聂荣臻元帅曾为禄劝题字"革命圣地，山川增辉"。

千百年来，生息繁衍在禄劝这块神奇、美丽的土地上的汉、彝、苗、傈僳、傣、壮、回等各族人民，在"三山一水"构建的时空舞台上各领风骚，展现了相互融合又自成体系的独特文化景观，书写着禄劝历史的辉煌篇章。

禄劝彝族苗族自治县： 地处昆明市北部。东与寻甸县、东川区相连，南与富民县接壤，西与武定县毗邻，北接金沙江与四川省会理、会东两县相望。全县面积4233.91平方千米。辖屏山、崇德2个街道，翠华、茂山、团街、中屏、撒营盘、皎平渡、乌东德、九龙、转龙9个镇，云龙、汤郎、马鹿塘、则黑、乌蒙、雪山6个乡。2021年末常住人口约37.62万人。境内除汉族外，还居住着彝族、苗族、傈僳族、傣族、壮族等民族。

寻甸回族彝族自治县·蕴红藏绿

寻甸回族彝族自治县，为昆明市下辖3个民族自治县之一。

"寻甸"一名源自人名"新丁"。大理国时今寻甸为新丁部地，部以酋长"新丁"之名为名。后改称仁地、仁德、寻甸，皆"新丁"人名的同音异写。唐天宝九年（750），改升麻县为寻甸部，始有"寻甸"之名。

西汉置牧靡县。三国蜀汉改作牧麻县。东晋永和二年（346）至隋，称新丁部。唐代为升麻县，后改为寻甸部。南诏时期属拓东节度。大理国时期为新丁部，后改作仁地部。南宋宝祐三年（1255）置仁地万户府。元至元十三年（1276年）改置仁德府，领为美、归厚二县。明洪武十五年（1382），改仁德府为寻甸军民府；明宣德六年（1431），改寻甸军民府为仁德府；明成化十二年（1476），改仁德府为寻甸府。清康熙八年（1669）寻甸府降为寻甸州，属曲靖府。民国元年（1912）改为寻甸县，属滇中道；五年（1916）废道直属省；三十六年（1947）属第二行政督察区。1950年属曲靖专区。1956年成立寻甸回族自治县。1958年与嵩明县合并，县人民政府驻嵩阳镇，称嵩明县。1959年县人民政府驻仁德镇，称寻甸县。1961年分设嵩明县、寻甸县。1970年属曲靖地区。1979年成立寻甸回族彝族自治县。1998年12月划归昆明市管辖。

寻甸地处云贵高原中部，喀斯特地貌散布全境，地形复杂，有高山、丘陵、坡地、坝子、河谷槽地等。地势西北高、东南低，山脉属乌蒙山系，多呈南北走向，山间点缀着低洼谷地或湖盆。地形受金沙江河流强

◆ 寻甸河口镇北大营万亩草山（寻甸县委党史研究室 提供）

烈切割，河谷深切，山势陡峭险峻；中部地势略高，平坦开阔；东南部丘陵间散布各类大小不等的盆地。有仁德、羊街、鸡街、倘甸、凤仪5个万亩以上的山间坝子，平坦开阔。有七星、河口、金所、功山、柯渡、先锋、尹武、可郎、摆宰9个千亩以上的山间平坝。金源乡的花石头为全县的最高点，主峰海拔3294.80米，金源河谷的小树棵是全县最低点，海拔1445米，全县呈现山原峡谷交错、川原平行、逶迤绵延的雄伟地貌景观。境内水资源丰富，江河、沟渠纵横，湖泊、水库、坝塘、滩涂星罗棋布。河流主要分属小江、普渡河、牛栏江三大水系，21条河流基本都属金沙江水系，其中牛栏江为县境最长河流，《汉书》称"堂琅江"，亦称"车洪江"。明清时称"澜江"，亦称"阿交合溪"。另有滇东北最大的天然淡水湖泊清水海。地热出露有塘子温泉。寻甸县充分利用自身绿色资源禀赋，做强绿色产业，写好"绿"的文章。

寻甸属低纬度高原季风气候，冬春两季大陆季风气候明显，干旱少雨；夏秋季海洋季风气候突出，潮湿多雨。境内地形高差大，河谷区与高山区气候差别显著，立体气候明显，有"一山分四季，十里不同天"之说。特产有清真牛干巴、褐煤蜡、寻甸板栗、菌类、药材等。名胜古迹有钟灵寺遗址和塔林，丹桂村中央红军总部驻地旧址。景点有东双潭、南温泉、西车湖、北龙洞、三月三森林公园、凤龙湾瀑布群等。

寻甸回族彝族自治县具有光荣的革命历史，有着深厚的红色文化底蕴，中央红军长征两次经过寻甸。1935年4月29日，中央军委在鲁口哨、大汤姑地区发布了"4·29"渡江令，部署渡江工作。4月30日，中央军委纵队驻在柯渡坝子的丹桂村，1977年在此建立"红军长征柯渡纪念馆"。

寻甸境内居住着汉、回、彝、苗等25个民族。在漫漫历史长河中，寻甸各民族既保留了自己独特的民族特色，又吸收了其他民族优秀的风俗习惯，形成独特的民族风情。每年举办的"开斋节""落灯节""火把节""立秋节""花山节"等民族节庆活动，鼓吹喧阗，热闹非凡。

寻甸回族彝族自治县立足自身特色优势，以绿色生态为底色，着力培育绿色食品、绿色能源、绿色化工等绿色产业，力争形成县域经济发展新引擎；以红色文化为先导，推动旅游产业高质量发展。大力吸引游客来寻甸探"红"寻"绿"，发现和宣传寻甸之美。

资料卡：

寻甸回族彝族自治县： 位于昆明市北部。东连曲靖市马龙区、沾益区，南临嵩明县、官渡区，西接富民县、禄劝县，北与东川区、会泽县毗邻。全县面积3588.38平方千米。现辖仁德、塘子、金所3街道，河口、七星、羊街、先锋、柯渡、鸡街、功山、倘甸、凤合9镇，六哨、甸沙、联合、金源4乡。2021年末常住人口约46.20万人。境内除汉族外，还居住着回族、彝族、苗族等民族。

昭通市

——昭明宣通，山川雄奇

清雍正九年（1731），云贵总督鄂尔泰在乌蒙进行了大规模的改土归流。他认为"乌蒙者，不昭不通之甚也"，"举前之乌暗者易为昭明，后之蒙蔽者易而宣通"，遂改乌蒙府为"昭通府"，昭通之名，由此而来。"昭通"为昭明通达之意，其名虽然沿用不到300年，但昭通故事却远不止300年。

秦开"五尺道"，在昭通置史。西汉为犍为郡南境。东汉为犍为属国。蜀汉时期为朱提郡，属庲降都督。西晋属益州郡管辖。东晋属宁州，置南广郡。南朝齐，朱提郡更名南朱提郡，又分置北朱提郡。北周置恭州。隋仍之，并置协州，属南宁州总管府。唐代改恭州为曲州，并置靖州，属戎州都督府。汉孟孝琚碑、东晋霍承嗣墓壁画、唐袁滋摩崖题记等古迹是这一段悠久历史的见证。

南诏时期，乌蛮仲牟由的后裔在此繁衍生息，传至十一世孙乌蒙，由此号称乌蒙部，属拓东节度管辖。宋属潼川府路，大理国时期属叙州羁縻之地，有乌蒙部（今昭阳、鲁甸）、闷畔部（今会泽、巧家）、芒部（镇雄）、易娘部（彝良）、易溪部（威信）。元设置乌蒙路和芒部路，属云南行省管辖，后改隶四川。明设乌蒙府和芒部府，隶属四川布政使司，后改芒部为镇雄府。清初仍属四川，雍正五年（1727）改土归流复隶云南，九年（1731）改乌蒙府为昭通府。民国二年（1913）废府，存州县，属滇中道管辖；五年（1916）废道，直属省；三十一年（1942）设第一行政督察专员公署。中华人民共和国成立后，设昭通专区，1970年改昭通地区。2001年改设昭通市（地级市）。

纵观昭通历史，清雍正时期，在西南地区进行的改土归流，对昭通的历史发展产生了重大的影响。世袭的土司被废除，朝廷派遣流官进行统治，土地被丈量，人口被清点，一直为土司掌控的乌蒙和镇雄被纳入了国家一体的郡县直接统治。为最大限度消除土司的影响，除废除土司外，还在滇东北进行一系列的政区变动和政区名称变更，以示新政新气象。"乌蒙"改"昭通"正是改土归流在地名上的具体反映。

因为改土归流，昭通的11个辖地政区名，呈现出两种截然不同的风格。比如镇雄、彝良、威信、大关、永善、鲁甸等地区，或从原来的芒部、易娘、米贴更名而来，或设取新名。新地名虽有当时官府教化的政治色彩，但也寄托着对未来的美好期许，代代承袭。而如昭阳、巧家、盐津、绥江、水富等地区，都是改土归流后设立，不需要承担政治任务，取名时，或名从主人叫巧家；或取山形水势特点叫绥江、叫盐津；或根据地区组成叫水富；或小名变大名叫昭阳。政治色彩淡了，山川特点、生活气息浓了。

在府县之下，小地方的名字，同样也留下了历史的痕迹。发生战斗的地方，有打仗坡；驻扎军队的地方，名为哨、汛、塘、屯、堡，比如威信哨、牛街哨、龙汛、顶塘、吴家屯、小堡子等；实行保甲制度后出现了许多带"甲"字的地名，比如头甲、尾甲山、中甲寨、坡甲等等。

昭通处于四川盆地向云贵高原抬升的过渡地带。地势西南高，东北低，山川险峻，峰高谷深。西有五莲峰山、药山，东有乌蒙山，金沙江流经西北部，牛栏江在西部流入金沙江，横江汇合洒鱼河、洛泽河、白水江后，在东部往北流入金沙江。毛主席《七律·长征》中的"乌蒙磅礴走泥丸"一句，既是对红军长征豪迈壮举的赞叹，也勾勒出了乌蒙山之磅礴险峻。丰富多姿的地理特点，也在地名上体现出来，比如昭阳区的大山包，元宝山，巧家县的轿顶山，磨盘山，鲁甸大山等山名；有白水江、黄水河、清水溪、三岔水、对口溪、大跌水、淌白水、白石滩等水名；有大龙洞、老鹰洞、冷水洞、落水孔、红岩洞、朝天洞等洞穴名，都反映了昭通山峦起伏、群峰错杂、水流纵横、孔洞丛生的特点。

昭通位于滇东北，是云南这只碧鸡的鸡冠。昭通人有着一股子宁为鸡首不为牛后的冲劲。在中国波澜壮阔的民族民主革命大潮中，涌现出了许多风云人物。龙云镇守云南十七年，在他主政下，云南发展经济、推广教育、整肃滇军、积极抗战。卢汉率领二十万滇军奔赴抗战前线，参加台儿庄大战、武汉保卫战等战事，打出了云南子弟的血性与威名。抗战胜利后，他带领滇军入越受降，成为唯一带领军队出国境接受日本投降的中国将领。罗炳辉加入中国共产党后，发动起义扩大革命根据地，后率部参加长征，屡担重任，抗战期间率领新四军与日寇浴血奋战。陈毅军长赞扬他"戎马三十载，将军滇之雄"。姜亮夫在楚辞学、敦煌学、语言音韵学、历史文献学等方面成就斐然，桃李满天下。徐洪刚舍己救人、勇斗歹徒壮举为全国人民称颂。这些昭通人在不同的时代、不同的领域熠熠生辉，成为昭通人的骄傲。

昭通是云南的东北门户，是西南重要的交通要道。秦汉五尺道，唐石门道，元乌蒙道，均设于此；明清沿途设立驿站，清代滇铜京运，还有从汉代盛名延续至清代鼎盛的朱提银的加持，古道下的大关河谷横江河道就这样成为帝国的货币命脉。体现在地名上，有落脚坡、赶马路、手扒崖、扶梯坝、慢过山、歇气台；金沙江上有大雪滩、牛皮滩、湾湾滩、烂滩等；横江上有黄角槽、小木滩、剑槽、三道拐等。道路航道名称历经变化，不变的是南来北往的官员、学子、商贾和旅人。特别是金沙江，过去是难以逾越的天堑，今天却成为昭通发展的重要资源，是今大昭通发展的有力依托。

◆ 昭通市跳墩河水库

昭通历史悠久，山川雄奇，人杰地灵，发展日新月异。地名如同一个个蕴含故事的小图钉，将昭通的过去与现在，自然与人文联系在了一起，铺陈在昭通这片大地上。

·资料卡·

昭通市：位于云南省东北隅，云、贵、川三省结合部。东南与毕节市接壤，东与泸州市为邻，南与会泽县毗邻，西与凉山州隔金沙江相望，东、北与宜宾市接界。全市面积23021平方千米。辖昭阳1区、水富1市及鲁甸、巧家、镇雄、彝良、威信、盐津、大关、永善、绥江9县。2021年末常住人口约501.4万人。境内除汉族外，还居住着苗族、彝族、回族等民族。

昭阳区·鹤舞之乡

昭阳其地，西汉建元六年（135）置朱提县，为犍为郡属地，东汉为犍为属国治所。蜀汉时期为朱提郡治，南朝为南朱提郡治。北周置恭州。唐武德八年（625）恭州改名曲州。南诏以当地部族之名称为乌蒙部，属拓东节度管辖。宋属潼川府路。元为乌蒙路。明改为乌蒙府，属四川管辖。清雍正五年（1727）重属云南，六年（1728）置附郭恩安县，九年（1731）改乌蒙府为昭通府。民国二年（1913）废府，改昭通县，属滇中道；五年（1916）废道，直属省；三十一年（1942）为第一行政督察区辖地。中华人民共和国成立后，1981年以昭通县城关镇为主置昭通市，1983年撤昭通县并入昭通市。2001年，昭通撤地设市，原县级昭通市改昭阳区。所以，在昭通的11个辖区中，昭阳是最早设立的政区，也是最晚确定政区名的政区。

数万年前，早期智人"昭通人"就在这里繁衍生息。秦凿"五尺道"、汉开"南夷道"，这里成为云南与中原互相沟通的重要门户，是著名的"南方丝绸之路"要冲，历来有"锁钥南滇、咽喉西蜀"之称。汉晋时期，中原文化、巴蜀文化、古滇文化在此交汇融合，是云南三大文化发祥地之一。

◆ 朝阳区大山包黑颈鹤

　　昭阳古城作为昭通的政治、经济、文化中心，成为云南、四川、贵州三省结合处的重要枢纽城市。清代滇铜开采和冶炼的兴盛，极大促进了昭通府城的发展，城内有陕西人开设的当铺、毛货店，广西人开的布匹店等。民国二十三年（1934），龙云为了回馈乡梓，对昭阳古城进行了大规模的改造，道路被拓宽，店铺门面改为西式，昭阳古城一时有"小昆明"之美誉。

　　虽然直到二十一世纪，昭阳才成为正式的政区名，但作为昭通的雅称，一直伴随昭通这个大名流传。如清代之后的昭通史志中，一直有"昭阳八景"之说，列举"龙洞吸月、珠泉涌碧、恩波蜃影、洒渔烟柳、雨公云鬟、利济浮光、宝山环翠、凤岭飞霞"这八个现昭阳区境内的代表性景致，如龙洞吸月，是指在城北十余里外的大龙洞山西南麓，有一个巨大的溶洞，据说每年的春分、秋分时节，天空的皓月会倒映在溶洞深处的水潭中，并反射在洞内的岩壁上，天上月、潭中月、壁面月交相辉映，被誉为"昭阳第一胜景"。

　　而今，昭阳最著名的景致，当属大山包的翩翩鹤舞。在昭阳区西部，距离市区约80千米，有一高山草甸，名大山包。大山包有绵延起伏的山丘，覆盖山丘的碧绿草场和点缀其中的泉眼湿地，是中国独特的湿地类型。大山包景色秀美，春花漫山遍野，夏草延绵繁盛，秋叶金黄耀目，冬雪堆银砌玉。每年11月到来年3月末4月初，黑颈鹤、灰鹤、黑鹳、苍鹭、斑头雁等珍稀鸟类会在此栖息过冬。黑颈鹤是唯一生活在高原环境的鹤类，和大熊猫一样为中国所特有，也是国家一级重点保护动物，是濒临灭绝急需挽救的物种，全世界目前仅有不到一万只。而这一万只黑颈鹤中，每年有约2000只会不远千里从青藏高原来到大山包过冬。大山包的黑颈鹤是国内已知的最大的种群，昭阳区是名副其实的"中国黑颈鹤之乡"。

大山包水草丰盛，空气清新，黑颈鹤可在此找到充裕的食物。大山包的人们，视黑颈鹤为吉祥的象征，对其多加爱护。每当雪后，天地一片白茫茫，白羽黑颈黑尾的精灵或翱翔于天空，或嬉戏于地面，一群群地玩闹，一对对地低语，鹤舞翩翩，鹤鸣声声，山峦、湖泊、峡谷、村庄组成人与自然和谐相处的绝美画卷，有黑颈鹤的大山包无疑是昭阳区最美轮美奂的地理名片。

· 资料卡 ·

> **昭阳区：**为昭通政治、经济、文化中心。东与贵州省毕节威宁县接壤，南与鲁甸县接界，西隔金沙江与四川省金阳县相望，东北与彝良县相连，西北与永善县、大关县相连。全区面积2167平方千米。现辖龙泉、太平、凤凰、北闸4个街道办事处，永丰、旧圃、盘河、靖安、洒渔、乐居、苏家院、大山包、炎山9镇和布嘎回族乡、守望回族乡、小龙洞回族彝族乡、青岗岭回族彝族乡、苏甲、大寨子、田坝7乡。2021年末常住人口89.77万人。境内除汉族外，还居住着回族、苗族、彝族、布依族等民族。

鲁甸县 · 银出朱提

鲁甸其地，在西汉时为朱提县地，属犍为郡；东汉属犍为属国。三国蜀汉时期为朱提郡地。南朝齐属南朱提郡。唐代名鲁望，属曲州。南诏时为阿芋路部，属拓东节度。元属乌蒙路，隶属云南。明为乌蒙府，改隶四川。清雍正五年（1727）复隶云南。鲁甸在大理国时期被称为"小乌蒙"，清雍正九年（1731）置鲁甸厅，乌蒙改为昭通，小乌蒙重新定名为鲁甸。民国二年（1913）改厅为县，属滇中道；五年（1916）废道，直属省。1958年并入昭通县，1962年从昭通县析出，复设县级行政区，属昭通管辖。

唐代韩愈在所作的《寄崔二十七立之》一诗中提到"我有双饮盏，其银得朱提"。鲁甸因境内朱提山（今龙头山镇）出善银而闻名。在被称作"鲁甸"之前，这片土地有一个延绵了两千多年，天下皆知的名字"朱提"。"朱提"怎么读呢？朱（zhū）提（有tí和dī两个读音），并不是生僻字，何必多此一问？呵呵，大意了吧，"朱提"一词并不是惯常这两个字的发音，在《汉书·地理志》对"朱提"的记载中，有注曰："应劭曰：朱提山在西南，苏林曰：朱音铢。提音时。北方人名匕曰匙。"所以"朱提"发音同"铢匙"，读"zhūchí"。又据《爨龙颜碑阴》注："朱提"应读为"殊实"；1979年上海辞书出版社出版的《辞海》一书中标注"朱提"读音为"shú shí"。现今当地群众普遍读为"shū shí"。

早在春秋战国时期，朱提已发现银矿并进行冶炼开采。《汉书·地理志》中记载"朱提，山出银"。历史上的朱提县、朱提郡，均以朱提山得名。朱提山，在今天龙头山镇乐马厂一带。朱提山银矿所产称为"朱提银"。《汉书·食货志》中又记载"朱提银重八两为一流，直一千五百八十。它银，一流直千"。朱提银比其它地方产的银子能兑换的铜钱直接多了三分之一，堪称古代的坚挺货币，流通天下。三国时期，朱提银成为蜀汉主要的经济支柱之一。

历经数千年，朱提银开采延续不断，清乾隆七年至嘉庆七年（1742-1802）最为鼎盛，办矿者来自全国，南方八省者居多，这一时期当地称之为"乾嘉大旺"。乐马厂主要矿区范围，当地人概括为"九山两岩两块地"，即大佛山、老君山、金钟山、五台山、营盘山、黄矿山、照壁山、观音山、青龙山、仙人岩、红石岩、西瓜地、萝卜地。当地流传一首顺口溜"大佛巍巍体至尊，仙人洞里文修成。五台营盘青龙现，一堵照壁朝老君。萝卜西瓜观音种，红岩黄矿地内存。一片金钟打其响，龙头摆尾奔天生"概括了乐马厂矿区范围内的15个地名。"乾嘉大旺"时期，乐马厂矿区云集十多万人进行生产经营，矿区遍布大小矿洞，冶炼的土炉炉火通明，运输矿石的道路四通八达，昼夜车水马龙。乐马银厂年产银数十万

◆ 鲁甸朱提文化公园（周振兴 摄）

两，成为当时中国最大的银矿。历代银厂冶炼后形成的矿渣不断堆积，形成了广数平方千米，深三四米的矿渣山。而因为当时冶炼技术的限制，即使是古人遗弃的矿渣，在今天的技术条件下仍可以提炼出数百吨的银子，可见古朱提山含银之富。朱提银产量高品质好，享誉中原，"朱提"甚至成为高质量白银的别称。"乾嘉大旺"后，乐马厂朱提银开采逐渐凋敝，当地还流传着一个故事传说。传说在老君山垮塌不久，有一人半夜小便，忽见一道银光飞过，仔细一看，是一群驮着银矿的骡马，有十匹马、九匹骡子，其中一匹骡子还跛了一只脚，这群骡马越过天生桥，朝着滇南方向逐渐消失。此后，乐马厂矿业一年不如一年，而滇南个旧锡矿逐渐兴盛，人们便认为乐马厂的银矿变成锡跑到了个旧。

"鲁甸"为彝语地名，"鲁"（糯、诺、倮或龙）为彝族先民部落称号；"甸"（迪）意为平地、水草坝子。鲁甸，即彝族居住的平坝之意。境内地势东西两侧高，中间低平。西南县界牛栏江，由东南向西北经过昭阳区边缘后汇入金沙江，从牛栏江往东北而去，还有龙树河、沙坝河、昭鲁河在乌蒙山、五莲峰山之间穿流而过，龙树坝子、文桃坝子坐落其中。

鲁甸下辖的火德红镇，乍一听是不是会怀疑也是个彝语地名？其实不然。清雍正八年（1730）的时候，这里叫"恩德红"，意为感谢朝廷的"洪恩大德"。民国十四年（1925），以其地在县境南部，南方属火，改称火德洪。1962年又改为火德红，经历史的一次次打磨，终于形成了这个地名。

巧家县·古堂琅地

巧家为什么冠称"巧家"？据民国九年（1920）完成的《云南巧家县调查地志资料》记载："巧家"是早期开发今巧家县金沙江沿岸地区的一位彝族首领的名字，这位彝族首领死后，为了纪念他，便以他的名字作为地名冠称。另有资料说：这位彝族首领名叫"曲古都家"，简称为"曲家"，口传音讹，汉译记为"巧家"。

在巧家成为独立建制县之前，这片土地有个更悠久的名字——堂琅，又作堂狼、螗蜋。这片土地曾归属于古堂琅县。

西汉建元六年（前135），朝廷在五尺道沿线置犍为郡，领12县，其中之一便是堂琅，堂琅县也是西汉中央政权在云南最早设置的县级政区之一。东汉永初元年，改犍为郡为犍为属国；辖朱提、汉阳二县，原堂琅地归属朱提县。隋开皇六年（586）更名为开边县，大业元年（605）复称堂琅。唐武德四年（621）设唐兴县，大中十三年（859），南诏王蒙世隆设东川部。后晋天福元年（936），大理国段思平设东川大都督。宋元丰三年（1080），大理国三十七部首领纷纷割据，居东川的乌蛮自号閟畔部。元至元二十八年（1291），设东川路，隶云南行省。明洪武十五年（1382），东川土酋禄鲁祖授东川知府衔，准世袭；同年，设东川卫指挥使司；洪武十七年（1384），东川土知府升为东川军民府，改隶四川布政使司；明万历三十八年（1610），东川土知府并受云南节制。清康熙三十八年（1699），东川土知府禄氏奏请献土设流；雍正四年（1726），东川府改隶云南布政使司；五年（1727），置会泽县，治所龙格（今巧家营）；六年（1728），因征粮不便，会泽县移东川府附廓，移府经历分防巧家，驻龙格（今巧家营）；嘉庆十六年（1811）派东川府同知（知府的副职）驻鲁木得，衙门称巧家抚彝府；道光四年（1824）巧家厅建置。民国二年（1913）改巧家厅为巧家县，属滇中道。后道废，直属云南省政府。中华人民共和国建立后，仍置巧家县。

而巧家的曾用名，堂琅县得名于堂琅山。古堂琅山地区产铜的记载，最早见于《汉书》。但考古发现证明，早在殷商时期，古堂琅山地区的铜矿就已经被开发利用了。约在公元前3世纪左右，古堂琅县地发现了镍，并成功地冶炼出铜镍合金——白铜。古堂琅县所产白铜（俗称"中国石"）经波斯出口后传入欧洲，欧洲人直到清乾隆十六年（1751）才冶炼成功。

东汉时期，古堂琅县地铜采冶业及青铜制造业盛极一时，产品以铜洗最多也最著名。洗是一种盛水的器物，堂琅、朱提铜洗因产量高，铸工精良，收藏遍于南北，享有盛名。传世堂琅铜洗铸造年代最早的是东汉建初元年（76），最晚的是东汉建宁四年（171），表明这一时期是堂琅铜采冶制造业的极盛时期。其中，"建初元年堂琅造"铜洗重达二十八斤，价值应在三千钱以上，相当于一个五口之家8年缴纳的人口税。

魏晋之后，因为战乱对矿业生产的破坏，加上长时期的开采导致矿脉枯竭，堂琅的铜矿逐渐没落。堂琅因矿而兴，随着矿业生产的没落，终于在唐代失去了作为政区名的地位。但是，"堂琅"之名并没有消失，它以历史之名、文化之名继续闪耀。

清代，铜采冶业又迎来了它复兴、鼎盛的高潮。为了用水运替代人背马驮，更便捷更大数量地向京城和江南运输铜料，乾隆年间，政府花费巨额人力物力财力对金沙江航道进行了开浚。金沙江航道开浚工程起点在巧家蒙姑小江口，至四川宜宾新开滩止。其中，永善县黄草坪到四川新开滩的下段顺利修通，成为滇铜京运的大动脉，但蒙姑小江口到永善黄草坪的上段却因有15处险滩，超出了当时的工程技术水平，导致工程半途而废。而白鹤滩便是15处险滩之一。

◆ 2022 年 12 月 20 日，金沙江白鹤滩水电站全部机组投产发电（闫科任 摄）

　　白鹤滩在巧家县城下游，汹涌的金沙江在此地被两岸绝壁紧束成仅有几十米宽的激流。这处险滩是清代开浚金沙江航道难以克服的困难，却成为新世纪开发水电资源的宝地。中华人民共和国成立不久，国家就提出了在白鹤滩建设水电站的计划，并开展了前期勘察钻探工作。但是，因多种原因，白鹤滩水电站的建设计划几度兴废。进入新世纪，经过审慎研究，2010年，白鹤滩水电站开工建设，2021年6月，正式投产发电。白鹤滩水电站单机容量、总装机规模都位居世界前列，是国之重器。白鹤滩之名，借此扬名世界。

　　携远古堂琅蕴藏的丰富历史积淀，借今天白鹤滩绿色能源腾飞的翅膀，巧家大步迈向未来。

> **· 资料卡 ·**
>
> 　　**巧家县：** 为昭通市西南端。东与会泽县接界，南与东川区相邻，西北隔金沙江与凉山州相望，东北隔牛栏江与鲁甸县，昭阳区毗邻。全县面积3245平方千米。现辖白鹤滩、药山、大寨、茂租、东坪、小河、新店、老店、马树、崇溪、蒙姑、金塘12镇，红山、苞谷垴、中寨、炉房4乡。2021年末常住人口约为45.50万人。境内除汉族外，还居住着苗族、彝族、布依族、回族、白族等民族。

昭通市——昭明宣通，山川雄奇

镇雄县·镇抚雄关

镇雄之名，始于明嘉靖五年（1526），明朝廷以其地多雄关要塞，设流官以镇抚之，故将原来的地名"芒部"改为镇雄。

镇雄周代称"屈流大雄甸"，西汉时为南广县地，属犍为郡。蜀汉置南昌县，属朱提郡。西晋改名南秦县，南齐时属南朱提郡。隋、唐置协州。南诏时拓东节度管辖，乌蒙裔阿统子芒部在此居住，由此名"芒部"。宋作茫布部。元置芒部路，隶属云南中书省。明洪武年间设芒部府，先属云南，后改隶四川。嘉靖五年（1526），朝廷认为芒部俗尚武悍，有事则骚动川滇两省，借机废除了芒部土司的世袭统治。援引"大雄"古名，改设镇雄府，派遣知府等流官推行朝廷政令以"镇守大雄"。改土归流引起了土官的反弹，引发社会动荡；嘉靖九年（1530）又不得不恢复了土司制，由陇姓土府代行职权，但镇雄之名未再更改。清雍正年间，规模更大更为坚决的改土归流行动在云贵总督鄂尔泰主持下展开，镇雄府于雍正五年（1727）复隶云南，后降府为州，属昭通府管辖，光绪三十四年（1908）升为直隶州。民国二年（1913）降州为县，属滇中道；五年（1916年）废道，直属省；三十一年（1942），属云南省第一行政督察区。1950年4月，镇雄县解放，属昭通专区管辖。1970年属昭通地区管辖，2001年8月属昭通市管辖。

一般认为，改土归流是在清雍正年间鄂尔泰主政云贵时进行的。其实早在明代嘉靖初年，中央朝廷在云南已经有了改土归流的举措。"镇雄"地名的出现，可视为其先声。历史发展大势不可阻挡，清代西南地区的大规模改土归流，使镇雄彻底变为流官治理。

历史的变迁以地名的方式留下了诸多印记，如芒部镇，是古老部族留下的遗存。旧府，明代陇土司的舅子在此修建官府，故而得名。镇雄境内有个叫"印交坝"的地名，据说就是雍正年间土官向流官上交印信的所在，因此而得名。

镇雄还有不少彝语地名。比如"呢噜"，意为有坝子的地方；"花朗"，意为视野开阔的坝子；"德隆"，意为节日欢聚的地方；"以古"，意为装水的地方。此外还有"泼基"（山前开阔地）、"瓜娃"

（垭口下的低洼地）、"以勒"（泉水甘美之地）等等。

镇雄历经战乱，其境内多有与军事有关的地名。如虎洞关、阿黑关、沙呐关、拨浪关、怀德关、法窝关、野猪洞关、罗卡关号称"镇雄八关"。除此之外，镇雄还有百余处关隘地名，比如历史上的奎乡汛、杉树汛、洛泽河汛、田坝哨、母享哨、放马坝哨、扎西哨、顶塘、芒底、张基屯、罗卜坳、广德关、善鸡寨等。有关隘就有营寨，毡帽营、申家寨、大寨村、大营村、营上村、屯上、头屯、中屯等，反映了军队的驻扎、屯堡的聚集。比如军备乡（现罗坎镇军备村），因民国二十三年（1934）为抗战前方筹备兵源粮草之意命名。这些带着战争味道的关隘营寨，随着国家和平稳定发展的步伐，失去了其战争的实用价值，但它们的名字保留了下来，成为历史的见证。

历史的硝烟已经平息，镇雄人的生产生活在不断继续。因地产茶叶得名"茶坝"；因岭上生长黄皮树得名"黄坪村"；鱼洞乡以在鱼洞河沿岸得名，鱼洞河又源于花鱼洞，洞内有各色鱼等；油头房是因为村子里有一榨油作坊；碗厂村里有烧碗的窑厂；锅厂村有乡人烧制砂锅。山间地头之特产和柴米油盐的生活，在这些地名中被牢记。

地名不仅印记历史反映生活，还带有对未来美好的期许。如仕里村，是希望此地能多出人才。仁和镇因为政得民心，民得乐业。人们希冀长寿安乐，故有长安村。1956年办高级农业合作社时，取齐心合力之意，定名

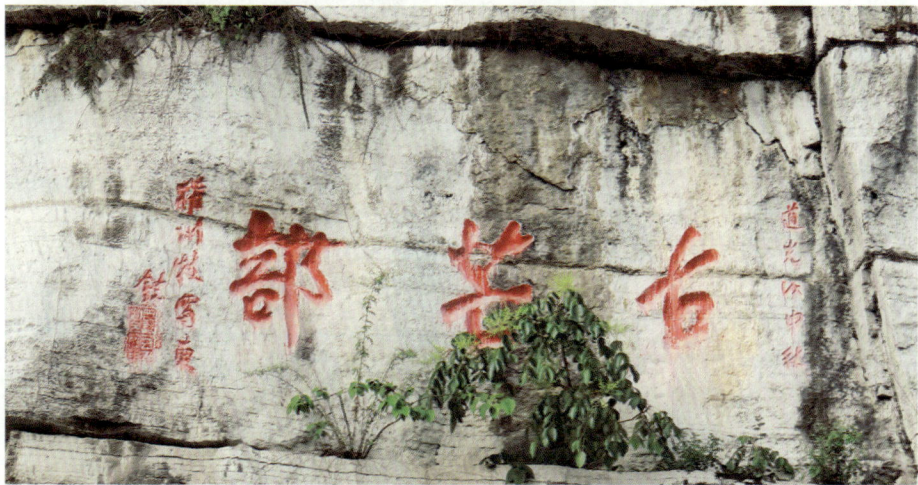

◆ 镇雄县"古芒部"石刻（陈鑫 摄）

齐心村。阳光村1961年设立时，取阳光普照、欣欣向荣之意。

· 资料卡 ·

> **镇雄县：**位于昭通市境东部。东、南与毕节市七星关区和赫章县接壤，西接彝良县，北界威信县，东北角与叙永县毗邻。全县面积3696平方公里。辖乌峰、南台、旧府3街道，泼机、黑树、母享、大湾等20镇，鱼洞、花朗、尖山等7乡。2021年末常住人口约为132.90万人，为云南第一人口大县。境内除汉族外，还居住着彝族、苗族、白族、回族等17个民族。

彝良县 · 将军故里

彝良，西汉为犍为郡朱提县地，蜀汉属南广郡，西晋属益州朱提郡，东晋为宁州朱提郡临利县，南北朝仍之。隋属协州，后属南宁州总管府开边县。唐武德元年（618）置西安县，属协州。南诏时期属拓东节度芒部地。宋代为叙州羁縻地，其境为易娘部。元为云南行中书省下芒部路军民总管府辖益良州、强州，后改属乌撒乌蒙宣慰司。明嘉靖五年（1526）置归化长官司。清雍正六年（1728）设彝良州同，光绪三十四年（1908）正式设县，隶属镇雄州。民国二年（1913）属滇中道；五年（1916）废道，直属省；三十一年（1942）属第一行政督察区。中华人民共和国成立后，为昭通管辖。

彝良是现在的名字。在史料中，还以易娘、易良、益良、益梁、夷良等同音异写名称出现。而这些名称，都是自古生活在这片土地上的部族名称。从宋代的易娘部、元代的益良州，再到明清的夷良州，最终到"取善良之意"的彝良县，历经千年，部族名演化为地名。可以说，彝良一名，既符合名从主人的原则，汉语的译音、译意又都"字义亦可取"，还与清雍正年间昭通县级政区重新命名的思路完美契合，堪称此地"天选之名"。

彝良县治所在角奎镇。不在县域的中心，而是在县内偏西的位置。彝良境内，洛泽河与小河为主要的河流，两河在县境西部汇集，而河流汇集之处，往往是交通便利、人烟密集、物资集散所在。清末民初，彝良设

◆ 罗炳辉将军雕像（彝良县委党史研究室 提供）

县后不久，便选择此处作为一县的政治中心所在。清代，这个地方叫"葛
魁""戈魁"，为彝语中葛人居住的村寨之意。民国时期，县治从奎香迁
此，取天上星宿"角木蛟"和"奎木狼"的首字，改名为"角奎"，即原
名戈魁的谐音，又有吉祥雅化之意。

在角奎成为县治所在之前，彝良县的县城在奎香。奎香又称奎乡，被
认为是西方七宿奎星的分野之地，故名。因同音异写的缘故，又叫奎香、
奎阳。再后来，奎香成为乡名，奎阳成为乡政府所在地的村名。角奎的命
名可以说是沿袭了奎乡名字来源的旧例，以传统的星宿分野来命名政区地
名。角奎、奎乡可以说是昭通大地上的地名活化石。

角奎镇偏坡寨是革命家、军事家罗炳辉将军的家乡。为纪念罗炳辉将
军，1991年罗炳辉将军纪念馆在城北的哨营山建成，以全面展示罗炳辉将
军光荣革命的一生。纪念馆是"全国爱国主义教育基地""国防教育示范
基地"。纪念馆所在的哨营山逐渐被人们叫为"将军山"。英雄的伟业，
以地名转换的方式被家乡的人们所纪念。

彝良境内有个安乐村，乍一看以为是一个带有教化色彩的官方赋名，
其实不然。安乐是安知乐的简称，而安知乐是彝语"俺酌努"的变音，
"俺酌"在彝语中是麻雀的意思，努为多之意，也就是说，安乐村的本意
是麻雀多的地方。还有个熊乐村，难道是熊的乐土？非也非也，"熊乐"
彝语称"雄诺"，是地方官的意思。所以此地原本是彝族地方官居住的地

方。字面意思和本意差了何止十万八千里。

同样是源于彝语的地名"咪哹村"又是什么意思呢？在彝语里面，"咪"是代表猫叫的声音，所以"咪哹村"就是有猫的地方的意思。拟声词果然在不同语言中都是相似的。

· 资料卡 ·

彝良县：在昭通市中部。东与镇雄、威信县接壤，南与威宁、赫章两县接界，西与昭阳区、大关县相连，北与盐津县、筠连县毗邻。全县面积2804.16平方千米。辖角奎、发界2街道，牛街、洛泽河、海子、荞山、龙安、两河、钟鸣、小草坝、龙海9镇，柳溪苗族乡、洛旺苗族乡、龙街苗族彝族乡、奎香苗族彝族乡、树林彝族苗族乡5乡。2021年末常住人口约为49.56万人。除汉族外，境内还居着苗族、彝族、回族、水族、白族等民族。

威信县 · 宣威立信

威信一名，最早出现于明嘉靖五年（1526），当时政府有意在镇雄开展改土归流，削弱镇雄土府的势力，便在镇雄分设怀德、归化、威信和安静4个长官司。威信长官司其名取"国家宣威，立信与民"之意，仍属镇雄管辖。但这是一次不成功的改土归流，嘉靖九年（1530）又不得不恢复了镇雄陇氏土官的统治。清雍正五年（1727），政府在西南地区再次进行大规模的改土归流，同样出于削弱土府势力的考虑，在把镇雄由府降为州的同时，又将威信升级为州，以制衡镇雄。民国二年（1913）设威信行政区，置行政委员公署（治长官司，今旧城）；二十二年（1933）改为威信设治局，次年设威信县。中华人民共和国成立后，归昭通管辖。

和"威信"一名同时诞生的怀德、归化、安静三个地名，已消失在历史的长河之中，只有威信流传下来。威信作为一个行政区划被设立，是国家边疆治理政策产物，其间权利的转移，不同势力的争斗，都在这片土地留下了痕迹。如威信北部有个旧城镇，其地原本是明代安静长官司和清代威信分州的治所所在，其后威信治所迁到了南边的扎西镇，原来的治所就被称为了旧城，而扎西镇又被称为新城。一旧一新之间，是历史长河的滚滚向前，而地名，就是这长河中屹立的礁石，提醒人们时事的变迁。

而新城扎西镇，是民国至今的威信治所所在。让扎西声名远扬的，则是"扎西会议"。民国二十四年（1935）二月四日，中国工农红军长征先头部队进入威信县水田寨、大河口一带，随后主力部队也从不同方向进入威信县境。到二月十四日离开，开展革命活动11天，威信成为中央红军在云南境内活动时间最长的县份。在这11天中，中共中央先后在威信境内的水田寨"花房子"、大河滩庄子上、扎西江西会馆连续召开会议，作出了一系列重大决策，深刻影响了中国革命的发展。

在威信召开的第一个会议，是在一个叫"鸡鸣三省"的村庄。为什么叫这个名字呢，是因为这个村子位于威信、镇雄二县的接壤处，也是云南、四川、贵州交界处的地方，村子里"金鸡报晓，三省皆闻"，故而得名。1935年2月5日，中央红军在向扎西集结的途中，路过（今）水田寨"花房子"，在短暂的停留中，中共中央召开了后来著名的中央政治局常委会议，根据遵义会议精神，会议完成了常委分工，确立了党中央的正确

◆威信县扎西红色小镇

路线，恢复和巩固了毛泽东对党和红军的领导地位。

二月六日至八日，在威信的大河滩庄子上，中央再次召开政治局会议。会议集中讨论了中央红军的战略行动方针和战略战术基本原则，通过由张闻天起草的《中共中央关于反对敌人五次"围剿"的总结决议》（即《遵义会议决议》）。

二月九日，中央红军各军团进驻威信县城扎西，军委总部驻江西会馆，中共中央在此召开了政治局扩大会议。会议调整了红军战略方针，作出"精简缩编，回师东进，二渡赤水，重占遵义"等重大决策，真正摆脱了军事指挥上的教条主义。十日，在扎西镇内的江西会馆、湖广会馆，分别召开干部会议，传达会议精神，并进行战斗动员。在扎西扩充红军3000余人，壮大了红军队伍。会议在这片"鸡鸣三省"之地播下了革命火种，成立和组建了中共川南特委和红军川南游击纵队。

因为扎西是会议结束的地点，又是威信的县城所在地，所以后来将这三次会议统称为"扎西会议"。扎西会议是遵义会议的继续、拓展和完成。通过三次会议的召开，解决了中央政治局常委的分工、缩编中央红军、扩大红军队伍、确定新的红军战略方针，对中国革命的发展产生了重要影响。扎西之名，借此而传。时至今日，在扎西还保留了扎西会议会址等革命遗址。威信成为名副其实的革命老区，扎西成为名副其实的红色文化城市。

· 资料卡 ·

> **威信县：**位于昭通市东北部。东与叙永县接壤，南与镇雄县相连，西与彝良县和筠连县交界，北与珙县、兴文县毗邻。全县面积1400平方千米。辖扎西镇、水田镇、双河苗族彝族乡、高田乡、旧城镇、罗布镇、三桃乡、麟凤镇、长安镇、庙沟镇10个乡镇。2021年末常住人口约为34.69万人。境内除汉族外，还居住着苗族、彝族、白族、回族等民族。

盐津县·豆沙关下

唐代，因今盐津县所在地有盐泉而设盐泉县，又置钳州，属戎州都督府，后俱废除。南诏时期为乌蒙部地，属拓东节度。宋属潼川府路，元为土僚长官司地，属乌蒙路。明属乌蒙府，清代属昭通府大关厅管辖。民国四年（1915）设滩头县佐；六年（1917）正式设县。中华人民共和国成立后，曾在1959到1960年并入大关县，1961年又恢复了盐津县的设置。盐津是昭通第二年轻的县市，只比水富早了20年。

盐津设立时间较晚，没有赶上清代雍正年间昭通地区的政区更名浪潮，因此，盐津之名，与它周围的永善、大关、彝良显得格外不同。其实一开始这里也不叫盐津，因为在县城北边发现了可开采卤水的盐泉，盐井所在地被称为盐井坝，形成的集镇也被称为盐井镇。置县时因为盐井坝设有渡口，就叫成盐井渡，后来雅化为盐津。无论是盐泉、盐井还是盐津，都与盐有关，可知盐在这个地方所占的重要地位。

有意思的是，盐津产盐数量其实有限，并不能满足本地的需要，更遑论外销。既然如此，那为何还能以盐命名？实际情况是，盐津以自产盐为核心，借助运输盐巴的道路和渡口，吸引四川产的盐巴运输到这里销售贩卖，成为四川盐巴进入昭通最大的集散地。

盐津境内有关河穿流而过。关河，古称朱提江，经过历代整治，直到清代才具备一定规模的航运能力，承担了滇铜京运与滇木外运的重任。而在水路开通之前，沿关河河谷开凿的崎岖古道，才是川滇往来的主要通道。

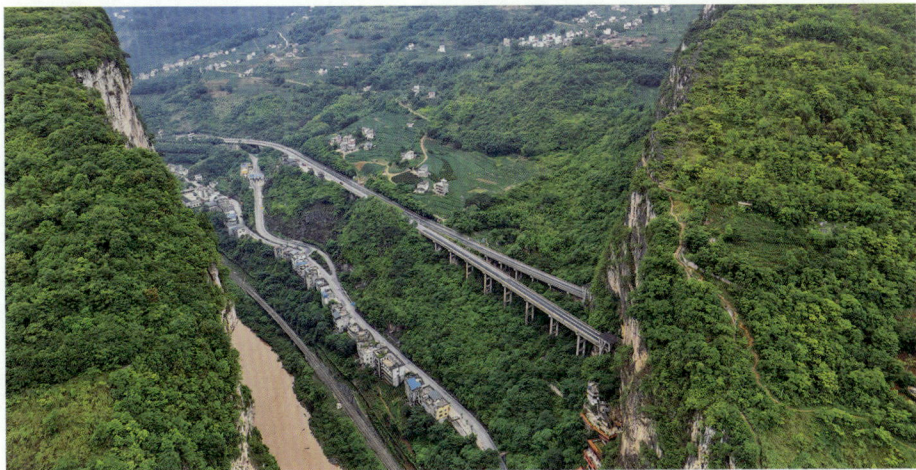

◆ 盐津县豆沙关航拍

　　秦代修筑从今天的四川宜宾到云南曲靖的道路，道宽五尺，被称为"五尺道"，到了隋代，在五尺道基础上进一步开凿，成"石门道"。无论是"五尺道"还是"石门道"，这条道路自开通之日起，一直是出入云南的交通要道。

　　一座雄关，便设立在道路的最险要之处。此关位于盐津县城西南二十千米的关河东岸，头顶绝壁，下临江流之处，关口通行之处仅有3米，因其远望如石门，故唐、宋时名为"石门关"。唐贞元十年（794），中央朝廷派御史中丞袁滋持节册封南诏，袁滋路过石门关时，在崖壁摩崖刻石，记载这一任务。这成为今天研究唐代维系国家统一、勘定疆域、民族和睦相处的重要历史文物。唐代的石门关牢牢扼守住石门古道，成为"咽喉巴蜀"之所在。

　　元代，这条道路又被称为"乌蒙道"，关口被称为"罗佐关"。"罗佐"据说是守关将领的封号。清顺治时期，彝族头领豆朴被派驻在这里守关，所以称为豆朴关，彝语豆朴转为汉语就变成了"豆沙"，于是这个古道上最险要的关隘，从清代开始便是一个可爱的名字"豆沙关"，豆沙在云南各地都是广受喜爱的甜食。

　　这条历经千年的沧桑古道，见证了往来的使臣、忙碌的商贾、杀气腾腾的官兵将士和满载物资的马帮驮队。它不仅联通了内地到云南到东南亚、中央到边疆到域外的空间距离，更是联通了从古至今文化交融物资联通的时间距离。如今，虽然古道和雄关已经风光不再，但它穿越时空，依然见证着盐津这片土地的发展。

　　除了大名鼎鼎的豆沙关，盐津境内还有一个有意思的地名"普洱镇"。普洱，产普洱茶的地方，谁不知道？非也非也，此"普洱"非彼"普洱"也。盐津的普洱，在盐津镇西北。元代的时候，根据当地彝人的发音，在这个地方曾设过"蒲二站"，后来渐渐讹写成了"普洱"。所以这个"普洱"，是源于彝语的，意为彝人先辈居住过的地方。跟南边那个产普洱茶的，源于哈尼语的，意为水湾寨的普洱风马牛不相及。说起云南的普洱，可要好好区分一下，是彝家的普洱，还是哈尼的普洱。

盐津县：位于昭通市东北部。东与四川筠连县接壤，南与彝良县接界，西与永善县、大关县相连，北与水富县、绥江县毗邻。全县面积2091.5平方公里。辖盐井、普洱、豆沙、中和、柿子、庙坝6镇和滩头、落雁、牛寨、兴隆4乡。2021年末常住人口约为31.26万人。境内除汉族外，还居住着苗族、回族、彝族、白族等民族。

大关县·雄关古道

大关，西汉属犍为郡朱提县，东汉时属犍为属国。三国蜀汉时属朱提郡。东晋属宁州南广郡地。南朝齐为北朱提郡地。隋唐属恭州、协州。南诏时为拓东节度使阿旁部。宋为潼川府路。元为云南行省乌撒乌蒙宣慰司乌蒙路地。明为乌蒙府地，属四川管辖。清雍正改土归流后，改隶云南，雍正六年（1728）设大关厅。民国二年（1913）改厅为县，属滇中道；五年（1916）撤道，直属云南省府。中华人民共和国成立后，隶属原昭通地区，现昭通市管辖。

大关之名，始于雍正六年（1728）。当时为配合整个乌蒙、镇雄的

◆ 大关县城

改土归流，云贵总督鄂尔泰在昭通城北设大关厅，控制云南与四川出入的交通道路。但为何叫大关，则有不同说法。说法一，因其境内的关隘栅子门而得名，栅子门关镇坚固，故称大关；说法二，指其境内有险可守，关寨重叠，故而得名；说法三，大关不是单指一关，而是指其境内有诸多大小关口，足称一"大"关。说法各异，但都说明大关县所处地理位置之重要，所修关隘之险峻坚固。民国时期修纂的《大关县志稿》记载本县地理形势时说："大关……原为昭通分防，地居其下。在未分治以前，直接川南一带，据西蜀之上游，滇南之门户……势若建瓴，据高驭下，两山夹峙中，乃川滇孔道，直抵昭城。"

"两山夹峙，川滇孔道"一语，准确地概括了大关的地理。关河由南向北流经此处，笔架山、翠屏山两山对峙，形成了狭长的河谷。从秦代五尺道，到现代的国道、高速路，都是沿着这条河谷修筑。跨越两千年，技术天差地别，但古代和现代的工程师们作出了同样的路线选择，可见大关的地形对道路的影响有多大。秦朝五尺道所经之处的大关垴、云台山、老鹰岩、栅子门等都极为险峻，大关垴陡坡壁立，有如云梯，需拐过48个之字形弯才能到达崖顶。栅子门在城南3里外大关河东岸灵官岩，长2000余米，高数百米，险峻非常，易守难攻。清雍正八年（1731）改土归流之时，怀远将军刘昆进剿乌蒙，受阻于栅子门，久攻不下。后乘黑夜，在羊角上绑上火把驱赶羊群上山，诱使守军将滚木礌石等守城物资投放殆尽，方才能抢关破寨。至今栅子门滤子岩岩壁上，还留有刘昆"夜破此关"的石刻铭文。

大关以"关"为名，其下还有很多带"关"字的小地名，如小关溪、关口、大关寨、大关垴等，而关隘需要兵丁驻扎守卫，于是小寨、上都寨、寨子村、大寨村、中寨堡、营盘村、营底、辕门街、旗子堡等地名也随之而生。从这些地名上，即使没有去过大关的人，也能从中想象到当年雄关之险固，盘查之森严，行路之艰难。

大关治所原本在雄魁垴，后来移到了翠屏山的老城，再后来又移到了现在的位置，那时还叫养马坝。再再后来养马坝改名大关城。再再再后来大关城又改名叫笔山镇、城关镇，到了1982年，终于定名翠华镇。为什么是翠华镇呢？因为城东有翠屏山，翠屏山上有翠华寺，翠华寺里产翠华茶，翠华茶远近闻名，县城由此得名。从大关城到翠华镇，军事色彩渐渐淡去，生活气息日渐浓厚，大关人还在槽田、翠屏村、细沙村、甘河村、小河边、核桃坝、火草坪等地方劳作生活、繁衍生息。鱼田村因为有一鱼塘，后改为水田而得名。鱼孔村因为此地一山泉洞内有鱼出没而得名。大关还有一个地方叫鱼堡，和鱼田、鱼孔一样是因为筑堡垒的地方有鱼而得名吗？其实不然，这个"鱼堡"是彝语"益博"的译音，意思为有水的地方。地名就是这样，不详加探究而望文生义，很容易就闹了笑话。

> **· 资料卡 ·**
>
> **大关县：**在昭通市中部，是昭通市唯一的腹心县。东北与盐津县接壤，东南与彝良县相连，南与昭阳区接界，西北与永善县毗邻。全县面积1721平方千米，辖翠华、玉碗、木杆、吉利、天星、高桥、寿山、悦乐8镇和上高桥1乡。2021年末常住人口约为20.59万人。境内除汉族外，还居住着苗族、彝族、回族、白族、布依族等民族。

永善县·三迁县治

永善，西汉为朱提县地，属犍为郡，东汉属犍为属国，蜀汉时为朱提郡地，西晋属益州朱提郡南广县，东晋至南朝属宁州朱提郡河阳县。隋属剑南道戎州开边县，唐初属剑南道戎州，南诏时期为拓东节度管辖地。宋属潼川府路。元代为云南乌撒乌蒙宣慰司乌蒙路。明代北部属四川马湖府地，南部为乌蒙府地。清雍正五年（1727）改隶云南，六年（1728）正式设县，定名永善，取地方永久安平，民众平和善良之意。乌蒙府改称昭通府后，归昭通管辖。民国二年（1913）属滇中道管辖；五年（1916）废道，直属省；三十一年（1942）属第一行政督察区。中华人民共和国成立后，属昭通管辖。

永善县设县不到300年，但治所却变更过三次。清雍正六年（1728）初设县时，县治在米贴，位于今永善县中部的黄华镇。"米贴"是彝语，

"米"为天，"贴"为南，直译为南天，在彝语中意思为打仗出名的地方。雍正八年（1730），乌蒙土府反叛，云贵总督鄂尔泰集滇、川、黔三省兵力会剿叛军于米贴，米贴县城被毁，县治迁往南边的台都，即今天的莲峰镇。

关于莲峰成为永善的县治，还有一个在当地流传的曲折故事。当时对于县治应当迁往何处，曾存在两种意见。一种主张迁往黄坪，黄坪在金沙江边，是滇铜京运的入江码头，人烟稠密、商贾云集，贸易繁盛。另一种主张迁往柯榔，柯榔位置高，平地多，易守难攻，适宜建城。两种意见各有道理，不相上下。怎么办呢？最后有老者提出，以称土比重的方法来定夺，哪里的土重，说明哪里的根基更牢固。称土的结果，柯榔胜出。于是决定在柯榔筑城。可是，当工匠刚开始动土伐木时，工地上突然聚集起无数的乌鸦，漫天飞舞，还叼起工地上的树枝飞走。人们循着乌鸦追去，发现在五莲峰下台地里，乌鸦衔来的树枝已经堆积如山。人们将其视为吉兆，于是城址最终选在了这片台地，因为在五莲峰下，遂改名莲峰。莲峰一直作为永善县治所在，直到中华人民共和国成立两年后才迁往他处，因此莲峰又被称为老永善。

1951年永善县治迁至井田镇。井田镇靠近县境西北边界，并不在县域的中心，作为一县的中心在地理位置上不如莲峰。但是，随着军事色彩淡

◆ 永善县溪洛渡水电站（王耀财 摄）

去，和平年代建设成为主流，关防险固让位于交通便利，靠近金沙江，能够借助便利的水运是此次永善县治搬迁的重要原因。新的县城所在地因为四面都是高山，集镇在低处，如直下井底，一开始叫井底镇，清雍正年间在此设营驻军，这支军队也被称为井底营。民国年间，井底镇改名为井田镇。1965年井田镇改为景新镇，保留了原来地名中的"井"字音，雅称为"景"字，取景象更新之意。

2002年，景新镇又更名为溪洛渡镇。溪洛渡得名是因为此处井底小河由高到低汇入金沙江，当地人称之为落入；入口处有渡口，故称溪落渡。后因要在此申报建设巨型水电站，并用此地名作电站名称，其"落"有落选之意，经三峡公司与永善、雷波两县商议，将"落"改为"洛"，统一使用"溪洛渡"这一地名。设县之初将县治放在米贴，是因为改土归流的需要，由米贴迁到莲峰是因为战乱，由莲峰迁到景新，是因为景新在金沙江边，有金沙江的水运便利。那景新改名为溪洛渡又是因为什么呢？是因为溪洛渡水电站。

2002年，溪洛渡水电站立项开建，同年，永善县的治所更名为溪洛渡街道。随着溪洛渡水电站的开工，县城成为水电站建设的生活营地和指挥中心。大量的人流、物流、资金流涌入，永善县城迎来了飞速发展，城市面貌日新月异。"溪洛渡"作为巨型水电站名，又是县城所在地地名，成为了永善最响亮的名片。

> **永善县：** 位于昭通市区西北部。东与盐津、大关两县毗邻，南与昭阳区相连，西隔金沙江与四川省凉山彝族自治州雷波、金阳两县相望，北与绥江县接壤。全县面积2778平方千米。辖溪洛渡、永兴2街道，桧溪、务基、黄华、莲峰、茂林、大兴、码口7镇，团结、细沙、青胜、水竹、墨翰5乡和马楠苗族彝族乡、伍寨彝族苗族乡。2021年末常住人口约为34.38万人。除汉族外，境内还居住有彝族、苗族、回族、白族等民族。

绥江县·大江东转

据《绥江县志》记载，绥江西汉建元六年（前135）属犍为郡；元封二年（前109）属犍为南部朱提县（治所今昭通市）。东汉、蜀汉时属朱提郡。隋属恭州、协州。唐武德元年（618），改犍为郡为戎州；贞观六年（632）属骋州、浪州。元至元十三年（1276），绥江就作为四川马湖府所在地和茶马古道水陆交通要道，热闹非凡。清雍正七年（1729），割屏山县属金沙江南岸百四十里（今绥江全境）归乌蒙府，正式属昭通；清雍正九年（1731），设副官村分防，归永善县辖；清宣统元年（1909），经清王朝核准设正县，名"靖江县"，归属云南昭通府。次年奉命改为绥江县。

民国元年（1912）绥江县仍属昭通府。民国二年（1913）废府，属云南迤东道；十八年（1929），县署改名县政府，归云南省第一行政区管辖。1949年12月16日，县长曾道铭奉云南省政府电令宣布和平起义。1950年6月19日，中国人民解放军进驻县城。同年7月19日，中国共产党绥江县委接管县政府，成立绥江县人民政府，归云南省昭通专区管辖。

绥江地势南高北低，大山林立，沟壑纵横，只有北部金沙江河谷地区相对平地较多，适宜人群聚集生活，人们依托金沙江繁衍生息。金沙江在绥江人口中被称为"金河"。此"金"与其说是河水中的沙金，不如说是因为航运便利而带来财富的金银。明清时期，金河成为采办"皇木"的重要运输通道，清代滇铜京运，金河也贡献尤多。滚滚金沙江成为绥江人的母亲河，绥江五镇之中，有四个都位于金沙江边。

其中，南岸镇尤其值得说道。"南岸"这个名称，最早出现在元至元十三年（1276）。这一年，四川马湖路总管府将府治设在了马湖江（金沙江）之南，因名"南岸"。至今南岸还残留着马湖路总管府府衙的基石、椽架、柱石等文物。在昭通境内一路北流的金沙江在南岸镇转了个斜斜的Ω弯，从此由北向东，成为一去不复返的东逝水，"长江东转处"也成为绥江最为独特的地理坐标与名片。南岸镇就坐落在在这个"Ω"的小圈圈里，小镇三面环江，地理位置独特，扼控金沙江，被誉为"长江东转第一镇"。有意思的是，虽然名字中有个"南"字，但南岸镇其实是昭通的最

◆ 绥江县县城（绥江县委党史研究室 提供）

北端，是"云南鸡冠的冠尖"。

从南岸镇沿金沙江东下，依次为中城镇（绥江县治所在）、新滩镇、会仪镇。因为金沙江航运的便利，在明清时期有许多不同地方的商贾往来，加上"湖广填四川"浪潮里，大量来自内地的移民迁徙定居到绥江，来自巴蜀、荆楚、闽粤的文化在绥江汇集。移民们为缅怀故乡，以籍贯为纽带，修建会馆。加上衙署商铺、寺庙道观等，绥江老城便集中了许多明清时期具有川滇特色和江南风格的建筑，一派古城风貌。进入二十一世纪，因为下游向家坝水库的建设，绥江县的一城和四镇都需要整体搬迁，新县城迁往距离老县城半公里的后山。2012年10月14日，绥江老县城沉入水底，金沙江覆盖了这片土地，无数人在江边用相机记录下这个时刻。新的绥江县城高楼林立，车来人往、昼夜忙碌。

中城镇的下游是新滩镇，新滩之名，是因为从前山洪爆发，溪沟两旁堆积出了沙滩，故称为新滩。但同样是因为向家坝水库建设，新滩镇整体迁至下游10千米外的石龙村。或许多年以后会有人奇怪，没有沙滩的地方为什么会叫"新滩"？

会仪镇因会仪溪得名，会仪溪最早叫悔泥溪，后在明代末年雅称为悔仪溪，清代改称会仪。

南岸、中城、新滩、会仪都因为向家坝水电站的建设而有或远或近的搬迁，旧房子被拆除，生活在其上的人们迁居它处。而随着时间流逝，凤池坝、大沙坝、石龙建设坝这些被淹没的土地，它们的名字也会渐渐消失在历史的长河之中。

> **· 资料卡 ·**
>
> 绥江县：位于昭通市最北端。东与水富县接壤，南与永善县接界，东南与盐津县相连，西、北隔金沙江与四川省宜宾市雷波、屏山县相望。全县面积761平方千米。辖中城、南岸、新滩、会仪、板栗5镇。2021年末常住人口为13.34万人，境内除汉族外，还居住着彝族、苗族、白族、布依族等民族。

水富市·滇北大门

水富市，是昭通最年轻的市。位于云南省东北端，地处长江、金沙江、横江交汇地带，地扼滇川往来之要冲，素称"云南北大门"，是水麻高速和内昆铁路云南部分起始点。建县前，水富市地域归属不一，历史上没有独立建置。秦汉时为僰人生活区域。隋开皇六年（586）属开边县。宋乾德五年（967）废开边县入僰为郡僰道县；北宋政和四年（1114）改僰道县为宜宾县，治辖水富地区。

民国元年（1912），境域分属宜宾、盐津、绥江所辖。1974年，原属四川省宜宾县的水东、水河和安富三个公社划归云南，取水东、水河的"水"和安富的"富"，成立水富区。1981年，又将原属盐津县的两碗公社，绥江县的太平公社、新安、新寿划入，正式设立水富县。2018年9月7日，经国务院批准撤销水富县，设立县级水富市。水富市，由云南省直辖，昭通市代管。

为什么在上世纪七八十年代，要将分属不同区域甚至是不同省的地区捏合在一起新设立一个县呢？起因是一个重大的国家项目。1974年，国家拟定在云南建设一个大型化工厂，因水路方便大件运输、离已通铁路近、离四川气源近等因素，与云南境内金沙江下游几个地方比选后，选址在当时还属四川宜宾县的安富公社滚坎坝。云南提出协调划地，四川想到十多

◆ 水富城市一角（曾光祥 摄）

年前在渡口建设大型钢铁厂时得到了云南的支援，表示同意，将水河、水东、安富三个公社划给云南。在此的十多年前四川设立攀枝花市时，得到了云南的大力帮助，原本一些属于云南的土地因为建设大型钢铁厂需要而划给了四川。川滇先后建厂，互相支援，共同发展，成就一段互帮互助调整行政区划的佳话。

水富之名，诠释了水富的发展历程。

水富之水，首推金沙江。随着我国长江航道的建设（2002年），长江干流航道从宜宾向上游延伸28千米，到达水富港。水富港是万里长江第一港，也成为云南最大的内陆港。水富港，是云南融入长江经济带的门户，金沙江航运的枢纽。云南的物资可以通过长江水运顺流而下，可直达太平洋，走向全世界。

水富之水，第二是横江。横江又名关河，古称朱提江。横江是川滇交通的重要水路。清代时修建京城的皇木、铸造货币的铜料，都经由横江源源不断运往北京和其它地方。水富县城所在的云富镇，高悬在县境东北角，就是因为这里是金沙江和横江汇合之处。

水富之富，首推化工。水富因云天化建厂而设。云天化当时便是国家重点工程，目前已逐渐发展成中国500强企业之一，中国化工百强企业，化学原料及化学制品制造位居全国第七。云天化的发展助推了水富的发展。其影响力不仅仅是在经济方面，它对当地的改变也是深刻的。如水富县城的名称"云富镇"，其"云"字，正是取云天化之首字而来。云天化的一些附属单位，如云天化中学、云天化体育馆都已经成为当地的地名。

水富之富，其二在水电。金沙江在水富境内落差大，除发电外，还兼具改善通航条件、防洪、灌溉、拦沙等功能。

水富之富，其三在交通。除前面已经说到水运外，水富同时还通铁路、高速公路，是内昆铁路进入云南的第一站，是水麻高速的起点。有趣的是，水富人如果坐飞机出行，不会到昭阳区的机场，而是会去四川的宜宾——水富距离宜宾机场仅有30千米。虽然是省外的机场，但从便利程度来说，水富是云南唯一的公路、铁路、水路、航空、天然气管道"五通"县级市。

· 资料卡 ·

　　水富市：位于昭通市北隅。东隔横江与叙州相望，南与盐津县接壤，西与绥江县接界，北隔金沙江与屏山县相望。全市面积439.95平方千米。辖云富街道和向家坝、太平、两碗3镇。2021年末常住人口约为10.06万人。除汉族外，境内还生活着彝族、苗族、回族等民族。

曲靖市
——珠江之源，爨乡福地

曲靖位于云南省东部，地处滇、黔、桂三省结合部，在历史上一直是兵家防御守卫要地，辖区内多条铁路、国道贯通全境，是多数省（区、市）进出云南的门户和中国面向南亚、东南亚开放的陆上通道。素有"滇黔锁钥""云南咽喉"的美誉。

曲靖一名，由古代政区曲州、靖州各取一字合并而来，作为政区名使用已有近千年的历史。

其最早见于初唐时期，《新唐书·南蛮传下》载："两爨蛮。自曲州、靖州西南昆川、曲轭、晋宁、喻献、安宁距龙和城，通谓之西爨白蛮；自弥鹿、升麻二川，南至步头，谓之东爨乌蛮。"唐在爨地（今昭通一带）设曲州和靖州，但天宝年间唐与爨氏因筑城安宁而发生矛盾，最终导致了南诏进兵滇东，兼并了爨地。《蛮书》《新唐书》在记载这一史实时将曲、靖二字连用，即"自曲靖州、石城、升麻、昆川南北至龙和……"，但其中所述之地并非今曲靖地区。到了元代，因认为"曲、靖二州在汉为夜郎味县地"（味县即今曲靖地区），于是在至元十三年（1276）将该地区"改曲靖路总管府"，后此名又沿袭成府、县、市名。

现在，经历史地理学学者的梳理考证，已知曲靖路、曲靖府系元代误认唐代曲州、靖州在今曲靖地区而得名。曲靖的得名跨越近千年才溯源正误，可以说是地名沿革上少有的大乌龙！此名还有其他说法：唐代曲州和靖州原有居民迁至新地（今曲靖地区），为怀念故土而名曲靖等，但元代误解命名一说更具说服力，为主流观点。

"千里珠江，源头起航"，曲靖是珠江之源地。为考证珠江之源，明

◆ 曲靖南城门

代著名地理学家、旅行家徐霞客曾两次进入曲靖探源揭秘，在《盘江考》中指出"南盘江自沾益州炎方驿南下"。20世纪80年代，水利部经过五次勘察考证，确认珠江正源在今马雄山。曲靖境内山峦起伏，河流交错，会泽大海草山、罗平九龙瀑布、师宗凤凰谷、宣威尼珠河大峡谷、陆良彩色沙林等著名景区及会泽黑颈鹤国家级自然保护区，诉说着3000多米海拔高差带来的独特自然风貌；乌蒙山、南盘江、牛栏江、陆良坝子、沾益天生洞、天生桥石臼群等都是高原山地和喀斯特地貌的独特形态。"地当黔蜀之冲，山接乌蒙之险"，造就珠江源大地"一脉开两盘，一水滴三江"的地理奇观。

"珠流南国，得天独厚。沃水千里，源出马雄。"马雄山上生机盎然，珠江源流水潺潺，源源不断地滋养着珠江流域的代代子民，塑造着曲靖大地的文化之魂。早在10万年前就有人类在南盘江流域生息繁衍，马雄山珠源人下颌骨化石遗址、宣威格宜尖角洞新石器时期洞穴遗址、富源癞石山旧石器遗址和曲靖珠街八塔台等古文化遗址，是石器时代南盘江流域一带有人类足迹可寻的最好证明。庄蹻入滇伊始，作为"靡莫之属"的曲靖就成为古滇国腹心地带。"七擒孟获"古战场、诸葛亮与孟获石宝山会盟地、三军南征记功碑等古地名反映了三国时期诸葛亮南征史迹与传说……

千年的历史发展和沧桑巨变，给曲靖留下了深厚的历史人文积淀，形成了贯穿珠江源头地区历史发展过程的绚丽多姿的文化成就，爨文化更是其中的典型代表。据传，清乾隆四十三年（1778），一块古朴的碑刻在南宁县（今曲靖麒麟区）越州出土，这块碑刻就是《爨宝子碑》，全称为《晋故振威将军建宁太守爨府君墓碑》，又称"小爨碑"。其用笔结体在隶楷之间，康有为评其"端朴若古佛之容"，"朴厚古茂，奇姿百出"。它一经发现便引起人们极大的兴趣，阮元称它为"滇中第一石"，康有为称其"已冠古今"，被誉为"南中瑰宝"。

至道光初年，时任云贵总督的阮元嗜好金石考证，经查闻名海内的《爨龙颜碑》在陆良州（今曲靖陆良县）。他十分激动，为探寻碑刻真迹，奔赴陆良访碑，在当地村民的指引下，始发现此碑躺于荒阜上，于是他在碑后作跋，高度赞誉了《爨龙颜碑》的书法艺术价值。该碑现存于陆良县彩色沙林西面3千米的薛官堡斗阁寺内，因其碑大字多，又称"大爨碑"。其碑文追溯了爨氏家族的历史，记述了爨龙颜的事迹。康有为对此碑推崇备至，说此碑"与灵庙碑同体，浑金璞玉，皆师元常实承中朗之正统"，并在《碑品》中将爨龙颜碑列为"神品第一"。大、小爨碑以永恒的材质，书写着珠江源头地区的山河旧样，记录下南中大地400余年的沧海桑田，而"爨体"为隶书向楷书的过渡字体，堪称中国文字演变的活化石，是中原文化同云南少数民族文化交融荟萃的产物，是辉煌灿烂的爨文化最好的证明。

一条条河流，一片片土地，一个个地名，是记录曲靖社会历史和文化的活化石，是绝美曲靖壮丽风光、灿烂文化的缩影，展示了这片土地上喀斯特山水等地质奇迹，解构了南中大地上文明密码的起源，擦亮了曲靖"二爨之乡""珠江之源"古老多姿的城市名片，诉说了这片地域高原民族风情、独特地域文化的魅力所在！穿越历史的烟尘，经过改革的洗礼，作为云南省第二大城市的曲靖，正开启新的征程，不断努力建设成为名副其实的云南副中心城市！

曲靖市: 地处云南省东部,滇、黔、桂三省结合部。东接六盘水市、黔西南布依族苗族自治州和百色市,西与昆明市接界,南连文山州、红河州及昆明市,北与昭通市、毕节市毗邻。全市面积28900平方千米。辖麒麟、沾益、马龙3个区和富源、罗平、师宗、陆良、会泽5个县。2021年末常住人口约570.1万人。境内除汉族外,还居住着彝族、回族、壮族、苗族等民族。

麒麟区·祥瑞福地

麒麟区,一个年轻、美丽又吉祥的名字。秦通道置吏。西汉元封二年(前109)设味县,隶属益州郡。三国蜀汉至唐代天宝年间,味县历为庲降都督、南夷校尉、宁州、南宁州治所。唐永泰元年(765)南诏置拓东城,爨氏统治结束;唐贞元十年(794)设置石城郡于味县,属拓东节度。大理国时期仍置石城郡,属善阐节度。元至元十三年(1276)改石城千户所为南宁州。

至元二十二年(1285)改南宁州为南宁县。明、清属曲靖府,以南

◆坐落在麒麟区的曲靖五馆一中心

宁为府治。民国二年（1913），裁曲靖府，设曲靖县。1950年3月，建立县级人民政权。1958年4月和11月，先后撤销沾益县、马龙县建置，所辖区域并入曲靖县。1961年4月、1965年7月先后恢复马龙县、沾益县建置。1983年9月9日，撤销曲靖县、沾益县建置，设立县级曲靖市。1997年5月6日，国务院批准撤销曲靖地区，设立地级曲靖市；撤销县级曲靖市分设麒麟区、沾益县。1998年3月26日，麒麟区人民政府挂牌。

麒麟区以麒麟山得名，那麒麟山在哪里呢？遍寻其踪，如今在地图上已无法辨认其具体位置，仅可从一些史料中看到蛛丝马迹。清咸丰《南宁县志》载"一在城外东北麒麟山……一在麒麟山下三道巷"，《云南省曲靖市地名志》中也提到，麒麟山位于原县级曲靖市城关街道办事处西北乡驻地东北，即现曲靖市气象局所在的山头。

从相关记载可知，麒麟山位于曲靖老城北，本不是当地的著名山丘，缘何与行政区划名称紧密联系呢？

麒麟山的得名源于一个美丽的传说，很久以前，由于沧桑巨变，曲靖坝子连年干旱，民不聊生。麒麟仙子目睹惨状于心不忍，她为救世济民，骑着麒麟降临在曲靖的一座无名小山上，手捧宝瓶，遍洒甘霖，滋润了大地，浇绿了田畴，拯救了百姓，让人们过上幸福安宁的生活。为纪念麒麟仙了造福百姓的事迹，人们将她降临的无名小山丘取名为麒麟山。另一说法是麒麟仙女为民久安，临走时留下坐骑麒麟降临小山丘，以护佑民众，故这座小山被命名为麒麟山。无论是哪个故事，都是曲靖人民对未来生活的美好期盼。

随着经济发展与社会变迁，曾经草木繁茂的麒麟山，已在城市建设中消失不见，只剩麒麟巷穿越其间，麒麟巷把南宁北路和麒麟南路连了起来，也恍如把曲靖的过去与现在连了起来。

如今，进入曲靖市中心，一座秀逸的仙女雕塑便赫然在目，她神态安祥地坐在麒麟背上，怀抱宝瓶，眉宇间洋溢着胜利的信念和美好的祝福，环绕的麒麟池中有八个天真可爱的嬉戏顽童群雕。曲靖人民对"麒麟"二字情有独钟，曲靖城又被称为麒麟城。以麒麟命名桥梁、村庄、道路、公园、居民点等，有以麒麟仙女雕像为中心的麒麟花园环岛，以及延伸的麒麟东路、麒麟西路、麒麟南路、麒麟北路等街道，还有麒麟桥、麒麟水乡、麒麟公园等地名。

麒麟区是亚洲人工栽培稻的发源地之一，属爨乡胜地，被誉为"鱼的故乡"。光阴流转，古老的影像在眼前徐徐掠过，爨宝子碑、大理国段氏与三十七部会盟碑、珠街八塔台古墓群、三宝罗汉山和越州横大路古墓群，都在轻声述说着麒麟区的历史故事。时光飞梭，人文历史的丰厚气韵扑面而来，古稻耕作文明发源地和鱼的故乡如今有了新时代的模样并焕发勃勃生机，千年"鱼米之乡"带着"麒麟"的祥瑞，正走向灿烂辉煌的未来。

沾益区·利益均沾

饮水思源，生活在珠江流域的人民，明代以前一直在探寻母亲河珠江的发源地，直到徐霞客在《盘江考》中指出"南北盘江，余于粤西已睹其下流，其发源俱在云南东境……今以余所身历综校之，南盘自沾益州炎方驿南下，经交水、曲靖，南过桥头，由越州、陆良、路南南抵阿迷州境北"，人们才恍然知晓，珠江之水源于曲靖沾益区。

沾益山接乌蒙之险，地控黔蜀要冲。秦修五尺道即经沾益，唐置西平州，治今沾益，西平州城即为沾益州城之始，后改州治为盘州。沾益老城系大理国时期磨弥部蛮蒙提所建，名易陬笼。元至元年间（1335—1340），置沾益州，领交水县（今沾益县），治易陬笼，更名交水城，明天启三年（1623），选新址筑沾益城池约0.4平方千米，于清代4次修葺沾益城池。民国二年（1913），裁府改县，沾益州改为沾益县。中华人民共

◆ 珠江源（李春 摄）

和国成立后，沾益区"三分三合"。1958年4月，沾益、曲靖两县合为曲靖县；1965年7月，沾、曲分为两县；1983年9月，合曲、沾两县为县级曲靖市；1997年5月，曲靖地区撤销，设地级曲靖市，原县级曲靖市分设麒麟区和沾益县。2016年6月，沾益撤县设区。

沾益之名，始于元代。1956年汉字简化方案公布，始改"霑益"为"沾益"。其地名来源有两说：一为"利益均沾说"。据民国《宣威县志稿》卷二舆地志载："霑益土州，亦划出一线官道，置千户所，以属之卫。其曰后三所者，按之《明史》各卫千户所有所谓前前所、后后所者，乌撒后方辽阔，又益以霑益领土，使别为一千户治所。仍统于乌，顺序数之，当得斯称也。普垢刷归顺，元世祖即以其地封之，而改同州县之制，命曰沾益，意盖从宽处理，使得均沾利益也。"沾益，取"利益均沾"之意。二为"沾沾俄格说"，此说从少数民族语角度出发，认为沾益就是"沾沾俄格"的"沾"与"白彝"的"彝"的合写。其中"沾沾俄格"，意为阿佐赤家的地方，即白彝人。彝语称为阿着底，汉语称为沾益府。彝族称为"夷"，取谐音"益"而名沾益。目前学界根据文献记载进行研究，大多倾向"利益均沾"之说。

沾益区交通优越，素有"入滇锁钥""入滇门户""入滇第一州"

之美誉，被称为"云药之乡"。辣子鸡、彝族的叠脚舞、"三月头马"文化、对山歌、传统刺绣工艺和回族的"红灯"演艺，让这片热土充满可爱可亲的人间烟火。行走在这一方水土间，立马雄以俯瞰，看北盘之曲折，牛栏之飞泻，南盘之蜿蜒；感受花山湖的温润如玉，海峰湿地的恬静迷人，德泽水库的深沉内敛……大地山川之美让人心潮澎湃。置身于五尺道九龙山段含毒水石刻、松林古驿城、滇黔古道白水段等古驿道遗址，文化源远流长之感充盈于胸。古驿道上斑驳的印迹见证着先人筚路蓝缕的奋斗精神，沾益籍人桂涛声撰写的《在太行山上》浑厚而激昂的歌词，激励着沾益人民不畏艰险、勇于进取，让沾益更加美丽辉煌！

> **· 资料卡 ·**
>
> **沾益区：**位于曲靖市中部。东邻富源县，南连麒麟、马龙两区，西接会泽县、寻甸县，北与宣威市毗邻。全区面积2814.89平方千米。辖龙华、西平、金龙、花山4个街道，盘江、白水2个镇，德泽、菱角、炎方、播乐、大坡5个乡。2021年末常住人口约40.05万人。境内除汉族外，还居住着彝族、白族、壮族、苗族等少数民族。

马龙区 · 驻兵之城

马龙区"上瞰昆池之波，下控黔关之险"。古称铜濑（同濑），西汉元封二年（前109）置铜濑县，属益州郡。蜀汉两晋时沿称铜濑县，隶建宁郡。唐武德元年（618）更名同起县，属郎州（南宁州）。南诏时期为爨地曲轭川，属拓东节度。大理国后期称纳垢部，为三十七部之一，属石城郡。元初，改称纳垢千户，领易龙百户，属磨弥万户府。至元十三年（1276），改纳垢千户为马龙州，改易隆百户为通泉县，属曲靖路。明洪武十五年（1382），撤通泉县入马龙州，隶曲靖府。清代沿称马龙州，隶曲靖府。民国二年（1913），废州设县，称马龙县，1950年3月，马龙县人民政府成立，属曲靖地区专员公署。1958年10月，撤销马龙县建置，并入曲靖县，后恢复马龙县。2018年3月，经国务院批准，撤销马龙县，设立曲靖市马龙区。

关于马龙一名的来历众说纷纭，比较常见的则有三种：一为地缘说，以山得名。"在马龙城东有二山，名曰：金马山，玉马山；城西有二山，名曰：兴龙山，藏龙山"，取马与龙二字，有马跃龙腾之意。二为文学说，以词得名。南唐后主李煜《望江南》一词中有："还似旧时游上苑，车如流水马如龙，花月正春风。"马龙著名的"乐熙门"对联就是从这首词中引用来的，取其"马龙腾飞繁荣兴盛"之意。三为民族语地名说，据《元史·地理志》所载："马龙州夷名撒匡，昔僰剌居之，盘弧裔纳垢逐旧蛮而有其地，至罗直内附。于本部立千户，至元十三年改为州。即旧马龙城也，领一县。"而民国吕式斌著《今县释名》载："城名马龙，龙与笼同，蛮语谓城也，……马亦作麻。"由此可知"马龙"一语源于少数民族语，系彝语"麻笼"的近音演化，"麻"为"兵"，"笼"为"城"，全意为（土司）驻兵的城。三种说法，民族语来源一说贴合实际，文献记载详实，较为可信，承载了马龙更迭变迁的历史。

地录古今，名呈万象。与马龙一名的发展变迁相似，马龙境内许多地名也是地域和历史文化的反映。马鸣乡、纳章镇、月望乡等彝语地名，见证了马龙原住民悠久的历史；以田、营、屯、旗、所等命名的村落，是明初大规模移民屯田的印记；响水街、大海哨、高山铺、昌隆铺、红军哨、黄土坡、乌龙箐、白塔铺、红桥、狮子口、照和铺等铺驿哨关地名，是昔

◆ 马龙区诸葛南山

日辉煌的千年古驿道烙印。

马龙山河俊秀，清代中叶岭南三大诗家之一、时任曲靖知府的宋湘在《马龙州志赋》中有这样一番描述："山则卓笔多罗，横山涌翠。水则东河西洒，潆流一带；龙潭龙洞，叠荡四方。花则月桂长春，玉兰款冬，山樱夏艳，海棠秋熟。山茶石竹，水仙芍药，种种名葩，四处芬芳。人则多乔梓连科，棠棣树甲。"如今的马龙一座座青山绵延起伏，一条条河道两侧绿树成荫，一条条道路四通八达，一个个村庄被绿色环拥，绿树成荫，花红柳绿，群山拱翠，绿水环流。车水马龙上千年，驻兵之城沉默守候着生活在这里的一代又一代人。

宣威市·宣德立威

宣威火腿以地而名，民国十二年（1923），孙中山先生为宣威火腿题词"饮和食德"。其中"饮和"出自《庄子·则阳》"故或不言而饮人为和"，意思是感觉到自在，享受和乐；"食德"出自《周易·讼》"六三，食旧德"，意思是享受先人德泽。"饮和食德"体现出人与自然、个体与社会和谐统一的理念。

作为云腿之乡，宣威得名及演变过程是历史文化的缩影。宣威秦以前属古夜郎辖地，西汉置郁邬县，唐设麻州，元置沾益州。明洪武十四年（1381），为平定西南边陲，征南大将军傅友德由黔入滇，指挥讨伐乌撒之兵，筑乌撒卫后所土城置宣威关，寓意"宣播朝廷之威德"，以资镇慑。转眼到了清雍正四年（1726），云贵总督鄂尔泰以土官叛服无常

◆ 孙中山先生为宣威火腿题词"饮和食德"（宣威市地方志办 提供）

为由，参革沾益州土知州安于蕃，将安擒赴省城，请旨定罪，并于十月派人丈量土司所辖田亩。次年5月，取原宣威关之名析沾益州设宣威州，裁析原土司安于蕃所辖地分属沾益、宣威。宣威州之名沿用至民国元年（1912）。中华人民共和国成立后，在清理"带有歧视或侮辱少数民族性质"地名的第一次改名浪潮中，因认为宣威一名有"宣扬大汉天威"之意，故于1954年以宣威最高峰榕峰山为名，改宣威县为榕峰县，然而到了1959年，经国务院批准，榕峰县旋即恢复宣威县名。为何仅短短四年时间，宣威就两次易名呢？当地民间流传的说法是因为改为榕峰县后，破坏了多年来聚附在地名上的品牌资源，新的品牌"榕峰火腿"因更名突然滞销，出口海外不利，故恢复原名宣威县。1994年2月撤销宣威县，改设宣威市（县级市）。

宣威市山奇水秀，横亘市境的山脉属乌蒙山系，巍峨磅礴；分属长江水系和珠江水系的可渡河、革香河、小江等河流川流不息；神奇俊美的尼珠河大峡谷镶嵌其间。

依托地理、交通和区位优势，宣威市一直是兵家必争之地，是入滇咽喉要道之一，现存的可渡关遗址、二官营、来宾铺、上堡街、下堡街以及北盘江大桥，都深深烙上了宣威作为军事要地和古道雄关的印痕；随着历史发展和民族迁徙，因军屯产生的姓氏地名、汉语地名、混合语地名把宣威的历史记录在地名上；罗姑、得卡、格宜、得基、摩嘎、罗着、阿基卡等彝语地名历经岁月的洗礼，伴随着这片土地生生不息。

宣威是滇黔省际间重要的节点城市，被誉为"中国火腿美食文化名城"，开于秦代的五尺古道，像一个古老而顽强的生命体在崇山峻岭中攀行，刻满了宣威人民从古到今，走向未来的足印。盘江水暖，红土情深，一方水土养育一方人，红十军军长周建屏、商贾将军浦在廷、中央军委办公厅原顾问卓琳、开国将军徐文烈等优秀的中华儿女生于斯长于斯，激励着宣威人民将勤劳好学、踏实肯干、敢为人先的精神代代传承，为宣中华文明之威德奋勇前行！

> **· 资料卡 ·**
>
> **宣威市**：位于曲靖市东北部。东接贵州省盘州市，南连富源县、沾益区，西与会泽县隔牛栏江相望，北与贵州省威宁县、水城县山水相依。全市总面积6069.88平方千米。辖羊场、倘塘、田坝、海岱等13个镇，普立、得禄、西泽等7个乡，板桥、宛水、西宁等9个街道。2021年末常住人口约117.42万人。境内除汉族外，还居住着彝族、回族、苗族等民族。

富源县 · 物丰地饶

"彩云深处划滇疆，岭上茅分古夜郎"，悠扬绵长的诗韵，于轻吟浅唱间走近山川河海，揭开曲靖市东部富源县这座乌蒙山麓千年古县的神秘面纱。如诗如画的容颜背后，是滇南胜境的千古绝唱。富源地处"滇东门户"，境内矿产资源丰富，被誉为"八宝之乡"。

富源一地，秦属夜郎，汉晋称宛温，初唐为盘州平夷县。南诏、大理国时期先后为拓东节度、石城郡所辖。元设置罗山县和亦佐县。明洪武十四年（1381），征南将军傅有德由黔入亦佐境内，进兵曲靖，1382年亦佐县划归曲靖军民府辖。洪武二十三年（1390）因罗山县属军事要冲，四面皆蛮夷，须置卫所，遂撤罗山县置平夷卫，属云南都司。清顺治十四年（1657），废亦佐县为平夷县。康熙三十四年（1695），以平夷废卫、亦佐废县，为平彝县。关于"平夷"至"平彝"的变化，《平彝地志资料表册》

中载："平彝之名见于元，始推厥义，历代父老相传，此地夷多汉少，性甚顽梗，数兵以服之，故曰平夷。迨文化渐开，夷字殊不雅观，遂改夷为彝，平彝得名于此。"从资料中可以看出，"平夷"因当地少数民族众多得名，后因夷用字不雅遂改为彝。1954年，因"平彝"一名意为平定彝族反叛得名，有歧视少数民族之含意。又因昔日富源余家老厂因地藏无烟煤、硫磺、莹石、锑砂、食盐、雄黄、铜等地下资源，曾名"富源乡"，取"富源"二字替换"平彝"为县名，报经国务院批准改名富源县。

历平夷县、平彝县、亦佐县、平夷卫的名称，反映出富源曾是彝族聚居的地方，境内许多古老的村落和山寨都是用彝语来命名的，如"法土"彝语意为"白岩"，"墨红"彝语意为"红山水源之地"。"朵巴朵"彝语意为"做粑粑"，形象地描绘出村子坐落在圆圆酷似粑粑的山上，两侧山岭如两只手握住圆山的形象。作为滇东门户，清光绪《平彝县志·疆域》这样描述富源的地理位置："在曲靖一府有屏藩之寄，在全滇有喉舌之系。外控诸夷，内怀六诏。实云南踵难第一州也。"其特殊的地理位置和军事活动，让富源关哨卫所地名甚多，如胜境关、玉顺关、后所、东堡、扬威哨、山梨果哨、多乐铺等地名今仍使用。明代中叶以后，随着土

◆ 富源胜境关（李雨霖 摄）

流并治和屯田垦殖的进一步推行，汉族迁徙至富源的越来越多，以生肖属相、山水、地形地貌命名的汉语地名也频频出现，如马场、羊场、牛街、狗街、龙街、圭山、摩山、黄泥河等。近代，随着矿产资源的开采利用，富源又出现了老厂、新厂、旧屋厂、砂厂、沙营等以矿命名的村寨。历史与现实映照之间，地名串起的富源县过往，沉淀着历史的深意。

"千峰吐雾千峰景，放眼山川皆画岭。"乌蒙磅礴，云盘山、老黑山、十八连山绵延；盘江逶迤，块泽河、黄泥河、丕德河纵横。在这物华天宝之地，回看天开锁钥、雄关东峙、乌金烁光，说不尽的金戈铁马历史沉浮，道不清的漫漫古道缕缕墨香，都沉淀为富源勇往直前的动力，它正以崭新、昂扬的姿态阔步向前，扬帆起航、再创辉煌！

富源县：位于曲靖市东部。东邻盘州、西接麒麟区、沾益区，南抵罗平县、兴义市，北连宣威市。全县面积3251平方千米。辖后所、墨红、大河等9镇，古敢水族乡1乡，中安、胜境2街道。2021年末常住人口有66.62万人。境内除汉族外，还居住着彝族、水族、回族等少数民族。

陆良县·滇东明珠

南盘江长蛇舞动，龙海山峥嵘巍峨，陆良坝子如同一片荷叶，坐拥数百公里平川宝地之大美风光，冠绝南中。作为爨文化的发源地，陆良确实担得起人文胜地之名。

战国末期，"庄蹻王滇"开启了云南历史的古滇国时代。南盘江上游居住着"劳浸""靡莫"等部族，隶属古滇国。

西汉元封二年（前109），汉王朝征服滇国，设置益州郡，下设同劳县（今陆良县）等24个县。"同劳县"是陆良县作为一个行政区域进入史志的最早称呼。

蜀汉建兴三年（225），诸葛亮平定南中后，将南中"四郡"划分为"七郡"，改益州郡为建宁郡，将其郡治由滇池县（今晋宁）移至味县，

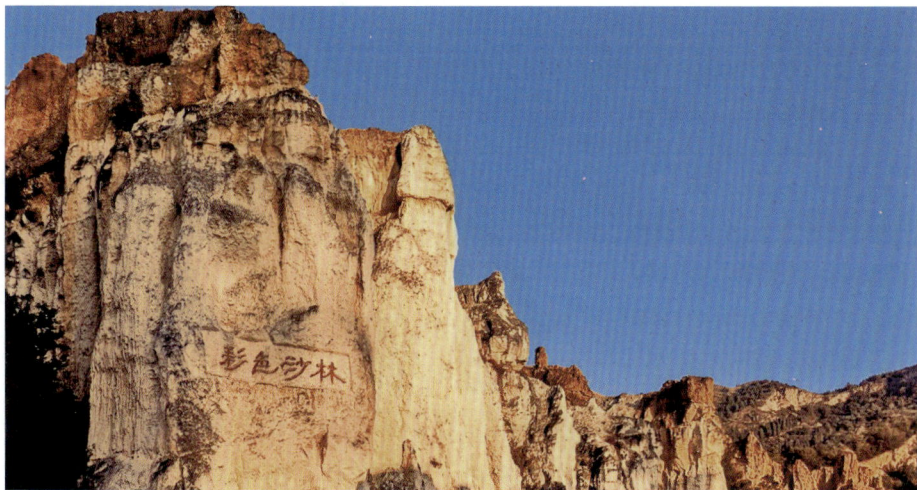

◆ 陆良彩色沙林（陆良县地方志办 提供）

并将军政机构庲降都督府由平夷县（今贵州毕节）移至味县。同劳县隶属建宁郡。之后，大姓爨氏在建宁郡逐步崛起，控制南中。

西晋泰始七年（271），晋王朝在南中设置宁州，为全国十九州之一，其治所仍设在味县。同劳县仍为建宁郡辖地。太康三年（282），晋王朝改"同劳县"为"同乐县"，意为"万民同乐"。东晋建兴五年（317），东晋建立。同乐县隶属宁州建宁郡。

南北朝时期，同乐县仍属宁州建宁郡辖地。南朝萧齐时期，宁州建宁郡治所由味县迁至同乐县，同乐县一度成为宁州的政治、经济和文化中心。延昌四年（515），北魏夺取了梁朝的益州，并招徕宁州，实际控制宁州地区的爨氏家族归附北魏政权。北周时期宁州改称为南宁州。

隋开皇三年（583），改州、郡、县三级地方行政制为州、县二级制。开皇四年（584），在爨氏的主要聚居地区设恭、协、昆三州。同乐县隶属昆州辖地。

唐朝建立后仍实行州、县二级行政设置，重新设置南宁州，州治所仍设于味县，同乐县隶属南宁州建宁郡。唐天宝七年（748），南诏灭爨，爨氏大部分被强行迁徙至永昌郡（今保山一带）。之后，同乐县被称为"爨鹿弄川""吾彦甸"。后晋天福二年（937），大理政权建立。大理政权以洱海地区为中心，统治着八府、四郡、东爨三十七部。"吾彦甸"改为"落温部"，隶属石城郡。

大理国天定二年（1253），蒙古军队灭大理国。设万户、千户、百户，实行军事辖制。在落温部设立落温千户，隶属落蒙万户府，万户治所设在今石林县。元至元十一年（1274），元在云南设置行中书省，行省之下设置路、府、州、县。至元十三年（1276），改"磨弥部万户"（治所在今麒麟区）为"曲靖路总管府"。落温千户设为陆凉州，下辖芳华和河纳二县，州治所设在今旧州。

明洪武十五年（1382），在云南设置都指挥使司，并设置布政使司，改"曲靖路总管府"为"曲靖府"，陆凉州隶属曲靖府。洪武十七年（1384），"曲靖府"改为曲靖军民府，陆凉州隶属曲靖军民府，州治所仍在今旧州。明永乐初，裁撤陆凉州下面的芳华、河纳二县。明朝在全国推行卫所制度。洪武二十二年（1389），沐英等因为陆凉地处西南要冲，请求朝廷在陆凉州设置陆凉卫，洪武二十三年（1390）设置陆凉卫指挥使司（卫城设在今旧城），统管军屯戍守。陆凉卫后来也称六凉卫。永乐五年（1407），六凉卫城迁至南盘江北岸，今陆良县城。

清康熙初年，"曲靖军民府"改称"曲靖府"，陆凉州、六凉卫名称及隶属关系未变。康熙八年（1669），朝廷"裁卫归州"，裁撤六凉卫，陆凉州署（今旧州）迁至卫城（今陆良县城）。

民国元年（1912），改州为县，陆凉州改为陆凉县。民国二年（1913），陆凉县改为陆良县。

从"陆梁"到"六凉"，再到今的"陆良"，几易其名的背后，深藏着不少故事。元时取夏属梁州之意故名"陆梁"。明之"六凉"之名，则有两种说法：一是取清凉之意。明洪武二十二年（1389），有部落酋长刘氏兄弟五人倡乱，西平侯沐英统兵剿之，时值六月，阴霾清冷，因有"信是深山六月凉"之诗句，遂易"陆"为"六"，易"梁"为"凉"，更名"六凉州"，后又因此地处滇东要隘，增设陆凉卫，属云南都指挥使司，"陆""六"二字同音，也写作陆凉卫。二是来源于陆良洪灾历史。历史上一段时期内陆良平坝水害频发，连年洪灾之下，一入此平川大坝，便眼观六路皆荒凉，故取名为"六凉"。今陆良大觉寺内千佛塔还有关于水患的传说，民间亦有"陆良陆良，平坝无水最荒凉，忽然一夜盘江水，旱地成河田成江"的顺口溜。"眼观六路皆荒凉"的描述，颇有诗画之荒凉意趣，然缺乏文献记载，故目前学界多取"气候清凉故名"一说。民国二年（1913），劝学所（教育局）所长陆良人牛星辉，以"凉"字"义薄不雅"，文嫌不驯，首倡呈请政府改"凉"为"良"，经省政府批准，更名为"陆良县"，取其谐音"陆良"二字雅义，以求百姓贤良方正，吉祥如意。

陆良是爨文化的核心区，素有"滇东明珠"之称。走进陆良，踏入彩色沙林，便可一眼万年，感受大自然的鬼斧神工所造就的地质奇观。在离彩色沙林西面3千米的薛官堡斗阁寺内，被誉为"神品第一"的爨龙颜碑风采卓然，它似一位饱经沧桑的老人，怀抱红土高原，任日月星辰起落，任历史风云翻涌，见证了中华文字的岁月锋芒，书写了南中爨氏称雄滇中的恢弘史诗，是爨氏英豪数百年间独步南中的最好证明。

肥美广袤的地域中，如今旧城烟柳依稀可辨，置身于万亩荷塘，品尝着麻依馓子、蜜香梨、陆良板鸭等人间美味，畅想着进入历史新篇章的陆良，以红色热土的星火燎原之势，创造属于它自己的辉煌和传奇。

· 资料卡 ·

> 陆良县：位于曲靖市南部。东与罗平县毗邻，南与师宗、泸西、石林三县相连，西与宜良县接壤，北与麒麟区、马龙区为邻。全县总面积1989.47平方千米。辖中枢、同乐2个街道，马街、三岔河、板桥、芳华、召夸、大莫古、小百户等7个镇，活水、龙海2个乡。2021年末常住人口约为59.06万人。境内除汉族外，还居住着彝族、白族、傣族等民族。

师宗县 · 人地同名

两行文字千秋史，一副对联百部书，"一楼何奇？杜少陵五言绝唱，范希文两字关情，滕子京百废俱兴，吕纯阳三过必醉。诗耶？儒耶？吏耶？仙耶？前不见古人，使我怆然涕下……"这幅名冠天下的"岳阳楼长联"为窦垿所著。窦垿是师宗人，清咸丰时期江西道监察御史、理学名臣，其著作有《示儿录》《铢寸录》《待焚录》《诗联一卷》等，统称

◆ 师宗县五龙水生态小镇（董彬 摄）

《晚闻斋稿》。清朝道光年间，曾为咸丰皇帝老师、翰林院编修的何桂珍，也是师宗人。何翰林忧思家国，著述颇多，投笔从戎39岁便殒命沙场。他著有《补辑朱子大学讲义》《大学衍义刍言》《训蒙千字文》等，其中《训蒙千字文》进呈咸丰皇帝阅览，并作为全国启蒙必读教材。

师宗出名人，师宗名出于人。南诏时期，有一爨蛮部酋首领名叫"师宗"，其祖原居于宕浪甸（今彩云乡槟榔村东南一带），后师宗占据匿弄甸（今师宗县城西华村一带），号师宗部，即今师宗县城所在地方，亦称匿弄村。师宗而立之年即成为师宗部中最有权威的首领。他骁勇善战，聪慧颖悟，曾率领族人浴血征战，开疆拓土，占据了古滇国东南境的大部分地区，结束了苦难的游牧式生活，开始以匿弄甸为中心定居。他励精图治，休养生息，部族发展相对稳定繁荣。此后他的名字逐渐形成部族名，又演化为州、县地名。师宗最终以人名化地名固定在这块疆土之上，世代相传，沿袭相承至今已有1200多年的历史。

往事越千年。早在3500年前，在师宗的热土上，就有人类生息繁衍。夏商时，属梁州之地，西周时为百濮属国。

秦汉时，漏卧古国分化成漏江县、漏卧县、宛温县、贲古县等。蜀汉两晋时隶属建宁郡。南诏时期为拓东节度所辖，大理国时先后隶属于善阐节度、石城郡。北宋元符三年（1100），为自杞国。元初设师宗千户，隶属落蒙万户，至元二十七年（1290）改为州，属广西路，是师宗作为州名的开始。明代仍为师宗州，属广西府。清乾隆三十五年（1770）降州为县，属广西直隶州。民国元年至十六年（1912—1927）设师宗县行政公署，隶属蒙自道。民国十六年（1927）取消蒙自道，直属云南省政府。1949年4月，隶属中共罗盘地委领导。1950年师宗隶属宜良专区，1954年改隶曲靖专区。1997年曲靖地区撤地设市，师宗县属曲靖市所辖。

除县名外，师宗还有以少数民族首领阿赞、者黑命名的居民点，其它少数民族语地名亦是不少。雄壁、竹基、瓦葵等乡级行政区划专名便是彝语地名，其中雄壁意为石山下的土官寨，竹基意为有小野鸡的松箐，瓦葵原名阿克，彝语"阿"为前缀词，"克"为石岩下的山坳，意即岩下山坳中的村子，后讹为瓦葵。历史的发展与民族的迁徙现在仍可从地名中一探究竟。

作为"帝师故里、楹联之乡"的师宗，至今翰墨书香、古风新唱、人杰地灵！大园子遗址、窦垿故居、何桂珍故居等承载着绵延不绝的历史文化。"三月三""踩花山""绑神猴"等民族风情演绎着美美与共的别样烂漫。菌子山、凤凰谷、翠云山等生态美景描绘着自然天成的壮阔画卷。历史犹存，未来已至，一个厚积薄发、无限潜力的美丽师宗将迈开新时代的步伐，书写更加灿烂的明天。

· 资料卡 ·

师宗县：位于曲靖市东南部。东与罗平县接壤，东南与西林县隔江相望，南邻邱北，西南与泸西县毗邻，北倚陆良县。全县面积2783平方千米。辖丹凤、漾月、大同3个街道，雄壁、葵山、彩云、竹基4个镇，龙庆彝族壮族乡、五龙壮族乡、高良壮族苗族瑶族乡3个乡。2021年末常住人口约为37.18万人。境内除汉族外，还居住着彝族、壮族、苗族、回族、瑶族等民族。

罗平县 · 璀璨罗平

每年早春二三月，天下桃李未芬芳，而此地已菜花烂漫，一片流金溢彩，驻足金鸡峰丛间，看山峦起伏、金台高筑，感受着罗平的好花好景好时节。

汉武帝元鼎六年（前111），置漏卧县，隶属牂牁郡。蜀汉两晋仍名漏卧县，改属兴古郡。隋为南宁州属地。初唐为盘州属地。南诏时期，罗雄所部崛起，强势一统，遂为诸部落首领。《元史·地理志》载："俗传盘瓠六男，其一曰蒙由邱，后裔有罗雄者居此甸，至其孙普恐，名其部曰罗雄。"罗雄者，相传为盘瓠后裔。大天兴国尊圣二年（929），东川节度使杨干贞篡政，建大义宁国。原通海节度使段思平举兵反。因力薄势单，遂借兵于乌蛮三十七部，罗雄部亦在其列。大理国建立后，封赏诸部，罗雄部得以久踞其地数百载。罗雄一部，兴于南诏、大理，衰于元，历六百余载，以"罗雄"作部族之名；元至元年间至明代中叶，又用作罗雄州之州名。明万历十四年（1586），明军平定土知州者继荣之乱，时滇抚刘世曾奏请改州名为罗平，寓平叛之意，并谏设流官治之，遂易"雄"为"平"，更名为罗平，以志其平叛之功。此后，罗平一名被沿袭用作州名、县名。

罗平，它的山川地域之名诉说着大自然的创造力，单听名字都不用出门，一幅大自然的绝世丹青之景赫然现于眼前：南盘江、九龙河、多依

◆ 罗平牛街螺丝田油菜花梯田（赵峰 摄）

河如玉带般蜿蜒环抱；腊山湖、玉带湖、万峰湖如明珠般镶嵌其中；白腊山、金鸡山、那色峰如青黛般点缀；九龙瀑布"三峡悬流"，恰似天河泻落……令人不禁感叹，真是好山好水好地方。

罗平境内不仅风景秀丽，一些民族语地名如布依语地名亦是神秘多彩。如多依河的"多依"系布依语，含义为产麻的地方；长底也是布依语地名，意为狭长的河谷平坝；八大河其实并不是八条大河，"八大"为布依语"八达"的变音，"八"为河口，"达"为河，意即两河交汇处。还有不得不提的便是鲁布革，1991年，我国第一个引进外资建设的水力发电站在云贵两省交界的深山峡谷之中建成并投产，它便是鲁布革水电站，因坐落于罗平县境内鲁布革居民点旁而得名。在上世纪八九十年代它曾创造出多项中国"第一"，被誉为中国水电基础建设对外开放的"窗口"电站。鲁布革亦是布依语地名，原名鲁补革，1992年更名为鲁布革。布依语"鲁"为柳树，"布"为水井，"革"为狭窄，意即峡谷中水井旁有柳树的地方。

这个"地球上春天最美丽的地方"，世界珍稀的三叠纪海洋生物化石库罗平生物群诉说着生命的奇迹，金黄的油菜花田年年璀璨，青山碧水依旧摇曳，布依族、彝族等世代耕耘，令人流连忘返、魂牵梦绕！置身其间，扑面而来的，便是此地历史文化的源远流长，民族风情的古朴浓郁，自然风光的秀丽迷人。如今，罗平人民正传承着鲁布革电站修建所带来的的冲击和思想解放，追随着时代呼唤，带着花的芬芳和春的希望，踏上创新发展的光明之途。

· 资料卡 ·

罗平县：位于曲靖市东南部，地处滇黔桂三省（区）结合部。东沿黄泥河为界与贵州省兴义市接壤；东南以南盘江、清水江为界，与广西壮族自治区西林县隔河相望；西南与师宗相邻；西至北界，分别与陆良、麒麟、富源三县（区）毗邻。全县面积3018平方千米。辖罗雄、腊山、九龙3个街道，板桥、阿岗、富乐、马街4个镇，老厂、钟山、大水井、鲁布革、旧屋基、长底6个乡。2021年末常住人口约有52.75万人。境内除汉族外，还居住着布依族、彝族、壮族、苗族、回族等民族。

会泽县·百川润泽

牛栏江扼其东，金沙江绕其西，绵延磅礴的乌蒙山腹地，会泽如同一颗璀璨的明珠，镶嵌在这危峦蠚巇、重围叠拥之间，风光旖旎、景色别致。民间自古将这些景致概括为会泽十景：翠屏春晓、饮虹云阵、蔓海秋成、青龙残雪、金钟夕照、龙潭夜月、石鼓樵歌、龙募桃花、水城渔笛、温泉柳浪。2009年会泽被《国家人文地理》推荐为中国108个绝美地标之一；2013年5月22日，国务院批复同意将会泽县列为国家历史文化名城。

会泽开发甚早。西汉建元六年（前135）以堂琅山为名，在此地设堂琅县，属犍为郡。蜀汉两晋改属朱提郡。隋朝属恭州地。唐初设唐兴县，属曲州。南诏后期置东川城。大理国时期设东川郡。元代为东川路。明代时为东川土府、东川军民府，改隶四川省。清康熙三十八年（1699）"改土归流"设东川府，雍正四年（1726）改隶云南省，雍正五年（1727）设置会泽县（驻巧家营），雍正六年（1728），鄂尔泰考虑到新设的会泽县"离府五站，小民输纳维艰"，又接着上疏把会泽县"改为东川附廓"，会泽县治从巧家迁往东川，府县同城。民国二年（1913），裁府留县，以府的原名为县名，称"东川县"；八年（1919），原东川县改为会泽县，沿袭至今。

"会泽"一名大有来头。清雍正三年（1725），任命鄂尔泰为云贵总督，鄂尔泰即着手准备滇东北的改土归流。雍正五年，鄂尔泰认为东川府地域辽阔，"实非一知府、一经历所能遍理"，而巧家营逼近乌蒙，离东川府较远，应当设立一县，并在《请添设东川府流官疏》中奏请："所设县治，请钦赐佳名，并勒部铸给知县、巡检印信，以专职守。"当年七月，清世宗批示：鄂尔泰奏疏所列，"均应如所请，从之。寻定巧家营新设县曰会泽。"虽赐地名，但却没说明取名缘由，徒留给后人无尽的揣测和谜思。一说是从皇帝内心出发，认为"会"与"惠"相通，取惠泽于民之意，故名；二说是赐名时县治在今巧家营，地处金沙江东岸，境内壁谷小江与金沙江会，车洪江与牛栏江会，至与鲁甸分界处牛栏江与金沙江又会，以数水所会定名，故曰会泽，有"会川以东、府治临泽"之意。

灵动的山水孕育了邓泰中、唐继尧、黄毓英、刘尧民、蒋开榜、刘文明等名人志士，让会泽大地文庙弦歌钟鼓之声不绝于耳，蟾宫折桂之

◆ 会泽县江西会馆的戏台（刘光信 摄）

人络绎于途。

铜矿的开采冶炼铸就了天南铜都的辉煌过往，东汉"堂琅铜洗"造于会泽，白铜工艺创于会泽，世界钱王"嘉靖通宝"铸于会泽，中华斑铜根于会泽，多省办铜聚于会泽。商民南来，赣文化、秦文化、楚文化、闽文化、川文化等不同地域多元文化在这里争奇斗艳。悠远历史、民族变迁和往日留下的辉煌印记至今可从湖广会馆、福建会馆、江西会馆、陕西会馆、娜姑镇、雨碌乡、者海镇、白雾村、铜厂沟等地名中寻觅，被誉为"天南铜都""钱王之乡"。

金沙江水依旧流淌，铜运古道依然弯弯，铜铃声声敲碎山间寂静，漫漫古道通往现代文明。远山如黛，隐藏在错落有致建筑群中的"猫拱墙"依然清晰可见，穿行于会泽古城，仍可隐约寻觅到明清时十省八府会馆的繁华烟云。

· 资料卡 ·

会泽县：位于曲靖市西北部，地处云贵川三省节点。东邻宣威市、威宁县，南与沾益区、寻甸县毗邻，西接东川区、巧家县，北与鲁甸县接壤。全县面积5886平方千米。辖金钟、古城、宝云、钟屏、以礼5个街道，娜姑、者海、矿山等7个镇，大海、老厂、五星、大桥等13个乡。2021年底常住人口约有78.37万人。境内除汉族外，还居住着回族、彝族、壮族、苗族等民族。

玉溪市

——滇中明珠，碧玉清溪

　　"玉溪"名字的由来，源于玉溪大河，因其形似玉带，溪水清澈如玉而得名。《水经注》所记的"桥水"即为玉溪河，在明代文献《大明一统志》《景泰云南图经志》中已称为"玉溪"，取其清流如玉之意。

　　玉溪市辖地，战国、西汉初年属古滇国核心地带。两汉时期，分属益州、牂牁两郡。蜀汉分属建宁、兴古二郡。东晋、南朝分属晋宁、建宁、梁水、兴古四郡。隋属昆州。唐初分属黎、钩二州。南诏时期，分属拓东节度、通海都督、河阳郡、银生节度。大理国时期时分属37部之罗伽部、步雄部、强宗部、嶍峨部、宁部、因远部及河阳郡、秀山郡（通海郡）、善阐府、银生节度。元设云南行省时，分属澄江路、临安路、元江路、中庆路。明时，澄江路改为澄江府，通海、华宁、峨山县属临安府，新设新平县隶临安府，易门县属云南府，在元江县设元江军民府。清时，新平县属元江直隶州，其余沿明制。民国废府、州，设道，属滇中道、蒙自道、普洱道，后撤道，县直属省。中华人民共和国成立后，1950年1月1日成立滇中专员公署，3月改称玉溪专区，辖玉溪、昆阳、晋宁、呈贡、澄江、江川、华宁、通海、河西、峨山、易门、新平12个县。1954年，原属蒙自专区的元江县划属玉溪专区。1960年，晋宁县（包括昆阳、呈贡）划属昆明市。1998年6月玉溪撤地设市，辖红塔、江川、通海、澄江、华宁、易门、峨山、新平、元江9个县区。

　　玉溪是生命起源地，"二十世纪最惊人的科学发现"——澄江帽天山古生物化石群，生动再现了5.18亿年前地球生命大爆发的生命奇观。那里埋藏着寒武纪时期的生物化石，动物群达20个门类、280个物种，涵盖了从海绵动物到脊索动物，几乎现今动物所有门类的远祖代表和已灭绝的生物。2012年7月，澄江化石地被列入《世界遗产名录》，成为亚洲唯一的化石类世界自然遗产。"二十世纪中国十大考古发现之一"——江川李家山青铜器，揭示了辉煌灿烂的古滇青铜文明。李家山古墓群出土各类青铜器4000余件，鼓、贮贝器、俑、编钟等铜器，金剑鞘、金钏、金腰带、动物形扣饰等器物，种类浩繁，铸造工艺高超。

玉溪人杰地灵，是人民音乐家聂耳的故乡，在中华民族最危难的时候，聂耳谱写出时代最强音《义勇军进行曲》。明、清两代，一批文士如王元翰、葛中选、雷跃龙、阚祯兆、赵士麟、马汝为、周于礼、刘大绅等知名于省内外。玉溪是云烟之乡，是世界一流的优质烟叶生产基地，享有"天下烟叶在云南、云烟之乡在玉溪"的美名。世界知名现代

◆ 玉溪市兰溪桥

卷烟制造企业的红塔集团在此孕育壮大，被誉为"中国民族工业的一面旗帜"。玉溪是花灯之乡，玉溪花灯是云南花灯的代表，是国家非物质文化遗产，以《卓梅与阿罗》等为代表的一批优秀花灯剧目及演员荣获"梅花奖""文华奖"等国家级奖项。玉溪是高原水乡，玉溪拥有抚仙湖、星云湖、杞麓湖三大高原湖泊，三湖毗连成群。抚仙湖是我国最大的深水型淡水湖泊，储备着206亿立方米Ⅰ类优质淡水资源，是国家优质淡水的重要战略水资源。面对抚仙湖的碧水清波，明代诗人杨慎曾写下"澄江色似碧醍醐，万顷烟波际绿芜。只少楼台相掩映，天然图画胜西湖"诗篇。

玉溪上承省会城市、下连滇南地区，泛亚铁路东线、中线和昆曼、昆河国际大通道在此交汇，是"一带一路"建设的重要节点、云南建设面向南亚东南亚辐射中心的重要枢纽。随着昆玉同城化的推进，玉溪的枢纽地位和投资洼地效应日益凸显，逐步成为名副其实的滇中城市群南大门。玉溪产业体系完备，产业发展起步早、基础好，从农业到外贸、从能源到制造、从流通到服务，产业门类日趋丰富，产业体系不断健全，成为云南经济发展最活跃、最具竞争力、幸福指数最高的地区之一。

玉溪文脉厚重，物种丰富。"牛虎铜案"是青铜艺术的稀世珍品，元江它克崖画生动反映母系氏族社会中原始宗教活动场景，玉溪窑见证了云南青花600多年的薪火相传，"秀甲滇南"的秀山以"匾山联海"彰显人文底蕴，"中国花腰傣之乡"散发着热烈奔放的民族风情，彝族刺绣技艺精妙绝伦，舌尖上的菌乡牵动八方食客的味蕾，哀牢山横跨热带和亚热带，形成南北动物迁徙的"走廊"和生物物种"基因库"。

进入新时代，玉溪各族人民在中国共产党的领导下，持续深化"玉溪之变"，在砥砺奋进中孕育了开放包容、敢为人先、勇于创新的"玉溪基因"和敢闯敢试、敢为人先的精神，深入实施"绿色发展、工业强市、共同富裕"三大核心战略，跨越发展，奋勇向前，努力谱写社会主义现代化建设玉溪篇章！

> 　　**玉溪市**：位于云南省中部，东南和南面与红河州相连，西面和西南邻普洱市，西北与楚雄州接壤，东北和北面接昆明市。冬无严寒，夏无酷暑，四季如春，气候宜人。面积1.5万平方千米。辖红塔、江川2区，澄江1市，通海、华宁、易门、峨山彝族自治县、新平彝族傣族自治县、元江哈尼族彝族傣族自治县6县。常住人口224.9万人。境内除汉族外，还生活着彝族、哈尼族、傣族、回族、白族、蒙古族、苗族、拉祜族等8个世居少数民族。

红塔区·两地三乡

　　红塔区位于云南省中部、玉溪市西北部，素有"两地三乡"的美誉，是中国元明青花瓷器的三大产地之一，是米线节的发源地；是著名的花灯之乡，是国歌曲作者、人民音乐家聂耳的故乡，是闻名遐迩的云烟之乡。

　　据《红塔区志》载，红塔区先秦时期属古滇国地，汉元封二年（前109）置益州郡俞元县。唐上元元年（760），南诏阁逻凤置河阳郡，州治为温富州，红塔区第　次成为州　级的行政单位。元至元十二年（1276）设新兴州，隶属澄江府，明清沿袭。民国元年（1912）改为新兴县，因与广东肇庆新兴县同名，民国二年（1913）改为休纳县，民国五年（1916）改为玉溪县。中华人民共和国成立后，沿用玉溪县名。1983年9月9日，撤销玉溪县设立县级玉溪市。1997年12月13日，撤销县级玉溪市设立红塔区。

　　城区东南有一座高耸入云的红塔，红塔区因此而得名。红塔始建于元代，初为白塔，清道光十九年（1839）重建，白塔夕照是当地一景。1958年白塔涂为红色，更名红塔，"红塔朝晖"成为新的一景，塔所在的山也被称作红塔山。红塔山下是玉溪青花窑古窑遗址。玉溪窑被学术界认为是全国除景德镇之外烧制元明青花瓷器的重要窑厂，与江西景德镇、浙江江山一起，被著名学者冯先铭并称为"中国青花瓷器的三大产地"。

　　红塔区是一个拥有悠久历史文化的古城，曾先后建有白城、休纳城、普扎笼城、普具笼城、玉乞城等十四座古城。自唐代南诏时期修筑休纳古城至今已有一千多年历史，元代设置新兴州后，在休纳古城基础上建新兴州城池，是十四座古城中规模最大并保留完好，今天原新兴州城的几条主要街道仍完整保留，是元代以来玉溪行政单位所在地。

红塔区又是一座孕育着希望的新城，烟草使其闻名遐迩。红塔区内水系发达，玉溪大河纵贯其间，河流的主干和支干流总长350余千米，水资源年均总量4.3亿立方米。勤劳的人民在这块气候适宜的肥沃土地上成就了"云烟之乡"，"红塔山"成为云南烟草最重要的名片之一。据《玉溪地区志》记载，自明清至民国，云南烤烟业遍及红塔各村镇，中华人民共和国成立之后，还承担了复烤和烟叶出口任务。红塔区的卷烟制造业，堪称中国烟草工业发展的缩影。从木盒卷制到机械生产，从机械化到自动化，从玉溪卷烟厂到红塔集团，书写了云南烟草一步步走到全国之巅的辉煌。伴随着时代的发展，红塔烟草经时间淬炼，显示出"藏技于品"的力量，在中国特色社会主义新时代续写金色传奇。

红塔之美，古今相宜。这里是云南"滇文化"的发祥地之一，北城、研和、州城、大营街，镌刻着沧桑变迁的遗迹。在北城街的中心地带，伫立着始建于元代的高古楼，著名学者、书法家赵藩为高古楼题写碑记，使高古楼名声远播，成为"冠冕南州"的滇中名楼。文兴祥商号旧址、玉溪

◆ 红塔区因城内始建于元代的白塔（后改涂红色）而得名（郭建林 摄）

窑址、李家大院、郑易里旧居、九龙池古建筑群，收藏着历史的面目，也展示着时代的兴盛。这里是"花灯之乡"，跟随明代江南军民迁移而来的江南小曲，在这里汲取养分，历久弥新。这里还有世界上最长的节日之一，在长达81天的"米线节"上，宾客欢聚一堂，共尝千滋百味。聂耳把"中华民族"四个字谱成激奋昂扬的音符，成为中华民族共同的旋律，《义勇军进行曲》这首激发斗志的乐章，指引玉溪人民奔向幸福，引领中国人民迈向伟大复兴的时代新征程。

· 资料卡 ·

红塔区：位于玉溪市西北部，东与江川区相连，东南与通海县毗邻，西南与峨山县交界，北与晋宁区接壤。全区面积947.72平方千米，辖玉兴、玉带、凤凰、北城、大营街、研和、李棋、春和、高仓9街道，洛河、小石桥彝族乡2乡，2021年底常住人口约58.96万人。境内除汉族外，还有彝族、回族、白族、哈尼族等30个民族。

江川区 · 高原水乡

江川区，素有"高原小洞庭""滇仙蓬莱"的美誉。境内群山环绕，河流纵横，水库坝塘星罗棋布。据《江川县志》载，汉为俞元县之地，唐初设绛县。蒙古宪宗六年（1256）改江川千户所，元至元十三年（1276）设江川州，至元二十年（1283），降州为县，属澂江路。明洪武十四年（1381），傅友德、蓝玉、沐英平云南，改路为府，江川县属澂江府。清顺治十六年（1659），清军入滇，沿明制，江川仍属澂江府。民国初，江川属滇中道。民国时期和中华人民共和国成立以来仍称江川县；2015年12月3日国务院批准撤县设区为玉溪市江川区。

"江川"之名的由来，据传说有四种说法，一是据《大元混一方舆胜览·云南行省》记载："江川古江县也。'江'，即'绛'的同音。绛讹为江。江川意古绛县的一个坝子，故得名江川（川指平坝）。"二是据传星云、抚仙两湖贯通，川流不息，故得名江川（湖当时也称江）。三是江

◆ 牛虎铜案（江川青铜器博物馆 提供）

川境内的钟秀山、玉屏山、象山似三点水，星云、抚仙两湖贯通似"工"字，合成"江"字，又东河、西河及大龙潭河似"川"字，因而得名"江川"。四是江川的命名与抚仙湖有密切关系。樊绰《蛮书·云南城镇》说："通海镇去安宁第三日程，至龙封驿，前临瘴川。"所谓瘴川，实际指的就是星云湖。与江川古县名相比较（唐时曾名绛县），不难看出，"瘴川"，究其源乃是绛川之误。

轻拂历史的浮尘，有着"滇南文化之花，国家稀有之宝"称号的江川李家山出土的青铜器，是古滇国的无字史书。李家山古墓群，自1972年以来出土了数千件古滇青铜器。有兵器，有贮存宝物的容器，也有祭祀祈福的礼器，青铜器为铜锡或铜铅的合金，数量众多，用途广泛，诉说着古滇国的丰饶与发达。尤其是国家瑰宝——"牛虎铜案"，该案主体为一头大牛，站立状，牛角飞翘，背部自然下落成案，尾部饰一只缩小了比例的猛虎，虎做攀爬状，张口咬住牛尾；大牛腹下中空，横向套饰一只站立状小牛。大牛与小虎用模铸造，一次成型，小牛则另铸再焊接于大牛腹下。在精湛的铸造工艺下，大牛颈部粗壮，肌肉丰满有力，神态安详稳重，猛虎的撕咬攀抓被刻画得惟妙惟肖，形神兼备，是古滇国青铜器最具代表性的器物。牛虎铜案在力学和美学上都达到极高水平，无愧于"北有马踏飞燕，南有牛虎铜案"的美誉。

江川的山脉，回环交错，优美峻奇；星云湖和抚仙湖，万顷烟波，两湖相依，孤山雄峙抚仙湖中，古人更留下"百里湖光小洞庭，天然图画胜西湖"、"孤山一点横烟小，何羡霞标挂赤城"的诗句。"两海相交、鱼不往来"的海门，其自然奇观颇有神秘色彩，闻名遐迩。每年二月初二拉花车，十二月二十五日开渔节，星云湖千舟竞发，满载着江川大头鱼、银鱼、星云白鱼等湖中美味款待上宾。三七炖鸡、酸辣鱼、清汤羊肉是四方食客记忆中的江川味道。一口铜锅享誉四方，流传着的是大头鱼的余味悠长，也是"铜器之乡"的叮当回声。这里有着"云烟之乡""鱼米之乡"的称号，标记着农耕文明璀璨的新篇章。天下烟叶在云南，云烟之乡在玉溪，而烤烟的核心产区就是江川。江川在民国三十二年（1943）就引进烤烟种植技术，民国时期江川烤烟就是全省最优。江川烟叶组织细腻、厚薄适中、色泽金黄、味道醇香，中华人民共和国成立之后，江川的烤烟业更是一骑绝尘，名震全国。

灵地为上天厚赏，文宪乃人文所彰。回见历史，螺蛳峰上的台山书院，莘莘学子仍在朗朗读书。"药王阁"筑杏林悬壶，曲焕章书白药传奇。云南白药是云南省特产，中国国家地理标志产品，上世纪三十年代，国民党当局逼迫曲焕章把白药的秘方交出来。曲焕章不愿交出药方，被国民党当局关押，郁郁而终。新中国成立后，1955年，曲焕章的妻子缪兰瑛将白药配方无偿上交给国家，云南白药成为国药，造福人民，守护健康。在江川大地上，抗日烈士、陆军上将唐淮源；被孙中山誉为"邦家之光"的鲁子材将军；还有在党的领导下为人民解放而奋斗的汤建荣、邢若铦、潘翼天、黄河清等人，也彪炳史册。

如今的江川区，带着悠久的历史积淀、深厚的人文底蕴和丰富的自然资源，不负过往，蓬勃向前。这座城市的未来，也必将耀眼夺目，熠熠生辉。

· 资料卡 ·

> 江川区：处玉溪市中部，东接华宁县，南连通海县，西与红塔区交界，北同晋宁区、澄江市毗邻。全区面积850平方千米。辖星云、宁海2街道，江城、前卫、九溪、路居4镇，雄关、安化彝族乡2乡。2022年底常住人口约25.6万人。境内除汉族外，还有彝族、哈尼族、傣族等32个民族。

玉溪市——滇中明珠，碧玉清溪

澄江市·生命摇篮

水善养万物，而澄江的三张名片："世界深蓝湖区"、"地球生命起源"、"古滇文化印记"都与水有着不解之缘。

澄江之名却在于"澄"而不在于"江"。据清康熙《澂江府志·卷三沿革》记载，汉晋时，这里为俞元县。唐初为黎州绛县地。南诏时设河阳郡。至元代改设澂江路，"澂江"之名始于此。明代设澂江府并延续至清代。民国二年（1913）改为澂江县。1950年后澂江县隶属玉溪专区。1956年2月，因废除异体字，"澂"改为同音字"澄"，沿用至今。2019年撤销澄江县，设立县级澄江市。

澄江市总面积约773平方千米。南面为抚仙湖，当湖水位为1722.5米时，抚仙湖湖域面积216.6平方千米、蓄水量206.2亿立方米，平均水深95.2米，最深处为158.9米。面积仅次于滇池和洱海，为云南省第三大湖，是全国已知的第二深水湖泊。

澄江的地名由来就与该湖有关。唐樊绰所写《蛮书·卷二山川江源》记载："量水川，在滇池南两日程，汉旧黎州也。川中有大池"。大池指的就是抚仙湖，后称罗伽湖，据《明史·地理志》记载：澄江府"北有罗藏山（现名梁王山），南有抚仙湖，一名罗伽湖"。得此名可能和宋、元时南诏、大理段氏在澄江设罗伽部有关。抚仙湖，东流南盘江，清明澄澈，水清而静，故名之。清道光《澂江府志·卷五山川胜景》载："湖中孤山浮于水面，东南诸山岩壑嶙刚，悬窦玲珑。中有石肖二仙，皆肩搭手而立扁舟，遥望若隐若见。旧传仙人慕湖山清胜，因留其迹，故以名湖。"

在5.18亿年前，澄江还沉浸在一片汪洋之中，寒武纪生命大爆发的壮阔诗篇在此上演。位于浅海区的澄江是孕育生命的摇篮，温暖的气候使得海水矿物质十分丰富，水母、蠕虫、节肢动物、三叶虫等底栖动物以及多门类的海栖动物和藻类大量出现。后来，它们被突然而至的洪水或其他意外涌来的泥质沉积物埋藏，隔绝了空气，天长日久变为化石，生命被封印在岁月的长流中。1984年以来，古生物研究者在帽天山陆续发现200余种古生物化石，它们保存在细腻的泥岩中，动物的软体附肢构造保存完整，

◆ 抚仙湖的清晨（黄勘凌 摄）

且呈立体形态，现今生物所有门类的远祖代表都有发现，被称为"澄江生物群"。这一发现，不仅为寒武纪生命大爆发这一非线性演化提供了科学事实，同时对达尔文渐变式进化理论也是重大挑战，也为地球早期生命演化提供了极其珍贵的证据。2012年7月1日，澄江化石地正式列入世界遗产名录。

古滇国是古中国最具神秘性的三个古国之一，出现于战国初期，后神秘消失。澄江当地流传着这样的传说：中国西南的大山当中，隐藏着一条地下通道，可以不用翻山越岭便可到达印度。西域地区看到过蜀锦，四川人说通道位于云南，位于古滇国。当时强大的汉军攻克云南后，并未找到地下通道，原因是古滇国贵族早已从通道逃走，并将其彻底毁坏，而这个被毁的通道口就在抚仙湖底。当然这只是传说，古滇国在汉军到达时，拱手降汉，汉武帝还赐给了滇王之印。考古学家和历史学家们已经对古滇国进行了较为详细的研究，虽然尚有很多问题未能解决，但是古滇文明在这块土地上创造出了辉煌是毋庸置疑的。

七山、二水、一分坝，澄江坝子三面环山，南拥抚仙湖，北揽阳宗海。人向水而来，围水而息。"文风不让中原盛，民俗还如太古醇"，总人口17万人的澄江，居住着汉族、回族、彝族、苗族等多个民族。高原明珠抚仙湖得天独厚的自然风光与人文景观已成为澄江的旅游品牌。澄江的地方戏发展到现代,有关索戏、太平花灯、草狮子舞等;传统节日琳琅满目,立夏节、彝族火把节、苗族花山节、龙泉寺上元会、禄充祭鱼洞等灿烂的民间节庆远近闻名,也尽情显示着澄江的人文传奇。

通海县·通江达海

徐霞客在《滇游日记二》中有"迤东之县,通海为最胜"的评价。

通海历史悠久,据《通海县志》记载,春秋战国时属于古滇国;汉代属益州郡胜休县;三国时属兴古郡;唐代天宝年间开交通要道通海城路,

◆ 通海地标建筑聚奎阁

南下可达安南都护府（今越南河内），北可至戎州（今四川宜宾），西可至南诏腹地；南诏国置通海都督、治所设通海镇（今秀山街道），启通海人文之风。这是"通海"首次作为地名出现。

关于"通海"名字的来历，说法颇多。目前已知通海之名最早见于《新唐书·地理志》和樊绰《云南志》。但是根据考证，南诏使用"通海"这个名称是沿用旧称，至于通至大海这样通俗的理解，并没有足够的史料印证。600多年后的《大明一统志》记载："有僧于县治东北，石笋丛立之处，以杖穿穴，泄其水因名通海。"民国时期牟崇鑫编纂的《通海备征志》载："传说昔水涝不通，元代有神僧畔富于县之东北岳家营落水洞石笋丛立之处，以杖穿穴，泄水而成，因名通湖，即所谓元窍也。通海之名盖取此义而名焉。"这一说法附会了一个神话故事，有传奇色彩，群众易于接受，因此流传广，影响大。中华人民共和国成立后，经过地质学家勘察，境内杞麓湖经过千万年的变化，确实存在起泄洪作用的落水洞，如果摒弃传说中有关神话的内容，那么"通海"的称呼，倒是比较符合实际情况。

当然还有别的说法。例如在《通海之名考》中提到，经过走访当地群众并查阅相关地理、历史资料，并经过分析后认为，"通海"一词乃是彝语"洞黑"的译音，意思为"没有堵塞的湖沼"，当然也有说法认为这个词意思是"银白色的海"或者"银白色的湖泊"。如果我们将视角调整，就会发现，通海，是南方丝绸之路上的重要节点。《新唐书·地理志》和樊绰《云南志·云南界内途程》都记载，唐代曾有从南诏到南亚东南亚的道路，也就是"安南通天竺道"分成了南段"安南通南诏道"和西段"南诏通天竺道"，而其中的"安南通南诏道"因为其核心节点通海城而被称为"通海城路"，这个通海城就位于今天的通海县。因此通海在古代就是中国连通南亚的枢纽和重要战略城镇，而在今天通海依然是云南省地理交通的重要支撑点。

后晋天福二年（937），通海节度使段思平联合三十七部，起兵灭杨干贞的大义宁国，建大理国，通海属大理国领地。宋代，大理国置秀山郡，通海是郡治所在地，为滇南军事政治要地。元至元十三年（1276）建通海县。明代置通海御，在通海戍兵屯田。1949年12月，通海、河西和平解放。1956年通海县、河西县合并为杞麓县，1958年改称通海县至今。

通海县城枕着山，山拥着城，城傍着水。青翠欲滴、玲珑挺拔的秀山，山环海境、文化深厚的古城，一碧万顷、烟波浩渺的杞麓湖便是通海的根与魂。在这里我们可以在秀山感悟楹联文化的博大精深，在畎町王庙一窥畎町国的神秘，在古城领略高原水乡和商贸重镇文化与繁荣，在杞麓湖畔吟唱礼乐名邦的过往。在全县721平方千米的土地上生活着31万余人，也是汉、彝、回、蒙古、哈尼等多个民族世居的故土。元末明初，驻守曲陀关的蒙古驻军及家眷迁至凤山山麓逐水而居，逐渐形成村落，经过几百年的演化，形成了兴蒙蒙古族乡，而这也是云南唯一的蒙古族聚居乡。

优越的地理自然条件和深厚的历史文化成就了通海"秀甲南滇""冠冕南州"和"礼乐名邦"的美誉。通海物产丰富，自古农业、手工业和商业发达，素有"小云南"、"小昆明"之美誉。通海人民扎根这片土地，依靠勤劳的双手和开拓创新的品质，用自身的智慧与坚韧，将打造更加美好的明天。

·资料卡·

　　通海县：位于玉溪市东部，东与华宁县接壤，南与石屏县、建水县交界，西与峨山县、红塔区相邻，北与江川区毗邻。全县面积721平方千米。辖秀山、九龙2街道，杨广、河西、四街、纳古4镇，里山彝族乡、高大傣族彝族乡、兴蒙蒙古族乡3乡。2021年底常住人口28.86万人。境内除汉族外，还有蒙古族、回族、彝族、哈尼族等19个民族，兴蒙蒙古族乡是云南唯一的蒙古族聚居乡。

华宁县·福寿康宁

华宁县地处玉溪市最东端，滇中高原湖盆区南缘，是"三湖"（抚仙湖、星云湖、杞麓湖）生态城市群的核心成员，同时也是昆河经济带上的重要节点。

据《华宁县志》记载，战国时这里为古滇国属地；西汉元鼎六年设牂牁郡，下领毋单县。蜀汉后改隶建宁郡。唐代贞观八年（634）改隶黎州。南诏时期初为爨人掌管的步雄部，后因豆圭部族强盛，不得不割出，称宁部。蒙古宪宗四年（1254）于此设宁州万户，后改称宁州，并一直沿袭至清代。民国元年（1912）废州改县，宁州改称宁县；因与甘肃省宁县同名，遂于二年（1913）改称黎县（以唐代曾设黎州而名）；二十一年（1932）再次改名，根据云南省档案馆馆藏《云南省民政厅有关各县更改县名案卷》记载："有谓华盖山为黎县主山，山上有宁寿寺为县中名胜，拟即根据于此，定名为华宁县。"由此可知，华宁县的名字来源于县城紧靠西北面之华盖山，山上有宁寿寺，又曾称宁州，故取华盖山、宁寿寺首字而得此名，甚为吉利，延续至今。

华宁境内崇山峻岭连绵起伏，气候独特，不同海拔区域呈现出南亚热带、中亚热带、北亚热带和南温带4个气候类型，总体上属中亚热带半

◆ 华宁县城全景（杨文桥 摄）

湿润高原季风气候。由于地貌类型复杂，垂直高差悬殊，导致光、热、水的再分配，具有垂直变化大、季节变化小的特点，造就了华宁"冬无严寒春来早，夏无酷暑秋去迟"的气候条件。早在明代洪武年间，华宁境内就有种植柑桔的历史，传承至今，已成为云南省最大的柑桔生产基地、全国最早熟柑桔基地县。华宁的兴盛离不开山水厚赠。华宁境内星罗棋布七百余处龙潭泉点，巨者喷涌成河，细者叮咚如琴，清冽甘甜，可饮可浴，平均每2平方千米就有一处泉眼，让华宁有了"泉乡"的美誉，而这其中最为著名的当属象鼻温泉。该泉早在东汉时就被发现，距今已有近2000年的历史，"惜不遇升庵，汤名书第一"、"天下汤泉莫漫夸，传闻温沼让西沙"等诗句描述的均是此泉。1992年，经国家地矿部等单位技术鉴定，该泉属重碳酸泉，含有偏硅酸、锶、锂等11种人体所必需的宏量元素和13种微量营养素，四季可浴，是饮浴两用的优质珍贵矿泉水。

华宁文教风气早开，明洪武年间就设宁州儒学，明清两朝出举人500余名，进士25名。华宁还有着光荣的革命传统。民国时期，在辛亥革命和护国运动中屡立战功的张怀信；抗日战争期间断然拒绝日伪当局拢络，抗战胜利后任上海审判战犯军事法庭庭长的李良；新中国成立前，为创建人民政权而英勇牺牲的彭顺宽、杨丕德等人，代表千千万万为人民幸福生活而奋斗的仁人志士。千百年来，居住在这里的汉、彝、苗、回等21个民族，21万余人共同孕育出华宁多彩而别致的民俗文化。跳乐、猫猫叉、团乐、芦笙舞等民族舞蹈如火一般热烈，水一般绵长，尽显华宁人的质朴与好客。

华宁因土陶而闻名于世，华宁陶素有"滇国古陶""华夏古陶"之美誉，是云南著名的陶器之一。华宁陶产品以华宁特有的优质白胶泥为原料，烧制出的陶器质地细腻，造型美观，色泽鲜艳，其釉色黄如纯金，绿如翡翠，白如羊脂，蓝如宝石，紫如剑气，青如松烟，开片精美。其中具有代表性的绿釉，留下了"宁州陶器烧得绿"的民谚。1997年华宁工艺陶获首届国际爱因斯坦新发明金奖、新技术产品博览会暨国际荣誉评奖会金奖，2000年"宁州"牌彩陶被评为云南省名牌产品。自此，宁州陶器以其"质细、型美、色艳"之特点，扬名海内外。

今泉水潺潺，桔香阵阵，流光溢彩的华宁陶器穿越历史的尘烟。

磨豆之巅，拥揽"华宁无江三半江，华宁无海三半海"的奇妙乐趣。这就是华宁，在山与水间，在桔香与釉彩中，任千年时光，悠然而和谐地流淌。

· 资料卡 ·

华宁县：位于玉溪市东部，东接弥勒市，南连建水县，西邻通海县、江川区，北倚澄江市、宜良县。全县面积1313平方千米。辖宁州街道，盘溪、青龙、华溪3个镇和通红甸彝族苗族乡。2021年底常住人口18.92万人。境内除汉族外，还居住着彝族、苗族、回族等20个民族。

易门县 · 菌乡易门

易门县，滇中高原上的一块宝地，古为"仙源"之地，今被誉为"滇中水城·菌乡易门"。千百年来，易门人民利用自然优势生息繁衍，崇山敬水，形成独特的水文化、菌文化、陶瓷文化和滇铜文化。易门县名经过了双柏、唐封、易门三个名称的变化，元朝始名"易门"，沿用至今。

夏商之际，中国划分为九州，易门属梁州范畴。汉武帝元封二年（前109），西汉政府在云南正式设置益州郡，郡下领二十四县，其中的双柏县，辖境包括今易门、双柏及新平县的部分地方，这是易门设县定名的开始。东汉政府统治云南，仍设益州郡，易门领属不变。蜀汉、两晋时期，易门所属县名不变，但郡属数次更动。唐武德元年至天祐四年（618—907），易门地属南宁。贞观十一年（637），南龙州更名钩州（《唐书·地理志》），领望水、唐封二县。易门为唐封县。开元二十九年（741），册封皮逻阁为云南王（《唐书·南蛮传》），易门地归南诏。

易门县可以说因水而得名。元至元四年（1267）在易门建立洟门千户所。至元十二年（1275）改所设县，因"县西有泉曰洟源，改为易门县"。"洟门"音转为"易门"，自古以来在史学研究中有多种解释，但都不外乎易门县本是彝族世居之地，"易门"来自彝语译音这一解释。如《元史·地理志四》载："县西有泉曰洟源，讹作易门。"彝语中"洟"即水，坝子称洟门。所谓洟源，即今在易门城西约三公里处的大龙泉。顾炎武《肇域志·云南》说："易门者，以县西有洟水出于石洞中，因名。其甸曰洟门，讹以为易门。"明洪武二十三年（1390），设易门守御千户所。次年，建所城于龟山，引大龙泉水绕城为池，在县城南门外新建二会街、三会街，发展集市贸易，"水城"初现。清沿明制，易门县仍属昆阳州。清代以后，隶属关系不断变化，但县名一直沿用。

易门马头山，悬崖巨石、群峰拥翠，相传为彝族文化发祥地之一。明末清初，"李忠碗窑"在易门浦贝落户并兴旺。经过近四百年的传承发展，易门如今成为"中国西南建筑陶瓷生产基地"。1987年，科学家在易门县发掘出早侏罗纪时代的蜥脚类恐龙——易门龙。2022年，云南大学古生物研究院最新科考再次引起轰动：在易门县境内又发现了1.9亿多年前的早侏罗纪的一个蜥脚类恐龙新属新种——"易门彩云龙"。

易门县独特殊的气候条件，丰富的土壤矿物质含量，良好的森林覆盖，孕育了丰富的野生菌资源，自古以来就有采摘加工食用野生食用菌的习俗。目前，全县已发现野生菌402个品种，其中食用品种151种，年均蕴

◆ 易门龙泉公园生态旅游 4A 级景区（施敏 摄）

藏量1500吨左右。2005年，易门县被命名为"中国·云南野生食用菌交易中心"，成为云南省重要的食用菌产品加工基地，被誉为"中国野生食用菌之乡""野生食用菌美食之乡"。

易门是中国最早的产铜地之一，素有"滇中铜都"之称，其矿冶历史始于春秋，盛于清代，延至当代。易门铜矿于1953年2月在绿汁江畔成立，并发展成为中国八大铜矿产区之一，为国家经济发展作出了巨大贡献。20世纪末，随着铜矿资源的逐年枯竭，矿山相继关闭停产，留下了一批具有鲜明时代特征和历史文化价值的工业建筑和生活设施。2020年12月，易门铜矿入选第四批国家工业遗产名录。

岁月轮转，易门被赋予了更多的新意，正可谓"取义深而为道大也"。易门，变易之门、开放之门、和谐之门、进取之门。先后荣获国家循环经济示范县创建试点、全国依法治县先进县、国家科技进步先进县、中国人居环境范例奖、国家级生态示范区、全国绿化模范县、国家卫生县城、国家园林县城、中国楹联文化县、全国电子商务进农村综合示范县、国家节水型社会建设达标县、全国民政工作先进县。

如今，走进龙泉公园生态旅游景区AAAA级景区，龙口泉香，碧水环绕，十里楹联文化长廊依山顺水而建，文脉斐然。悠悠绿汁江蜿蜒曲折，山势险峻，热带河谷风光绮丽多彩。云南易门产业园区正在崛起。易门人民用辛勤的汗水耕耘着这片土地，持续发力打造"一区两城"。这座与水为伴、以菌为美的城市正在用不断进取的精神展示着新时代的风采。

> **· 资料卡 ·**
>
> **易门县：** 位于云南滇中西部、玉溪市西北部，东与安宁市、晋宁区相接，南连峨山县，西邻双柏县，北与禄丰、安宁两县市接壤。全县面积1526.57平方千米。辖龙泉、六街2个街道和绿汁1个镇，浦贝彝族乡、十街彝族乡、铜厂彝族乡和小街乡4个乡，58个村居委会。2021年户籍总人口16.5万人。境内有汉族、彝族、哈尼族、回族、苗族等23个世居民族。

峨山彝族自治县·灵秀彝乡

峨山彝族自治县位于玉溪市中部，山水通灵。县城有猊江、练江穿城而过，明代有诗赞誉为"四山通秀气（嶍山、峨山、锦屏山、龟岭），二水夹孤城（猊江、练江）"。史载峨山"临郡岩邑、省会南藩"，地处"滇中咽喉"，玉楚高速公路、峨石红高速公路横贯东西，国道213线、昆曼国际大通道和中老铁路纵贯南北，是云南连接东南亚的重要节点。

峨山县历史悠久，据考古发掘可知，塔甸的老龙洞在一万多年前就已经有人类活动。《峨山彝族自治县志》记载，战国末期属古滇国。西汉时属胜休县，直到南朝梁末。隋代峨山隶属南宁州总管府，唐初归黎州地，到此时止，峨山县尚未建置。唐开元二十六年（738），属南诏通海都督，域内分布有嶍峨部，此为有名之始。大理国时期，虽然隶属秀山郡，但是依然称嶍峨部。蒙古宪宗六年（1256）改成嶍峨千户，元至元十三年（1276）先设为嶍峨州，至元二十六年（1289）设为嶍峨县，直至民国。

从地理上来看，"嶍峨"这一称谓明显是以嶍山、峨山这些地理名称而来。《清史稿·卷七十四 志四十九》有载："县治东北嶍山，其后峨山，县以此得名。"据《云南通志馆征集云南各县疆域资料》载："峨山高耸县治之北，势甚巍峨，峨者大也，是以山为峨名之由来，嶍山在峨山之下，有嶍猊人居焉，以人名山，是为嶍山命名之由来。元时建县于嶍山之阳，北有峨山为其屏障，嶍峨连用，为嶍峨命名之由来。"之后一直到民国十八年（1929），虽隶属有变，但是名称未变。那么又是什么原因使其改为峨山呢？其实自20世纪20年代起，嶍峨又被非正式地称为峨山，民国十八年（1929）时任省民政厅厅长的峨山人徐为光认为"嶍峨"与"习恶"谐音，殊不雅训，根据乡绅要求，签呈省政府将"嶍峨"改为"峨山"，至民国十九年（1930）一月一日正式改称"峨山县"，直到中华人民共和国成立。党和国家推行民族区域自治制度，1951年5月，成立峨山民族自治县；1954年6月改设峨山县彝族自治区。1956年1月改称峨山彝族自治县，并沿用至今。境内生活着彝族、汉族、哈尼族、回族等31个民族，少数民族人口占常住人口的62.28%。

从行政区域地名可以看出，峨山县彝族人数最多。根据彝族人自己

◆ 彝族祖先阿普笃慕雕像

的传说，彝族先祖阿普笃慕的六个儿子分散发展，"到四方去"，形成了武、乍、糯、恒、布、默六大部落，也就是史称的"六祖分支"。峨山就是武、乍两部落的延续。20世纪80年代初，峨山县在对彝文古籍进行翻译整理的过程中，发现了彝族祖先阿普笃慕的画像。2006年4月，峨山县邀请来自国内外的彝学专家和彝族聚居区的数十位学者进行论证，并取得共识——在峨山建彝族祖先阿普笃慕的塑像，同时决定每年举行彝族祭祖节。历史绵延至今，峨山境内拥有以"六彝"文化（彝祖、彝镇、彝医药、彝火、彝鼓、彝绣）为主的丰富彝族文化瑰宝和彝族花鼓舞、彝族服饰、彝族"四腔"、彝族"开心街"等一批非物质文化遗产。

嶍峨文脉，名振遐荒。清代周於礼的书法浸透着人文风骨，清末董一道的画作绘染山河锦绣，民国上将范石生屡建战功，"功在国家"。

嶍峨悠远，猊练滔滔。峨山县是云南省59个革命老区县之一，具有光荣的革命传统。原峨山中学被誉为"滇中革命的摇篮"，涌现出王以中、董志安、董子健等一批革命先驱，培养出一大批革命骨干，培育出"云岭女杰"李桂英、"彝族之鹰"杨国祥等一批仁人志士。峨山是解放战争时期滇中革命根据地，有1000多人参加了党的地下组织、数千人参加了武装斗争，230多名烈士为人民的解放事业、社会主义革命和建设献出了宝贵生命。历经烽火淬炼，彝乡旧貌展新颜，中华人民共和国成立，沐浴着党的民族政策的光辉，峨山成为中国第一个彝族自治县，云南第一个实行民族区域自治的地方。

步入新征程，峨山县围绕"十四五"规划擘画的建设"生态文明建设示范县、民族团结进步示范县、乡村振兴示范区"的新蓝图，踔厉奋发，砥砺奋进，"中国彝族花鼓舞之乡""全国生态文明先进县""国家卫生县城""国家园林县城""云南省先进平安县""云南省第一批老旧小区改造优秀典型县""云南省第十一届双拥模范县""第一批云南省民族团结进步示范县"等美名如约而至，各族群众共享发展成果，共同团结奋斗。

· 资料卡 ·

> **峨山彝族自治县：** 位于玉溪市中部，东接红塔区，东南与通海县交界，南与石屏县接壤，西南与新平县相连，西北与双柏县隔江相望，北与易门县相通，东北与晋宁区毗邻。全县面积约1972平方千米。辖双江、小街2街道，化念、甸中、塔甸3个镇，岔河、富良棚、大龙潭3个乡。2021年底常住人口约14.25万人。境内除汉族外，还居住着彝族、哈尼族、回族等31个民族。

新平彝族傣族自治县 · 花腰橙谷

据《新平县志》载："新平县属古西南荒裔，汉为嶲貚蛮所居，唐为阿僰所居。"大理国时期设马龙甸、他郎甸。蒙古宪宗三年（1253），新化、老厂及戛洒江以西设马龙甸二千户所，隶属宁州万户府。桂山、古城、平甸、扬武大部分属嶍峨五千户所。元至元十三年（1276），并马龙等管民官于他郎（今新化）置马龙他郎司，桂山、古城、平甸、扬武设平甸县隶嶍峨州。至元二十六年（1289），嶍峨州降为县，平甸县降为乡。明洪武十七年（1384），改马龙他郎甸司为马龙他郎甸长官司，直隶云南布政司，弘治八年（1495），马龙他郎甸长官司改设新化直隶州。万历十九年（1591），名将邓子龙平定平甸一带的战乱，始建新平县，与新化州并属临安府。《读史方舆纪要·卷一百十五》："新平县……明为丁苴白改夷所据。万历十九年，夷酋普应春叛，讨平之，置新平县。"取"新近平定"之意。清康熙四年（1665），裁新化州入县，清代和民国时期官制和辖区有变化，但是新平县之名始终未变。1949年9月17日，建立新平县人民政府，1979年12月26日，国务院批准成立新平彝族傣族自治县，1980年11月25日，正式成立新平彝族傣族自治县。

新平境内有彝、傣、汉、哈尼、拉祜、回、白、苗8种世居民族及其他民族共17种民族，其中彝族和傣族人口较多，2021年占全县总人口的66.1%。抗战时期西南联大陶云逵、邢公畹等到新平开展人类学、民族学、语言学田野调查，写出了《西南部族之鸡骨卜》《大寨黑夷之宗教与图腾制》《红河之月》《红河上游傣雅语》等名篇。

新平是中国最大的花腰傣聚居地，被誉为"中国花腰傣之乡"。"花腰傣"是其他民族对主要分布在红河流域上游新平和元江两县境内傣族的称呼，因其服饰斑斓、色彩绚丽，银饰琳琅满目，彩锦腰带层层束腰而得名，他们完整地保留着傣族先祖对自然与灵魂的崇拜，以及民族的文化信仰，花腰傣被称为傣族历史的活化石。彝族流传千年的"磨皮花鼓舞"带着先祖的祝福，敲响文化传承的阵阵鼓点。花街节、赏花节、火把节等独具特色的旅游文化节，向世人展示着新平的热忱与魅力。在群山与河谷之间，新平人诗意地栖居着。

新平县地处哀牢山中段北麓、红河谷上游，境内矿产、水能、生物等自然旅游资源丰富。哀牢山国家级自然保护区被列为联合国"人与生物圈"、森林生态系统定位观察站和国际候鸟保护基地。哀牢山巅云深处，石门峡险峻幽奇。茶马盐铁古道越过莽莽苍苍的原始森林向远古而去；哀牢山腰叠翠处，南恩河大瀑布如喷珠卷幔，耀南火腿满口山光云色香；哀牢山脚水湍处，三州交汇的戛洒小镇旁，大红山铁铜矿床是我国著名的大型铁铜伴生矿床之一。

新平所处的红河上游河谷，属南亚热带气候区，光照充足、热量丰富，昼夜温差大，立体气候明显，光热资源充足。新平县利用得天独厚的地理环境和气候优势，在红河谷中大力发展柑橘产业，2021年柑橘种植面积15.54万亩，产量25.5万吨，柑橘产值11.97亿元。红河谷种植的柑橘，营养价值高、酸甜适中、果皮易剥离、中心柱充实、汁味甜而清香、可溶性

◆ 新平县戛洒镇

固形物含量高，打造出"新平橙"品牌，成为新平县代表农产品之一。其中新平褚氏农业有限公司"褚橙"连续5年荣获云南省"10大名果"第一名。红河谷-绿汁江流域保护与开发工作正在推进，把生态文明建设融入经济发展，打造"滇中绿谷"，建设流域热区产业经济带。新平被列入云南省首批高原特色农业发展示范县，被评为国家级农业绿色发展先行区、国家级有机产品认证示范创建区、国家级现代农业示范县、省级农产品主产区和特色产业发展先进县。2017年、2019年荣获省级"县域跨越发展先进县"称号，2018年被列为云南省"县域经济发展10强县"，2021年列入中国西部百强县市。

巍巍哀牢山，滔滔戛洒江，庇佑滋养这方土地的繁荣与安定。新平县境内绝佳的生态环境造就了"天然大氧吧"，素有"滇中绿宝石"的美誉。当今新平县不断奋发踔厉，各族人民心心相连，携手在这片热土上辛勤耕耘，创造着属于他们的美好明天。

> **·资料卡·**
>
> **新平彝族傣族自治县：** 位于玉溪市西部，东与峨山县毗邻，东南与元江县和石屏县相连，西南与墨江县相连，西与镇沅县接壤，北隔绿汁江与双柏县相望。面积4223平方千米。辖桂山、古城2街道，扬武、漠沙、戛洒、水塘4镇及平甸、新化、老厂、建兴、平掌、者竜6乡。2022年户籍人口数27.97万人。境内除汉族外，还有彝族、傣族、拉祜族等17个民族。

元江哈尼族彝族傣族自治县·太阳之城

元江发源于中国云南省巍山县、大理市间的茅草哨山，流经大理州南部、楚雄州西南部和玉溪西部，进入越南后称红河。元江哈尼族彝族傣族自治县因地处元江中上游而得名。

中国古代江河的命名法较为复杂，干流和支流除了整段的命名外，还要对不同的河段、江段进行单独命名，元江就非常典型。《汉书·卷二十八·地理志上》载"牛栏山，即水所出，南至双柏入仆"，这"仆（水）"指的就是元江。《水经注》解释说："仆水东至交州交趾郡麓冷县，南流入于海。"这说明至少从西汉起，元江就被称为"仆水"。《华阳国志》则将"仆水"称为"濮水"。据了解，至元代早期官方将西汉所称的"仆水"更名为"礼社江"。

同时以"江河"和"地名"命名的县，在全国都少有，"元江"即是"江河"又是地名。不过更有意思的是，"元江"这一名称用于指代地方的时间比指代河流要更早，这在云南地名中非常少见。据《元江哈尼族彝族傣族自治县志》载，元江古属西南夷地，隋唐时名步头，属黎州地，大理国时名因远部，罗必甸。《元史·地理志》记载："至元十三年（1276）遥立元江府以羁縻之。二十五年（1288）……立元江路"，这说明在元代至元年间就正式出现了"元江"的叫法，但是指的是元江地区，而并不是河流。据1921年《元江劝学所查填元江全属地志总说明》载："元江以礼社江得名，又为元代所命名故称元江。""元江"这个名字用于指代这条河，从明代开始。明代永乐年间的《寰宇通志》上说："礼社江，一名元江，源出白崖江。"礼社江、元江这两个名称，在明代可能同时在使用了。这种两名并用的情况，一直延续到民国时期，"礼社江"主要指代江河，而"元江"则主要代指地方。

明洪武十五年（1382），改元江路为元江府，授予那氏知府世袭府职。明永乐三年（1405），升为元江军民府，隶云南布政司。清顺治十六年（1659），改为元江府。清乾隆三十五年（1770），改设元江直隶州。于民国二年（1913）改设元江县，属普洱道。1949年8月元江县临时人民政府成立，属蒙自专区。中华人民共和国成立后，1954年7月改属玉溪专区，1980年11月22日，元江哈尼族彝族傣族自治县正式成立。

元江是个多民族融合发展的福地，带着历史的记忆留下先人的智慧与可能，凝聚成如今这般模样。三千多年前它克村的它克崖画生动描绘了古代生活在这里的人们的图腾崇拜、生产生活情景。

哈尼族是历史悠久的民族之一，源于古代的氐羌，也是最早驯化野生稻的民族之一，水稻种植是哈尼族古老的生产内容，本不适宜耕作的环境却成就闻名世界的人文景观——哈尼梯田。他们世代热爱大自然，善待自然，追求富有浪漫色彩的田园生活，他们用棕树皮缝制蓑衣，避雨御寒，用棕树叶当白鹇鸟羽翼，翩翩起舞，如白鹇展翅，上下晃动，划出优美的律动，棕扇舞给人以美感的同时，淋漓尽致地表现了哈尼族人民崇尚自然的博大情怀。传承千年的彝族"撒摩阿哩"调，是藏在大山里的美妙音乐，以口口相传的方式延续至今，"阿哩"调种类繁多、内容广泛，用词自然朴素、音调和谐、琅琅上口，让人言有尽而意未尽。"有情便蒙面，蒙面就有歌"，神秘又浪漫的傣族"蒙面情歌"，以情寓物，词句优美、含意深刻，婉转悠扬的情歌自傣锦下的绣口吐出，浪漫缠绵的爱意盈满整个寨子。源于大理国宫廷音乐的白族洞经以其优雅婉转的旋律和丰富的内容、多样的表现形式总会使人得到一种古朴高雅、清新怡然、心灵升华的感受。

元江以江立县，山坝相间，千山万峰环野立，一江（元江）二河（清水河、南溪河）抱城流。元江坝是中国最大的干热河谷盆地，形成了特有的河谷型"萨王纳"气候植被，素有"天然温室"之美誉。立体气候特点突出，全年日照时数1900~2600小时，历年平均日照为2291.7小时，超过了新疆吐鲁番。这也使得元江拥有发展农业的绝佳条件，非常适合芒果、火龙果、芦荟、茉莉花等高效热带经济作物生长，元江因此走出一条特色产业发展之路，一年四季花开不断，果吃不尽。每天1500立方米出水量的红河谷热海吸引众多慕名前来的游客。元江堪称天然的宜居宜养之地，是名副其实的元江花果城、避寒养生地、中国萨王纳。

独特的地理气候，神奇的自然地貌，传承自蛮荒远古的神秘图腾，数千年来一直持守的民族传统文化，元江处处流淌着不为世人所知的神秘，恍然一个遗落人间的太阳神国。进入新时代，随着中老铁路通车和"滇中

◆ 元江县城全景图（元江县史志办 提供）

崛起"空间布局，"昆玉一体化"发展战略落地，依托便捷的交通、独特的热区资源、丰富的绿色能源、多元的民族文化，这座"红河谷中太阳城"逐渐实现环境友好生态发展与经济效益的统一，元江的发展前景无限广阔，勤劳勇敢的元江儿女正携手建设富饶和睦的美丽家园。

> **· 资料卡 ·**
>
> **元江哈尼族彝族傣族自治县：**位于玉溪市南部，东与石屏县毗邻，南与红河县相连，西与墨江县接壤，北与新平县紧邻。全县面积2718平方千米，辖澧江、红河、甘庄3街道，因远、曼来2镇，羊街、那诺、洼垤、咪哩、龙潭5乡。2021年底常住人口约19.39万人。境内除汉族外，还有哈尼族、彝族、傣族等33个少数民族。

玉溪市——滇中明珠，碧玉清溪

保山市

——太保滴翠，福德永昌

保山是云南历史上开发最早的地区之一，历史上为哀牢古国故地。保山设治的历史悠久，长达两千多年。

西汉时期设不韦、巂唐二县，属益州郡。东汉永平十二年（69）哀牢归汉，设置永昌郡，下辖8县，为东汉第二大郡。南诏时期徙西爨白蛮以实永昌城，设永昌节度。大理国时期设永昌府。蒙古宪宗四年（1254），设置金齿千户，隶大理万户。至元十一年（1274）改设永昌州；十五年（1278）升为永昌府，隶大理路。明洪武十七年（1384）、十八年（1385），恢复设置永昌府，并设金齿卫；二十三年（1390），将金齿卫设为金齿军民指挥使司，撤销永昌府，实行军政一体的管理体制。正统十年（1445），设置腾冲军民指挥使司。嘉靖元年（1522）恢复设置永昌军民府，三年（1524），开设保山县。清初，原凤溪、施甸二长官司及潞江以西之猛弄司及镇安所等处归属保山。乾隆三十五年（1770）析置龙陵厅，领蒲、水眼、甸头、老姚、山塔与马面等六关及施甸、沙木和二巡检司。民国二年（1913）废永昌府，改为永昌县，次年改为保山县，初属腾越道，道废后，直属于省。中华人民共和国成立后，1950年设保山专区。1956年，保山区划入德宏傣族景颇族自治州。1963年，恢复设置保山专区，1971年改为保山地区。1978年设保山地区行政公署。2001年，撤销保山地区，设置保山市（地级），原保山市改设为隆阳区。

保山市在很长的一段历史时期里以"永昌"为名。据《后汉书·南蛮西南蛮列传》载，东汉明帝永平十二年（69），"哀牢王柳貌遣子率种人内属，显宗以其地置哀牢、博南二县，割益州郡西部都尉所领六县，合为永昌郡"。永昌郡是在平定渠帅栋蚕、姑缯、楪榆、弄栋诸羌叛乱后设置的，取名带有明显的政治目的，并为了纪功，又把东汉明帝年号冠在地名词头，称为"永昌"，寓意边疆从此永远昌明安宁。关于"永昌"地名的寓意见诸于后世的历史文献当中。清《读史方舆纪要》"永昌军民府"条载，"东汉建武中，西南夷栋蚕叛。召刘尚讨之。尚追破之于不韦，斩栋蚕帅，西南夷悉平。永平十二年（69），哀牢内附，置永昌郡，西南夷少事"。《云南郡县释名》称："永昌府，古为哀牢国，九隆氏居之。汉永平中立澜沧郡，寻改永昌郡。"《广志》曰："永昌一郡，见龙之耀，日月相属亦永。永昌，明之义也。"

元代设永昌州，后升为府。明代仍之，嘉靖三年（1524）始设保山县，为永昌府治地。清因之。据民国三年（1914）五月十二日《共和滇报》载"永昌县改名保山县之原因"，称"云南永昌县旧为保山县，民国二年裁府，即以保山地改名永昌县，虽旧日永昌府设置较早，而改县究属未久，既与甘肃重复，应即规复旧称。现经部议定改名保山县"。

而"保山"之名，因山而得。据《读史方舆纪要》卷一百一十八"保山县"条载，"保山县，汉不韦县地，元为永昌府治，明朝为永昌、金齿二千户所，属金齿卫。……嘉靖元年，始改置今县，取大保山为名"。明谢肇淛所撰《滇略》中永昌军民府释名说，"保山县，附郭。汉以米皆为哀牢、不韦县境。国朝嘉靖初设府，始置县。以治西有太保山名"。《清史稿·地理志》"保山县"条载，"城内，太保山，县以此名"。清康熙《永昌府志》载，"嘉靖元年设府，遂置保山县，治西有太保山，故名"。《今县释名》"保山县"条载，"保山，明置，取太保山为名。山在城内，嵯峨向东，高万余丈，横冈数里"。《永昌府文征》文录卷三十《太保山记》称，"中国山名，多随人文历史演进而改定，如云南保山县之主山，自明嘉靖以前，皆名松山，县名皆称哀牢县。经嘉靖元年改松山为太保山，并哀牢县，名亦随太保山而改为保山县，一扫千余年无谓之夷语，改正也，归文化也，故保山县历四百年来名称无异"。民国二十年（1931），《省民政厅〈对保山更改县名〉》的呈文称，"县名由来已久，因县城西枕保山，又名太保山"。批复是："系取义于太保山，名实相符，字面雅驯，无须更改"。保山县名遂延续下来，在以后的辞书中，均采用了该说。如陆景宇所编的《新编中国地名辞典》"保山"条说，"因县治有太保山，故名"。

保山境内许多地名反映古代驻军屯守保山的历史情形。保山坝多以"官、屯、营、庄、堡"为通名的地名，如孟官屯、左官屯、八大营、诸葛营、火烧营、汉庄、朱家堡等，都反映了古代屯军驻地的历史，"汉庄"这个地名，相传就是诸葛南征，其军在此屯点垦边。地名中称"官、屯"的是该地的军事首领，都是千户、百户，因为军职世袭，村庄往往冠以该官的姓氏，所以一个村庄往往同一个姓氏，几代以上大都有血缘亲属关系。这些屯营哨官早已不存在，但是作为语言代码的地名一直流传，为研究保山古代屯军史迹提供线索，也为保山汉族人口来源分布问题提供丰富资料。

从保山地名来探索历史文化，还可以有许多其他认识，比如"白纸房""磨坊""烧瓦处""烧酒处""铁厂沟""窑房"等地名反映了过去的手工业发展情况。而"通商巷""羔羊街""酒街"等地名则见证了保山历史上商业的繁华："通商巷"因巷内旅店、马店堆栈林立，来往商旅荟萃于此而得名；"羔羊街"的命名则与此地卖羊肉有关；"酒街"因

◆ 保山青华海永昌阁晚霞

在此卖酒而得名。这些地名既保留了保山历史悠久的工商业文化，又贴近当地百姓的日常生活，充满了浓厚的人文气息。

保山城的旧地名，能反映保山古城曾经是西南丝绸之路的重要驿站，物资集散地。早在唐天宝二年（743）蒙氏皮逻阁就开始在此地创建土城，距今有1000多年历史。我们追溯今天的大北门街等因古城池设门而得名的地名，会使人想起，保山古城曾有8座城门，东门升阳，南门镇南、龙泉，西门安定、永镇（因二门俱在太保山上，虽设不开），北门仁寿、通华、拱北。从这些城门名字就可以看到那时候人们渴望生活安定和平的愿望，也能遥想保山古城的雄风。

· 资料卡 ·

保山市：位于云南省西南部，东与大理州、临沧市接壤，北与怒江州相连，西与德宏州毗邻，西北、正南同缅甸交界，面积19600平方千米。辖有隆阳、腾冲、施甸、龙陵、昌宁等一区一市三县。2021年底常住人口243万人。境内除汉族外，还有彝族、白族、苗族、傣族、回族、佤族、满族、傈僳族、景颇族、阿昌族、布朗族、德昂族等13个世居民族。

隆阳区 · 九隆之阳

"隆阳"之得名，是因地处"九隆山之阳"的保山城，历史上曾被称为"隆阳城""九隆城"。据天启《滇志卷之二·山川·永昌府》载："（永昌府城）西南十里曰九隆山，在龙泉门外，一名九坡岭，连亘十里，高可百丈。世传九隆弟兄居此。"将原县级保山市改称"隆阳"，更加添了"突起奋发，继往开来"之意。

隆阳区以九隆山得名，"九隆山"之名，背后又有哪些典故呢？东汉杨终《哀牢传》记载："哀牢夷者，其先有妇人名沙壹，居于牢山。尝捕鱼水中，触沉木若有感，因怀妊，十月，产子男十人。后沉木化为龙，出水上。沙壹忽闻龙语曰：'若为我生子，今悉何在？'九子见龙惊走，独小子不能去，背龙而坐，龙因舐之。其母鸟语，谓背为九，谓坐为龙，因名子曰九隆。"这个神话故事告诉我们，哀牢族的祖先是龙和妇人沙壹所诞下的第十子"九隆"。

元代张道宗在《记古滇说集》中，增加了哀牢国人蒙迦独，其妻乃是摩梨羌的沙壹。蒙迦独以捕鱼为生，后在牢山的水中去世，不获其尸。而沙壹在水边伤心哭泣时，遇到了化为沉木的龙，并与其诞下了"九隆"。这个故事将原来沙壹"产十子"改为"先生九子又生一子"，而且第十子就是南诏蒙氏第一代国王习农乐，也就是细奴罗。《记古滇说集》所记载的神话故事，已经成为南诏蒙氏建立族源叙事的主要依据。

如果说《哀牢传》及其后的《华阳国志》《后汉书》所载的九隆神话反映了哀牢文化的族源叙事，那么《记古滇说集》则是建构了九隆神话与南诏大理文化之间的关系。而作为哀牢文化与南诏大理文化的共通典故，九隆神话的故事巧妙地将两种文化融会贯通，形成了富有特色的滇文化。

神话传说形成的地名在保山还有许多，比如金鸡村。在古老的时候，有两只金凤凰飞落在坝子的东北角上，每天晚上闪耀出金光异彩，衬得坝子如同白昼，当地人不知这金鸟为何物，便唤作金鸡，并将此地称为金鸡山，山上的寺为金鸡寺，山下村子称金鸡村（而金鸡村曾名不韦县，由西汉武帝设县，秦时始皇帝为"为彰其先人之恶"将吕不韦后人吕嘉迁徙而来）；又如道人山，明代海轩道人在此山建石庙，周济行人，当地山民深深怀念他，于是把山名定为"道人山"。

东汉永平十二年（69）哀牢归汉，汉王朝在此地设置永昌郡，是南方丝绸之路上的交通枢纽。西汉张骞出使西域，在大夏（今阿富汗）发现一条通往域外的通道，即从成都到印度的道路，当时称"蜀身毒道"。据考证，这条道路最迟在前4世纪末已经开通。"蜀身毒道"从蜀（今成都）出发，经"朱提道"至滇池，再由滇池向西到叶榆（今大理），或经"灵关道"至邛都（今西昌），由邛都往南到叶榆。两条线在叶榆汇合，再从叶榆往西经过博南（今永平）、永昌（今隆阳），再从滇越（今腾冲）出缅甸，这段路叫"永昌道"。由此可见，早在汉代，永昌道就已经成为中外经济、文化交流的西南要道，而地处永昌道上的隆阳则是商贾云集，汇聚殊方异域货物的要津。

唐代前期，南诏国大军统一滇西，在太保山下依山傍湖修建了新城，名为拓榆城，设置永昌府后更名为永昌城。据杜佑《通典》载，"（哀牢）至光武季年始请内属，汉置永昌郡，以统理之，税其盐布毡罽，以利中土。其国西通大秦，南通交趾。奇珍进贡，岁时不阙"。明代初期，云南前卫指挥李观、胡渊等人"仿南京包钟山之制"，将太保山围入城内，并改筑为砖城。从此城市更加繁华，有"小南京"之称。隆阳古城自汉唐以来便一直是我国与东南亚、南亚各国家交流的重要商贸中转站。

由于地理形势的限定，自古以来永昌道的走向没有发生太大变化。二战期间，为了打破日寇对中国的封锁，将国际社会援助中国的物资运往国内，1937年底开始修筑滇缅公路，1938年8月31日竣工通车。滇缅公路从昆明经由保山至缅甸北部重镇腊戍，全长1146千米。这条公路建成后成为当时中国联系外界为数不多的"输血管"之一，源源不断的战略物资经由滇缅公路运往中国，为中国抗日战争作出重大贡献。

从古至今，从永昌道到滇缅公路，从马帮之路到汽车之路，不论是哪个时期、哪种交通设施和运输方式，隆阳都在中外交流中发挥着不可替代的作用。隆阳是我国交通道路的历史博物馆，也是中华民族与域外友好交流的重要舞台。

隆阳地名因当地名胜九隆山在坝子之西，而城居隆山之东，为阳面，得名。这个名字背后蕴涵了太多无法磨灭的历史文化印记：它既是融汇古

◆ 隆阳区青华海航拍（隆阳区委党史研究室 提供）

保山市——太保滴翠，福德永昌

127

老的哀牢文化与南诏大理文化的图腾，亦是中外友好交往的重要见证。经历了两千多年的风霜洗礼，隆阳二字背后的价值意义历久弥新，成为了一代又一代儿女奋发进取、友好交往以及和平发展等优秀品质传承的符号。

施甸县·滇西要塞

在施甸县境南部姚关乡蒜园村的小汉庄北侧万仞岗发现的完整智人头骨化石，称姚关人，据有关专家鉴定考证，化石距今约8000年左右。全县从东到西，从南到北发现多处旧石器、新石器遗址，出土大量石器、陶片和兽骨化石，表明距今约3500～4000年左右，古人类活动频繁。施甸地方夏、商、周至春秋，属哀牢部族居地。西汉属益州郡不韦县地。东汉至南朝，属永昌郡。南诏时期隶永昌节度。大理国时期为广夷州地，属永昌府。元至元十一年（1274），置石甸长官司。明洪武十七年（1384），更名为施甸，并于洪武二十二年（1389）设有施甸巡检司，洪武十八年（1385）二月，"始祖自备马匹赴京进贡，蒙兵部官引奏，钦准始祖阿苏鲁除授施甸长官司正长官职事，领诰命一道，颁赐钤印一颗，到任领事"。清代沿袭明制，曾在施甸地区设立过"平夷州"或"平彝州"，民国《保山县志稿》记载，施甸东山摩仓苍寺大殿右侧有石碑，上面刻有施甸县于南明永历三年，即清顺治六年（1649）设立过"平夷州"，清军进入后废置。1962年12月1日，国务院正式批准设立施甸县，隶属德宏傣族景颇族自治州，1963年12月改属保山地区。

"施甸"一名，来自"石甸"。而"石甸"的含义，一说意为石头坝子，也就是依照地貌取名。据《明史·地理志》的"永昌军民府"条载，"施甸长官司，元石甸长官司，洪武十七年五月更名，属府"。又《大明一统志》载，"施甸长官司，在司南一百里，元间置石甸长官司，后讹为施甸"。可知"施甸"实际上应作"石甸"。那么"石甸"又如何而来？这很可能是从大理国"石赕"二字衍变而来。据《元史·地理志》"镇康路"载，"其地曰石赕，亦黑㸒所居"。这里的"石赕"就是石头坝子的意思，因该地四处布满石头而得名。而"赕"、"甸"二字在古时音义相通，故"石甸"与"石赕"二名应当是同源，"石甸"来自于"石赕"。

另一说认为"石甸""施甸"皆为少数民族语地名。据《元史·地理志》载，石甸一带为"黑㸒所居"。关于"㸒"这一族群的来源，汉代犍为郡有㸒道县，而据《说文解字》载，"㸒，犍为蛮夷是也。越嶲郡及滇，皆有㸒人，又称苞蒲，蒲人"。又曰，"㸒又称曰'施'"。据宋人李心传《建炎以来朝野杂记》所引《地理风俗记》中载，"㸒于夷中最仁，有仁道，故字施"，又"㸒施，夷中最贤者"。又据唐代樊绰《蛮书》载，"滇西施浪诏及石和城，其王皆姓施；有施蛮，分布铁桥西北（今永胜地）及野共川（今鹤庆地），以至澜沧江之西。滇中以施甸为地名者颇多，安宁、保山，皆有施甸；芒市土司地，唐时为芒施州。

保山市——太保滴翠，福德永昌

◆ 善洲林场万亩林海（施甸县委党史研究室 提供）

施者，明家之大族也"。由此可知，"施甸"未必是"石甸"的讹称，即"施"乃当地主要族群的名号，取"施"字给当地命名，也有其合理之处。

故此，今天施甸县沿用了此名，体现了历史上西南人民对于当地自然地理的理解以及民族文化的融合。

施甸县姚关镇清平洞位于保山市施甸县姚关镇施孟公路旁，距离保山市区约85千米。施甸县姚关镇是明代永昌府的军事重镇，明万历十三年（1585），永昌府参将刘挺、邓子龙以此作为根据地，成功地进行了保卫边疆、捍卫祖国领土完整和维护民族团结的正义战争。邓子龙在抗缅平叛战争胜利后修养备战期间，开凿了一个山洞，在石壁上自题为"清平洞"，寓意着滇西战乱的平息，各族人民安居乐业之意。邓子龙维护边疆稳定的事迹，是施甸这个地方维护国家统一的重要历史见证。

施甸县姚关镇人杨善洲，曾任保山地委书记。1988年3月，60岁的杨善洲光荣退休，放弃到省城养老的生活，决定选址大亮山种树，"兑现给家乡老百姓的承诺，答应退休以后为乡亲们办一两件有益的事"。

20世纪60年代，大亮山生态遭到极大破坏，山光水枯，山石裸露，溪流逐年减少甚至枯竭，当地农民饮水甚至要到几千米外的地方人挑马驮。周边村落为了粮食增产，进一步增加开荒面积，生态环境急剧恶化。20个春秋，杨善洲带领大家植树造林7万多亩，昔日荒山秃岭变绿色天地。林场除场部外，下辖4个护林哨所，1个水果基地，1个瞭望台，林场面积5.6万亩，为国家级生态公益林，主要植物有华山松、栎类、桤木、木荷、大树杜鹃、木莲、西南桦、核桃、云南樱花、杨梅、五角枫、香樟、鸡嗉子、滇润楠、南烛、十大功劳、桫椤、铁线蕨、贯众、肾蕨、虎头兰、春兰等，主要野生动物有麂子、野猪、刺猬、穿山甲、白鹇等。林场森林覆盖率达到了97%，成为姚关、酒房、旧城等周边地区重要的水源地。

2009年4月，杨善洲将活立木蓄积量价值超过3亿元的大亮山林场经营管理权无偿移交给国家。2010年11月9日，施甸县将大亮山林场更名为"善洲林场"，这一地名是对杨善洲的感谢与纪念。

　　施甸县：位于保山市南部，东邻昌宁县，南接临沧市，西隔怒江与龙陵县相望，北连隆阳区。全县面积2009平方千米。现辖甸阳、太平、由旺、仁和、姚关等5镇，以及水长、老麦、何元、万兴、酒房、旧城、木老元布朗族彝族乡、摆榔彝族布朗族乡等8个乡。2021年底常住人口为28.70万人。境内除汉族外，还居住着彝族、布朗族、白族等39个少数民族。

腾冲市・藤弯要冲

　　腾冲之名，意为"藤子充满"，演化为腾冲。驻地城关镇。《保山地区志》"腾冲条"载，"蒙古宪宗三年（1253）……藤充，意为多藤的要冲"。

　　腾冲曾是中原王朝经略边疆的重镇，但其地名并不仅仅反映了王朝对边疆的统治，还是作为中原王朝主体民族的汉族与西南边疆少数民族交往

◆ 固东银杏村（靳建平　提供）

交融的重要见证。

腾冲在汉代属"乘象国滇越"。据《后汉书·西南夷传》载，东汉永平十二年（69）年，哀牢王柳貌遣子率众内属。东汉明帝以其地设置了哀牢、博南二县，并割益州郡西部都尉所领六县为永昌郡。这时腾冲属永昌郡哀牢县，此为史书中第一次正式将腾冲列为传统中央王朝下辖的行政区划。

唐代被称为"越赕""藤充""藤越"，唐贞元十二年（796），南诏王异牟寻取越赕，置软化府（又称软化府），据史料载，"蒙氏九世孙异牟寻取越赕，逐诸蛮，遂有其地，为软化府。其后白蛮夷居之，改腾冲府"。自此"藤"改为"腾"，"腾冲"二字一直沿用至今。

大理国时期，仍设腾冲府。元代一度设藤越州。《元史·地理志》有载，"宪宗三年，腾越土酋高救内附"。明代设腾越州，原先的"藤"改为"腾"，"腾越"沿用至清代、民国时期。清代先后设腾越州、腾越厅。民国时期，设腾冲府、腾冲县。中华人民共和国成立，设腾冲县。至2015年，撤县设腾冲市。

腾冲历史上，主要有"腾冲"与"腾越"两个地名。"腾冲"一名在大理段氏统治以前称为"藤充"，据樊绰《云南志》及贾耽《路程记》载，该地名均为"藤充"。而从"藤充"到"腾冲"，如前引《元史·地理志》所述，是因为"其后白蛮徙居之，改腾冲府"。那么为什么白族人到了这里之后，就不再沿用唐代"藤充"这一地名，而改成"腾冲"呢？这与唐贞元以后，该地的战略地位变化有关。

在唐初以前，腾冲的政治中心不在藤弯城（藤充），而是在龙川江上游的"越礼城"（但此种说法，目前学界尚有争议）。"越礼"在彝语、白语中意为"越人居住的坝子"。越礼城"在永昌北，管长傍（今缅北拖角），藤弯"。因为该城接近永昌，易为永昌所管；又接近产金最多的长傍城，易到大赕通天竺。南诏时期，阁罗凤在禄郫（今伊洛瓦底江）沿岸附近兴建了许多淘金的城，为了方便管理新建的诸城和诸蛮，以及淘金、采矿等事业，南诏在藤弯通往诸蛮的要道上置押西城（即今盈江旧城），又在众城的腹心摩零山上（今蛮莫）设置了摩零都督城。但是由于这两地气候炎热，而且瘴疠肆虐，阁罗凤不得不放弃了押西、摩零二城，转而将管理诸城、诸蛮及淘金采矿等事务的重任放在藤弯城身上。

唐贞元十四年（798），阁罗凤之孙异牟寻为进一步加强对藤弯城的控制和管理，派大军驻扎此地，并改"藤弯城"为"软化府"，归永昌节度管辖。这一时期的藤弯城已经升格为永昌节度的政治中心之一，下辖龙川江、大盈江、槟榔江、伊洛瓦底江沿岸以及南方诸蛮中的所有城镇。其战略地位较之从前大幅提升，成为交通内外的重要枢纽。因此，在"白蛮徙居之"以后，便改"藤弯"为"腾冲"，使之具有"藤弯要冲"的意味。

至于"腾越"之名，其定名最早可追溯到汉代。据方国瑜先生的考证，"腾越"即"滇越"。由于腾越距离善阐较远，地域广阔，大理段氏时所设腾冲府，为今天的腾冲。"腾越"之名甚古，一方面"滇"与"腾"声读相近。另一方面，根据司马迁《史记·大宛传》中记载，"昆明之属无君长，善盗寇，辄杀略汉使，终莫得通。然闻其西千余里有乘象国，名曰滇越，而蜀贾间出物者或至焉。于是汉以求大夏道如通滇国"。这里强调"滇越"是汉人张骞在大夏听商贾所说而来，可见其应为汉名。而据《腾冲县志稿》卷一《大事记一》里刘楚湘的解释，"按州志云张骞传所称乘象国，今腾越所辖各土司犹能驯象，知腾越即古滇越也"。因此，"腾越"之名很有可能就来自汉代的"滇越"。

腾冲历史上的地名，不仅反映了古代人民对于地理的认识，更是体现了中原王朝与边疆少数民族地区交流交往的情况。在历史发展的长河中，腾冲地名的演变，让我们窥见了当年腾冲地区民族交往、社会经济文化繁荣发展的历史风貌；同时，亦证实了当地人民主动融入大一统王朝的心愿。

·资料卡·

> **腾冲市**：位于保山市西部，东与隆阳区相连，南与龙陵、梁河二县接壤，西与盈江县、缅甸毗连，东北与泸水市相邻。全市面积5845平方千米。辖腾越、西街2街道，界头、曲石、明光、固东、滇滩、和顺、中和、猴桥、荷花、芒棒等10镇，以及五合、北海、马站、蒲川、新华、团田、清水等7个乡。2021年底常住人口约64.30万人。境内除汉族外，还居住着彝族、白族、傣族、壮族等26个民族。

龙陵县·龙兴之地

　　龙陵县地处云南边陲，介于龙川江和怒江之间，西南与缅甸相接，国境线长约19.71千米。出土文物证明，早在新石器时代就有人类在龙陵繁衍生息。先秦时期，龙陵属濮部，也就是哀牢族。东汉至南朝，属永昌郡。南诏隶永昌节度，大理国时属永昌府。至元十三年（1276），置柔远路，辖境约现今云南保山市怒江以西及龙陵县境。柔远路隶属于金齿宣抚司。金齿、黑齿都是对傣族的别称。明人袁桷《送濯伯玉之官云南》之诗云："荡荡哀牢国，耕桑援不毛；皮船乘驿稳，铜鼓报衙高。"该诗就描绘了哀牢古国耕桑稼穑、皮船行江和铜鼓报衙的历史图景。明置猛弄司，属永昌府。清康熙二十六年（1687）改猛弄为龙陵，乾隆三十五年（1770）正式设厅，以同知移驻其地，分府之潞江、芒市、遮放三土司归其管辖；设同知和巡检。民国二年（1913），改厅建县。中华人民共和国成立以后，1950年3月成立龙陵县人民政府。

◆ 龙陵县龙江梯田（龙陵县委党史研究室 提供）

　　一般认为，"龙陵"其名有两种来源。其一，以地理命名，突出山势连绵、崇山峻岭的地形特征。据《今县释名》载，"龙陵，清置厅，民国二年改县。县西濒龙川江，东倚高黎贡山之麓，故名"。《中国古今地名大辞典》载，"龙陵县，在龙川江支流芒市河山，地处高原"。龙川江源出泸水县高黎贡山西南麓。西流穿过云华高黎贡山谷，又经腾冲南、梁河、龙陵、陇川、芒市之间，在瑞丽南坝附近出中国进入缅甸东部，称为瑞丽江。

其二，源自少数民族语言，傣语中的"勐龙"。《龙陵县沿革及县名来历含义》一文有记载，"嘉靖元年（1522）属保山县辖，称勐龙。勐龙系傣语，意为'龙兴之地'或'龙藏身之地'。清康熙二十六年（1687）改称龙陵，清乾隆三十五年始置龙陵厅"。又"县名龙陵，系傣语'勐龙'意译（墓陵区），引申为'龙脉大地'或'皇帝墓'。龙山镇历来为勐龙设治地"。据《龙陵县地志概况》载，"龙陵即保山县属之勐龙，傣语意为'森林地'之中的山城。龙陵县名来历：传说此处为'龙'陵寝，且山重水复，形状似'龙'，故以地理特征命名"。位于保山西南部的龙陵与"金齿百夷"的主要聚居区相接，而"金齿百夷"的聚居区即"北接吐蕃，南抵交趾"地带，所以"百夷"人口的分布向东北延伸而部分及于保山西南地带。清代将保山县的一部分划出与潞江安抚司的大部分地方合设龙陵厅，所以龙陵厅也有"摆夷"。

地名普查后，认为龙陵原名勐龙，而这种说法有其根据，今滇西地域之中，如猛龙（勐龙）、猛弄（勐弄）、勐笼一类的傣语地名非常多。被改名为"龙陵"以后，其地名又被赋予了汉文化的全新意涵。"龙"字与傣语地名"勐龙"的"龙"相对应，又与译为"猛弄"的"弄"读音相近；同时还考虑到了当地的地形特点，取西濒龙川江的"龙"，与县内名山伏龙山的"龙"也相一致。至于"龙陵"的"陵"字，在汉语中有"高阜"之意。龙陵县内多山，且县东有著名的高黎贡山；该名一方面植根于少数民族语言和传说，同时又兼顾了山川地形的特点，融汇了汉语与少数民族语言的特点。

来源少数民族语言地名的还有象达。象达为龙陵南部的一个镇，"象达"是傣语，意为要塞。龙陵县素有"滇西雨屏"之称。自古雨量充沛是龙陵的一大特点。故龙陵县成为了滇西雨水之屏障，人们常说龙陵，"一日有三变，十里不同天"。龙陵生态环境良好，自然资源富集，是中国紫皮石斛之乡、中国黄龙玉原产地。邦腊掌温泉堪称"温泉博物馆"，被专家誉为"地球穴位"；滇西抗战主战场松山是滇缅公路的咽喉要塞，被称为"东方直布罗陀"。全县大部分地区夏秋多雨低温、日照偏少，对粮食生产不利，而适合种植茶叶，种茶历史悠久，县内小田坝有年龄长达三百多年的大茶树。因此，当地因地制宜发展茶叶种植业，今天的龙陵是全国茶叶基地县之一。

近代在这里发生了著名的松山战役，又称松山会战、松山之战，是抗日战争滇西缅北战役中重要组成部分。中国远征军于1944年六月四日进攻位于龙陵县腊勐乡的松山，历时95天，本次战役胜利将战线外推，打破滇西战役僵局，同时拉开了中国大反攻序幕。

· 资料卡 ·

> **龙陵县：**位于保山市西南部。东接施甸县，南临永德、镇康二县，西与芒市、梁河接壤，北邻腾冲市。全县面积2794平方千米。辖龙山、镇安、勐糯、腊勐、象达等5镇，以及龙江、碧寨、龙新、平达、木城彝族傈僳族乡等5个乡。2021年底常住人口约为27.30万人。境内除汉族外，还居住着彝族、白族、傣族、壮族、苗族等民族。

昌宁县 · 昌盛安宁

昌宁位于云南省西部，地处保山、大理、临沧三州市接合部，是保山市下辖的县级行政区划。昌宁是一个设治较晚的多民族山区农业县。其辖境在历史上多分属不同的地方行政区划，隶属关系变动频繁。

西汉元封二年（前109），设益州郡，其时昌宁县部分地区在益州郡范围内，其他大部分地区则仍在"徼外"，为古哀牢国所辖。武帝发兵夺取哀牢国部分辖地，置嶲唐、不韦二县。而昌宁辖境北部及西部沿枯柯河一带的疆域划入汉王朝版图，归不韦县辖，隶属于益州郡，至于其余部分仍属哀牢国领土。东汉永平年间在古哀牢国地设永昌郡，昌宁境属永昌郡管辖。南诏属永昌节度。大理置广夷州。元代分属顺宁府庆甸县、镇康路及大理路永昌府所辖。明代昌宁辖境分属湾甸长官司（后改为湾甸御夷州）与广邑州。明正统元年（1436），昌宁境内始有专设地方行政机构。《明史·地理志》载，"广邑州，本金齿军民司之广邑寨。宣德五年升为州。八年十一月隶布政司。正统元年三月徙于顺宁府之右甸"（右甸即今昌宁县田园镇），徙广邑州于右甸，万历十三年（1585）改广邑州为右甸土守御所，万历二十六年（1598）改为右甸通判署，万历三十年（1602）又改设右甸守御土千户所及董瓮寨、蟒水寨二巡检司，均隶属顺宁府庆甸县统辖。至此，昌宁县辖境一部分分属永昌、顺宁两府所辖，一部分直隶云南布政使司。

清初，仍置右甸通判署。乾隆十一年（1746）改土归流，废勐缅长官司设缅宁厅。据嘉庆《重修一统志》载："以右甸通判移驻勐缅，改为缅宁通判。"而移顺宁经历于右甸，《清史稿·地理志》载，"府经历驻（顺宁）县西北右甸"。民国初年，废府设县，原顺宁府右甸经历厅改为顺宁县右甸行政公署，官设分县长，隶腾越道辖；民国十二年（1923）改为顺宁县右甸分县，设有分县长，民国十三年（1924）改为顺宁县右甸县佐。

◆ 昌宁县茶韵公园（昌宁县委党史研究室 提供）

民国二十二年（1933），设立昌宁县，"昌宁"二字作为地名首次出现。七月二十四日云南省政府批令："该右甸地方划拨保山、顺宁各地改设昌宁县治一案，系经本府提会议决，委员前往筹办，并于本年七月内刊发县印，饬于十月一日正式成立昌宁县治。无论如何，均须实行，万无变更之理。"十月一日，昌宁正式设立县治，县名为"昌宁"，这一地名是以鲁道源将军为首的在昆右甸士绅所拟。

鲁道源（1900—1985），字子泉。云南昌宁人。民国五年（1916）考入云南讲武堂第三期步兵科。二十六年（1937）任国民党政府军第五十八军新十一师师长、军长。昌宁建县以前，右甸一坝分两县，水利无人修，匪患无人管，严重阻碍了当地社会经济发展。时任滇军旅长的鲁道源积极倡导，划顺宁、永昌各一部分，设置新县。据"民国二十一年五月十五日'右甸设县专员'甘蔗向省政府呈报议拟县名情况"的呈文载，"鉴以右甸改县系联络保山、顺宁两县边远区乡而设。查保山即旧日之永昌府，顺宁即原旧日之顺宁府。永昌、顺宁均系原有之府名，应各取第二字为昌宁县，以昌字为首，宁字为次，颇符以永昌、顺宁两府土地联合设县之义。即以昌宁两字解释，亦复安详吉庆，且与全国县名不相雷同，备极允协"。这一新置县级行政区划由保山、顺宁两县析地合并而来，在给这一地域命名时充分表达了这一地理位置特点，即位于保山、顺宁之间，以便于人们清楚明晰其地名由来以及地理范围。且在全国范围内无重名地名，故取之。

昌宁县是全国重要的产茶基地。从昌宁县出土文物中的陶器茶具残片可知，昌宁先民早在秦汉时代就有用茶饮茶的习俗。其境内古茶树分布广、数量多，据专家考证，这些古茶树生长历史在千年以上。2006年春，中国工程院院士、国际茶叶协会副主席陈宗懋在实地调查后，赠词"千年茶乡·昌宁"。

昌宁茶叶的兴盛与古代国家政策有密切联系。宋代"茶马互市"政策推行，云南与西藏之间的茶叶贸易日趋普遍；元代，茶叶已成为云南各族人民进行市场交易的重要商品；明清时期，昌宁所产的茶叶已经小有名气，沿着茶马古道行销西藏、西北。同时，销往缅甸、泰国、印度、老挝及越南等南亚、东南亚国家，并经由印度加尔各答转销世界各地。

由此地名来历可知，"昌宁"之名与该地域历史上辖地的演变与当地人文风貌有着密不可分的关系，"昌宁"二字的字面意思所具有美好的寓意，给千年茶乡带去美好的祝愿，日富月昌，平顺安宁。

楚雄彝族自治州

——威楚故地，雄镇迤西

今楚雄彝族自治州在汉代分属越嶲郡、益州郡。三国蜀汉时期，西部置云南郡，东部属建宁郡，北部属越嶲郡。东晋南朝，西部置兴宁郡，东北部置建都郡，东部属晋宁郡。唐置姚州都督府。南诏置弄栋节度，东部属拓东节度。大理分置威楚府和弄栋府。元分置威楚路、姚安路和武定路。明分置楚雄府、姚安军民府、武定军民府。清并姚安府入楚雄府，乾隆三十五年（1770）武定改为直隶州。民国二年（1913）废府、州。1950年分设楚雄、武定两专区。1953年武定专区并入楚雄专区。1958年4月15日成立楚雄彝族自治州，因州政府驻楚雄市而名。2021年年末，楚雄州辖楚雄、禄丰2市和双柏、牟定、南华、姚安、大姚、永仁、元谋、武定8县，103个乡（镇），1105个村（居）民委员会。

楚雄州地势大致由西北向东南倾斜。最高点为大姚县百草岭的主峰帽台山，海拔3657米；最低点是双柏县与玉溪市新平县交界的三江口，海拔556米。境内山地面积占全州总面积的90%以上，盆地及江河沿岸的平坝所占面积不到10%，素有"九分山水一分坝"之称。

楚雄州境内主要山脉有东部的乌蒙山、西南的哀牢山、西北的百草岭，形成鼎立之势。而州域跨金沙江、元江两大水系，分水岭以北为金沙江水系，以南为元江水系。可谓"三山鼎立，二水分流"。有哀牢山国家公园和8个省级风景名胜区、17个自然保护区。

楚雄州气候宜人，属亚热带低纬高原季风气候，由于山高谷深，气候垂直变化明显。全州总的气候特征是冬夏季短，春秋季长；日温差大，年温差小；冬无严寒，夏无酷暑；干湿分明，雨热同季；日照充足，霜期较

◆ 中国彝族十月太阳历文化园（楚雄州委党史研究室 提供）

短；蒸发量大，降水较云南大部偏少；冬春少雨，干旱频发。

楚雄州矿产资源丰富，尤其以铜、铁、钛、煤、盐著称。2021年年末全州森林面积199.43万公顷，森林覆盖率70.01%。州内分布高等植物6000多种，其中有种子植物4500多种，列为国家重点保护野生植物的有攀枝花苏铁、陈氏苏铁、滇南苏铁、云南红豆杉、伯乐数、长蕊木兰等36种。分布有脊椎动物680多种。列为国家重点保护陆生野生动物的有黑冠长臂猿、云豹、绿孔雀、黑颈长尾雉、蟒、猕猴、黑熊、大壁虎、豹猫等126种。

楚雄州适宜于种植各种经济作物，尤其是烤烟。因此，楚雄州大力发展烤烟生产，年优质烟叶产量100万担左右，不仅畅销全国，还远销欧美16个国家，被国际烟草商称为最可信赖的"南华烟叶"。

楚雄州境内有丰富的旅游资源，如楚雄市紫溪山茶花，禄丰市恐龙化石、黑井古镇，元谋县土林、元谋人世界公园，武定县狮子山、己衣大裂谷，大姚县白塔、石羊古镇，姚安县光禄古镇，牟定县化佛山，双柏县碉嘉古镇、白竹山，南华县咪依噜风情谷，永仁县方山等，在为各地创造旅游文化资源的同时，也成为当地的靓丽名片。

楚雄特产享誉四方，楚雄市的牛肝菌，大姚的核桃，南华的松茸，双柏的白竹山茶，禄丰的香醋，牟定的腐乳，武定的壮鸡，元谋的番茄，姚安的套肠等，都是各地饮食文化千百年的结晶与传承。楚雄州秉天地之灵气而孕育的特产，当属野生菌，是云南省乃至全国野生菌资源最丰富的地区之一。

楚雄州生活着多种民族，而以彝族为主体，民族文化洋洋大观。各种民族节日、民族服饰、民族歌舞绚丽多彩风韵独特。各类民族服饰多达400余种，传统民族节日和集会达50多个，影响深远广泛的有火把节、七彩云南民族赛装文化节、南华野生菌美食节、牟定三月会、大姚插花节、姚安龙华会、禄丰花会、武定牡丹节、双柏虎笙节等。楚雄州可谓是彝族文化的大观园，彝文，彝药，彝绣，在楚雄的群山河流之中熠熠生辉。

楚雄州历史悠久、文化灿烂、资源丰富、气候宜人，拥有"世界恐龙之乡""东方人类故乡""世界野生菌王国""绿孔雀之乡"四张世界级名片，素有"省垣门户、迤西咽喉、川滇通道"之美誉。楚雄州凭借优越的地理环境与良好的生态条件，依托绚丽多彩的民族文化，坚毅迈向更高水平高质量发展，打造滇中崛起增长极指日可待。

楚雄市 · 迤西咽喉

楚雄市，为《禹贡》梁州外境，周为百濮地，汉属益州郡，三国蜀汉属云南郡，东晋、南朝属建都郡。隋属昆州。唐，西部置化州，东部属览州，俱属戎州都督府，后属姚州都督府。南诏，西部为石鼓赕，东部置石桑郡，皆属弄栋节度。大理国时期，石桑郡改白鹿郡，与石鼓赕皆属威楚府。元属威楚万户府，后属威楚路，东部先置威楚千户所，后改威州，下辖富民、净乐二县，后降威州为附郭威楚县，裁富民、净乐二县并入；

南部置南安州；西部先置石鼓千户所，后改石鼓县，属镇南州，后撤县入州。明东部改楚雄县，西部属镇南州，与南部的南安州皆属楚雄府。清沿明制。民国二年（1913）废府存县。中华人民共和国成立后，1950年为楚雄专区驻地；1958年楚雄彝族自治州成立，楚雄县为自治州首府，南华、牟定、双柏三县并入楚雄县；1959年恢复牟定、双柏二县，1961年恢复南华县；1983年改置楚雄市。

楚雄古称"威楚"。一说，战国时楚将庄蹻率军入滇，"以兵威定属楚"，故得"威楚"之名，取"大张楚国声威"之意。郭沫若题写的《七律·宿楚雄》中，"庄蹻通滇肇锡名，楚威远振古边城"的诗句，便是咏唱此事。另一说，晋咸康八年，爨酋威楚筑城峨碌赕居之，"威楚"是少数民族首领之名，派生而为地名。明洪武十五年（1382）二月，改威楚县为楚雄县，取"楚地雄威远播"之意，楚雄地名始于此，后路、府、州、专区、市名均沿袭此名。楚雄市又名"鹿城"，因宋大理国时期为白鹿部驻

◆ 万家坝古墓群标志碑（马兴华 摄）

地，也有得名于"跑鹿筑城"的传说。此外，明万历《云南通志》中有"产鹿得名"的记载，学者间还有"鹿城"一名由"峨碌"音转衍变而来的说法。历史上，楚雄还曾有过峨碌、曲驿、览赕、富箐睑、石桑郡、白鹿部等名称。《楚雄县志述辑》卷十《杂著述辑·楚雄名义考》云："'楚雄'之名，始自战国庄蹻开滇，略地至此，曰'楚'。唐南诏时曰'威楚县'，又改'楚州'。宋段氏曰'白鹿部'。元置'威州'，又降为'威楚县'。明改为'楚雄县'。考之舆图，'威楚'相沿已久，地当省垣门户，雄镇迤西八府。明以'楚雄'名之，殆取楚地雄威远播之义欤？"

楚雄市位于滇中红层高原中部，地势西北高东南低，境内群山皆属哀牢山系东麓支干余脉，最高峰为西舍路镇哀牢山脉小越坟山，海拔2916.1米，最低点在礼社江与彝家拉河、石羊江交汇处，海拔691米。市境西部为山地，占全市总面积的83.5%，东部为丘陵和山间盆地，面积在5平方千米以上的坝子有鹿城、子午、东华、腰站、饱满街、吕合6个。

楚雄市地处滇中干旱区，属北亚热带冬干夏湿季风气候，立体气候特征较为突出，干湿季分明，雨量集中，日照充足，年平均气温17.6℃。《康熙·楚雄府志》《嘉庆·楚雄县志》记载："明修撰杨慎诗云：'天气浑如三月里，花枝不断四时春。'亦可以验气候之温和矣。"

楚雄市资源丰富，其中，煤、金、铅锌是优势矿种。生物资源种类众多，有野生动物70余种，常见木本植物30余种，草本植物20余种，食用菌、藻类20余种；有野生中药材243科1381种，约占云南省中药材资源种类的40%，被省政府认定为"云药之乡"。境内有大量的原生茶花资源，是云南山茶花的重要原生地之一，也是山茶科植物物种基因库。据1996年省政府批准公布的《云南省古树名木名录》中载，全省百年以上古茶花111株，其中67株在楚雄市。百年以上云南传统名贵茶花园艺品种古树主要有童子面、松子壳、狮子头、大叶银红、大理茶5种，楚雄本地命名鉴定的新品种茶花有"鹿城春""国楣""楚蝶""紫溪""紫焰""色奔"等36种，主要分布在紫溪山、黑牛山和三尖山地区。著名植物学家冯国楣先生曾赞叹："楚雄茶花母树之多，分布之广，树龄之老，为云南全省之冠"。茶花也是楚雄市的市花，楚雄市于2012年2月成功举办第27届国际茶花大会。

楚雄市城西有著名的紫溪山风景区。紫溪山是历史上有名的佛教圣地，早在宋代以前就有"六十六座林、七十七座庵、八十八座寺"的说法。留存于紫溪山猢狲箐山崖的《护法明公德运碑赞》，立于南宋绍兴二十八年、大理国大宝十年（1158），是云南省境内自唐宋以来时代第二早、而碑制最大字数最多的摩崖石刻，是研究大理国历史的重要碑刻。紫溪山盛产茶花，紫溪茶花树龄之老，品种之多，花色之全，在滇中首屈一指，民间有"云南茶花甲天下，紫溪茶花甲云南"之说。

鹿城东山的福塔公园是楚雄市标志性景观之一。福塔公园建筑面积1217平方米，包括福塔和福苑、禄苑、寿苑。福塔建于明代锁水塔遗址上，高59米，为八角九层楼阁式钢混结构塔。此塔将中国古代自甲骨文、金文、隶书、楷书、行书、草书，以及彝文、东巴文、满文、蒙古文、朝鲜文、维吾尔文、藏文、水族文字、傣族文字等各少数民族文字中有关"福"字的精品荟萃于一塔之中，塔内塔外，塔上塔下，共有九千九百九十九个福字，是中国历史上第一座以多种艺术表现形式集中展示中华福文化深厚内涵的塔，被誉为"中国第一福塔"。

昔日，人称楚雄"为迤西九郡之咽喉，作会城一省之屏蔽"。今楚雄市与昆明、曲靖、玉溪共同构成滇中城市群，是昆明通往滇西、滇西北的重要连接点，也是昆明进入南亚、东南亚国际大通道的重要承接点和物流集散地，在滇中经济圈中发挥着越来越重要的作用。

> **· 资料卡 ·**
>
> **楚雄市：** 位于楚雄州中西部，东与禄丰市相邻，南与双柏县接壤，西与南华县接界，北与牟定县毗连。全市面积4433平方千米。辖鹿城、东瓜、吕合、紫溪、东华、子午、苍岭、三街、八角、中山、新村、西舍路12镇和大过口、大地基、树苴3乡。2021年底常住人口约62.48万人。境内除汉族外，还有彝族、回族、白族、苗族、傣族、傈僳族、哈尼族等民族。

禄丰市·恐龙之乡

今禄丰市，战国及秦时属滇国地。西汉元封二年（前109）设置益州郡。三国蜀汉属建宁郡。东晋时为建都郡。唐属昆州。南诏时期东部设龙和城，属拓东节度；西部设路赕，属弄栋节度。大理国时期，东部为罗部，中部为碌琫甸，属善阐府；西部路赕属威楚府。元至元十二年（1275）割安宁千户之禄琫、化泥、骥琮笼立禄丰县，属中庆路；十三年（1276）中部置禄丰县；二十四年（1287）东部置罗次县。明清罗次县、禄丰县属云南府，广通县属楚雄府。民国二年（1913）广通、定远二县置盐兴县。1958年4月4日，国务院决定撤销盐兴县，将盐兴县行政区域并入广通县。1958年6至10月，罗次县、广通县并入禄丰县。2021年1月20日，经国务院批准，撤销禄丰县设立县级禄丰市。

"禄丰"地名一说来源于彝语，彝语"碌"为石，"琫"为甑，意即石甑子，因星宿江中有石如甑得名，后写为禄丰。另一说来自彝语"碌琫甸"，"甸"为坝，意为有石甑的坝子。禄丰县志记载："禄丰在州西治白村，其地瘴热，非大酋所居，唯乌、杂蛮居之，迁徙无常。"至元十二年（1275），割安宁千户之禄琫、化泥、骥琮笼3处立禄丰县。据调查，彝语"碌"为龙、"琫"为穴，禄丰译为龙居住的地方，此意与唐代称禄丰为"龙和城"相吻合，元代置县时，取彝语谐音为禄丰县。

禄丰市位于云南省中部，地处滇中高原东南部，金沙江、元江两大水系分水岭地带，地势大致北高南低。禄丰地形以山区为主，地表崎岖，山岭纵横，山地、丘陵、山间盆地（坝子）交错。禄丰属低纬高原区季风气候，气温年较差小，日较差大，干湿季分明，雨热同期，气候垂直变化显著，类

◆ 禄丰市恐龙化石（禄丰市委党史研究室 提供）

型多样。温泉资源丰富，在碧城、金山、中村、恐龙山、土官等地已发现并开发的地热温泉资源有7处，其中罗次温泉开发已有360多年历史。

禄丰资源丰富，全市生态屏障良好，森林覆盖率达64.84%，五台山、雕翎山、樟木箐自然保护区峰峦叠翠，景色怡人。此外，境内有迄今世界上发现最丰富、最完整的1.8亿年前的恐龙化石群及800万年前的腊玛古猿化石，故有"恐龙之乡、化石之仓"美誉。川街中山陨石坑，是亿万年前形成的陨石坑，面积约13平方千米，北高南低，犹如一颗巨大的心脏，被誉为"云南地理中心"。

市域西北的黑井古镇，是千年盐都、中国历史文化名镇、省级"特色小镇"，被誉为"明清建筑的活化石"。黑井在历史上以产盐闻名，是云南重要的贡盐产地。今日黑井留下了千年"盐都"文化遗迹，以及古色古香的明清建筑，昭示着小镇的风流蕴藉。

禄丰市境内交通便捷、区位优势明显，是昆明通往滇西各地的交通咽喉，有"九州通衢，两省驿站"之称。"四条铁路"（成昆铁路、成昆铁路复线，广大铁路、广大铁路复线），"四条高速"（昆楚高速、昆楚大复线高速、武易高速、楚广高速）穿境而过，属滇中城市一小时经济圈范围。

· 资料卡 ·

　　禄丰市：位于楚雄州东部，东与富民县、安宁市、西山区接壤，南与双柏县和易门县相邻，西与楚雄市、牟定县接界，北与元谋县、武定县毗连。全市面积3536平方千米。辖金山、广通、碧城、仁兴、勤丰、一平浪、彩云、土官、黑井、和平、恐龙山11镇和中村、妥安、高峰3乡。2021年底常住人口约36.26万人。境内除汉族外，还居住着彝族、苗族、回族、傈僳族、白族等民族。

双柏县 · 滇中绿珠

　　双柏县始建于西汉元封二年（前109），属益州郡。三国蜀汉属建宁郡。东晋属晋宁郡。南朝齐后废双柏县。唐置傍州，初隶戎州都督府，后

楚雄彝族自治州——威楚故地，雄镇迤西

隶姚州都督府。南诏时期属弄栋节度。大理国时期属威楚府。元属威楚路，礼社江以东为南安州地，西为州辖碣嘉县。明属楚雄府。清康熙八年（1669）裁碣嘉县入州。民国二年（1913）为南安县地；三年（1914）为摩刍县地；十五年（1926）复名双柏县，以汉、晋旧名为县名，并于县署前植柏树二株为象征。1958年属楚雄彝族自治州，旋并入楚雄县。1959年析出复置。

双柏县建置，最早见于西汉元封二年（前109），其后一直沿袭至隋初消失。考其县名及其县治变迁，治所先后建在今玉溪市易门县，楚雄市云龙，再到今天的妥甸，可以说是三地县治，四地建城，两出云龙落籍妥甸。双柏县名也是一波三折，四易其名，由西汉的双柏、唐代的摩刍，到至元十二年（1275）的南安州，直至近代，民国元年（1912）改州为县，称南安县，因与江西省南安重名，复名摩刍县；十八年（1929），复归双柏名称。

双柏的曾用名"摩刍"，在唐时为"黑爨蛮"所居地，寨名摩刍，又称弥苴浪。元至元十二年（1275），置摩刍千户所，属威楚万户府。摩刍在威楚之南，故名南安。至民国三年（1914），因与江西南安府重复，更名为摩刍县。（《民国摩刍县地志》）

关于"双柏"地名的涵义，史料中也有多种说法。

其一，《双柏县地名志》载："双柏县建置于西汉元封二年（前109），西汉开辟此地建县时，因县衙门前有两棵古柏得名。"据目前所知汉代文献材料，并无记载双柏县地名由来者。应该是规划建县在前，选

◆ 双柏县城妥甸航拍图（李盛昌　摄）

定县衙在后。此说法存疑。

其二，在双柏县彝族分支纳苏颇（红彝）语言中"双柏"为"铺撸"，在当地许多地名中，"铺"意为寨子、大村、城，"撸"意为龙潭，合起来，双柏就是龙潭旁的城镇。那黑龙潭又是什么地方？《民国摩刍县地志》在"河湖泉"一节里载："黑龙潭，在城东七里乌龙寺左，祷雨立应，相传龙穴其中，邑人建祀，春秋祀之。"

其三，在彝语中"双"为金，柏（白）为山。古代易门大部与双柏境合，古时在这一代炼铜冶金，故双柏也有金山之意。双柏境内，绿汁江沿山奔流，古彝语将绿汁江称为"钱财之水"。

现在的双柏方言为"当唧蜜"，意为长满青松的平地（应指云龙一带），而现今双柏境内一平方公里以上的平地都没有。这样看来，如果治所在易门境内，则可采信"金山财水之地"之说，如果治所在云龙则可采信"有龙潭的城镇"之说。

双柏县地处云南中部，哀牢山脉以东，金沙江与红河水系分水岭南侧。地势北高南低，西南部多高山峡谷；北部、东北部高原面较完整，有妥甸、大庄等坝子；中部地域为中山谷地区。境内崇山峻岭，处处皆山，无一平川，具有山川峡谷纵横，高差悬殊，垂直明显的特点。

双柏境内山脉属哀牢山主体山脉，海拔2200米以上的高山有7座，其中大梁山海拔2946米，为楚雄州境哀牢山脉最高峰。

县境河流纵横，大小河流2325条，全属元江水系，形成北水南流之势。主要河流为绿汁江、石羊江、马龙河。境内流量最大的河流是石羊江，位于县境西部，从西北向东南，流经碍嘉、独田、爱尼山3乡镇，于三江口与绿汁江汇合后出境。在县境内流程87.4千米，流域面积175.13平方千米，是元江的主干河流。

《民国摩刍县地志》载："碍嘉，在汉以前为卜国，至元大定年间，有星殒，化为石，击之如金声，号碍石，因更名曰碍嘉。"碍嘉镇地处哀牢山国家级自然保护区的核心区，境内属亚热带气候，垂直变化明显，一般北低南高，东西基本对称。镇内有总面积340平方千米的森林保护区，保存有我国连片面积最大、结构最完整的中山湿性常绿阔叶林和万亩高山草甸，是滇中地区最大的一片水源涵养地，有苏铁、红豆杉等国家一二级保护植物27种，绿孔雀、黑长臂猿等国家一二级保护动物49种。那依山下，数十万亩梯田仿佛大地上的流云。梯田是碍嘉农耕文化的见证，可以和享誉国内外的元阳梯田相媲美。

双柏县文化底蕴丰厚，县城西南部的碍嘉镇，古属哀牢国，元、明、清时分别设置为千户所、县和分州，是双柏县历史上唯一的古镇。彝族创世史诗《查姆》、叙事长诗《赛玻嫫》享誉海内外，被称为彝族"根谱"；彝族民间说唱《阿佐分家》被称为彝剧"始祖"；彝文医药书《齐苏书》比李时珍的《本草纲目》早12年。一年一度的中国·双柏彝族虎文化节、法脿镇的虎笙节、碍嘉镇的七月十五中元节、大麦地镇的开街节、安龙堡乡的花鼓节、大庄镇的仙鹤节、爱尼山的云药康养文化旅游节、独田乡的山歌节等，推动双柏继续走向开放与多元。

> **·资料卡·**
>
> **双柏县：**位于楚雄州南部，东与易门县、峨山县相邻，南与新平县毗连，西与镇沅县、景东县接壤，北与楚雄市、禄丰市接界。全县面积4045平方千米。辖妥甸、大庄、碍嘉、法脿、大麦地5镇和安龙堡、爱尼山、独田3乡。2021年底常住人口约13.25万人。境内除汉族外，还居住着彝族、回族、苗族、哈尼族等17种民族。

牟定县 · 左脚舞乡

今牟定县在汉代为益州郡地，三国蜀汉为建宁郡，晋属宁州，东晋、南朝时为爨氏大族所据。唐初置傍州，属宁州都督府，后属姚州都督府，后废。南诏时期置牟州，属弄栋节度。大理国时期称牟州。蒙古宪宗四年（1254），立牟州千户，黄篷阱百户（今江坡、新甸房一带）。元至元十二年（1275）改牟州千户为定远州，治今吕交城，属威楚路；黄篷窄置南宁县，治今新甸房，属定远州。不久降定远州为定远县，属威楚府，裁南宁县为乡而并归于定远县。明洪武二十二年（1389）设定远守御千户所，属楚雄卫，县城移治今址。清仍设定远

◆ 2009年4月22日，牟定县左脚舞文化节盛况（牟定县委党史研究室 提供）

县，定远县在明清皆属楚雄府。民国三年（1914），因与安徽省定远县重名，故"取古地名'牟州''定远'之首字，更名牟定县"。中华人民共和国成立后，牟定县曾短暂并归楚雄县，为牟定区，旋复置牟定县至今，属楚雄彝族自治州。

牟定县地处滇中红土高原中部，整体地势西北高东南低，河壑纵横交错。境内山脉分南北走向，逶迤连绵。南部走向诸山主要有三尖山、寨子山、化佛山、蕨菜山、柜子山、笔架山，北部走向诸山主要有打鼓山、高山顶、龙箐山、白马山、中峰山、大湾山、大黑山。

万山之中，化佛山是滇中佛教名山，位于县城西17千米，面积30平方千米，主峰海拔2588.7米，巍峨峭拔，古木参天，筇竹叠翠，盛产化佛茶，是滇中名山。明万历五年（1577）无住禅师创建白云窝寺，至清代末叶，化佛山曾有旃檀林、远公庵、极乐庵、宝莲寺、迦叶殿等13座名刹，极盛时寺僧达数百人。有"万年修来化佛去、修身养性第一山"的美誉。

化佛山下，是牟定最长的河流——龙川河，自西北流向东南，贯穿县境中部，于江坡镇乐利村委会黑龙潭村，注入龙川江，最终汇入金沙江，将牟定与中华民族的母亲河长江紧密联系在一起。

龙川河两岸是牟定境内最大的坝子。牟定坝子土质肥沃，气候温和，降雨丰沛，主产水稻、蚕豆、小麦、烤烟、油菜，是牟定县的粮油高产区。

境内生活着汉、彝、回、苗等多个民族，有丰富多彩的民族文化。农历三月二十七至二十九日的"三月会"，是一年一度的民族传统盛会。近年，牟定大力推广"左脚舞"文化，2006年6月，牟定被省政府命名为"彝族左脚舞之乡"。2009年4月22日组织"万人同跳左脚舞"，成功入选吉尼斯世界纪录。丰厚的自然与人文资源润泽着牟定这方古老而神奇的土地，造就了名闻遐迩的系列特产，如化佛茶、牟定腐乳、力石酒、喜鹊窝酒、铜炊具等。这些产品将牟定人的勤劳、智慧带入千家万户，也将"左脚舞之乡——牟定"这一地名传遍四方。

· 资料卡 ·

牟定县：位于楚雄州中部，东与禄丰市相邻，南与楚雄市接壤，西与南华县、姚安县接界，北与大姚县、元谋县毗连。全县面积1449.6平方千米。辖共和、新桥、江坡镇、凤屯4镇和蟠猫、戌街、安乐3乡。2021年底常住人口14.78万人。境内除汉族外，还居住着彝族、苗族、回族、白族等民族。

南华县 · 九府通衢

南华县在西汉为益州郡地。三国蜀汉为云南郡地。东晋、南朝为兴宁郡地。唐置丘州，初属戎州都督府，后属姚州都督府。南诏改置俗富郡，属弄栋节度。大理为威楚府地。蒙古宪宗七年（1257）设欠舍千户。元至元二十二年（1285）置镇南州，取镇抚南邦之意，属威楚路。明、清仍为镇南州。民国二年（1913）改为镇南县。1954年改名南华县。1958年属楚雄彝族自治州，旋并入楚雄县。1961年析出复置。

《南华县地名志》："1954年因认为镇南有'镇压南蛮'之意，不利于民族团结，故改名南华。'南'字含义以云南地处祖国西南；'华'字取美丽的意思。"故以"南华"作为地名，意为"西南美丽的地方"。

南华县地处云贵高原西南部、滇中红层高原西部，地势西北高东南低，全县大部地域为山区、半山区及丘陵。东北部丘陵起伏，间有坝

◆ 两旗海湿地公园（南华县委党史研究室 提供）

子；西南群山纵列，多北南走向。南华地处横断山脉南段东侧，万山攒簇，境内最高山峰为红土坡镇龙潭山的烧香寺山，海拔2861.1米。南华山多坝少，地面河流纵横，主要河流有龙川江、礼舍江、马龙河、兔街河（湾河）。

南华县地处低纬度高海拔地区，属亚热带季风气候区，气候温和，四季分明。因地貌错综复杂，地势高低悬殊大，形成"一山分四季，谷坡两重天"的多层次立体气候，南亚热带至中温带气候齐备。境内资源丰富，砷、铊、石膏3种矿产保有资源储量位居楚雄州十县市首位，境内森林面积16.26万公顷，活立木蓄积量980.47万立方米，森林覆盖率71.77%，有蓖齿苏铁、伯乐树、水青树、香果树、翠柏、红椿、红花木莲等多种国家Ⅰ、Ⅱ级重点保护植物。境内记录到的哺乳动物有121种，鸟类有475种，两栖爬行动物有114种。哀牢山国家级自然保护区南华片区、三峰山州级自然保护区南华片区自然生态系统稳定，原始森林外貌壮观，珍稀生物资源众多，有国家Ⅰ级保护动物黑长臂猿、灰叶猴、林麝、云豹、黑颈长尾雉、绿孔雀等，还有省级重点保护动物1种、云南特有动物13种、哀牢山特有动物5种。境内已知野生食用菌种类有290余种。拥有"世界野生菌王国""中国野生菌美食县""中国野生菌之乡"的美誉。

南华县自古就是南方丝绸之路与茶马古道上的商贸重镇，同时也是云南省革命老区县。县内以彝族文化为代表的民族节日、民族服饰、民族歌舞绚丽多彩风韵独特，传统的民族节日和集会达20多个，"火把节""野生菌美食文化节"、雨露白族"金花节""正月灯会"、沙桥天申堂"萝卜节""洋芋节"、兔街"采茶节"等影响较大，日渐成为独具特色的旅游文化资源。

南华古有"九府通衢"之称，是南方丝绸之路与茶马古道上的商贸重镇、滇中迤西开放节点城；今日南华是川、滇、黔通往滇西和南亚、东南亚等国家和地区的咽喉要塞，发挥着"滇中西大门"的重要作用。

> **· 资料卡 ·**
>
> 南华县：位于楚雄州西南部，东与牟定县、楚雄市相连，南与楚雄市和景东县毗邻，西与弥渡县、祥云县接壤，北与姚安县和祥云县接界。全县面积2343平方千米。辖龙川、沙桥、五街、红土坡、马街、兔街6镇和雨露、一街、罗武庄、五顶山4乡。2021年底常住人口约20.15万人。境内除汉族外，还居住着彝族、白族、回族等民族。

姚安县 · 梅葛故地

今姚安县，西汉元封二年（前109）设置弄栋县。隋开皇十七年（597）设置弄栋总管府。唐武德四年（621），设置姚州都督府及南中统部，统辖今滇西、滇东、黔西及川南大片土地和人口。姚州附郭县姚城，治今旧城，为姚州都督府驻地；天宝末废姚州。南诏时期置弄栋城（今栋川镇），为弄栋节度驻地。大理国时期改弄栋府，又名统矢府、姚府，于西部设阳派部。元至元十二年（1275）复置姚州，属大理路；天历元年（1328）升姚州为姚安路军民总管府，辖姚州、大姚县，姚州为路治。明洪武十七年（1384），设姚安军民府，二十七年（1394）四月升为军民府，辖姚州、大姚县，姚州为府治。清乾隆三十五年（1770）裁姚安府，改姚州属楚雄府。

民国三年（1914），改姚州为姚安县；当年，楚雄府亦废，姚安直接隶属于迤西腾越道。民国十六年（1927），迤西腾越道废除，姚安直接隶属于民国云南省政府。民国三十六年（1947），在姚安设立国民党云南省第八区行政督察专员公署兼云南第八区保安司令部，辖12县。从1949年12

月26日人民政权建立后至1958年4月15日以前，姚安隶属楚雄专区。1958年4月15日，楚雄专区改为楚雄彝族自治州，姚安属州辖10县（市）之一。其间，1958年10月，撤消姚安县，并入大姚县，1961年3月，恢复姚安县建置，此后延续至今。

"姚安"作为地名，始于元代设姚安路军总管府，民国三年（1914）正式成为县级政区地名，沿用至今，地名涵盖的地域有"古大今小"的特点。

关于"姚安"地名的涵义，向有三说：一说《大姚县地名志》载："唐高祖武德四年，以其地民多姓姚，因置姚州都督府，始有'姚'之称。……元文宗天历间，取乱极思治、长治久安之意，置姚安路军民总管，据此乃'安'字之由。"二说道光《大姚县志》卷十六《杂异志·故实》云："姚安当是姚姓所安。考晋明帝二年，李骧侵越嶲，宁州刺史王逊遣将军姚岳击之。岳追至泸水，战于堂琅。骧兵大败。堂琅，今赤石崖平川地。岳不穷追而归，故以此地为姚之所安也。"此说已为前人辨正，由云龙主修《民国姚安县志·杂载》云："堂琅，各书谓为今会泽地。堂琅山，在会泽北百五十里，与巧家接界，为晋太宁二年姚岳败贼将李骧

◆ 国家级非物质文化遗产——彝族梅葛传唱（姚安县委党史研究室 提供）

处。《华阳国志》亦作'姚岳拒骧于堂螂县'。堂螂自为县名。赤石崖，《方舆纪要》：'在大姚西北，与大理府十二长官司接界。'虽近铁索，向无堂琅县之建置。即《云南蛮司志》：宾川大姚各寨，环箐错列，有所谓赤石崖、螳螂、古底等寨，并非姚岳拒骧之堂琅县。且晋时尚无姚州之名。姚安，直至元天历初升姚州为姚安路，始有姚安之称。黎志此说，恐与僧用源所撰《兴宝寺记》'姚安路，古名弄栋川，汉武帝时立为姚州'一语，同一讹误也。"三说段世璋纂修《姚安县地志·名义》云："民国肇造，统一县治，因复旧称，名曰姚安县。夫州名曰姚，以州人多姚姓而名之也。姚系以安，以地当西南徼外，蛮夷杂处，历汉、唐、宋、元、明、清诸代。……边徼多事，民不得乂安屡矣。姚系以安，所以祝亿万年乂安之幸福也！自兹以往，果使姚安之人，士安于学，农安于野，工安于场，商安于市，烽燧不惊，刁斗不闻，则姚人安矣。姚人安则滇政府无西顾之忧矣。顾名思义，姚安之命名，意在斯乎！意在斯乎！""姚安县"名始于民国，或即"姚人乂安"之义。

姚安县位于云南省楚雄彝族自治州西北部，是滇中、滇西互联互通和云南北上入川大通道的重要节点。论地理形势，古人称姚安"乃六诏之中分，而三川之门户也"，"实西北之门关，本南中之锁钥"，具有重要的区位意义。姚安县坝区面积占20.4%，山区面积占79.6%。四周崇山峻岭，中部平畴广川，地势南高北低。东南方向的三峰山、燕子窝山、凤咀梁子形成天然屏障和分水岭，西北方向的大黑山、老官山、花椒园梁子峰峦叠嶂，中间是姚安坝子，面积119平方千米，有"群山环抱蛉河水，盆地碧绿万顷田"的田园美景。

姚安人文蕴藉，位于县城北部12千米处的光禄古镇是古南方"丝绸之路"通往东南亚和印度等地的一个重要据点，古镇整体建筑布局呈独特的"坤"字型，境内还有始建于唐天佑年间的龙华寺、元代设置的姚安路军民总管府、文昌宫、三丰祠和中西合璧的高雪君祠，古色古香，皆铭刻着历史变迁的风采。2017年，光禄古镇入选第二批全国特色小镇，2019年被住建部公布为国家级历史文化名镇。姚安境内文物古迹众多，有国家级重点文物保护单位龙华寺、德丰寺和德化铭碑，有省、州、县级重点文物保护单位78项，有古代青铜器、石器、玉器、木雕、陶瓷器、古字画、碑刻等珍贵文物。

姚安艺术遗产同样异彩纷呈，举世闻名的彝族葛梅就起源于本县马游村——这种用梅葛调演唱的彝族创世史诗内容包罗万象，反映了彝族人民历史文化、生产生活的全貌，被视为彝家的"根谱"、彝族的"百科全书"。彝族梅葛、姚安花灯、姚安坝子腔都被列入国家级非物质文化遗产保护名录，为姚安县赢得"梅葛故地，花灯之乡，文献名邦"的美誉。

历史上多位著名人物与姚安交相辉映，其中明末进步思想家、文学家李贽曾任姚安知府，在县城德丰寺创办"三台书院"，收徒讲学，发展教育，点播下文明的种子。李贽注重民生，在今县城之西官屯镇连厂村委会北侧有一座双孔砖石的拱桥，即李贽任知府时所修，因此又名"李贽桥"。清代高奣映博学多才，著书八十余部；"一门三岁贡，甘氏五举人"著述甚丰、流传于世；民国赵鹤清、由人龙、由云龙均有诗作刊印于世，赵鹤清画集《滇南名胜图》饮誉海内外，高氏家族有着700多年的辉煌历史，演绎了"九爽七公八宰相、三王一帝五封候"的政治文明传奇和"一门出五举、三步两道台"的历史佳话。

> **· 资料卡 ·**
>
> **姚安县：** 位于楚雄州西部，东与牟定县相邻，南与南华县接壤，西与大理州祥云县毗连，北与大姚县接界。全县面积1803平方千米。辖栋川、光禄、前场、弥兴、太平、官屯6镇和大河口、适中、左门3乡。2021年底常住人口16.24万人。境内除汉族外，还居住着彝族、回族、白族等民族。

大姚县·人杰地灵

今大姚县在西汉至南朝梁末以前为蜻蛉县地。隋名蜻蛉川，属南宁州总管府。唐置褒州、髳州，初隶戎州都督府，后隶姚州都督府，后废。南诏时期设弄栋节度使。大理国时期复置褒州，属弄栋府，后废。蒙古宪宗七年（1257）置大姚堡千户所，以境内有大姚河得名；元至元十一年（1274）改置大姚县，治今址，属姚安路。明属姚安军民府。清乾隆三十五年（1770）改属楚雄府。民国元年（1912）析置盐丰县，治今石羊镇。1958年属楚雄彝族自治州，撤永仁、姚安、盐丰三县并入。1961年复置永仁县、姚安县，盐丰、大姚两县仍合并为大姚县至今。

自元以来，"大姚"作为县名已有近750年历史，其由来有二说：一说来源于少数民族语，《元史·地理志四》云："夷名大姚堡。"二说因县域内有大姚河而得名。《大姚县地名志》说："古时姓姚者居多，其河名大姚河，大姚堡、大姚县即因此得名，沿用至今。"

大姚县域地处滇中高原，境内多山，地形向东南倾斜，高差悬殊较大，中部高，四周渐低，呈宝塔状。境内山脉为云岭山脉和川西大雪山系，有支脉12条，呈西北—东南走向纵贯全境。县境北部的百草岭主峰帽台山海拔3657米，为楚雄彝族自治州最高峰。县境中部的昙华山系百草岭南延山脉，主峰海拔3117米，巍峨雄伟，景物奇幻，是著名的风景名胜区。县境东南部的老寨山梁子，古名禺同山，又名紫丘山，山间多云雾，在西汉时期便演绎出瑰丽的金马碧鸡传说，传遍云岭大地。

其中县名的来源大姚河（西河），位于县境南部，县城西部，是永丰水库的重要水源，流区地势平坦，人烟稠密，是粮食主产区。

大姚历史文化源远流长。在距离县城35千米的石羊镇，象岭山脚下，文庙建筑群光彩夺目。石羊文庙始建于明洪武年间（1368），万历三十七

◆ 大姚县唐代白塔（陈维寿 摄）

年（1609）建成，历经12个朝代增建修复，形成规模宏大的儒家文化建筑群，占地面积6584平方米，建筑面积1616.8平方米。其建筑格局完全按中国古代宫殿式衙署规模布置，纵横对称排列，结构严谨，布局匀称，宏伟端庄。大成殿内的孔子铜坐像铸于康熙年间，形态逼真，铸工精妙，高2.3米，净重2.5吨，是中国最大的孔子铜像。

县城西面的文笔峰上，有高耸白塔，其形酷似庙宇中常用的磬槌，又称磬槌塔。据道光《大姚县志》记载，白塔"砖有'尉迟监造'字，盖唐物也"。白塔属于藏工喇嘛塔，在云南非常罕见。

县城南15千米处的妙峰山是著名的佛教圣地。山上的德云寺被誉为"滇中大刹"，是云南禅宗泰斗彻庸禅师所建，创建于明代天启年间，已有近400年历史。整个建筑群体雄伟，庄严肃穆。著名的地理学家、旅行家徐霞客曾游寺住宿，并赋《宿妙峰山》诗。

昙华是典型的彝族聚居区，文化底蕴源远流长。早在8000多年前，此地彝族先民发明了十八月历，在人类天文学史上占有重要地位，比号称人类文明标志的西方玛雅文化早4500多年，被誉为人类文明的新源头。昙华的《梅葛》史诗是世界三大创世史诗之一。今昙华地区还有独具特色的彝族民居——垛木房、闪片房、麻秸房，精美的手工纺织，华丽的彝族服饰，独具特色的烤酒。每年农历二月初八，昙华地区彝族举行盛大的传统节日"插花节"。"插花节"又叫马樱花节，寄寓着彝族人民的美好愿景，已成为省级非物质文化遗产。

昔日大姚"扼要西北，足当藩篱"，是南方丝绸之路上的重要驿站。今天的大姚人杰地灵，生态良好，区位重要，正朝着滇中对外开放北大门的方向健步迈进。

· 资料卡 ·

大姚县：位于楚雄州西北部，东与永仁县、元谋县相邻，南与牟定县、姚安县毗连，西与大理州祥云县、宾川县接壤，北与丽江市永胜县、华坪县隔金沙江相望。全县面积4146平方千米。辖金碧、石羊、六苴、龙街、赵家店、新街、桂花、三岔河8镇和昙华、三台、铁锁、湾碧4乡。2021年底常住人口约22.65万人。境内除汉族外，还居住着彝族、傣族、傈僳族、回族、苗族、白族等民族。

永仁县 · 永施仁义

永仁古称苴却,汉为蜻蛉县地,属越嶲郡。三国蜀汉时期为云南郡地,魏、晋、南北朝时分属益州郡和越嶲郡的弄栋(今姚安县)、蜻蛉县(今大姚县)。隋属蜻蛉县。唐武德四年(621)置利州,置深利县为附郭县;贞观十一年(637)改名微州,初隶戎州都督府,后隶姚州都督府;天宝末,州、县俱废。南诏时期置弄栋节度。大理国时期属弄栋府,后期属姚州督都府所辖统矢府大姚堡。元属姚安路。明属姚安府。清道光三年(1823)属楚雄府大姚县,置苴却巡司分治。民国二年(1913)置苴却行政区;十三年(1924)置方山县,旋改名永仁县,以境内永定、仁和两大集镇首字命名,取"永远安定、施行仁义"之意。中华人民共和国成立后,1958年,属楚雄彝族自治州,同年并入大姚县。1961年从大姚县析出,复析置永仁县。

永仁地处滇中高原北部的川滇结合部地域,金沙江峡谷地带,因受河流的强烈切割,地形较为破碎。地势西北高,东南低。西北部群山逶迤,山高谷深;东南部地势平缓,内有四个坝子。地形具有"V"字形和"山"形结构特点,中部地势开阔。全县山区、半山区占总面积的97%属亚热带气候,夏无酷暑,冬无严寒,雨量偏少,日照充足。常年平均日照2836小时,太阳辐射量居全国第二、全省第一,有"中国阳光城"之美誉。

城东北17千米有著名的方山风景区。方山因其主峰四面平正方广而得名。清道光《大姚县志》记载,方山"四面视之,皆平正方广。入山则林峦奥曲,岩壑幽奇。山之支脉四出,磅礴二百余里。俯视蜀江如练。顶有龙湫,四时不涸"。山势雄伟峻秀,森林覆盖率达70%,空气清新,年均气温12℃,是清爽宜人的胜境。传说诸葛亮南征时,曾在方山安营避暑。方山主要景点有"诸葛营""七星桥""望江岭""珍珠滴水岩"等,从地名也可遥想当年历史。

永仁是楚雄州内人口最少、国土面积较小、少数民族占全县总人口比例较大的县。境内民族文化浓郁,彝族人口占总人口的53.3%,直苴地区每年正月十五举行的赛装节被称为"赛装之源",是彝族传统文化的活化石。"赛装节"起源于古老的祭祀和"伙头"交接庆典活动,在千百年的传承与发展

◆ 永仁县城（石永祥 提供）

中，直苴的传统祭祀活动中又增添了许多新的内容，它涵盖着祭祀、伙头制、婚姻（生殖）、古盐道、服饰、歌、舞、乐等文化，集对歌赛舞、服饰展示、民族体育竞技、商贸物资交流于一体，形成了独特的彝族文化景观。

永仁特产苴却砚值得一提。此砚石质优良，石色青如碧玉，红似金瞳，白如月牙；石眼彩晕重重，有鸲鹆眼、龙眼、猫眼、丹凤眼等十余种。苴却石有隔热绝缘的特点，而且有呵气研墨，坚而不顽，宿墨不腐，贮墨不涸之功。据史料记载，咸丰年间，苴却街已有人取石制砚，至同治、光绪年间比较兴盛。民国四年（1915），三方苴却砚在巴拿马国际博览会上曾获大奖，苴却砚享誉海内外。

永仁县区位优势明显，金沙江北绕东环，西南丝绸古道穿境而过，自古就是出滇入川要塞。经过百年的发展，永仁县已成为云南北大门、绿色生态县，并且进入了"动车时代"。

> **· 资料卡 ·**
>
> **永仁县：**位于楚雄州北部，东与会理县隔金沙江相望，东南与元谋县毗邻，西南和西部与大姚县接壤，西北与华坪县隔金沙江相邻，北与攀枝花市接界。全县面积2150平方千米。辖永定、宜就、中和3镇和莲池、猛虎、维的、永兴4乡。2021年底常住人口9.69万人。境内除汉族外，还居住着彝族、傣族、回族、傈僳族等20多个民族。

楚雄彝族自治州——威楚故地，雄镇迤西

元谋县·元马奔腾

西汉元鼎六年（前111），元谋北部置三绛县（今姜驿），属越嶲郡（《汉书·卷二十八》），南部属益州郡弄栋县。武德四年（621），元谋南部设甘泉县（今羊街甘泉），隶属于伊州。"麇州，本西豫州（今老城茂易），武德七年（624）置，贞观三年（629）更名。贞观二十三年（649）设麇州都督府，督麇、望（今广通）、諸罗（今罗茨）三州。麟德元年（664）裁麇州都督府，磨豫、七部（今江边）二县并入戎州都督府"（方国瑜《云南郡县两千年》）。南诏时属弄栋节度。大理国时期设华竹（泰语，指男人头上的发髻）部，汉语地名为石峡，又名环州，隶威楚府（今楚雄）。蒙古宪宗三年（1253），武定设罗婺万户府，县地属之。至元十六年（1279），元谋土知县广哀（傣族）世袭，将华竹部改为元谋县，"元谋"二字作为地名首现于《元史·地理志》，一直沿用至今。

元谋之名，由马而来。《华阳国志》载："县有天马河，马日行千里……。初，民家马牧山下，或产骏驹……。今有天马径，厥迹存焉。"《华竹新编》载："迨元祖画地为县，明隆庆改土归流。以土人呼'马'为'谋'，故邑名元谋。"又《清史稿·地理志》载："土人呼马为'谋'，县以此氏焉。""元谋"系傣语，"元"意为飞、"谋"为马，意为会飞的马，即天马（《华阳国志》中的"天马"）。

元谋之马，溯之远古。1926年12月至1927年2月，美国自然博物馆中亚考察团在云南考察期间，纳尔逊在元谋龙街发现了新石器时代遗址，格兰阶在元谋盆地东侧、马街（元谋城）南十里之处发现了马、偶蹄类、象、犀牛等化石，认为这是马的绝灭种，根据鉴定，为早更新世。1932年，美国自然博物馆中亚考察队在《中亚调查记》中详细记述了云南元谋盆地考察情况和重要成果；1938年德日进在《论亚洲维拉方期》中也提到马街马化石。1957年1月，中国地质博物馆胡承志、北京自然博物馆时墨庄、云南博物馆陈廷凡等在元谋考察，采集到了古生物化石。1961年1月，北京自然博物馆时墨庄、续幼南在元谋马大海村附近采集到古生物化石标本，并获得了完整的云南马头骨化石。裴文中在研究元谋收集的云南马、猪、鹿、牛等以及其它哺乳动物化石，并与华北泥河湾组及下三门组作对比，其地质年代相当于欧洲维拉方期，将元谋定为早更新世，发表了《云南元谋更新世初期的哺乳动物化石》（《古脊椎动物与古人类》12卷，1期）。1965年5月1日，元谋盆地发现两颗人牙化石，两枚牙齿属同一成年男性个体的左、右上中门齿，时代为早更新世，距今170万年，命名为"直立人·元谋新亚种"。元谋人遗址还伴随出土了大量的碳屑和两件烧骨，表明元谋人已学会了用火，是迄今人类最早的用火遗迹。1986年，元谋盆地又发现了距今约600万年—800万年的腊玛古猿，向世人展示了人类从猿到人的一条完整进化链条，为人类起源提供了科学的依据和重要的线索，确立了"元谋人"是东方早期人类发源地的重要地位，给元谋这块古老而神奇的土地烙下了不可磨灭的"中华文明之根"和"东方文明之源"的历史印记。

元谋盆地，不仅发现了我国最早的人类化石，还发现了大墩子新石器文化遗址，发掘出土了805件生产工具和日常生活用具，伴随出土大量谷类碳化物、麦类粉末以及狗、猪、牛、羊、鸡、兔等动物骨骼，同时，发现了建筑遗存房基15座、火塘7个、窖穴4个、墓葬37座、沟道1条。经中国社会科学院考古研究所C14测定，其年代为3210±90年，属社原始社会晚期。表明早在4000年前，先民们已经在元谋建房定居、饲养畜禽、种植水稻，发展农业，过着原始的群体定居生活。

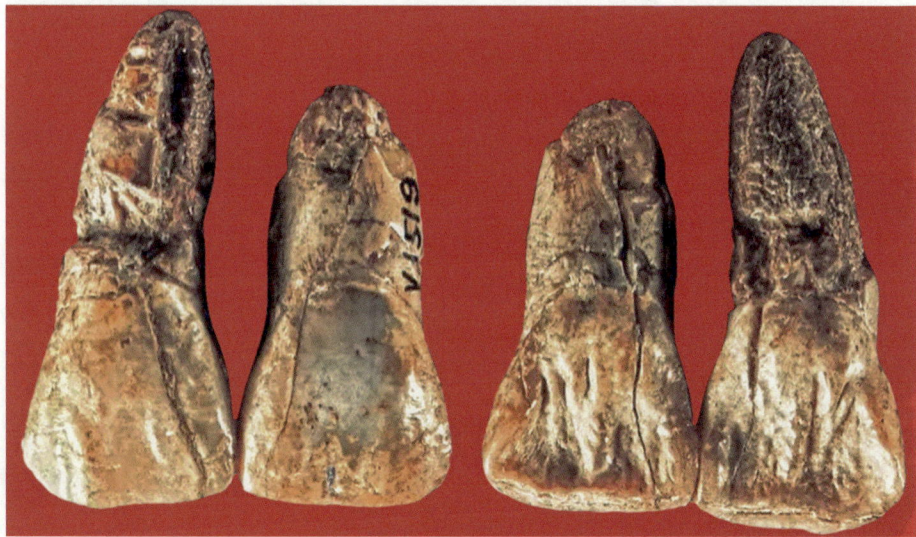

◆ 元谋人牙齿化石（元谋县委党史研究室 提供）

元谋龙街渡是古代南方丝绸之路"灵关道"上的要津之一。因地势险要，自古以来为兵家必争之地。蜀汉时，诸葛亮"攻心为上"的平南大军，曾经三绛（今元谋姜驿），在龙街渡渡江金沙江，平定南中，留下民族和睦的千古佳话；至元二十四年（1287），马可·波罗奉元世祖忽必烈之命，在龙街渡过金沙江，出使缅甸，完成了周边修好的使命；洪武二十四年（1391）龙街渡设巡检司，盘查过往人员。嘉靖四年（1525）状元郎杨升庵被贬戍边，一次次从龙街渡过金沙江，留下《元谋县歌》《渡江咏梅》《宿金沙江》《犯星歌》4首诗词。明崇祯十一年（1638）十二月，徐霞客出游到龙街渡，驻足江畔，面对龙街古渡口"蜀滇交会"的青石残碑，思绪万千。清初，镇守云南的吴三桂反清复明，浩浩大军踏过金沙江龙街渡向川西进发。1915年12月，云南护国起义，军政府派遣护国军驻守龙街渡口，与渡江川军激烈交战，击溃川军。1934年10月，中国工农红军战略转移，离开中央革命根据地，开始了举世闻名的二万五千里长征。1935年5月2日，红一军团以迅雷不及掩耳之势连续攻下禄劝、武定县城后，于5月3日兵分两路进入元谋。一师抢占龙街渡，二师攻占元谋城，吸引和牵制了数十万的国民党尾追之敌，为中革军委及干部团皎平渡顺利渡江赢得了时间，留下了"巧渡金沙江"的战史传奇。

丰富的史前文化、悠远的历史文化、厚重的红色文化、多彩的民族文化在元谋交相辉映，绿色能源、绿色果蔬、休闲康养、现代种业在元谋相互交融，绘就出了元谋的美丽与丰饶，人民生活美美，幸福满满。今天的元谋，像一匹飞腾的骏马，奔向更加美好的未来。

· 资料卡 ·

　　元谋县：位于楚雄彝族自治州北部，东与武定县接壤，南与禄丰市毗连，西南与牟定邻接，西与大姚县、永仁县毗邻，北与四川省会理县隔金沙江相望。全县面积2025.58平方千米。辖元马、黄瓜园、羊街3镇和老城、平田、新华、凉山、物茂、江边、姜驿7乡。2021年底常住人口约19.94万人。境内除汉族外，还居住着彝族、傈僳族、苗族、回族、傣族、蒙古族等20个民族。

武定县 · 罗婺故土

武定县在西汉为益州郡地。三国蜀汉为建宁郡地。东晋置建都郡，属宁州。唐置求州，初隶戎州都督府，后隶姚州都督府。南诏属拓东节度。大理为罗婺部地，属威楚府。蒙古宪宗七年（1257）置罗婺万户府，至元十二年（1275）改置武定路，治今旧城，间附置和曲州南甸县。明洪武十五年（1382）改为武定府，正德二年（1507）撤南甸县改属和曲州。清乾隆三十五年（1770）降为武定直隶州，裁和曲州。民国二年（1913）改设为武定县。

"武定"作为地名，至今已有740多年历史。《武定县地名志》说："武定来源于彝语。《新纂云南通志·土司考》载：'武即婺之转音也。'婺即罗婺部，罗婺系部族首领法瓦的先祖，以人名为部族名，由部族名'婺'转音为武。彝族称坝子为'甸'，元代由'甸'转写为'定'，后人即以'武定'为历史地名沿用至今。"武定是彝语地名，原义为罗婺部居住的坝子。另一说"武定"是汉语地名，为武功平定之意。此说早已为人质疑，民国《武定县地志·武定县名》："武定名称始于元时，元置武定路，后遂因之。其意义未知何取，古无可考。或以昔为部落酋长所据之地，以武力平定而归版图，故有是名，亦未可知。此不过理想之说，不足征信。"从历史事实来看，"武定"应当系婺甸的转音，是一个彝语地名。

武定地处滇中高原北部，云贵高原西侧，境内地表崎岖，群山连绵，山地、丘陵、谷地、河谷平原和山间盆地（坝子）相互交错。

武定山区（包括山地及丘陵）面积占全县总面积的96%，坝子仅占2.67%。三台山脉贯穿全境，组成了地貌的骨架。坝子主要分布在勐果河上游和菜园河谷地，冲积物深厚，自流灌溉便利，是主要的农业区，也是多数集镇的所在地。

武定属低纬高原季风气候区，冬暖夏凉，日较差大。康熙《武定府志》卷一《气候》云："四时平和，无严寒甚暑，百姓有'四时无寒暑，一雨便成冬'之谣。虽在腊月，山中多不卸之花。"这是武定气候特征的真切写照，花开四季、果结终年。

◆ 武定县己衣大裂谷

受地形、地势影响，武定气温垂直分带明显，从金沙江南亚热带谷地，随着海拔升高，气温降低，依次出现中亚热带、北亚热带、暖温带、温带、寒温带的景色，形成"山上飘雪花，山下开桃花，江边收庄稼"的奇异景观。

武定特产有重楼等野生名贵中药材，是云南白药重要原料基地，素有"云药之乡"的美誉。

在县城之西三里，是巍然耸立的狮子山。狮子山主峰海拔2419.8米，东坡陡峻"壁立千仞"，颇为壮观，素有"西南第一山"之美誉。狮子山"状如狮形"，"山势上仰而大张，如狮之腭，中台突出，作吐舌状，俨然相肖"，故山"以似狮得名"。

今狮子山是重要的自然保护区和风景名胜区，景区内云南松、华山松、柳杉、侧柏、刺柏、滇楸、白栎等189种乔木组成茫茫林海。林间草地上迎春、云南山茶、杜鹃花、滇杨梅、含笑等265种山花此谢彼开。夏秋时节，两纲6科29种食用菌点缀在树丛花草间。地下矿泉清澄甘冽，常年涌流。景区内原有相传为建文帝手植牡丹花一株，迄今已发展为3个牡丹园，拥有各色牡丹百余种、四万余株，建成牡丹文化园、牡丹观赏园、牡丹山水园等三个牡丹园，面积100余亩。武定牡丹文化园是云南最大的牡丹园，也是长江以南海拔最高的牡丹园。

狮子山上与自然环境交相辉映的，是金碧辉煌的正续禅寺。禅寺由元至大四年（1311）蜀僧朝宗和尚始建，后古印度高僧迦叶百传弟子指空禅师在朝宗所建"净士庵""文殊阁""维摩阁"基础上延建，历时六年，蔚为大观，丹绚青焕，耀人眼目。寺内大雄宝殿雄伟耸立，周围的亭院以及楼台亭阁，布局巧妙，工艺精湛，遍布于其间的各种碑刻、楹联出自历代名家之手，有着丰富的文化内涵。正续禅寺后殿藏经楼下的祠阁供奉着一尊奇特的塑像。座前高挂"帝王衣钵"巨匾，两侧楹联曰："僧为帝帝亦为僧，数十载衣钵相传，正觉依然皇觉旧；叔负侄侄不负叔，八千里芒鞋徒步，狮山更比燕山高。"传说建文帝在靖难之役后，按照明太祖所传的锦囊披剃为僧，跋山涉水来到狮子山出家，后在狮子山坐化。建文帝的故事，为狮子山增添了许多传奇色彩与思古之幽情。

位于县城北部119千米金沙江畔的己衣大裂谷，雄、奇、险、秀，长约12千米，最宽约200米，最窄约6米，最深300余米。己衣大裂谷是滇中最大的裂谷，鬼斧神工的地质奇观撼人心魄，被誉为"世界奇峡"。

武定县位于云南省中北部，素有"省会之藩篱，滇西之右臂"之称，是出滇入川的必经之地，属滇中城市群、昆明半小时经济圈、攀枝花两小时经济区，是滇中城市群重要的交通枢纽，发展潜力巨大，在建设"滇中崛起增长极"中勇当先锋。

· 资料卡 ·

武定县：位于楚雄州东北部，东与禄劝县毗邻，南与禄丰市和富民县相接，西与元谋县接壤，北与会理县隔金沙江相望。全县面积3322平方千米。现辖狮山、高桥、猫街、插甸、白路、万德、己衣7镇和田心、发窝、环州、东坡4乡。2021年，总人口28.08万人，户籍人口28.08万人。境内除汉族外，还居住着彝族、傈僳族、苗族、回族、傣族等23个民族。

红河哈尼族彝族自治州

——泱泱红河，灼灼风采

"红河是一条开满鲜花美丽的河，红河是一处留给心灵栖息的角落，红河飘荡着迷人的果香还有醉人的笑窝，红河有多少曾经浪漫的故事……"歌曲《我要去红河》生动传达了红河人民对这片富饶土地深沉的爱。

"红河"的寓意是独特而内涵丰富的。作为唯一发源于云南境内的重要跨境河流，源远流长，滋养着世代居住在此地的哈尼族、彝族等各族人民。它同时也是红河州和红河县两个行政区的名称。

红河州历史悠久，西汉元鼎六年（前111）设牂牁郡，辖下17县中的同并县、漏江县、西随县、进桑县在今红河；元封二年（前109）后属益州郡；南诏时期，先属拓东节度，大中八年（854）以后，南诏把拓东节度南部划出一片地方来设通海都督府，境内大部地方属之。大理政权后期改通海都督府为秀山郡，辖纳楼部、石簇部（今建水县）、石坪邑、目则城（今蒙自县）等。元至元十三年（1276），云南行省建立后，撤销原万户、千户、百户等军事性组织，改设路、府、州、县，境内属临安路、和泥路、广西路。明设临安府。清沿袭明制，但也有一些变化，原所属州递降为县。广西直隶州直辖地即今泸西县，下辖弥勒等3县；同年，建水州也降为建水县。清临安府治驻今建水县城，其地域大部在今红河州内；光绪十四年（1888）设临安开广兵备道，驻蒙自，领临安、开化、广南3府。民国三年（1914），临安开广道改为蒙自道；十八年（1929）撤销蒙自道；三十一年（1942）七月，云南省第三行政督察专员公署在建水成立；三十六年（1947）十二月，第三行政区改为第五行政区，仍驻建水。

1949年12月，滇南人民行政公署在建水成立；1952年2月改称蒙自区

◆ 滇越铁路蒙自雨过铺米轨准轨火车换装站（谭泓 摄）

行政督察专员公署，3月驻地迁蒙自，12月改称云南省人民政府蒙自区专员公署（简称蒙自专署），1954年1月，红河哈尼族自治区成立；1957年11月18日红河哈尼族自治区与蒙自专署合并成立红河哈尼族彝族自治州，首府设在蒙自，至今已有60余年。

而关于红河州的地名来历，一般认为因境内的红河而得名。红河（元江）两岸为红色泥土，江水常年呈现红褐色，故而得名"红河"，或说此河作为元江蜿蜒贯穿红河州的部分，故称"红河"。《清史稿·地理志》中有载，礼社江作为红河的卜游，"自建水入"，又"东南至蛮耗汛"，最后汇入文山州。源于红河州州境东北的长桥海、法果泉、学海向南汇合为白期河，即三岔河，"三岔河又南流，与红河会於河口，为中、法通商要口"。由此可见红河处在颇为重要的交通要塞。红河所在的江之北历史上惯称为"江内"，江之南则称为"江外"。江两岸崇山峻岭、层峦叠嶂，景色好不壮观。

走进红河，就是走进了一幅流淌的诗画。边疆民族文化、马帮文化、梯田文化、近代工商业文化、美食文化、歌舞文化与汉文化水乳交融，共同构成了红河多彩立体的精美画卷。

红河是人类活动较早的地区之一。开远小龙潭煤矿出土的一批古猿牙齿化石表明，1500万年前的腊玛古猿就栖息于这块土地。

这里是哈尼族先民世代居住、辛勤耕作的家园，哈尼族长歌《哈尼阿培聪坡坡》中讲述了先民迁徙至此长居的历史，哈尼梯田、撒玛坝梯田便

红河哈尼族彝族自治州——泱泱红河，灼灼风采

是先人挥洒汗水留下的印证。

这里有古朴与近代化交织的绚丽风情。顺着滇越铁路，看法式老火车站在夕阳的余晖里诉说着昔日的繁华；看人字桥经过百年仍历久弥新；一路向南到达河口，领略独特的边境风情。

这里取得过云南省历史上的多个"第一"。个碧石铁路是云南第一条民营铁路，法国东方汇理银行是第云南一家洋行，蒙自海关是云南开设的第一个海关，蒙自电报局是云南第一家电报局。

这里是老饕的驻足之地，哈尼长街宴、最地道的蒙自过桥米线、建水汽锅鸡、石屏豆腐、个旧小肉串尝过便再难忘却。

这里有诸多的风景名胜。若论山景，屏边大围山巍峨屹立，满眼苍翠。若是观水，红河水泱泱不息，气势如柱；异龙湖水波浩渺，令人心醉。想要探访历史遗迹，登上朝阳楼，走进建水文庙，造访朱家花园，或是在弥勒孙髯翁墓前回忆《大观楼长联》，便能领略红河州深厚而悠久的历史文化底蕴。

这里有一群热爱生活、开朗进取的红河人，哈尼族"十月年"、彝族"火把节"、苗族"花山节"、瑶族"盘王节"等民族节庆活动令人目不暇接，彝族海菜腔、阿细跳月、乐作舞、烟盒舞等宝贵的非物质文化遗产在这里世代相传。

如今的红河州，作为滇南文化的中心，也作为云南面向南亚东南亚的重要前沿，在日新月异的发展中继续展现着它的活力与生机。

· 资料卡 ·

红河哈尼族彝族自治州： 位于云南省南部，东接文山州，南与越南接壤，西北邻玉溪市，西部接壤普洱市，北接昆明市、曲靖市。全州面积32931平方千米。辖蒙自市、个旧市、开远市、弥勒市4市和建水县、石屏县、泸西县、元阳县、红河县、绿春县、金平苗族瑶族傣族自治县、屏边苗族自治县、河口瑶族自治县9个县，以及135个乡镇（街道），1365个村委会（社区）。州政府驻蒙自市。2021年底常住人口约443.60万人。境内除汉族外，还有哈尼族、彝族、苗族、傣族、壮族、瑶族等11个世居民族。

蒙自市·百年商埠

作为滇南重镇的蒙自，在云南历史上诞生过多个第一——清末民初云南第一个对外通商的口岸、云南第一个海关、第一条民营铁路个碧石铁路、第一个驻滇领事馆等等。民国时期，这里既有着浓厚的少数民族文化风采，也有着西方近代工业城市的繁华与雍容。哥胪士酒店承载着这座小城的别致风味，作为哥胪士洋行所附设的酒店，这里供中西人士住宿，兼售西餐。酒店最初仅有十余个房间，后来扩充到整个洋行楼上，规模远比当时法商所建的福鼎酒店大。因面临南湖，风清气爽，尤其是每到夏季，来此避暑住宿的法国人很多；碧色寨火车站的火车鸣笛声中，传荡着悠悠岁月里流淌过的美丽芳华。"云南十八怪"中有一怪"火车不通国内通国外"，说的即是清宣统二年（1910）建成通车的滇越铁路。在通车前，碧色寨只是一个名为"壁虱寨"的小山村，而在滇越铁路通车后，改名为"碧色寨"，并崛起为滇越铁路上的第一大站，因繁忙的中转运输变得繁荣起来。再后来，个碧石铁路与滇越铁路在此交会，让这里一度享有"东方小巴黎"之美誉。文人朱自清曾写下《蒙自杂记》，记述他因西南联大抗战内迁，暂居蒙自的五个月时光，他笔下的南湖，"到了夏季，涨得溶溶滟滟"。

蒙自的得名，学界多有讨论。第　种说法认为米自南诏蒙氏立县，主张这一观点的是明代蒙自人杜云程，他在《鹿苑寺钟楼碑记》中写道："吾邑汉代名目则，唐时蒙氏细奴罗王南诏立为县，名蒙自。"清乾隆年间编纂的《蒙自县志》中，也说"蒙自"之"蒙"源于南诏之蒙舍诏首领蒙氏立县而得。第二种说法来自建置，蒙古宪宗七年（1257）设置目则千户，"目则"演化为"蒙自"。第三种说法是蒙自因山得名。县内西部边缘的莲花山在彝语中读作"母祖白莫"（或读作目滋白漠），"母"为天，"祖"为高，"白莫"为大山，意为顶天的大山、与天一般高的大山，《元史·地理志》载："县境有山名目则，汉语讹为蒙自。"还有第四种说法，"蒙自"是苗语，意为山竹，也就是苗语中的"苗族之家"。

西汉元封二年（前109），置益州郡，辖24县，蒙自属24县之一的贲古县。三国属兴古郡。东晋属梁水郡。南齐改新丰县。南诏设蒙自县，属通海都督。大理国属秀山郡，东部为舍资部，属最宁府。蒙古宪宗七

171

红河哈尼族彝族自治州——泱泱红河，灼灼风采

年（1257）设目则千户，元至元十三年（1276）改蒙自县，隶临安路，东部设舍资千户，后改安南道防送军千户。明属临安府，东境设安南长官司，南明永历二年（1648）改乐新县。清复名蒙自，光绪十三年（1887）中法商务专条开为商埠，设蒙自海关，为云南外贸中心和滇南政治、经济中心。法、意、德、美、英、日等国设有领事馆。民国二年（1913）后为滇南道、蒙自道治；三年（1914）析西部地置个旧县；十八年（1929）直属省；三十六年（1947）属第五行政督察区。1950年为蒙自专区驻地，1957年为红河哈尼族彝族自治州驻地，1958年撤县并入个旧市，州府迁个旧市区，1960年为市属蒙自县，1961年复为州属，是红河州州府驻地。

◆ 滇越铁路蒙自百年法式火车站碧色寨站

蒙自有一风物，闻名天下的过桥米线。民间有这样的传说：清代时期，蒙自城的南湖旧时风景优美，常有文墨客攻书读诗于此。有位杨秀才，经常去湖心亭内攻读，其妻每饭菜送往该处。秀才读书刻苦，学而忘食，以至常食冷饭凉菜，身体日渐不支。其妻焦虑心疼，思忖之余把家中母鸡杀了，用砂锅炖熟，给他送去。待她再去收碗筷时，送去的食物原封未动，丈夫仍如痴如呆在一旁看书。只好将饭菜取回重热，当她拿砂锅时却发现还烫乎乎的，原来汤表面覆盖着一层鸡油、加之陶土器皿传热不佳，把热量封存在汤内。以后其妻就用此法保温，另将一些米线、蔬菜、肉片放在热鸡汤中烫熟，趁热给丈夫食用。后来不少人效仿她的这种创新烹制，烹调出来的米线确实鲜美可口，由于杨秀才从家到湖心亭要经过一座小桥，大家就把这种吃法称之"过桥米线"。蒙自过桥米线的食材用料、制作过程和吃法都非常讲究。汤是用猪肉、肥鸡煮成，盛汤是用以大得名的"海碗"，汤面罩厚厚一层熟油，不冒一丝热气；把里脊肉、鲜鸡、鱼片氽入汤内轻轻一搅，霎时变得似玉兰片洁白、细嫩。倘若喜食鸡蛋，可乘汤热敲进去，稍微上下翻动，椭圆的"荷包"便漂起来；再放入豆腐皮、豌豆团、韭菜和豌豆尖、辣子油，香味扑鼻，让人垂涎欲滴，而经滚水烫过的米线细长伸展且有韧性，米线"过桥"指的是用筷子夹起米线向上轻轻提起，再放入汤内，米线在两只碗中间，便搭成一座不断线的"桥"。

曾创下多个"第一"辉煌历史的蒙自，拥有"百年滇越铁路、百年开埠通商、百年过桥米线"三张文化名片。如今它依旧保持着高昂奋进的姿态，雄镇于云南省东南部，在新时代发挥着重要的外传内联之作用。坐拥国家级蒙自经开区、红河综合保税区两大开放平台，是中国（云南）自由贸易实验区红河片区的"腹地"，作为面向南亚东南亚的港口，承担着对外经济贸易、文化交流的重任。

· 资料卡 ·

蒙自市：位于红河州东部，东邻文山州文山市，南接屏边县，西连个旧市，北部与开远市接壤。全市总面积2228平方千米。辖文澜、观澜等5个街道，草坝、芷村、冷泉等4个镇及老寨、水田等4个乡。2021年底常住人口约59.03万人。境内除汉族外，还居住着彝族、苗族、壮族、回族等世居民族。

个旧市 · 辉煌锡都

因矿而生、因矿而兴的个旧市，从古至今都享有较高的声誉。

个旧，西汉属益州郡贲古县。三国属兴古郡。东晋、南朝属梁水郡。

南诏属通海都督。大理国时属秀山郡。元至元十三年（1276）为蒙自县个旧里。清光绪十一年（1885）设个旧厅，专管矿务，兼收课税，属蒙自县。民国二年（1913）设个旧县，隶蒙自道；十八年（1929）直属省；三十六年（1947）属第五行政督察区。中华人民共和国成立后，1950年属蒙自专区，1951年设个旧市，省辖。1958年属红河哈尼族彝族自治州，开远、蒙自2县并入，州政府由蒙自迁个旧市区。

个旧的地名，一说由彝语名称译音演化而来。古代的个旧又称"个臼"，为当地世居民族姆机、俅（彝族支系）先民的土语"果作"、"果觉"读音转化而来，意为种荞子吃荞饭的地方。二说彝语中"个"为矿，"旧"为真，意为矿石多且质量好的地方。三说有一位蒙自县令，娶了一个当地老婆，舅子找其谋求一个差事，县令把舅子安排到矿山，霸占了产业和村子。村里有一具古时候用于碎矿的石臼也被其占为己有。人们怨恨他，骂其"估霸石臼"，称之为"估臼"，"估臼"的名称慢慢传开。后来人们喊去喊来，喊为"个臼"。"臼"与"旧"同音，至今老个旧的地名还保留着。

个旧市下所辖的乡镇子，地名起源也颇有民族特色。如沙甸镇，"沙"在彝语中指壮族的分支沙族，"甸"的意思是可居住的坝子；再如蛮耗镇，这是傣语白雾笼罩的村寨之意；乍甸镇原来叫邑底，彝语为有水的平地之意，后面改为乍甸，意为在有平地的地方建了乡村。

在今天个旧金湖北岸的文化广场上，有一尊铜塑像，是中国当代文坛的巨匠巴金先生。他与个旧，有着不解之缘。他的中篇小说《砂丁》，是第一部描绘锡城个旧的文学作品。创作小说时，巴金并未到过个旧，凭着留学日本的云南好友黄子方给他讲述的零星故事，两个月间便写下中篇小说《砂丁》。小说一经刊发便引起热烈关注，随后出版，于是巴金想亲自到个旧进行考察，把"匆忙中写成的"小说修改得"更丰满更厚重更感人"。几经波折，1960年春天，他终于来到了个旧，深入到矿山、矿坑、矿工之中，生活了六天。1985年应《个旧市文化志》编辑请求，巴金将1932年上海开明书店出版的第一版《砂丁》中仅存的孤本寄到个旧，并在扉页题写了"赠个旧市文化局"。《砂丁》以如此耀眼而经久不息的光芒重回故乡，回到了个旧矿工和各民族群众中。但由于种种原因，《砂丁》

最终没能修改为长篇小说。

个旧有色金属矿藏储量大，是闻名中外的"锡都"，有着深厚的锡矿开采、生产历史。《汉书·地理志》记载，"贲古，北采山出锡"。贲古即为现今蒙自、个旧一带，反映了个旧锡矿的开采始于汉代，至今已有2000多年历史。明正德《云南志》记载，"锡，蒙自个旧村出"。个旧之名始见于史籍。明代个旧以采炼银铜为主，同时也采共生锡矿。清乾隆五年（1740），滇、川、黔铸币局在个旧采购版锡，锡业生产得到明显发展。当时，商贾往来，络绎不绝；四方来采者，不下数万人。清光绪九年（1889），蒙自、蛮耗开关，法商来个旧购锡，并开征大锡出口税。光绪十六年（1890），产锡达一千余吨。此后，大锡经滇越铁路转运香港销售，锡砂直接空运美国，个旧因此闻名中外。20世纪30年代初，个旧锡矿以年产锡7000吨成为当时我国最大的有色金属企业。

作为百年老企业的云南锡业股份有限公司是世界著名的锡生产、加工基地，是世界锡生产企业中产业链最长、最完整的企业，是中国锡矿工业的发源地，也是云南工业文明的摇篮，更有着独特而美丽的自然风光和人文风情。不论是蛮耗绿水河热带雨林葱郁繁茂的高山幽谷，还是个旧市区波光粼粼的金湖，抑或是每年农历六月二十四日，人们欢歌笑语，围着篝火尽情歌舞的彝族火把节，白日里碧水青山、夜晚灯火辉煌便是个旧最为

◆ 个旧锡器

显著的特征。

个旧市：位于红河北岸，东、西、北与蒙自市、建水县、开远市相邻，南部与金平县、元阳县隔红河相望。全市总面积1557.47平方千米。辖城区、大屯、沙甸、锡城4个街道办事处，鸡街、老厂、卡房、蔓耗4个镇和贾沙、保和2个乡。2021年底常住人口41.96万人。境内除汉族外，世居彝族、壮族、回族、苗族、傣族、哈尼族等民族共12万多人。

开远市 · 开拓致远

二十世纪初，开远迎来了发展进程中的重要转折。自清宣统元年（1909），滇越铁路上轰鸣的列车惊醒了沉寂的红河大地开始，这里便开始由传统农耕文明向现代工业文明迈进。

开远旧称阿宁、阿迷，皆源于少数民族部落彝音汉写。先秦属古畹町国地。西汉元封二年（前109）设毋棳县始有建制，隶益州郡。三国时属蜀地，改称西丰县。西晋恢复毋棳县，隶宁州兴古郡。南诏时隶通海都督。大理国时置最宁镇。蒙古宪宗七年（1257）置阿宁万户府，元至元十三年（1276）改为阿迷州。民国二年（1913）废州改县，二十年（1931）更名开远县。1950年1月开远解放，1957年建红河哈尼族彝族自治州后隶属红河州。1981年开远撤县建市。

明末王夫之的纪传体史书《永历实录》卷十四《李定国列传》中记录了这样一个故事。从沙定洲之乱说起，明崇祯年间，云南少数民族首领中以沙定洲和阿迷土司普名声势力最大，号称"滇中劲旅"。明崇祯五年（1632），普名声被广西（今泸西）府知府张继孟设计杀死，普妻万氏孤身一人，独木难当，便招赘沙定洲为婿。自此，沙普合一，势力更加强大。李定国率大西军进攻滇南，兵逼临安（今建水县）城下，沙定洲部将李阿楚组织全城军民拒守，与大西军展开激战，双方损失严重。最后李定国采用"穴地置炮"之策，攻破城池。南明永历三年（1649），李定国率军再攻沙定洲领地。沙定洲势单力薄，在外断水、内无粮草的情况下，最终无力鏖战而出降。平定全滇在大西军史册上是非常重要的篇章，对于南明永历政权的延续尤有关键意义。李定国平定阿迷后，认为"迷"字从意义上分析有是非不清，善恶难辨之意，阿迷之"迷"使得沙定洲"迷惑不开窍，死等田头家乡宝"。用作地名，不甚雅观，故提出将"阿迷"改为"开远"，取开拓荒远边疆之意，遂改为开远州。但是清代州郡因袭旧制，仍旧复名阿迷，开远州名未通用。当地知州多次上报："阿迷"系土名彝音，毫无意义，应予改名，但均未获准。据此推测，清政府或有防止百姓怀念南明故国与抗清名将李定国之用意。于是"阿迷"之名在清代"相沿已久，则亦相与沿之"，继续使用。

但是学界主流观点认为，"阿迷"系少数民族部落"阿宁蛮"译音演化而来，亦称"阿宁"。由"阿迷"改名"开远"，有明代巡抚邹应龙，大西军孙可望、李定国，清知州王明皥、毛振翽等多说，但均无稽可考。1996年版《开远市志》（第一卷）"附录"收录的《"开远"地名由来》一文仅为参考。

开远真正更名时间为民国二十年（1931），且与滇越铁路密切相关。

清宣统元年（1909）滇越铁路开远段通车，临城在开远设立二级站点，次年滇越铁路全线通车。开远站是滇越铁路中国段最中间站点，那时火车昼行夜停，所有火车到开远站后均停夜修检、加燃料等。火车站带动开远城外落云镇兴起，与城内临云镇交相辉映，城市格局呈现四面伸开之势。据《中华民国省县地名三汇》《云南民国日报》记载，民国二十年（1931）八月十八日，阿迷县县长蒋子孝取四面伸"开"、联结广"远"之意报请云南省政府批准更名。省政府"查阿迷县名，不但毫无意义，且系土名译音，亟应更改，以正名称，而垂永久"。蒋子孝拟报了开远、南明、乐融3个名称备选，因"开远"之名较有根据，于民国二十年（1931）十一月六日提经第264次会议决定同意更名为"开远"。寓为"四面伸开，联结广远"。狭义上，"四面伸开"指城市发展变化（改革开放后，开远城市规划也基本坚持东扩西盘、南延北伸的新"四面伸开"理念，并影响至今）。"联结广远"指滇越铁路等交通优势。广义上，其可引伸为开拓进取、胸襟宽广的人文精神。"铁轨交通，故步难封四千载；金汤永固，冲要先开第一州"，这是云南书法家赵藩为开远题写的对联，可见滇越铁路对开远的影响。

中华人民共和国成立后，凭借交通、能源、区位等优势，开远抢先一步推动工业化进程。第一个五年计划中苏联援助中国的156项重点工业项目之一——开远发电厂，长江以南最大的露天煤矿——小龙潭煤矿，云贵高原第一座中型氮肥厂——驻昆解放军化肥厂等一大批国家战略性工业项目纷纷投产。云南省第一家千吨机制白糖厂、水泥厂、林业机械厂、红河州磷肥厂相继建成。工业兴百样兴，开远建成仅次于昆明的二级批发站，滇中、滇南等商贸物资几乎全部在开远中转。开远一跃成为云南省重要的能源、化工、建材基地，商贸物资集散地和仓储中心，在云南省工业发展史上留下浓墨重彩的一笔。

迈进新时代，开远全面吹响以生态文明建设引领传统工业城市转型升级的号角。14个月的时间，开远把荒山石山、污水浊水建成国家4A级景区凤凰生态公园，带动5平方千米的南部新城瑰丽崛起。国家现代农业产业园打响"七彩云菊"自主品牌，催生国家3A级景区知花小镇。占领豆腐皮市场份额70%的绿色食品产业园，利用共享蒸汽，实现了煤、

◆ 开远市乡村红土地自然风光

电、企业的互利共赢;绿色纺织科技产业园获批全国纺织产业转移试点园区。小龙潭精细化工园区获批全省首批化工园区,解化、红磷搬迁转型升级项目列入全省产业发展"双百"工程。疫情期间13天就建成口罩厂的轻工业产业园,树立供给侧结构性改革标杆。优质的生活环境,富聚的医疗资源,吸引着大健康产业落地生根,共同构建起强大绿色产业发展体系,闯出涅槃重生的经济转型、高质量发展之路。天蓝、水净、山青的美丽开远荣获国家园林城市、国家卫生城市、全国科技进步先进市、全国体育先进市、全国双拥模范城"七连冠"、"中国天然氧吧"、"云南省首批文明城市"、云南省"美丽县城"等荣誉。并连续多年上榜云南省县域经济"十强县(市)"。

随着高铁驶入开远,开远之名的内涵在历史与实践中孕育淬炼成"开放包容,行稳致远"的城市精神。开远,这座火车拉来的城市,带着远古的诗意,向着美好的明天,逐梦前行,开拓致远。

今天,作为滇南的工业重镇,昆河铁路纵贯开远,昆那、滇桂等干线公路也在此交会,为开远市提供了较好的交通条件,滇中、滇南等商贸物资几乎全部在开远市中转。开远由商贸物资集散地和仓储中心发展为云南省重要的能源、化工、建材基地,为云南工业化发展作出了重要贡献。

> **·资料卡·**
>
> 开远市:位于红河州中东部,东邻丘北、砚山两县,南接个旧、蒙自两市,西部毗邻建水县,北部隔南盘江与弥勒市相望。全市面积1950平方千米。辖2个街道办事处(乐白和灵泉),2个镇(小龙潭镇和中和营镇)、3个乡(羊街乡、大庄乡和碑格乡)。2021年底常住人口约32.35万人。境内除汉族外,亦有彝族、苗族、回族、壮族等世居民族。

建水县·临安古韵

建水,一座融汇中原文明与边地文化精髓的千载名府,也是一座远古历史与现代脉络相互辉映的雅致之城。明代状元杨慎称赞此处"山水双佳，颇与故居新都桂湖相仿"，在今人眼里，这里仍是"七寺八阁九亭桥，红河香茗泡紫陶"。

《建水县志》中有记载，始建于南诏时期的建水古城，是云南开发较早的地区之一，古城位于云南省南部、红河北岸，历史上曾一度成为滇南政治、经济、文教、军事中心和交通枢纽。古城内至今仍较好保存着文庙、朝阳楼、朱家花园等文化古迹。朝阳楼又名建水东门城楼，至今已有600多年的历史，有着"滇府第一楼"的美誉。楼高3层，正面的顶层下，东面悬挂清代书法家涂晫书写的"雄镇东南"巨匾，西面有临摹唐代草圣张旭"飞霞流云"的狂草榜书，楼上悬一高2米多、重达千斤的明代大钟。朱家花园是一个滇南园林建筑和古民居建筑相融合的建筑群。主体建筑分为住宅和祠堂两部分，为"纵三横四"布局，庭院厅、堂布置精美，古色古香，共计有大小天井42个，是典型的南方特色园林。

素有"滇南邹鲁"美誉的建水，自创建以来就有着深厚的儒学之风。元代始建庙学；明代建临安府学。谪居此地的杨慎曾"于临安教授生徒，多所造就，故临安之文风甲于郡……"为临安城千年文脉的薪火相传增添了浓墨重彩的一笔。清代先后在此建立了崇正、焕文、崇文、慈云书院。

若论"建水"之名从何来，还得回到历史中寻找。最为可信、流传最广的一种说法，要从建置说起。早在西汉时期，中央王朝就将建水纳入了管辖范围，此时的建水归属于益州郡。三国蜀汉时期，建水归属兴古郡，南朝宋时又置建安县，属梁水郡，后为南朝梁所废。唐元和元年至十五年（806—820），南诏政权将这里命名为惠历城，属通海都督。在古代彝语中，"惠"为"海"，"历"为"大"，"惠历"意为大海子边的城市。因为每年夏秋之际，这里溪水涨溢如海，汉语称之为建水，有"兴修水利"之含义。此说法记载于《元史·地理志》"临安路"条目中。而关于建水最早见于文献的记录，则应是《宋史·度宗纪》中，南宋咸淳三年（1267），南宋的一支军队，由广西邕州（今南宁市）经特磨道（今文山州），攻入蒙古军队占领的大理地区，矛头直指建水州的记载。

另有一种说法，建水古名"步头"。因元代置建水州，属临安路，所谓"临安"，则因元世祖亲临，取长治久安之意。元至元十三年（1276）

◆ 建水朝阳楼（卢维前 摄）

改为建水州，隶临安路（路治在通海）。明代仍设建水州。革宣慰司，改临安路为临安府，府治移至建水。清初沿袭明代旧制，乾隆三十五年（1770），改建水州为建水县。

20世纪初以来，建水的行政区划建置历经多次修改。由民国元年（1912）的建水县改为临安县，又于次年复称建水县；二年（1913）改名临安县；三年（1914）复名建水县，曲江坝设行政委员，属蒙自道；六年（1917）红河南部设置新街县佐，十一年（1922）北部置曲溪县；十八年（1929）废道直属省；三十八年（1949）为第五行政督察区专员公署驻地；中华人民共和国成立后，1950年属蒙自专区，1957年至今归属红河哈尼族彝族自治州。1958年撤销曲溪县，并入建水县。

建水县拥有"千年临安古城""千年建水紫陶"两张亮丽名片。徜徉在建水古城的石板路上，总有让人流连驻足之处。那或许是映衬在蓝天之下威严庄重的朝阳楼，是巷子口小店里正冒着热气的草芽砂锅米线，是那老伯手中正在塑形的紫陶坯，是朱家花园清丽秀雅的景致，是入口即化、酥松软糯的狮子糕，也是文庙祭孔礼上稚童们的朗朗书声，更是华灯初上的广场上，人们纵情的欢歌乐舞。在这里，岁月的踪迹与时光的印记仿佛放慢了脚步，一切都在静谧的时光里向人们诉说着独属于建水的美丽。

石屏县·文献名邦

"天下龙昭昭，石屏独称异。"

石屏，东临异龙湖，南望玉屏山，西联宝秀，北坐乾阳，素以山水秀丽，地灵人杰，滇省称最。明万历年间石屏就被赞为"文献名区"，清雍正六年（1728）又获"山川东迤无双境，文学南滇第一州"的美称，及乾隆年间因"文献名邦"之誉更遐迩名扬。

石屏在西汉时称"旧欣"，《滇系》载："石屏州古蛮夷地，蛮曰旧欣。犹汉言林麓也。"蜀汉建兴三年（225），云盖见于石屏。康熙《石屏州志·古迹》记载："古石坪，考建兴三年，孔明南征昫町，北望云凝如盖，恐蛮兵潜伏，密访其境，就云之团聚处掘土尺余，遍地皆石，其形如盘，外迥旷俱土。"占云："石为云根，云为文彩，千余年后必有规方是域，而文明俨中州焉。"唐天宝十一年（752）本州蛮掘地得石坪，聚为居邑，始号石坪邑。元至元七年（1270）始置为石坪州，明洪武十五年（1382）三月，改石平州，后改名石屏州。清代袭明制。民国二年（1913）改称石屏县。中华人民共和国成立后，1958年石屏县、龙武县合并称石屏县至今。

石屏文化发达，自元至正年间，建文庙，立庙学，创学设科，风气渐开。自明洪武年间大量汉民迁入后，多民族文化交融并进，形成人文蔚起的文化气象，"弦诵之声，彻宵达旦""家家机杼声，人人诗书契"。石屏重教兴文的努力造就了济济人才，"人物科第，后先振起，骎骎乎有中原之风焉"。明、清两代，石屏出过640名举人、10名解元、77名进士、15名翰林，1名经济特科状元。科名最高者，夺云南之冠，填补了云南不点状元的空白。民谣"五步三进士，对门两翰林。举人满街走，秀才家家有"形象概括了石屏文化之鼎盛。至今，古城内太史第、进士第、将军第、翰林宅、司马第等各式各样的匾额、牌坊比比皆是，随处可见。

作为第一批中国历史文化街区之一的石屏古城地理布局也颇具特色。城区南北窄东西长，呈椭圆形龟背状，街巷路径如龟身纹理弯曲宽窄无缝衔接。城内有罕见的地质奇观"石屏风"和"喜客泉"，至今仍保存较为完整的192座明、清精美建筑，是传统江南文化在云南的珍贵留存。石屏也成为滇南地区传统汉文化最为发达，历史文化遗址、遗物最多、文物古迹最为富集的地区，被称为"滇南明清民居建筑博物馆"。

有"高原明珠"美誉的异龙湖，属云南高原九大天然湖泊之一，既为祖国最南端的高原淡水湖，又为珠江西源源头，天蓝水碧，风光无限。明崇祯十一年（1638），地理学家、旅行家徐霞客考察珠江西源，曾泛舟异龙湖，在《滇游日记·盘江考》中记述："湖有九曲三岛，周一百五十里。岛之最西北近城者，曰大水城，顶有海潮寺；稍东岛曰小水城。舟经大水城南隅，有芰荷百亩，巨朵锦边，湖中植莲，此为最盛。"行在异龙湖，一步一风景，异龙湖和石屏城郭在四山环抱之中，"飞阁炜煌，梵刹清幽，云烟缥缈，鱼鸟沉浮"；行在"中国最美高原湖泊赛道"，绿树荫荫，繁花满地，木棉映红，樱花浪漫，杨柳依依，白鹭轻鸥，人来不惊，朝夕游人如织，或漫步、或骑行、或慢跑、或闲坐，天光云影，乾坤一镜，城郭倒映。正是一曲一景，海晏河清，各族群众在绿色生态发展中享受到了实实在在的幸福感和获得感。

石屏饮食独具人文元素。赵藩总纂的《云南丛书》载："石屏菜，乃滇菜之上品。"石屏菜源于淮扬菜系南京一派，为宫廷技艺、民族风味经六百余年的交融形成的经典菜品，石屏菜选料讲究，时令新鲜，以炖焖烹饪为主，本色本味为上乘，就地取材，制作精细，制成的菜肴鲜香酥糯、清淡鲜嫩、朴素典雅。一桌佳肴,养口养生。石屏美食最有名的是豆腐,古城内由得天独厚的天然酸泉井数口点制的豆腐,浑然天成,洁如凝脂,形似玉笋,为全国豆腐佳品。极富盛名的石屏豆腐,是众多食客来到这座古城欣然必往品尝的美食。四围方桌,蒲扇轻摇,炭火微熏,豆腐翻滚,黄澄膨涌,豆香弥漫,配以屏乡特有的蘸料,入口后味蕾涤荡起伏。一块小豆腐代表着最石屏的味道,带动的更是一方富民兴县的产业。悠悠延续了六百余年的石屏豆腐,在石屏大地上形成繁茂枝桠,支撑石屏向着"全国重要的豆制品生产研发和深加工中心"阔步前行。

石屏也是久负盛名的"民族歌舞之乡",高亢悠扬的彝族海菜腔和表演细腻的烟盒舞,是石屏原汁原味的民族文化精髓,2006年,彝族海菜腔和烟盒舞被列入第一批国家级非物质文化遗产名录,成为石屏最具标志性的民族文化名片之一。2011年被列入第三批国家级非物质文化遗产名录的"乌铜走银"制作技艺,是匠人手中的"行走艺术","金银铜上走,纹样乌中游"。创始于清代雍正年间的乌铜走银是石屏历史上独具特色的手工技艺,以此技艺制成的墨盒、茶皿、笔筒等制品古色古香、典雅高贵,极具珍藏价值,历史上曾与北京景泰蓝齐名,并称"天下铜艺双绝"。一条条永不遗失的银纹,让乌铜走银的魅力在跨越百年的时间长河里,历久弥新。

清代湖广总督吴文熔曾赞叹"临安山水人物甲于通省,而石屏尤为临

◆ 石屏县异龙湖国家湿地公园（娄建伟　摄）

安之冠"。岁月更迭，延展着耕读传家的厚重文脉，石屏儿女在这片丰饶的土地上赓续着厚重朴实的"文献名邦"精神，凭借"千年石屏城、百年豆腐香、秀美异龙湖"三张名片，继续书写山川秀美、学冠南滇的新时代发展篇章。

弥勒市 · 东爨故地

　　掩映在苍翠欲滴的锦屏山里的弥勒寺，是一座宏阔的大寺。其间有南怀瑾先生亲笔题词的弥勒大佛，佛像于1999年12月落成，高度为1999厘米，是世界上最大的笑佛，寄托着祖国和平统一、繁荣富强的美好祝愿。

　　弥勒西汉元鼎六年（前111），置同并县，属牂牁郡。三国蜀汉改设修云县，属建宁郡。唐初为泉麻县，属郎州。宋代以彝族先民首领弥勒命名称弥勒部。元初隶属落蒙万户。元至元十二年（1275），立弥勒千户，属广西路。至元二十七年（1290），为弥勒州。清乾隆三十五年（1770），改为弥勒县。2013年，弥勒县改为弥勒市。

　　"弥勒"之名，本为云南古代少数民族部落东爨乌蛮首领的名字，在唐初首次出现，南诏时该地归属夷部地，即东爨乌蛮阿庐部落中的弥勒部。到南宋时期，归属东爨乌蛮三十七部中的些莫徒蛮统合了滇东南地区，号称"自杞国"，直至元中统元年（1260）为蒙古所灭。

　　后世史料也多有记载。《大明一统志》中对此地的记载为："些莫徒蛮之裔据其地，号弥勒部。"清康熙《弥勒州志》称弥勒为"宋弥勒部些么徒蛮之裔有名弥勒者居郭甸、巴甸、布笼等处，故名其部曰弥勒"。乾隆《弥勒州志》则进行了进一步考证："弥勒汉属牂牁郡，唐昔些莫徒蛮之裔弥勒居之，故名其部为弥勒部。"

当地至今仍流传有弥勒酋长的故事，说的的是有一个名叫弥勒的首领带领其部族，从很远的西北迁徙游牧到阿欲布山一带。弥勒酋长智勇双全，其部骁勇善战，致使"称霸西南，坐山为王"的南诏也奈何他不得。一天弥勒率领部族亲随来到锦屏山（现弥勒寺址处）游玩，喜欢这里青绿幽静，泉出山半，锦屏泻玉，流云飞霞的景致，便对族人说："百年之后，我能葬此地，今生足矣。"酋长去世后，族人遵其至嘱归葬于斯地，并建庙以祭。此祭祀弥勒之祖庙。据说还有碑文记其事，可惜今已不存，无法考证。

明代中期，随着汉族人民的不断流入，将"些莫徒蛮"之裔的"弥勒酋长"和佛教中笑口常开、大肚能容的契此布袋和尚"弥勒佛"混为一谈，于是庙被改成了寺，彝族的祖先弥勒酋长被换成了弥勒佛契此，彝族祭祖的场所变成了汉族禅修佛道（下有弥勒寺，上有玉皇阁）的中心。现存弥勒寺，始建于明天启六年（1626），清乾隆时重修。明州署葛一龙曾质疑："不知州与寺，名立竟谁先？"清代贡生马徐珍则说："州以弥勒名，自宋迄元，明因之，五百有余岁……寺以弥勒名，创自天启六年。"

现聚居于滇西南哀牢山地区的彝族人，男性自称"罗罗颇"女性自称"罗罗摩"。"罗"在彝语里意为虎，彝族人自称虎族。哀牢山的彝语意思就是"虎部族所居之山"。在弥勒境内有许多以"米""咪""罗""梭""莫""纳""尼"等命名的村寨都与虎的含义相关。

弥勒的西部和东部多山，中部有弥勒、竹棚、虹溪等坝子，南盘江绕流西、南、东界，中部有甸溪河纵贯，南流入南盘江，水源丰富，资源富集。

弥勒拥有着丰富的旅游资源，"一泓星月浴山巅，窃语微传河汉间。梦枕泉歌吟唱处，不知暂且何方仙"，形容的便是弥勒温泉，以城东北的小芹田温泉、城西边的梅花温泉和城南面的小寨温泉最为有名。若是来到可邑小镇，便能切身体会到弥勒阿细文化的魅力，这里是世界十大舞蹈"阿细跳月"的发源地之一，这个地方在彝族阿细语里意为"吉祥如意"，也是创世史诗《阿细先基》最盛行的地方。这里也是"中国数学走

◆ 弥勒市——半山温泉半座城（弥勒市史志办 提供）

向世界第一人"熊庆来先生的故乡。若是喜好品评红酒，坐落在弥勒东风农场万亩葡萄园中的云南红酒庄一定不能错过。高大恢宏的发酵罐及南天第一窖展示着红酒的神秘，风景秀丽的酒庄客栈演绎着浪漫美酒情怀。

今天的弥勒经济繁荣，社会进步，是云南县域经济十强县。并发挥着"接轨滇中、连接两广、辐射东盟"的重要交通枢纽作用。

· 资料卡 ·

弥勒市：位于云南省东南部，红河州东北部。东邻丘北县，南接开远市，西连华宁县，北依石林县。全市总面积4004平方千米。辖弥阳1个街道、新哨、虹溪、竹园等9个镇和五山、江边两个乡以及东风农场管理局。2021年底常住人口约53.91万人。境内除汉族外，还有彝族、傣族、苗族、回族、壮族等世居民族居住。

泸西县 · 泸源桂西

阿庐古洞，被誉为"云南第一洞"，为喀斯特溶洞景观，是国家级风景名胜区、国家AAAA级旅游景区。"阿庐古洞"，因唐宋时期的"阿庐部落"在此穴居而得名，泸源洞、玉柱洞、碧玉洞三洞连环，洞中有洞、洞内有河，钟乳石、石笋、石柱、石幔、石质、石花等千姿百态，惟妙惟肖。

泸西，得名已久，在明清史志和碑刻中已有"泸西"一词出现，得名与"阿庐"有关，史书里称为"阿卢"，阿庐古洞下有"泸源"，所以阿庐古洞过去又称为泸源洞。泸西的"泸"，得名于"泸源"的"泸"字，明清史书里称泸西为"泸城""泸郡"，称府城前的矣邦池为"泸水""泸川"。道光《云南通志·山川志》亦载："泸川源出广西州北三十里，南流至阿卢后洞，伏流穿洞，由前洞南出为泸源，东南流汇东河为邦池，由尾闾泄入伏流，南入南盘江。"

泸西，元时叫"广西路"，明时叫广西府，清时叫广西直隶州，因与广西省同名，所以又称为"小广西"，为清晰区分，取"泸源"的"泸"字和"广西"的"西"字，组成"泸西"一词。目前发现最早记录"泸西"之名的是明末广西府知府包嘉胤为逸圃李元龙写的《待赠文林郎李清河墓志铭》，其中有"泸人""胜甲泸西"等文字。康熙己丑年（1709）所立午街铺百菊村《重修紫芝庵常住碑记》载："泸西后学子常氏杨九德题额并书丹。"康熙五十年（1711）所立《张鸿达墓志铭》有"世为泸西望族也"的记载。清乾隆十七年（1752）立于桃笑山的《斗会碑记》载

◆ 云南历史文化名村——泸西城子古村（倪建斌 摄）

"泸西有桃笑山者，由来久矣。"类似记载"泸西"之名的碑文还很多。清乾隆、嘉庆时画家李荣封称自己为"泸西李荣封"；清末"滇中三杰"的陈度称自己为"泸西陈度"。

泸西，在元至元十三年（1276）设置广西路。明洪武十五年（1382），改为广西府，治所在今云南省泸西县，包括泸西县、师宗县、丘北县、弥勒县等地。清乾隆三十五年（1770），降为广西直隶州。民国二年（1913）改广西直隶州为广西县；十八年（1929）改为今名泸西县。三十六年（1947）属第三行政督察区。中华人民共和国成立后，1950年属宜良专区，1954年属曲靖专区，1959至1961年并入弥勒县，1961年属红河哈尼族彝族自治州。

城子古村，在县城以南25千米的永宁乡城子古村，是我国西南地区规模最大的彝族土掌房建筑群，房屋依山顺势，梯级向上，家家相连、户户可通、层层叠叠，下一家的屋顶便是上一家的晒场，由此形成独具风格的古村落，有"泸西的布达拉宫"之称。"城子"得名，因明成化年间，广西府第五任土知府在此建"城"，将府衙从泸西搬迁于此而得名。

昔日广西府，今朝泸西城。悠久的历史留下了丰富的文化遗产，历代文人墨客都曾来到泸西阿庐古洞，赞颂大自然的鬼斧神工。明成化年间，广西府知府贺勖进洞考察后赋诗一首："云散芙蓉露玉巅，四时花木尽争妍；烟霞古洞苍苔合，仙景分明不浪传。"

明嘉靖年间广西府知府解一经，在观洞后感慨于古洞的气势磅礴，瑰丽多姿，写下了《阿庐洞记》；民国罗养儒的《纪泸源洞内景物》更是写得神秘莫测，叹为观止。就像歌曲《泸西》中描绘的那样，阿卢的秘密、古老的山歌、层层叠叠的炊烟，共同构筑了这座山水清秀的小城。时光不会老去，万年只是四季。泸西将在历史的积淀中勇往直前，继续描绘着彝族人民生活的绚丽画卷。

· 资料卡 ·

泸西县：位于红河州东北部。东部与曲靖市、丘北县相邻，西南部与弥勒市相接，西北部与石林县相接。全县总面积1674平方千米。辖金马、旧城等5个镇和向阳、三塘、永宁3个乡。2021年底常住人口37.95万人。境内除汉族外，有彝族、回族、傣族、壮族、苗族等世居民族居住。

红河县·马帮侨乡

红河县，1950年由元江县、石屏县、建水县部分地区析置红河县，故而得名。1952年，改称红河爱尼族自治县，隶属蒙自专区。1954年7月，又将元江县部分地区划入。1957年11月，隶属红河哈尼族彝族自治州。

红河县地处哀牢山横断山脉峡谷地带。1950年，由元江县、石屏县、建水县部分地区析置红河县，因红河绕县境北部边缘奔流而过，故而得名。1952年，改称红河爱尼族自治县，隶属蒙自专区。1954年7月，又将元江县部分地区划入。1957年11月，隶属红河哈尼族彝族自治州。

县政府驻地迤萨，是云南历史上著名的马帮侨乡。"迤萨"是彝语里"缺水的地方"之意。这座建在山顶的小镇地势高峻，北临红河、南连勐龙河，属于干热河谷，气候干燥，降雨量少，山上没有大的泉眼，所以水源奇缺。除了"迤萨"之外，红河县的地名都颇有历史渊源，其设置多与最早在此定居的哈尼族先人之名或是傣语之译音有关。如甲寅镇原名"加依"，系古代定居该地的哈尼男子人名。清康熙十三年（1674）即甲寅年，瓦渣土司衙门由老博迁于此，于是取"加依"谐音更名"甲寅"；又如乐育镇原名"倮约"，清代道光年间思陀土司署由大新寨迁到此地，于是借谐音改名"乐育"，溪处、落恐、车古境内地名由来都与之相似。

◆ 红河县东门马帮古城（红河县史志办 提供）

再说红河县境内比较有特色的傣语命名之地，如勐龙村，在迤萨镇南部，在傣语中"勐"为坝子，"龙"为大，意为大坝子；隶属勐甸村委会的坝罕，在傣语中"坝"为河口，"罕"为金子，意即金水河口，今天仍然保留有金水渡口，同样隶属于迤萨镇的大黑公，"黑公"为傣语"亏凸"的讹称，意即河边隆起的小丘，这里曾是明、清时亏容甸长官司治所。

走进小镇迤萨，这里既古朴又豪华的中式或森严幽静的中西合璧式古堡，仿佛走进中西建筑博览园。在庭院幽深的姚氏老宅里，马灯和马具悄无声息地悬挂在屋檐走廊，恍惚间听到百年前骡马走过时的阵阵铃响。得益于滇南古驿路的发达和红河水运的便捷，这里商贾云集，骡马成群，是云南南线跨境马帮往返交汇的重要驿站。地处特殊地理位置的迤萨，起到了连接内地和江外的枢纽作用，因马帮的壮大形成独特的马帮文化。

马帮文化是云南民族文化的重要组成部分，或悠扬婉转，或豪情万丈的赶马调则是马帮文化的具体表现方式，是赶马人创作、流传下来的民间小调，其形式或长或短不拘一格，曲调如泣如诉优美动听，歌词生动感人，内容以叙事写实为主。"三月赶马三月三，帮工赶马上茶山。四月赶马四月八，帮工赶马驮盐巴。六月赶马火把红，赶马大道好风光……"这几句经典的迤萨赶马调，正是当年迤萨人下坝子、走"夷方"的真实生活写照。马帮是西南各族人民集体智慧结晶，作为民间自发组织的运输群体，游走于城乡之间，是西南各民族经济和文化交流传播者，促进了西南边疆与内地之间、各民族之间的交流交融，加强了与东南亚各国的联系。

今天的红河县，撒玛坝梯田波光粼粼倒映着湛蓝的天空，迤萨古城依旧以巍峨姿态矗立在山顶，诠释着哈尼、彝、汉、傣等各族人民乐观积极的品格，承载着他们奔向美好明天的梦想。

红河县：位于红河州西部，东接元阳县和建水县，南连绿春县，西部与墨江县接界，西北与元江县相邻，北与石屏县隔红河相望。全县总面积约2028.5平方千米。现辖迤萨、甲寅、乐育等5个镇和石头寨、洛恩、大羊街等8个乡。2021年底常住人口约27.78万人。境内除汉族外，有哈尼族、彝族、傣族、瑶族等世居民族。

元阳县·云上梯田

元阳梯田位于哀牢山南部，是红河哈尼梯田的核心区，于2013年被列入世界遗产名录。它是哈尼族先人世代耕耘留下的精巧之作，梯田依地势层层相叠，气势宏伟壮观。"流光溢彩的大地雕塑"是对哈尼梯田最为贴切的形容。日出时，红霞满天，云雾翻滚，满眼的梯田在阳光的映衬下，犹如一架架直通云霄的天梯；日落时，蜿蜒舒展的梯田、哈尼族村寨、树林都披着一身金黄的光芒，如诗如画，别有一番风情。

红河梯田的历史悠久，早在一千多年前，勤劳的哈尼人就在红河南岸的哀牢山上开辟了成千上万亩梯田。然而哈尼梯田处在高山密林中，千百年来不为外界所知。20世纪80年代后期，西方人在卫星云图上发现，云南南部有一大片神秘的白色亮点。1988年，几名法国专家特意到云南进行勘探，他们拍摄的照片经欧洲媒体发表后轰动了世界。1993年，法国人扬·拉玛在元阳拍摄了纪录片《山岭的雕塑家》更是吸引了来自世界各地的游客。这里于1993年被评为当年新发现的世界七大人文景观之一。到2013年，哈尼梯田成为世界文化遗产。

◆ 元阳县多依树景区（张正亮 摄）

元阳是多民族聚居的地方。在《洪水滔天》中讲到独姆母亲始祖躲过洪水劫难，寻找居住地时，在北方的一条大河边找到了一个大岩洞，并将其名为"纳特"。彝文写为："爬到高山上／手搭额前望／一条大河边／山上有个洞／转来转去的／转到大洞里／大洞叫纳特／纳特来落寨／纳特好地方／养儿儿长大／养女女漂亮。"这段经文讲的是彝族先祖迁徙至此定居的故事。

据傣文典籍《嘿勐沽勐》所载，在公元1世纪前后，如今的元阳县境为傣族古国"勐达光"即"哀牢国"的属地。"勐达光"是澜沧江、怒江中上游地区的傣族先民以"勐掌"（今保山盆地）为中心组成的联盟国家。"勐掌"君王成为整个联盟国家的共主，各"勐"（国）百姓称其为"诏隆"（汉意为"大王"）、各"勐"君王称其为"哀牢"（汉意为"大哥"），"勐掌"也因此被称作"勐达光"（意为"中央之国"）。《后汉书·西南夷传》和《华阳国志》中描述哀牢国"人皆穿鼻儋耳，其渠帅自谓王者，耳皆下肩三寸，庶人则至肩而已。土地沃美，宜五谷蚕桑。知染彩文绣，兰干细布，织成文章如绫锦"。这里资源丰富，"出铜、铁、铅、锡、金、银、光珠、琥珀、水精、琉璃、轲虫、蚌珠、孔雀、翡翠、犀、象、猩猩、貊兽"。

西汉时元阳为益州郡贲古县地；东汉属牂柯郡；三国属兴古郡；东晋、南朝属梁水郡；南诏时期为和蛮部，属通海都督；大理国时期为纳楼部，属秀山郡；元代为纳楼千户地，属和泥路；明代为纳楼茶甸长官司地，属临安府；清代为建水县南部纳楼茶甸长官司，勐弄、纳更山土巡检，阿邦乡土舍、稿吾卡土把总及十五勐的一部分。清宣统三年（1911）后分属建水、蒙自、个旧三县。民国六年（1917）为建水县新街县佐。元阳县的建县时间相对较晚，1950年，由建水、个旧、蒙自三县析置新民县。1951年5月7日，改设元阳县，因地处元江南岸，同时庆贺各族人民解放后的新生活犹如拨开乌云见太阳，故而得名元阳。1954年为红河哈尼族自治区驻地。1957年属红河哈尼族彝族自治州。

历史的车轮滚滚向前，元阳这座世界闻名的宝库，在代代元阳人民的辛勤耕耘下，以大地为纸，汗水为墨，不断书写着华丽的诗篇。

元阳县：位于红河州南部，东部与个旧市相接，南部与金平县相接，西南部与绿春县接壤，南部与红河县相接，北部隔红河与石屏县、建水县相望。全县总面积2212.32平方千米。辖南沙、新街、牛角寨3个镇，和嘎娘、上新城、逢春岭等11个乡。2021年底常住人口约35.05万人。境内有哈尼族、彝族、傣族、苗族、瑶族、壮族等世居民族居住。

绿春县·静绿之春

在红河州，有这样一个地方，被称作"山顶第一县"。站在这里，仿佛手可摘星辰；生物多样性十分丰富，被称作"绿色三角"，并列入国家级自然保护区；建设了一座哈尼族博物馆，被称作是世界上内容最丰富、涵盖面最广泛的抢救和保护、研究和开发哈尼族传统文化的资料库及研究哈尼族文化遗产的中心。这里，便是山清水秀、四季如春的绿春县。

绿春在东晋、南朝时期属梁水郡。南诏时为和蛮部，属通海都督，大理国时期属秀山郡。由于地处边境，建县前各个时期被多个不同行政区划所分割。元分属元江路、和泥路。明分属元江府、临安府。清属元江州，东部为临安府纳楼茶甸长官司管辖的三勐地方，西部和西南部为普洱府他郎厅辖地。民国时期属建水、石屏、金平、元江、墨江县地。1950年分属红河、元阳、墨江、金平诸县。1955年析红河、元阳、墨江部分地置六村办事处。

绿春原称东仰，是大理国时期一个当地部落头人的名字，元朝时期赛典赤·赡思丁主政云南时在今绿春县境设立六个土官驻治，后这块地方被笼统称为"六村"。绿春是1958年设县的。1958年5月29日，国务院第77次全体会议决定撤销六村办事处，根据这里山清水秀、四季如春的自然条件和各族人民希望生活像绿色的春天那样生机勃勃的美好心愿，周恩来总理取"六村"的谐音，定名为"绿春"。绿春县的行政区域包括原六村办事处的全部行政区域，金平的平河、东批两乡及元阳划出的部分地区，县政府驻大兴寨，隶属于红河哈尼族彝族自治州。

在绿春县境内，哈尼族是定居此地历史最久的民族之一。哈尼族的

◆ 绿春县城风光

祖先曾生活在"诺玛阿美"。传说这是个阳光普照、土地肥沃的坝子，哈尼族先祖在这里生活、繁衍。后来由于人口的不断增多和异族的争斗而迁徙，来到了拉煞咪察（今元江县境）。过了一些年，定居在拉煞咪察的哈尼人又有一部分来到了今绿春县境的哒东、阿迪等地方定居。以后又逐步向县境的其他地方扩展。至唐末宋初，今绿春大兴区一带就有分别以"扁马阿波""衣贵巴腿""莫董莫称阿配"等人为首领的小村社部落，居住在今则东，普曲、阿迪、高寨山后山等地。大理国时期，又有一批人从如今文山州的方向迁入绿春。元以后至清代，又先后从"个碧""泽尼"（今红河县宝华区）一带及"他郎"（今墨江）"勐烈"方向迁来一批被称为"翰泥"或"和泥""窝泥""侵泥"的哈尼族氏族、村社，由此最终形成今绿春县的主体民族。

绿春的文化活动数之不尽。最有代表性的便是哈尼长街古宴、"扎特特"（十月）、"矻扎扎"（六月节）和"昂玛突"（祭寨神节）。在哈尼族的历法习惯中，十月为岁首，所以"十月年"便是辞旧迎新的"大年"，哈尼语译为"哈尼护马扎特"。

平时走在街头，或是乡里田间，身穿不同民族服饰的男女老少，也是这座小城独特的风景。哈尼族妇女，喜好在上衣的托肩、大襟、袖口及裤脚边沿处镶以彩色花边；彝族妇女的围腰，喜欢绣上象征丰收的金瓜银果。各民族文化在这里积淀、交融。

今天的绿春，以青山绿水为傲，历经四时更迭、岁月流转，依旧阔步向前。

屏边苗族自治县·边疆屏障

屏边苗族自治县，西汉置进桑县，属牂牁郡，东汉改为进乘县。三国蜀汉属兴古郡。南北朝归梁水郡。南诏属通海都督。大理国时期属秀山郡。元为临安路舍资千户地。明属临安府安南长官司。清属开化府。民国二年（1913）设靖边行政区，属蒙自道；二十二年（1933）改为屏边县；三十六年（1947）属第五行政督察区。新中国成立后，1953年属蒙自专区，1957年属红河哈尼族彝族自治州，1959～1962年并入河口县。1963年7月1日成立屏边苗族自治县。

关于县名的设置，设县时因为和陕西省靖边县重名，取境内屏山和靖边各一字，故名"屏边"，意为边疆屏障。

屏边，这座有着边疆稳固、民族团结寓意的苗乡小城，掩映在峰峦叠嶂的大围山之中，安静诉说着曾经在此风云变幻的历史。

最值一提的莫过于五家寨铁路桥（即"人字桥"），该桥位于屏边苗族自治县和平镇五家寨四岔河大峡谷。它曾被列入《世界名桥史》，是桥梁建筑史上的一大奇迹。

滇越铁路是清光绪二十四年（1898），清朝政府同意法国修筑越南至云南的铁路。光绪三十年（1904）开工修建，宣统二年（1910）竣工通车。滇越铁路是云南历史上的第一条铁路，也是我国第一条通向国外的铁路。

人字桥是由法国工程师设计，是滇越铁路中最艰巨的一段。始建于清光绪三十三年（1907），三十四年（1908）十一月竣工通车，据史料记载，由于修桥工程异常艰险，短短六十多米的桥梁，竟有800余名中国劳工因此殒命。

人字桥在今天滇越铁路353千米处，桥长64.15米（未包括山体连结部分），宽4.2米，距水面高102米，坐东朝西，为"桁肋式铰拱钢架桥"结构，桥梁构件最大140公斤，由2万余组构件和铆钉铆制而成，因其桥飞跨两座悬崖峭壁之间，型似人字，故称人字桥。这段工程沿南溪河岸逆流而上，直线距离最近的两站间虽然只有3千米的距离，但程高却相差285米。为使线路降坡，设计者采取修筑展线的方法，将线路延展至南溪河上游的支流——四岔河侧谷。两站间展线后，线路延长14千米，平均坡度降为20.2%，可谓精巧绝妙。

屏边苗族居民过去有着独特的建房习俗。建房前，户主选择自己认为是正堂正点的穴位，挖一个圆坑，放入与家人数目相等的谷粒，加盖一个土碗，又用土浅埋，三天后去揭开盖碗看，如果谷粒头部全集拢在一起，证明该地点适合自家人建房居住，属于上等屋基；如果谷粒散乱，是一般屋基；如果谷粒缺少或发黑，且有蚂蚁等昆虫，则会另选地基。

房屋建好后，择吉入住也颇有讲究。先是得将女主人后家（即娘家）送来的红梁横放在房子正堂屋，之后在梁中间挂上鞭炮并放上一只大红公鸡，以公鸡的反应来判断吉凶。在吊放红梁的过程中，公鸡随着红梁的升高而升高，若是公鸡在红梁上开叫，意味着此地基为上等，日后，主人一家居住，会五谷丰登、六畜兴旺，能发家致富、生产顺利、生活幸福美满；反之则为一般。同时在入住的当天，屋主会大方宴请亲朋好友前来恭贺，庆贺场面极为隆重热闹，又称作"贺新房"。

屏边还有着一年一度的传统民俗节日——苗族花山节，也被称作"踩

◆ 滇越铁路屏边县境内人字桥（姚光志 摄）

花山"。节日活动内容有祭花杆、对歌、芦笙舞、爬花杆、苗族民间武术、打鸡毛、打陀螺、踢足架、斗牛、斗鸡、斗鸟、赛马、打磨秋等。2014年12月4日，苗族花山节经国务院批准公布为第四批国家级非物质文化遗产保护项目。苗族花山节是屏边县最隆重的传统节日，也是展现苗族民间优秀传统文化的活动，每逢农历正月初三至初六举行。节前，需提前选好宽阔平缓的坡地，竖立一根十米高花杆，修整道路，砍伐荆棘，为青年们"踩花山"做准备。正月初三，青年们盛装结队，从四面八方拥向花杆坡地。随后老人们跳起芦笙舞，祝青年们找到称心爱人，活动宣告开始。小伙们翩翩起舞，有意舞到姑娘圈，看她们的容貌。姑娘亦暗中观察心中所爱。若小伙选中目标，即解下横背腰间的雨伞，向着姑娘撑开。姑娘若不中意，则迅速绕圈躲避。姑娘中意，则双方同撑一伞，各倾爱慕。另外，男女还须对歌，增进了解。若双方真心相爱，便在初六前拜见双方父母。倘若头次交谈不合，则予一般朋友应酬。初六达到节日高潮，以斗牛结束。

一座"人字桥"架起了屏边与世界的通道。如今的泛亚铁路，让屏边的交通运输地位进一步提高，成为云南出海和通往东南亚国家的关键通道。

正如它的名字一般，屏边将带着"边疆屏障"的使命与责任感砥砺前行。

金平苗族瑶族傣族自治县 · 秀美瑶乡

　　炎夏时节，若是踏进金平苗族瑶族傣族自治县马鞍底乡的瑶族村寨，扑面而来的是芒果、香蕉的香甜气息。空气湿热，植物散发着清新的气息。两旁的道路上，蝴蝶或是成群结队、肆意翻飞，或是停驻在葱郁繁茂的花草丛中，成为美丽的瑶风古寨中最为靓丽的风景线。

　　金平苗族瑶族傣族自治县，两汉时期属牂牁郡西随县。三国、西晋时属蜀汉兴古郡。东晋、南北朝时隶属梁水郡西随县地，至南朝梁末废。隋、唐、五代十国时，隶属南宁州都督府黎州地。南诏时，隶属通海都督府和蛮部地。大理国为大甸，属秀山郡。元至元十三年（1276），置云南行中书省临安路，隶属临安路。明洪武十五年（1382）改临安路为临安府。清顺治十五年（1658），临安府委任刀氏为勐拉土外委；康熙六年（1667），在平定临安府属教化、枯木、八寨、王弄等土司与滇南诸土司联合反清的基础上，改土归流，以教化、王弄、安南三长官司地设开化府（金平以分水岭为界，分为南部、北部）；康熙二十一年（1682），委任王氏为者米土外委；雍正四年（1726），进行全国性的"改土归流"。乾隆十八年（1753），委任张氏为勐丁土外委、李氏为茨通坝土外委；光绪十六年（1890），在勐丁土掌寨实行"改土"，设勐丁经历。

　　民国二年（1913）废临安府置蒙自道，隶属蒙自道；六年（1917），云南省政府在勐拉、茨通坝、者米土掌寨进行"改土"，以原建水县辖区的勐拉、茨通坝和者米土司领地，设金河行政区；十八年（1929）废蒙自道，金河、勐丁两行政区直隶云南省第三行政督察区专员公署（公署驻建水县）；二十二年（1933）三月，金河行政区改为金河设治局，勐丁行政区改为平河设治局；二十三年（1934）建立金平县，隶属云南省第五行政督察区专员公署（公署驻建水县）。中华人民共和国成立后，滇南人民政府行政公署于1950年2月改称为蒙自区行政督察专员公署（驻地从建水迁蒙自）；1957年11月，隶属红河哈尼族彝族自治州；1985年6月11日，报经国务院批准撤销金平县，成立金平苗族瑶族傣族自治县；12月7日，自治县成立。

改土归流是明清以来统一多民族国家治理、版图开拓与巩固政权的重要政策，对整个西南地区的影响极其深远，许多地名的变更都来源于此。民国二十三年（1934）九月一日，省政府将金河设治局、平河设治局合并建县，并取"金""平"两字冠为县名称。至此，历时44年的"改土归流"工作结束。金平虽"改土"，但土司制仍未彻底动摇，从而形成"土

◆ 金平县县城全景（金平县史志办 提供）

流合治"的局面，直到新中国成立后的1956年完成土地改革，才彻底结束了封建土司制。

"金平"这一名字从金河、平河各取一字，其中"金河"的由来与当地出产黄金等矿产有关。

据载，明崇祯九年（1636），湘赣人毛金客和曾老矮首先来到这里采黄金，随后又有人到勤拉开办金、银、铜等矿厂。《中国少数民族大辞典·傣族卷》所载，王布田，清乾隆时期湘赣人，在当时的金河镇老街村建盖茅房居住，靠其开拓精神行商淘金，逐渐富裕。而后行德施善、修路开街，其居地遂成为赶集地。他又在邻近开田垦地，街市渐繁。民众感念其辟地开街有功，以"王布田"统称该地。王布田逝世后，还被当地民众视为"土地至尊"。这是王布田镇名字的由来。

民国二十六年（1937）九月，《云南日报》载有矿业公司总经理陶鸿焘写的《云南屏边西区岔河金厂调查报告》一文，述道："云南产金区域素无确实调查，就私人见闻所及，约大别为南北两部矿带……沿红河西岸把边江东岸，经墨江、元江、新平、石屏、建水、蒙自、猛丁、屏边、金河，达于越界为一矿带"，并载："金河者，因沿河产金故名。"这是金河镇名字的由来。

在金平，文身（傣语中称"伤多"）是一种古老的傣族风俗。这种风俗盛行于青年男女中。男性文刺的部位有手臂、大腿、胸背，图案有傣文、咒语、龙、蛇、鸟等，而女性只在手腕部位刺上圆圈或剪刀形等图样，或是把名字刺在手上。他们认为文刺特殊的图案和咒语会产生某种神秘力量，能获得异性的青睐或达到避邪的作用。

20世纪30年代以来，地处边防线上的金平，经历了全民抗战、解放金平、征粮剿匪、援越抗法、援越抗美、自卫反击的烽火岁月。为了铭记历史，缅怀英烈，2017年金平县政府在金平县金水河口岸的某阵地旧址开设了战史馆，是当地重要的爱国主义教育基地。

金平生态环境优越，境内森林密布，山高谷深，云海壮丽，瀑布秀美。原始自然的生态环境和多样的植被，为蝴蝶的繁衍提供了良好的生存条件，金平蝴蝶谷景区是著名的旅游胜地。景区内有蝴蝶320余种，以箭环蝶最为多见，且有一些名贵珍稀蝴蝶，蝴蝶种类位居世界首位。

金平有长寿之乡的美誉，将倾心建立起"绿色长寿食品、康养长寿旅游、民族长寿医药、多彩长寿文化"的发展优势。秀美瑶寨，宜居康养。这座边陲小城正在破茧成蝶，远扬蝴蝶之乡、长寿之乡的美名。

河口瑶族自治县·大河之口

　　昆河铁路终点，苍翠的四连山脚下，有一座具有亚热带风光的边境城市。每当红日初升，阳光洒向大地，这里宛如一片金色的海洋。这里便是云南的南大门——河口县城。这里与越南社会主义共和国老街省省会城市老街市隔红河、南溪河相望。

　　在云南诸多与越南接壤的边境小城中，河口是其中名气最大、边境风情最浓郁的一座。清晨，到口岸参加一场升旗仪式，雄壮的《义勇军进行曲》音符方落，横跨中越边境的河口南溪河公路大桥上便传来急促的脚步声——从越南入境的商贩奔涌而来，不时有戴着斗笠的越南姑娘风姿婀娜地走过，河口霎时喧闹起来。

　　"河口"之地名来历，要追溯到清光绪年间，当时河口副督办驻地刚好处于红河、南溪河两水汇流出口处，故名"河口"。

　　河口县地处云南省东南部。西汉置进桑县，属牂牁郡。三国蜀汉至西晋时期，改进桑县为进乘县，属兴古郡。南诏划归通海都督元代属临安路舍资千户地，明属临安府，清属开化府。光绪二十三年（1897）设河口副

◆ 河口县与越南老街市隔红河、南溪河相望（河口县委宣传部 提供）

督办，开为商埠。民国二年（1913）为靖边行政区南部。三年（1914）改为河口对汛督办区。

1950年1月1日，建立河口县人民政府，隶属滇东南行署，由此，河口才成为一个完整的县级行政区。同年5月22日，改县为河口市，转属蒙自行政专员公署管辖，1955年，改河口市为河口县。1957年归属红河哈尼族彝族自治州。1959年3月，河口、屏边两县合并，成立河口瑶族苗族自治县，1962年3月恢复河口、屏边两县建制。1963年7月11日成立河口瑶族自治县。1963年7月，设立河口瑶族自治县。

红河和南溪河在河口县城东南端处交汇，滇越铁路就横跨在南溪河上，并从这里出境，连通越南老街市。而沿红河修建的滨河路，相当于河口的一条景观大道，可以隔河看到对岸越南的街景。入夜之后，两岸灯火相映，熠熠生辉。

自古以来，这里便是我国与越南、东南亚各国进行经济文化交流的重要门户和窗口，被誉为"南方丝绸之路"的第二条通道。沿着河口海关旧址的五幢砖木结构红瓦房，再走到河口越南老街市，体验越式风情。老街口岸是越南北部唯一的省会城市口岸，这里有完备的服务行业，有近10万人为两国间的商贸往来和旅游业服务。经此出口的越南货物主要有北部与南部平原的各种农产品、各类日常用品，橡胶、咖啡豆、腰果、矿产及各类海产品，商贸来往络绎不绝。

自2019年8月中国（云南）自由贸易试验区红河片区在这里挂牌落地以来，诸多知名企业入驻河口参与对外经贸活动，河口对外开放水平稳步提升，是中国跨境经济合作建设的优秀范例。

> **· 资料卡 ·**
>
> **河口瑶族自治县：** 位于红河州东南部。东部、南部与越南社会主义共和国相邻，西南部与金平县隔红河相望，北部与屏边县相接，东北与马关县接壤，西北部与个旧市相接。全县总面积1332平方千米。辖河口和南溪2个镇，老范寨乡、桥头苗族壮族乡、瑶山乡和莲花滩乡4个乡。2021年底常住人口约10.05万人。境内除汉族外，有瑶族、苗族、壮族、彝族、布依族、傣族等世居民族。

文山壮族苗族自治州

——得文之原，知山之用

文山在汉代属牂牁郡辖地。三国蜀汉置兴古郡，治宛温县。东晋时期属宁州兴古郡。隋废兴古郡，隶南宁州总管府昆州。唐初属剑南道南宁州都督府，唐中后期东部属岭南西道安南都护府，西部属南诏拓东节度通海都督府僚子部。宋时东部为特磨道地，属广南西路广源州，西部属大理国最宁府。元代东部设广南西路宣抚司，西部属临安路，北部属广西路维摩州。明东部改广南西路宣抚司为广南府，西部属临安府，北部仍属广西路。清置开化府，境内属开化府、广南府、广西府、临安府管辖，雍正八年（1730）在开化府下增设文山县。民国二年（1913）废府留县隶蒙自道。十八年（1929）废道留县直属于省。三十一年（1942）置第二行政督察区，三十五年（1946）改为第四行政督察区。中华人民共和国成立后，1950年置文山专区，1958年4月1日成立文山壮族苗族自治州。

一地政区名称的更改，远不是换个名字这么简单，其背后往往有着错综复杂的政治民族治理考量。在文山自治州成为一个独立的行政区以前，主要是由东边的广南府与西边的开化府组成。以开化府为例，其政区的设置和名称的选定，就与改土归流的历史洪流息息相关。在清代改土归流之前，文山形成了侬氏土司据广南、龙氏土司据马关八寨、沈氏土司据富宁的局面。康熙四年（1665），滇南十八土司反清被吴三桂镇压，清政府借机在文山进行了改土归流，于康熙六年（1667）在教化、安南、王弄三长官司地设置由朝廷派遣流官治理的府级政区，取化开无外之意，定名"开化府"。

开化府和文山州，这两个地名经历了截然相反的发展历程。开化府设置于康熙六年（1667），文山县设置于雍正八年（1730），文山县为开化府辖地的一部分。到了民国，废开化府而设开化县，开化府城也换了名字，被叫做云集镇、威远镇，1950年后又被叫做城关镇。1985年，城关镇改名开化镇，属文山县管辖。"开化"从府名到县名到镇名，大地名越来越小。与之形成鲜明对比的是"文山"。文山，最初只是县城东边一座山峰的名字。据清《开化府志》记载，"文山"这个地名，是雍正皇帝命名的："县治之设也，在雍正八年春，三省制军、少保鄂公之请也。文山之名，我皇上实命之。"文山县第一任知县徐本仙于雍正九年（1731）撰写的《修建文山书院记》一文中用《易经》中的"贲"和"大畜"两个卦象，来阐释"文山"的含义："取诸'贲'而得'文'之原，取诸'大畜'而知'山'之用，邑之以'文山'名也。""'贲'象曰：文明以止，人文也。明者文，止者山，火发土凝，日华岳丽，文在山也。""笃实者山，辉光者文。"在清雍正年间"文山"成为开化府附郭县的县名，半个多世纪之前又成为整个自治州的名字。从专指一座山，到成为县名，再到成为一州之名，"文山"所指越来越大。"开化""文山"两相对比，不禁感叹地名演化的曲折。

文山州8县市中，马关、麻栗坡、富宁3县与越南接壤，国境线长438千米。历来都是边疆重地、防守要区。70年代末至80年代，中国军队在文

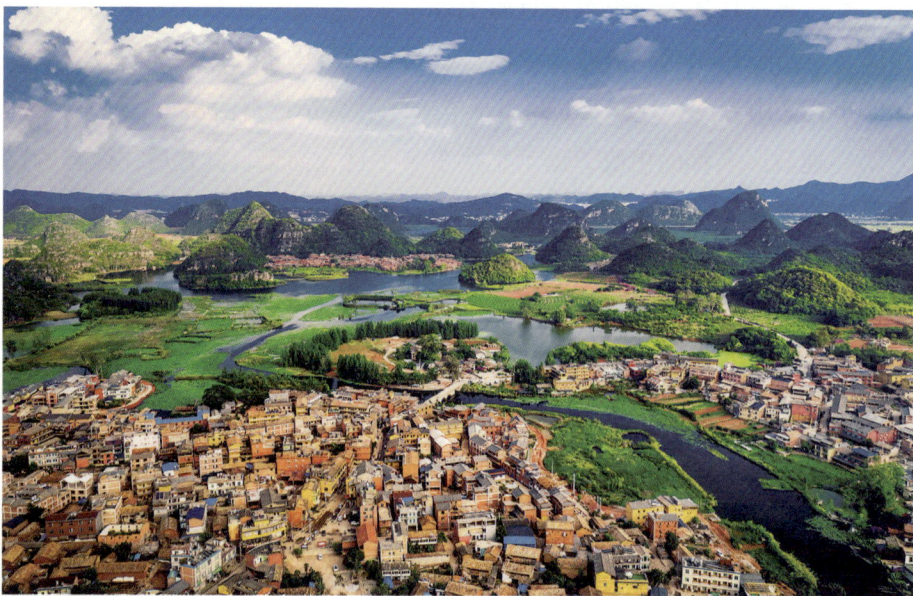

◆ 丘北县普者黑景区乡村自然风光

山开展多次对越军事行动，捍卫国家边疆安全。其中，最为人熟知的便是老山。老山位于麻栗坡县，与越南接壤，是重要的军事要地。1984年4月至5月，中国军队收复了被越军侵占的老山。其后，越南军队多次反扑，中越军队在老山开始对峙并进行了长期的交战，直到1993年中央军委解除老山地区部队的作战防御任务。将近十年的时间，文山人民为了国家的领土完整和边疆和平安宁，积极响应"一切为了前线，一切为了胜利"的号召，全力以赴支援前线，付出了沉重的代价，作出了巨大的贡献。老山精神举世瞩目，老山英雄红遍神州。

经历了战争的血与火，尤显和平的珍贵，发展成为新时代的主题。文山有着独特而丰富的生物资源。名贵中药材三七便原产于文山，文山也是目前三七标准化种植规模最大的地区。除了三七，八角、草果、辣椒、阳荷、八宝贡米等也是文山的特色农产品。文山还盛产铁皮石斛、金银花、砂仁等药物，境内还有全中国仅有的被称为"植物大熊猫"的国家一级保护植物华盖木。

在文山，可以在正月初三去苗岭踩花山，跳芦笙，爬花杆，对歌斗牛；在三月三到壮乡赶花街，唱山歌；六月二十四到彝村参加火把节，围着熊熊燃烧的篝火唱歌跳舞，彻夜狂欢；十月十六，赴瑶寨过盘王节，唱盘王歌，跳铜鼓舞。多姿多彩的民族风情让人目眩神迷，流连忘返。

文山，是云南和广西连接的走廊，明清时期自昆明经丘北、广南、富宁达广西的滇桂道设有多座驿站；而今更是云南通往北部湾，通往太平洋的大通道。文山是祖国的西南边疆，走过硝烟，正在成为中国面向越南、面向东盟的开放新高地。

· 资料卡 ·

　　文山壮族苗族自治州：位于云南省东南部。东与广西壮族自治区的百色市接壤，南部与越南社会主义共和国接界，西与红河哈尼族彝族自治州为邻，北与曲靖市相连。全州面积31456平方千米。辖文山1市，砚山、西畴、麻栗坡、马关、丘北、广南、富宁7县。2022年底常住人口为345.40万人。境内除汉族外，有壮族、苗族、彝族、瑶族等世居民族。

文山市·三七之乡

文山市历史源远流长。西汉纳入中央版图，设益州郡。西晋置都唐县，属兴古郡。东晋改为西安县。南朝齐改为西中县，为兴古郡治，后郡、县皆废。南诏时为僚子部，属通海都督。大理国时属最宁府。元为舍资千户地，属临安路。明置王弄山长官司、教化三部长官司，属临安府。清康熙六年（1667）置开化府，雍正八年（1730）设附郭县文山县。民国二年（1913）废府，改开化县，次年改为文山县，属蒙自道；十八年（1928）废道直属省；三十一年（1942）为第二行政督察区辖地；三十六年（1947）改属第四行政督察区。中华人民共和国成立后，于1950年成为文山专区专员公署驻地，1958年为文山壮族苗族自治州首府，2010年撤县设市，文山县改为文山市，为文山壮族苗族自治州下辖市。

说起文山，就不得不说中药名品三七。三七，原产于老君山的原始森林中，大概在600年前被人们发现，用于止血、愈合伤口。大概在400年前，老君山下今天文山市平坝镇的人们将野生三七驯化并移为家种，其后周边的人也开始种植三七。人们对三七功效的认识不断深入，三七成为治疗各种血症和血淤症的圣药。被称为"血见愁""金不换"的南国神草，驰名中外的云南白药，其主要原料之一就是三七。

抗日战争时期，出滇抗战的云南士兵带着云南白药奔赴战场。战士们受了伤，打开瓶盖，吃一点，外敷一点，又上阵拼杀。云南白药随着滇军威名蜚声海内外，远销到了港澳地区和东南亚各地。作为云南白药主要原材料的三七，种植规模也不断扩大。

但文山三七的发展也历经波折。1957年到1962年间，文山全州种植的三七全部收归生产合作社统一管理，一大二公的体制并不能管理好需要精心呵护才能长成的三七，三七产量一落千丈。1965年之后，政府扶持三七种植，建设三七联营场，三七产量得到恢复提高。可是到了1975年，随着轰轰烈烈的"农业学大寨"运动，三七成为与粮食争土地的"毒草"，在"牛犁三七地，火烧三七棚"口号指导下，三七种植面积所剩无几，文山三七元气大伤。改革开放的春风吹起后，农民自主种植经营，文山很多人家抓住机会，靠种三七成为万元户，甚至十万元户、百万元户。可是，

◆ 中华传统药材文山三七

无序的发展也带来了恶果，随着三七产量供大于求，价格暴跌。1989年曾经出现过三七价格一夜之间从每公斤200多元跌至20余元的情况，种三七和买卖三七的人都谈之变色，三七种植面积又再次锐减。政策和市场的转变，并不能抹杀三七优良的功效。此后政府和种植户吸取教训，开展科学化、规范化种植。如今，文山已成为国内最大的三七标准化优质生产基地，其产量占世界的80%以上，是名副其实的"三七之乡"。

三七对文山如此重要，以至于在2010年撤县设市时，差点被直接冠为市名。据说当时相关部门向社会征集新市名，"三七市"之名呼声颇高，还有提议叫七花市、七都市的。总之，都与三七有关。不过最后还是沿用了文山之名，定名文山市。

那"文山"之名又从何而来呢？据雍正年间文山设县时首任知县徐本仙所作《修建文山书院记》一文中的记载，文山的名称，源于对卦象的推演。徐本仙释义称："明者文，止者山，火发土凝，日华岳丽，文在山也。笃实者山，辉光者文，纳悬象于安敦，山而文也。故兹名焉。"明事理、辨人伦、坚实刚健，华耀辉光，这便是"文山"一名博大精深的寓意。

虽未选择独具特色的重要物产三七作为地名，但三七作为不可替代的名片依然蜚声世界。而文山之名不但留存了此地的文化和记忆，并且更饱含美好的寓意，既有山林之秀美壮丽，也将郁郁文风延续下来，让文山在新时代继续迈向文明的未来。

在文山市西华公园三元洞中，有一副对联"文章明道义，山水有清音"，这是一副嵌字联，也是著名文学家楚图南对家乡的注解。

文山市：在文山州西部，为自治州首府所在。东北部与砚山县接壤，南部与马关县毗邻，东南部与西畴县相接，西部与蒙自市连接，并与屏边县一河相隔。全市面积2977平方千米。辖开化、卧龙、新平3街道，古木、追栗街、平坝、小街、马塘镇、薄竹、德厚7镇，东山彝族乡、柳井彝族乡、新街、喜古、红甸回族乡、秉烈彝族乡、坝心彝族乡7乡。2021年底常住人口为62.50万人。境内除汉族外还有壮族、彝族、苗族、瑶族、回族等民族。

砚山县 · 山形如砚

砚山县的西部，在西汉时曾设置镡封县，东部置宛温县，都属牂牁郡管辖。三国蜀汉时两县皆属兴古郡。南朝梁时两县皆废。南诏时为僚子部地，属通海都督管辖。大理国时为惠么部，又作维摩部，属最宁府。元大德年间置维摩州，属广西路管辖。明仍设维摩州，属广西府辖地。清康熙八年（1669）废维摩州，原维摩州的南部划归开化府文山县，北部属广南府宝宁县。民国二十二年（1933）置砚山设治局；二十四年（1935）改置砚山县；三十一年（1942）时属第二行政督察区；三十六年（1947）年属第四行政督察区。中华人民共和国成立后，1950年属文山专区管辖，1958年文山壮族苗族自治州成立，曾撤去砚山县，将其并入文山县。1961年又恢复了砚山县的设置。

砚山县因其县城的西北郊有山形如砚而得名。何谓"山形如砚"呢？这还要从一个故事说起。据说清末，有官员巡查路经江那。江那士绅送其行至山脚，官员问此山山名，士绅答曰"棺材山"。官员不喜此名，当即表示，此处四周群山环绕，三山并列坝子西部，形如砚台上的笔架，山脚下的坝子良田平整，有田有水，好似蓄墨的砚池，山与坝相连，恰似一个硕大的砚台，此地此山就叫"砚山"吧。后来江那士绅便让人在棺材山西南边的岩壁山镌刻了"砚山"二字。而后为陪衬砚山，人们又将砚山旁边的两座山峰更名为"笔山""墨山"，文房四宝已具其三。

民国设县时，当时的文山县县长李郁高曾对砚山县名发表过这样的意见："该处名之曰江那，乃旧时土人称呼。考之字义，那诺峨切，傩我切，何也何处曰那里？是犹未定。江字语意既属久通，称谓亦不雅驯，且其地并无河道溪涧，呼之以江觉不论兹。兹查该处附近有山势颇挺秀，其形如砚，前人名为砚山，如蒙允准改县，请以砚山目之，期名副其实。"虽然最后县名按照李县长的意见定为砚山，但他对"江那"的解释却谬之千里。"江那"其实是壮语，"江"为中间，"那"为田，江那意为田坝中间的地方，形象又贴切，根本不是李县长说的语意不通称谓不雅。这样看来，李县长不懂壮语也不懂地名学。

◆ 砚山县听湖

砚山的"小伙伴"笔山原名"灯笼山"，墨山原名"城子山"。传言在每年的除夕之夜，灯笼山会有白光星火数百点，离地丈余，游走不定，好似人提灯笼而行，是山由此得名。灯笼山和好像没什么故事的城子山，为"砚山"打配合，被强行改名"笔山""墨山"。雅是雅了，可民间却不认，直到今天砚山本地人还是习惯称呼它们的旧名。文房三山中，只有"砚山"之名真正立住了脚，成为官方认可、老百姓接受的地名。

无论如何，历史的阴错阳差也好，人为的歪打正着也罢，从棺材山华丽转身的"砚山"，从一座山名，扩张成了一县之名，携自带的文化光环，阔步走向未来。

· 资料卡 ·

砚山县：在文山壮族苗族自治州西部。东与广南县相连，南与西畴县、文山市交界，北与丘北县毗邻，西与开远市、蒙自县接壤。全县面积3822平方千米。辖江那、平远、稼依、阿猛4镇，阿舍、维摩、盘龙、干河4个彝族乡，八嘎、者腊、蚌峨等11个乡。2021年底常住人口约为47.30万人，境内除汉族外，还居住着壮族、彝族、苗族、回族、瑶族等民族。

西畴县 · 石漠绿洲

西畴县在西汉时为牂牁郡都梦县地，东汉属牂柯郡进乘县地。西晋为兴古郡都篖县地，东晋为兴古郡西安县地。南朝齐为西中县地。南诏时为僚子部，属通海都督辖地。大理国时属最宁府。元属临安府管辖。明设置牛羊土司，属广南府。清先后属开化府、文山县、安平厅管辖。民国三年（1914）置普兰行政区，以境内兰花多而得名；九年（1920）改置西畴县，归属蒙自道管辖；十八年（1929）废道直属省；三十一年（1942）隶属第二行政督察区；三十六年（1947）属第四行政督察区。中华人民共和国成立后，1950年属文山专区，1958年后属文山壮族苗族自治州管辖。

民国九年（1920）设置西畴县时，其县名是以西洒、畴阳两地各取首

◆ 西畴绿色山川（西畴县史志办 提供）

字而来。所以，探寻西畴县地名之源，必须从西洒和畴阳说起。

　　西洒位于县境北部，原名董布那。清康熙时，原本位于董布那以西3千米外的西洒集市搬迁至此，称为"西洒街"。后来，"街"字省去，"西洒"便取代了董布那，成为这个小坝子的名字。在今天的西洒镇，还有个叫老西洒大寨的地方，就是这段地名变迁历史的证明。

　　畴阳在今天西洒镇之南，在明清时期为牛羊土司地，嘉庆时，取田畴向阳之意，将"牛羊"雅化为读音相近的"畴阳"，俗称畴阳老街，后来畴阳也渐渐被省略，变成今天的老街。

　　西洒是彝语，意为水响的地方。雅化而来的畴阳是汉语地名。所以西畴是一个彝汉结合的地名。畴阳，作为行政区地名已经淡出视线，不过在西畴县内还有一条河叫畴阳河，此外还有畴阳中学，2021年还在兴街成立了畴阳社区。

　　西畴县辖地不多，但它的一些地名很吸引人眼球。比如柏林乡。对，没有写错也没有看错，就是柏林乡，一字不差的与德国首都同名同姓。原来这个地方有名叫白石岩和林安箐的两个村庄，二十世纪五十年代设乡，取这两个村子名字的首字命名。本来是白林村，传着传着，"白"变成了"柏"，西畴"柏林"就这样出现了。可以想象，一个土生土长的西畴人被问"你家在哪呀？"答曰："柏林。"不清楚内情的人会是多么的惊诧。

第二个有趣的地名是法斗乡。壮语中的"法"为"天"，"斗"为"顶"，意为顶天的地方。很有气势有没有？至于为什么会是这个壮语名，完全是因为这个地方山高雾大，山顶似与天相连，因此在此居住的壮族先民才会取这样意思的地名出来。

有了上面的例子，因为坝子附近有一山形似马，所以用壮语中意为坝子的"董"和意为"马"的马而得名的董马乡；因为境内多石角旮旯，用彝语中意指石头的"蚌"和意指旮旯的"谷"来命名的蚌谷乡，似乎也没有那么奇怪了。至于取兴旺发达之意得名的兴街镇、因逢鸡日赶集而得名的鸡街，则真的是平平无奇了。

西畴盛产阳荷，被誉为"阳荷"之乡。但值得一说的是莲花塘乡的名字。观其字意，让人联想其水波荡漾，莲花亭亭玉立的景象。地名志记载有，莲花塘是因驻地原有一个莲花池而得名，但莲花塘辖区内多为土山区。

西畴境内多为石山区，石漠化严重，而石漠化则意味着缺土又缺水。在早些年，这里贫穷又缺粮。西畴人为了不饿肚子，从二十世纪80年代末90年代初开始，不等不靠、自力更生，用錾子一点一点凿，用大锤一锤一锤敲，用双手一处一处刨，建成了"保水、保土、保肥"的三保台地，靠着实干、苦干、硬干，治理石漠化。如今，石窝变绿窝，石漠化被绿化所取代，西畴已经成了喀斯特绿洲。蚌谷乡这个地名，也许曾经是苦中作乐的浪漫怀想，今天则成为开拓精神的记录。西畴人"搬家不如搬石头、苦熬不如苦干，等不是办法、干才有希望"鏖战石漠化的精神，被称为"西畴精神"，扬名天下。

· 资料卡 ·

　　西畴县：位于文山壮族苗族自治州中部偏南。东与麻栗坡县相邻，南与马关县毗邻，西与文山市和砚山县交界，北与广南县接壤。全县面积1506平方千米。辖西洒、兴街2镇，蚌谷、莲花塘、新马街、柏林、法斗、董马、鸡街7乡。2021年底常住人口约为19.40万人，境内除汉族外，还居住着壮族、苗族、瑶族、彝族、蒙古族等民族。

麻栗坡县·麻栗芳枝

　　麻栗坡在西汉时期为都梦县地，西晋为都唐县地。南诏为僚子部，属通海都督，大理国属最宁府。元属临安路管辖。明为八寨长官司地。清先后属开化府、文山县、安平厅管辖，光绪二十二年（1896）时设麻栗坡副督办区。民国三年（1914）置麻栗坡对汛督办区，直隶省管辖。民国三十六年（1947）属第四行政督察区。中华人民共和国成立后，1949年设马列坡县，1950年改为麻栗坡市，属文山专区。1955年改为麻栗坡县，1958年属文山壮族苗族自治州，旋并入西畴县，1961年又从西畴县析出，复置麻栗坡县至今。

　　清末设置麻栗坡副督办时，以其驻地麻栗坡街而得名。而麻栗坡街，是在嘉庆时期形成的。当时广西、四川、贵州等地的客商纷纷来此经商，逐渐形成了集市，云南人俗称"街（gai）子"。当时，文山知县史绍登曾发给印牌，命名其为"新草房街"。可是，老百姓们却因为这个街子在斜坡上，周边又有很多麻栗树，习惯叫其麻栗坡街。现在来看，明显是官方的"新草房街"没有胜过民间的"麻栗坡街"。

　　麻栗坡从来都是南疆边陲的要冲。清光绪年间，法国殖民者占领越

◆ 麻栗坡烈士陵园（麻栗坡县史志办 提供）

南，并觊觎我国西南边疆，中法战争爆发。清军从麻栗坡的猛硐、都竜、董干、田篷等地入越，与法军交战。在县境南端的猛硐，苗、壮、瑶、汉等各族人民，曾在营盘山与法国殖民者的军队展开激烈的战斗。抗日战争中，日军侵占越南后屯兵中越边境，妄图从这里打开突破口，全面占领中国。云南从抗战的大后方变成了抗战的前沿。麻栗坡等地多次被日军用大炮炮击，用飞机轰炸。民国政府调集军队，在麻栗坡、马关、富宁一线构筑工事，抵御日军的进攻。随着战争形势的发展，麻栗坡设有一个谍报组，搜集发送日军的情报。1945年时，驻守滇南边境的中国军队从麻栗坡船头出境，出击日军。日本投降后，中国军队又是从麻栗坡、马关、富宁等地进入越南，接受在越日军的投降。中国对越自卫反击战爆发后，麻栗坡成为战争的前沿，人民子弟兵在老山、扣林山、者阴山、八里河东山浴血奋战。麻栗坡是近代抗战史上，经历战争时间非常漫长、牺牲奉献非常大、创伤损失非常重的地方之一。

军事战斗要冲，往往也是往来的交通要道。麻栗坡距离省会昆明有379千米，距越南首都河内才380千米，是云南全省抵达越南首都河内最短的陆路通道。在明末清初形成的从昆明到蒙自，经文山进入越南清水河，到达河阳（今越南河江市）的道路的交通要道上，在麻栗坡境内就有下凉水井、麻栗坡、石关门、豆豉店、天保、船头这些重要的节点。在这条道路上，来自中国、越南和其他东南亚国家的商人往来不绝，山路上的马帮，河道上的木船，运送着数不清的物资和人员。在越南抗法、抗美期间，大量的援越物资和人员源源不断地从麻栗坡经船头运往越南。20世纪70年代末至90年代初的边境冲突，使这条交通要道封锁了十余年。硝烟散去，迎来和平。雷场成为绿野葱葱的茶园胶林，隔绝两边的民众重新开始友好往来，商贸也逐渐恢复繁荣。

如今的麻栗坡，铸剑为犁，在国家"一带一路"倡议的契机下，借地处中国与东盟的结合处的区位优势、历史形成的商贸通道、设施完善的天保口岸，成为中国面向越南、面向东南亚的国际大通道，也将成为未来的经济商贸、文化旅游发展的新兴之地。

麻栗坡县：在文山壮族苗族自治州东南部。东与富宁县相接，西与西畴、马关两县相邻，北与广南县接壤，南与越南社会主义共和国河江省接界。全县面积2357平方千米。辖麻栗、大坪、天保、董干4镇和猛硐瑶族乡、下金厂、八布、六河、杨万、铁厂、马街7乡。2021年底常住人口约为23.50万人。境内除汉族外，还有苗族、壮族、瑶族等少数民族。

马关县·白马兴隆

马关在西汉时为进桑县地，东汉为进乘县地。蜀汉属兴古郡。南诏时期属通海都督，大理国时期为教合三部中的阿雅部。元代为临安路舍资千户地。

明清时期，马关逐渐成为交趾入滇的重要关隘，地理和军事价值不断凸显。明永乐十二年（1414）在其地置八寨长官司，直隶云南都司管辖。清初马关地属开化府，鉴于马关在边疆防御中的重要作用，雍正六年（1728）朝廷在马白筑城设关，称马白关。马关作为一个独立的行政区划登上了历史的舞台。

嘉庆二十五年（1820）属开化府安平厅管辖，光绪三十二年（1906）安平厅厅署移至马白关。安平厅厅署为什么要迁到马白关？是因为清后期，随着法国侵占越南，为抵御法国殖民者对我国西南边疆的觊觎，清军多次从马白关入越抗法。而在中法战争后，清政府失去了对越南的宗主国地位，马白关成为直面侵略的边关要塞。因此将一厅的治所迁至马关，以应对边疆的危机。

民国二年（1913）改安平厅为安平县，次年又因与贵州安平县重名，弃用安平之名，将马白关的"白"字去掉，称为马关县，属蒙自道管辖；十八年（1929）废道直属省；三十一年（1942）属第二行政督察区；三十六年（1947）属第四行政督察区。中华人民共和国成立后，1950年属文山专区，1958年文山壮族苗族自治州成立后，一直属其管辖。

那为什么叫"马白"？这还有一个古老的传说。相传在很久以前，有壮族先民在此定居，开垦土地、种植水稻。一天，村民看到稻田被不知什么野兽踩得七零八落，稻谷也被吃了不少。于是村民晚间在田边守候，发现在月光下，有一匹白马在田中吃稻谷。人们丢石头驱赶，没想到这匹白马竟然腾空而起，边飞边叫"此冲兴隆，此冲兴隆"，然后消失在夜空中。听说这件事的人认为这是吉兆，纷纷搬来这个地方居住，并将这个地方叫马白。也就是壮语"白马"之意。还有另外一种说法，说此地多白马，壮语倒呼为"马白"，所以才以此为地名。无论哪种说法，都与白马

◆ "草果之乡"马关县

有关。这个传说中得到白马祝福，现实中白马成群的地方，先是形成了马白寨，又逐渐形成了贸易的街子。后来朝廷设关，就成了马白关，所以马白关是一个壮汉结合的地名。

在马关县的辖地中，有一个比较特殊的存在——健康农场。农场是一个生产经营单位，并不是行政区划，那为什么健康农场能与其他9镇4乡并列呢？健康农场始建于1958年，占地4万余亩，农场职工和在农场范围内生活的村民上千人。农场在生产经营的同时，不可避免地要承担处理这片土地和土地上人民的各种管理职责。为解决政企不分的问题，2021年时，成立了健康农场社区管理委员会与健康农场有限责任公司。公司专营生产

经营，而健康农场社区管理委员会是马关县政府的派出机构，负责民政管理。委员会下辖2个社区10个居民小组，设有派出所、小学、卫生院、邮政局等行政企事业单位。也就是说，承担民政功能的健康农场社区管理委员会目前还不是正式独立的行政区划单位，但正在向其过渡的过程中。"健康农场"这个名字也在从公司名渐渐转变为地名。

其实这种生产经营单位变成地名的例子在马关早已有之。比如，马白镇西南20多公里的地方，在明末曾有人在此伐木并加工木料，渐渐这个地方就被叫做木厂，现在成了木厂镇；还有在马白镇南约30里的地方，嘉庆年间曾有人开挖金矿，也是先被叫做金厂，后面也变成了金厂镇。所以，健康农场在未来会演变成"农场镇"或者"健康乡"这样的地名也说不定。

· 资料卡 ·

> **马关县：** 在文山壮族苗族自治州南部。东与麻栗坡县相连，南与越南社会主义共和国接界，西南与河口、屏边两县接壤，北与文山市毗邻，东北与西畴县隔盘龙河相望。全县面积2676平方千米。辖马白、坡脚、八寨、仁和、木厂、夹寒箐、都龙、金厂、小坝子9镇，南捞、大栗树、箐厂、古林箐4乡和1个健康农场。2021年底常住人口约为31.00万人。境内除汉族外，还有苗族、壮族、彝族、傣族、布依族、瑶族等少数民族。

丘北县·火辣彝乡

丘北在西汉时为宛温县地，三国蜀汉时期属兴古郡管辖。东晋为宛暖县地。唐为南诏拓东节度辖地，宋为大理国惠么部地，属最宁府。元为维摩州地，属广西路管辖。明属广西府维摩州，万历四十二年（1614）置三乡县，后废除。清康熙八年（1669）属维摩州，复置三乡县，九年又将其裁撤，辖境分入师宗州；雍正九年（1731）置师宗州同，驻丘北；乾隆三十五年（1770）将师宗州同为丘北县丞，仍属师宗管辖；道光二十年（1840）正式设置丘北县，隶属广西直隶州。民国三年（1914）属蒙自道；十八年（1929）废道直属省；三十一年（1942）属第二行政督察区；

三十六年（1947）属第三行政督察区。中华人民共和国成立后，先属文山专区，后属文山壮族苗族自治州管辖。

　　不大不高谓之丘，不是峰北、山北，而是丘北，让人感觉可亲可爱。丘北，丘北，山丘之北。那丘是什么丘呢？一种说法是暮冶峰。据民国年间纂修的《邱北县志》记载："邱，阜也，高也。境内诸山惟暮冶峰极高，治城在暮冶之北，故曰邱北。"字面上说得通，还有历史文献佐证，丘北这个名字的来源好像就是这样。可是，一般某某东、某某南的这个某某不是应该很有名吗？比如说江西、河北、山西，是以长江、黄河、太行山这些天下闻名的山川为标识，而丘北的这个"丘"似乎名气过于小了一点，不足以成为地名取名的锚定物。所以，对于丘北地名的来历还有另一种解释："所谓丘北，当即曲部，字音相近也。"也就是说，"丘北"是由曲部演化而来，而"曲部"又是来源于明代在此地设置的曲部驿。在正德初年，以曲部地归师宗，为其南境，地名丘北。

　　还有，细心的你发现了吗？上文"丘"北和"邱"北用了两个不同

◆ 丘北辣椒挂满墙（丘北县史志办 提供）

的字，难道是写错了？非也非也，在雍正三年（1724）的时候，雍正皇帝发布谕旨，为避孔丘的名讳，凡遇"丘"字，加"阝"旁，写为"邱"。而丘北最早作为一个行政区划被设置是在雍正九年（1731），所以，其实"丘北"最早是写作"邱北"的。"丘北"和"邱北"也一直存在混用的情况，直到2003年10月1日正式规定，"丘北"的"丘"字统一使用"丘"，至此，"丘北"的称谓与用字才最终统一固定下来。

可爱的丘北有一个超级可爱的风景名胜地——"普者黑"。普者黑是彝语，"普者"为虾，"黑"为塘，意为盛满鱼虾的池塘。从地名释义上我们就可以想象，游人乘小舟穿行湖面，而透明的湖水中，小虾触须摇摆，嬉戏游动，一派怡人景象。普者黑并不是一个湖，而是一片由河流相连的天然小湖群，在160多平方千米的水域内，有54个湖泊，312座山峰，水围着山转，山映在水中。从20世纪90年代开始，普者黑开始进行旅游开发。2004年成为国家级风景名胜区，2020年12月成为国家5A级旅游景区。在普者黑，可以观赏河流两岸数千亩荷花形成的荷花大道，可以在清澈的蒲草塘打水仗，可以在仙人湖村观赏造型各异的小丘孤峰，可以在仙人洞村体验彝家撒尼人的民俗风情。宛如人间仙境，世外桃源。

有好玩的怎么能没有好吃的呢？丘北农家素有种植辣椒的传统，丘北人餐桌上没有辣子就吃不下饭。青辣子炒着吃，干辣子炸了吃，做血辣子、酸辣子、油辣子、手铳辣、辣百旺——啊，口水已经不争气地流了下来。丘北辣椒品质高，产量高，名气也很高，因此有着"中国辣椒之乡"的美誉。

风光绮丽的普者黑和红红火火的"丘北辣"成为丘北响当当的名片。

> **· 资料卡 ·**
>
> **丘北县：** 位于文山州西北部。东隔清水江与广南县毗邻，南与砚山县、开远市接壤，西隔南盘江同弥勒市、泸西县相望，北与师宗县和西林县相接。全县面积5038平方千米。辖锦屏、双龙营、日者3镇和八道哨彝族乡、腻脚彝族乡、新店彝族乡、官寨、舍得彝族乡、温浏、天星、树皮彝族乡、平寨9乡。2021年底常住人口约为46.11万人。除汉族外，境内还有壮族、苗族、彝族、回族、白族、瑶族等民族居住。

广南县·句町古国

广南县，西汉元鼎六年（前111）时曾设置句町县，属牂牁郡管辖。三国蜀汉时期属兴古郡，南朝梁废句町县。

西汉时期设置的句町县，其名来源于古句町国。西汉之前，句町国和夜郎国、滇国同踞西南。如今三个古老王国都已经消失在历史中，夜郎国却因"夜郎自大"一词而被人们牢记，滇国有出土的"滇王之印"加持。"句町"之名却只在历史文献中流传，不大为人所知，不过这也更增古国神秘色彩，有待人们进一步发掘它的历史和文化。

唐代广南地属岭南道。宋为特磨道，属广南西路。元至元十四年（1277）置广南西路宣抚司，治所设在莲城镇。明洪武十五年（1382）置广南府，治所同样是今莲城镇。清初仍之，并于乾隆元年（1736）设附郭县宝宁县。民国二年（1913）废府存县，改宝宁县为广南县，次年改隶蒙自道；十八年（1929）废道，直属省；三十一年（1942）属第二行政督察区；三十六年（1947）属第四行政督察区。中华人民共和国成立后，直属文山专区及1958年成立的文山壮族苗族自治州管辖。

广南的名号在宋代登上了历史的舞台，但是，历史上的广南和现在的广南范围不同。宋代设置的广南西路，包含了现在广西全境、雷州半岛、海南岛以及贵州南部、云南东部的庞大政区。元代设置的广南西路宣抚司，就仅覆盖今天云南广南、富宁和广西西林、田宁等地方。到了明清时期的广南府，就完全在云南的境内，已经和广西没有关系。到民国，直接从府降为县，辖地进一步减小。从宋代的广南西路，到元代的广南西路宣抚司，到明清的广南府，再到民国至今的广南县，一千多年的时间内，"广南"从一个大地名逐渐变成了一个小地名。

元代设置的广南西路宣抚司，以侬智高的后裔为宣抚使。侬氏土司世代传袭，从元至元十二年（1275）一直沿袭至民国三十七年（1948），历经27世673年。侬氏土司掌控着东至广西西林，南至广西安土州，西至云南泸西，北至罗平8万多平方千米的广大土地以及土地上的百姓，拥有着政治、经济、军事、法律各种权利，雄霸一方。但同时侬氏土司也臣服于元明清直至民国时期的中央政府，缴纳贡赋，服从征调，中央政府利用其

◆ 广南县坝美村自然风光

势力来维护边疆、安定地方、抵御外辱。在民国二十五年（1936），龙云虽然剥夺了侬氏土司的实权，但仍以"示羁縻、维边圉"的理由将其名号保留下来。直到民国三十七年（1948），侬氏土司才被彻底废除。至今在广南县城的北街，仍遗留着侬氏的土司衙署，虽然部分建筑已被拆毁或改做他用，但从土司府大门、门前的19级青石条阶梯、门口的一对石狮，以及门内的议事厅、五凤楼等，还可一窥当年侬氏土司的威风。

在广南县所辖的乡镇中，我们可以看到很多壮语地名，比如那洒镇，壮语中"那"为稻田，"洒"为分散，意为稻田分散的村庄；者兔乡，在壮语中，"者"是助词，指地方，"兔"为头，"者兔"为位居山头之意；底圩乡，"底"是壮语中的助词，同样也是指地方，"圩"为集市，所以"底圩"是赶集的地方。"那""者""圩"都是典型的壮语用词，所以在滇桂一带，如果某地的名字中带有这几个字，大概率是个壮语地名。

除了以上的例子外，还有一些不那么好辨认的壮语地名，比如董堡乡的"董堡"，理解为董家堡的缩写好像也没有问题，但其实"董堡"也是壮语，"董"为坝子，"堡"为山丘，因坝子中有山丘而得名；旧莫乡，壮语"旧"为弯曲，"莫"为鼎锅，因所处地形弯曲，形似锅圈；板蚌乡，"板"为村寨，"蚌"为低凹，意为低洼处的村寨。所以，在民族生活的区域，一些乍一看用字奇怪难以理解的地名，在民族语言中是通俗易懂的雅名、美名，而平平无奇似乎没有理解问题的地名，可能却暗藏玄机，千万不能望文生义主观臆断。

富宁县·富饶安宁

　　富宁县在西汉时为句町县地，三国时期为蜀汉兴古郡辖地。东晋置西宁县，属西平郡。南朝宋废，齐复置，后废。唐属岭南道。宋置富州，属广南西路邕州管辖。

　　富宁之名，其根源正是北宋设置的富州。北宋因战事频仍，战马稀缺，故而向大理国大量购买马匹。南宋偏安一方，对大理马的需求更为迫切。位于那马河、驮娘江、普厅河交汇处的剥隘，是当时大理国通往邕州道的必经之地，也是右江航道的起点。大量的马匹，以及麝香、披毡等大理国特产从剥隘经邕州道进入内地，而内地的食盐、金银、锦缎等物资也从剥隘进入大理国。

　　"剥隘"之名来源于壮语。相传河边路口的一户人家，是此地最早的居民。这户人家只有父女二人，壮语称父为"卜"，女儿名"爱"，故名"卜爱"。这个名称后来经历了多次的演变，南宋叫隘岸，元叫剥隘，明作博隘，清嘉庆年间曾称博爱，辛亥革命后又作百爱、百隘，1949年后确定为剥隘。

剥隘建有水陆码头，往来的马帮、船只络绎不绝。从今天广西百色出发的装载着食盐、锦缎等物资的船只，到达剥隘后转由马帮运送，一路向西。而从今天云南赶来的马帮驮队物资，则在剥隘登船，沿右江东进，转卖内地。贸易的繁荣促使两宋朝廷加强了对这一地区的重视，所采取的举措之一就是在北宋元丰七年（1084）在此地设置了富州。富州的设置，正是通过行政区划的设置与调整来加强对邕州道和沿线地区的控制这一政策的体现。

元统一全国之后，大理马的交易退出了历史舞台，邕州道贸易的规模有所萎缩，但其沟通西南的作用没有消失。元至元年间分置富州、安宁州、罗佐州，属云南行省广南西路宣抚司管辖，富州也开始了沈氏土司统治的时期，故而富州又被称为"土富州"。明在洪武年间裁安宁、罗佐两州并入富州，属广南府管辖。清光绪二十七年（1901），废除富州的土司统治，富州土知州改为富州厅。从至正十四年（1277）被授予土司之职到光绪二十七年（1901）被废除，沈氏土司盘踞富宁及周边地区600余年，跨元明清三朝，历24代28任，今天的归朝镇还有沈氏土司衙署的遗存。据说沈氏第一任土司沈郎先到今天的归朝巡查，登高望远，发现此地山形似乌龟朝北方下蛋，地形如乌龟的巢穴，认为是个风水宝地，于是将这里命名为"龟巢"，又名

◆剥隘新镇远景——云南面向两广和沿海发达地区的"东大门"和出海口（富宁县史志办 提供）

"龟朝"。明崇祯年间的沈氏土司将州治迁至此地，认为其名粗鄙，将其雅化为"皈朝"，取皈依朝廷之意，后又逐渐演化成了"归朝"。

民国二年（1913）富州被改为富州县，次年改隶蒙自道。十八年（1929）废道，直隶省。二十六年（1937）改名富宁县，以古名富州、安宁州各取一字组成，寓富饶宁静之意。三十一年（1942）属第二行政督察区，三十六年（1947）属第四行政督察区。中华人民共和国成立后，属文山专区，1958年属文山壮族苗族自治州管辖。

富宁自古就是云南通往广西、广东等沿海地区的门户。现在的富宁，地处中国与越南两国，中国的云南、广西和越南的河江三省结合部，又处于中国——东盟自由贸易区、泛珠三角合作区域和北部湾经济区的交叉点上，在国家"一带一路"倡议的指导下，富宁"滇粤关津"的区位优势更加显现。

除了优越的地理位置，富宁还有一个必须要说的文化亮点。2006年，富宁县对全县的壮族文化进行调查时，在剥隘镇境内一个叫坡芽的壮族村庄中，发现了一块宽约1尺，长2尺余的白色土布。布上绘有月、星、树、稻叶、犁、斧、马、鸟、人、衣等81个图画符号。每一个图案，代表一首固定的山歌。比如见到布上所绘的鸳鸯图案，坡芽村民农凤英即可唱出如下内容"绿头俩鸳鸯，伸头戏泉汪。引颈泉流上，下河巧梳妆。我俩同方向，命定结成双。十泉注成池，百池汇成塘，泥堤不塌方。百年当一年，别说各一方。"歌书上绘制的图案，其形其音具备了文字的性质，专家将其称为"坡芽歌书"，入选了国家级非物质文化遗产保护名录。坡芽歌书和它记载的坡芽情歌成为富宁县靓丽独特的文化名片。

· 资料卡 ·

富宁县：处文山壮族苗族自治州东部。东部与北部分别与百色、右江、西林、田林、那坡、靖西五地相接，西部与广南、麻栗坡两县相连，南部与越南社会主义共和国的苗旺、河江两地接界。全县面积5352平方千米。辖新华、归朝、剥隘、里达、木央、田蓬6镇和板仑、谷拉、者桑、那能、洞波瑶族乡、阿用、花甲7乡。2021年底常住人口约为39.00万人。境内除汉族外，还有壮族、苗族、瑶族、彝族、仡佬族等少数民族。

普洱市

——蜀相兴茶，千载佳话

普洱在西汉时为哀牢国属地。东汉永平十二年（69），哀牢王内附，汉朝于其地设永昌郡，今普洱地属永昌郡节度。其后，中原王朝政权几经流转，普洱的归属也随之不断更替。南诏时期置步日赕，属银生节度。大理国时期为威楚府威远州之步日部。元朝为步日部，属元江路。明初为普日思摩长官司地（属元江府），继属元江军民府之车里宣慰司。清雍正七年（1729）设立普洱府。

关于"普洱"名称的来源，一般有两种说法。

一说来自哈尼语。在哈尼语中"普"为寨，"洱"为水湾，"普洱"意为"水湾寨"。由于东、西洱河从府城两侧流过，相汇于三岔河，呈三水环城之势，加之城北耸立的凤凰山，其势颇合风水之理，寄托着当地人

◆普洱茶园（刘庆明 摄）

民期许的亲切美好家园之意，故名。

　　一说来自布朗族、佤族语。宋元之时，普洱曾被称为"步日部"，其后又有普日甸、普耳、布尔之称，究其读音，皆为近音异字。佤族学者魏德明（尼嘎）对此另有解释。其在民族调查中发现，"步日"或"普洱"，都是当地佤族布饶人与布朗族人之间的称呼，意为"兄弟"。佤族布饶人称呼布朗族为"步耳"或"步日"，布朗族则称佤族为"布嘎"，意为朝前走的同胞同伴。黄桂枢的研究认为，澜沧江一带居住的佤族布饶人和布朗族都自称为"艾佤"，后来他们被北方的民族打败，不得不进行迁徙。在迁徙的过程中，前面走的是佤族人，所以布朗族称他们为"布嘎"，后面跟来的是布朗族，故佤族称他们为"步日"。以至于在佤族布饶人和布朗族的传说中，至今仍然广泛认为祖先曾居住在普洱等地。这一说法对"普洱"名称的来源进行了更久远的追溯，认为其地名是民族迁徙过程的记录。

　　不过，无论如何，"普洱"一词来源于民族语则是无可争议的。

　　说到普洱，就回避不了普洱茶。普洱茶泛指普洱茶区生产的茶，是以西双版纳、临沧、普洱等普洱茶区的云南大叶种晒青毛茶为原料，经过后发酵加工成的散茶和紧压茶。因这些茶区旧属云南普洱府（今普洱市），故得名。

　　普洱，因茶闻名，也以茶冠名。唐人樊绰《蛮书》中称："茶出银生城界诸山，散收，无采造法。蒙舍蛮以椒、姜、桂和烹而饮之。"普洱茶也简称普茶，清康熙《元江府志》中载："莽支山、格登山、悠乐山、迤邦山、蛮砖山、驾布山，六山在城西南九百里普洱界俱产普茶。"清人马毓林《鸿泥杂志》中就说："云南通省所有茶，俱来自普洱。"普洱茶的繁育需要非常精心，育种得到的植株，在很小时就要成排地移栽到山坡上。茶农辛勤地为茶苗松土除草，等到春天，收获清茗。

　　说到普洱茶，它的传说与故事，都被附会在了诸葛亮这位鞠躬尽瘁、死而后已的蜀相身上。道光《普洱府志·古迹》中说："旧传武侯遍历六山，留铜锣于攸乐，置铓于莽枝，埋铁砖于蛮砖，遗木梆于倚邦，埋马蹬于革登，置撒袋于慢撒，因以名其山。"这里面提到的攸乐、莽枝、蛮砖、倚邦、革登、慢撒，即是普洱引以为傲的六大茶山。在普洱，与诸葛亮有关的地名和传说随处可见，如思茅、洗马河、孔明兴茶等等。实际上，蜀汉建兴三年（225）诸葛亮挥师南下之时，春出成都，秋抵滇池，沿途经过的区域主要都在今天的大理、楚雄、曲靖、昆明、昭通一带，并未深入到普洱。不过其攻心为上、攻城为下、安定后方、重视发展的务实政策，则不仅平息了长期的争斗和战事，而且通过技术和生产经验的传播，为云南地区的少数民族同胞带来了相当大的福祉，故而，诸葛亮的形象在后世不断得到神化。甚至到明末清初，与当地土司民众交情甚好的李定国将军在转战普洱的过程中，由于其关爱民生，重视生产，也被当地民众冠以"汉王""诸葛亮""孔明"的敬称。随着普洱茶名声的壮大，从18世纪起，"孔明兴茶"的说法亦得到广泛传播。优良的茶叶与著名的历史人物相和，推动着彼此知名度的进一步提升。普洱茶也成为了云南税收的重要来源，雍正《云南通志》中就曾记载当地民众"衣食仰给茶山"。清人檀萃《滇海虞衡志》中也说茶是"滇之所以为产而资利者赖也……可谓大钱粮矣！"普洱茶成为了云南民生经济的支柱，在整个中国都享有盛誉。

中华人民共和国成立后，普洱曾经更名为普洱专区、宁洱专区、思普专区、思茅专区和思茅地区等。2007年，出于对历史的尊重以及各民族同胞的殷切期望，国务院批准思茅撤地设市，普洱之名怀着新时代的使命再次归来。普洱既是一个承载着悠久历史的地名，也是一个闻名于世的茶名，见证着各民族同胞团结奋斗的光辉历程。从地理区位来看，普洱这座在我国西南边疆的城市，如今则成为面向东南亚、南亚开放的前沿。对古老的传承和对当下的开拓，在这里交织出新时代的希望。

> **· 资料卡 ·**
>
> **普洱市**：位于云南省西南部，其地东临红河、玉溪，南接西双版纳，东南与越南、老挝接壤，西南与缅甸毗邻，西北连临沧，北靠大理、楚雄。全市面积44300平方千米，是云南省面积最大的州（市），辖思茅区和宁洱哈尼族彝族自治县、景东彝族自治县、镇沅彝族哈尼族拉祜族自治县、景谷傣族彝族自治县、墨江哈尼族自治县、澜沧拉祜族自治县、西盟佤族自治县、江城哈尼族彝族自治县、孟连傣族拉祜族佤族自治县9个县。2021年底常住人口约238.10万人。境内除汉族外，还有哈尼族、彝族、拉祜族、佤族、傣族等20余个民族。

思茅区·茗香竹韧

关于"思茅"名称的来源，一般有两种说法。

第一种说法颇有浪漫主义色彩。相传，诸葛孔明七擒孟获，带着队伍继续南下，观山川，察民情。数月来在不毛之地的长途征战后，看到这里青山绿水、景致宜人，遂令手下军士在洗马河边安营扎寨，稍作休息。重峦叠嶂之中，诸葛亮放眼远望，看到周遭零落的几处茅庐，往事涌上心头，想起年轻时先主刘备礼贤下士、三顾茅庐请自己出山的景象，思乡之情油然而生。彼时先主已殁，但那份初心仍驱使着诸葛亮不辞劳苦为汉室大业来往征战，回忆交加之下，遂将其地命名为"思茅"。

第二种说法则更显平实。西汉时，今思茅地区先后属益州郡哀牢地和永昌郡。南诏时期，属银生节度。大理国时期，为思摩部，属威远睑。其时，思茅称"思摩部"，又写作"思毛""思么""丝毛"等。元至元二十五年（1288），思摩部归元江路。明隆庆四年（1570），设版纳勐拉，属车里宣慰司。其间有思毛村、思茅寨等地名，由于发音相似，终得名"思茅"。清雍正七年（1729）设思茅通判，雍正十三年（1735）改为思茅厅。1913年，思茅厅改为思茅县。1950年，思茅县人民政府正式成立，1993年撤县设市为思茅市；2003年撤地设市建区，将思茅市改为翠云区；2007年，翠云区更名为思茅区。

综合思茅得名的两种说法来看，第一种说法当为后人附会之说，实不足信。故而，思茅的名称应来源于少数民族语译音。

那么"思摩""思么""思毛""思茅"，这一串名称是如何变化的？结合文献记载，思茅名称的起源、变化应与当地生活的少数民族密不可分。早在一千六百多年前，被称作濮人的古代先民因在生活中常常使用一种品质优良的竹子来建房、做农具而被称为"思摩部"。晋代嵇含在《南方草木状》中就提到："思摩竹，如竹大，而笋生其节。笋既成竹，春而笋复生节焉。"由于这种竹子质地坚硬，他们就用"思摩"（意为像石头一样坚硬）来形容该竹。久而久之，"思摩"从形容词转为名词，也成这种竹子的正式名字。自汉以后，南迁至此的人越来越多，使得思茅地

◆ 洗马湖（李冬梅 摄）

区日渐兴盛起来，思摩部在宋代嘉定年间演化成"思摩甸"。彝语"甸"的意思是平地，可见少数民族语对于地名命名的深刻影响。到明代又演变成"思么"，此后又演变成"思毛"，彼时的文献如《明史土司状》《明史文献通考》中也称"思茅"。清代，"思茅"被用作行政区划的名称，并逐渐演化成地名，沿用至今。

在历史上，思茅区是著名的茶马古道起点和南方丝绸之路的重要节点，正是这条幽远商路将我国南方大地与整个东亚、东南亚、南亚大动脉连接起来，将云南与整个世界连接起来。正是马背上那一担担泛着清香的茶叶，浸淫出思茅与腾冲、蒙自并称云南三大海关重镇的无限荣光。当世界的目光在品尝香茗后聚焦在彩云之南的深处，才发现山高路远的"银思茅"，确实撑得起"东南亚陆路码头"的熙熙攘攘。

时至今日，也许茶马古道的马铃声已经淡去，然而普洱茶的芳香却依旧醇厚，历久弥新。思茅的前世固然辉煌，思茅的今生也仍然精彩。激流茂林之侧，修竹平湖之间，正是开放时代的全新边陲前沿。老海关的绝响又现余韵，矗立着的文庙则见证着时间这趟列车永不止步的前行。厚重的历史曾经记录下各民族的交往、交流与交融，而今又将目光望向更远的世界。思茅，就像它名字原本的含义那样，千磨万击还坚劲，任尔东西南北

普洱市——蜀相兴茶，千载佳话

风，秉持着那份坚强如竹的品格，为这时代发展的华彩乐章，承载起神圣的新使命。

思茅区：位于普洱市中南部，其地东连江城县，南邻西双版纳州，西接澜沧县和景谷县，北临宁洱县。全区总面积3928平方千米，辖思茅街道1个街道办事处，南屏、倚象、思茅港、六顺4个镇，龙潭、云仙2个乡。2021年底常住人口41.92万人。境内除汉族外，还有彝族、哈尼族、傣族、苗族、拉祜族、佤族、白族、傈僳族、回族等少数民族。

宁洱哈尼族彝族自治县·古道芳菲

西汉时，今宁洱地属益州郡徼外地。东汉永平十二年（69），哀牢国归附汉朝，其地隶属永昌郡。南诏时设银生节度，统辖奉逸城、利润城等，即今普洱一带。大理国先循南诏旧制属银生节度，后又改隶蒙舍镇所属威远赕统辖。元代，宁洱为元江路所领的普日思麼甸长官司，为步日部。宋元时，普洱被称为"步日部"。"步日"，（佤族布饶人与布朗族人之间互称，兄弟之意）明洪武十五年（1382），普日思麼甸长官司省入车里军民府（后为车里宣慰司），改称普耳，万历年间又改称普洱。清初属元江府，康熙三年（1664）设元江府通判分防普洱。雍正七年（1729），析车里宣慰司澜沧江以东辖地设普洱府，府治驻地即为现在的宁洱。雍正十三年（1735），置宁洱县，属普洱府。民国二年（1913），宁洱县更名普洱县。三年（1914），普洱县复名宁洱县。1949年，宁洱县人民政府成立，属宁洱专区。1951年，宁洱专区改为普洱专区，宁洱县改称普洱县。1985年，国务院批复设立普洱哈尼族彝族自治县。2007年，普洱哈尼族彝族自治县更名为宁洱哈尼族彝族自治县，并一直沿用至今。

宁洱县曾用名普洱，在哈尼语中意为"水湾寨"，来自对地理环境的描述。"宁洱"意为"安宁的普洱"，虽然地名变了，但人们对于幸福安

◆ 宁洱县民族团结誓词碑（杨麟 摄）

定生活的殷切期望始终如一。只有安定宁静的土地，才能够孕育出祥和温暖的生活。在有着繁花似锦、尽染层林的干坝子，林间清泉静谧流淌在乱石草甸，吹拂过的凉爽山风令人心醉神驰。每当清晨朦胧的晨雾轻盈地升起，鸟儿的鸣叫流过清澈的湖面，这是属于宁洱的田园诗歌，这也是属于宁洱的水墨丹青。

宁洱素有"茶源道始·盟誓之城"的美誉。茶马古道零公里碑昭示着当年的马帮从这里出发，通过5条辐射各地的古道，踏出了开放包容的文明通衢，构建了一座民族团结的友谊金桥。普洱民族团结誓词碑被誉为"新中国民族团结第一碑""新中国民族工作第一碑"，是新中国民族团结进步事业发展的历史见证。

无论宁洱的地名如何变迁，只要翻开历史，"水湾寨"就是你，你就是"水湾寨"，"茶源道始·盟誓之城"也是深入你肌肤、永远无法磨灭的烙印。从前，在这片沃土上，天下客商来来往往，马帮茶贾熙熙攘攘，高楼会馆平地起，银锭耀然明光里。今天，凭借着良好的区位优势、丰富的自然资源以及厚重的历史文化，宁洱的未来，当如茶香满盈，当如古道悠长。

普洱市——蜀相兴茶，千载佳话

宁洱哈尼族彝族自治县：位于普洱市中部，其地东接墨江县，东南、西南分别与江城县、思茅区相接，西连景谷县，北与镇沅县毗邻。全县总面积3670平方千米，辖宁洱、磨黑、同心、德化、勐先、梅子6个镇和普义、黎明、德安3个乡。2021年底常住人口约15.87万人。境内以哈尼族和彝族为主，还有汉族、拉祜族、佤族、傣族、布朗族等民族。

墨江哈尼族自治县 · 流墨成江

西汉时，今墨江地属益州郡徼外地。东汉永平十二年（69），哀牢国归附于汉，其地置为永昌郡，墨江也被划入其中。唐宋时，今墨江地又先后归属南诏政权和大理国政权。蒙古宪宗四年（1254）他郎内附，蒙元政府立他郎为二千户所；至元二十五年（1288），设他郎寨（甸）长官司，司署设在他郎寨（今墨江县城）。明永乐三年（1405），改他郎寨（甸）长官司为恭顺州隶元江府。清顺治十八年（1661）裁撤；雍正十年（1732），设通判驻旧恭顺之他郎寨，为他郎厅；乾隆三十五年（1770），他郎厅改隶普洱府。民国二年（1913）废厅设县，定名他郎县；五年（1916），改为墨江县。1979年墨江县改为墨江哈尼族自治县。自此，这块土地的命名经历了他郎、恭顺、墨江的三次演变，出现了同一地区的三个地名。

清道光《普洱府志》记载墨江原名"他郎"。"他郎"的三种说法，一说是傣语"哈南"或"怕罕"的译写演变，意为岔河或金岩子。这是因为墨江县地处天溪、马肺、涟漪等多条溪流交汇点，在其境内又有金矿。第二种说法则是"他郎"意为汉语"女婿管辖之地"的简称，这是由于自元代起，到清顺治时，长达几百年的时间里，墨江归元江土司管理，而土司曾经划拨相当于今墨江县大部分区域的"三里半"给其女婿管理。最后一种说法是，"他郎"是彝语"他西郎莫"的简写，意为松树河或河边有松林的地方。根据相关人士的研究论证，第一种说法可信度相对最高，这是因为当地大部分地名都是用傣语命名的，加上他郎坝子（今墨江县城及周边地区）确实有六条溪流汇于联珠河。因此"他郎"想必就是"岔河"的意思。

"恭顺"也有两种说法，第一种说法来源明代的文献记载。永乐帝即位后，远在云南的元江军民府土司那荣派人前往道贺，《明史》载："（洪武）二十七年，知府那荣及白文玉等来朝贡。永乐三年，荣复入朝贡，帝厚加赐予，遂改为元江军民府，给之印信。"据说"恭顺"这个州名，也体现着土司对于新帝的逢迎。第二种说法，则是汉字译写的傣语地名，与"岗顺"音近似，"岗"指中间，"顺"指沃野，"岗顺"意为沃野中间的寨子。相较于前者的牵强附会，本地有大量傣族人民生活，以傣语来命名更符合逻辑。

◆ 墨江北回归线标志园

"墨江"之名，来源于流经县境中部的"阿墨江"，意为墨水成江。阿墨江的下游在历史上是哈尼族的一个支系阿木人的聚集地，江名来源于族名，为"阿木江"，后又转变为"阿墨江"。雍正《云南通志》载："在城西南三百里，曰阿墨，曰把边，曰李仙。旧志云：上流之东，曰阿墨江……按舆图把边、阿墨在元江府之西，镇沅、普洱府之东……尚有他郎甸索漫会诸小水，俱入阿墨。"民国五年（1916）庾恩旸将军向民国政府提请改用"墨江"这个名字。庾恩旸将军认为"他郎"来源于夷语，读起来也颇为拗口，不如改一个简单响亮的新名字。既然阿墨江是县境内的大河，那直接从中取精便好。庚恩旸将军重视教育，希望在这片大地上生活的人们要读书自强，以至让墨水都流成江河，那样墨江就一定会有光明的未来。1979年7月，结合当地的实际情况和各民族群众的意愿，墨江县改为墨江哈尼族自治县。

墨江是全国知名的"双胞胎之乡"，在这里双胞胎的出生率高达8.7‰，是世界平均概率2‰的4.35倍。著名的北回归线也经过墨江，由于世界上的同纬度地区大多充满了各种独特震撼的自然或是人文景观，因此多有双胞胎也成为了墨江别具一格的名片。在墨江，人们建有全世界唯一的双胞胎文化主题公园，各种与双胞胎、双生动植物等有关的现象层出不穷，也引来了大量游人前来探秘。融入双胞胎现象、哈尼族太阳节、北回归线康养三张文化名片的中国·墨江北回归线国际双胞胎节暨哈尼太阳节，也成为了海内外游客欢聚一堂的盛大节庆。墨江县这片古老的土地，随着时代的脉搏开启了充满活力的新生。

·资料卡·

墨江哈尼族自治县：位于普洱市东北部，其地东接元江县、红河县和绿春县，南临江城县，西与宁洱县隔把边江相望，北连镇沅县、新平县。全县面积5312平方千米，辖联珠、通关、龙坝、新安、团田、新抚、景星、鱼塘、文武、坝溜、泗南江、雅邑12个镇和孟弄、龙潭、那哈3个乡。2021年底常住人口27.66万人，其中哈尼族占六成以上，是中国唯一的哈尼族自治县。境内除哈尼族外，还有汉族、彝族、回族等20余个民族。

景东彝族自治县·无量秘境

景东历史悠久。1984年的文物普查中，在境内澜沧江、川河及者干河流域均有新石器时代文物出土，证明远古时期人类就在这块土地上繁衍生息。

先秦时期，今景东地属古哀牢国。西汉元封二年（前109年）汉武帝开西南夷，置益州郡。永平十二年（69），哀牢王柳貌遣子率种人内附，属邪龙县。永平十八年（75），属永昌郡。晋宋梁，袭旧制，仍属永昌郡。唐永泰元年（765）南诏国设开南节度，贞元十年（794）撤开南节度改设银生节度。天福三年至宋绍圣元年（938—1094），属大理国，同年撤销银生节度，隶属蒙舍镇。蒙古宪宗三年（1253）十二月忽必烈灭大理段氏政权，中统三年（1262）收景东，属威楚万户府。至元十一年（1274），设云南行中书省（简称云南省）。至元十二年（1275）置开南州，仍隶属威楚路。泰定四年（1327），改设开南宣抚司。至顺二年（1331）二月，撤销开南宣抚司设景东军民府。明洪武九年（1376），改云南行中书省为承宣布政使司；十五年（1382）二月，袭元制，景东仍为府；三月，降为州，隶属楚雄府。十七年（1384），重升为府；二十一年（1388），设景东驿和板桥驿；二十三年（1390），设景东卫。宣德十年（1435），设保甸巡检司。弘治十四年（1501），设三岔河巡检司。嘉靖中期景东府增设通判，万历二十七年裁通判设同知。康熙四年（1665）实行"改土归流"，景东府为"土流并治"，除土知府外，设流官掌印同知。乾隆三十五年（1770）二月二十七日，降为景东直隶厅，隶属云南省迤西道。

民国二年（1913）全国裁府改县，景东直隶厅改为景东县，隶属云南巡按腾越道；四年（1915）改隶普洱道；十六年（1927）废道，改普洱道为第二殖边督办公署，仍属其所辖，景东第二殖边公署又改为普洱第四行政督察专员公署，续辖景东。1949年，景东县解放。1950年，景东临时县政府成立，隶属普洱专区。1955年普洱专区政府所在地迁至思茅，后改称思茅行署专员公署，仍属其所辖。1985年，景东彝族自治县正式成立，归思茅地区行政公署。2003年思茅撤地设市，属思茅市。2007年思茅市更名为普洱市，属普洱市。

景东古称为"勐谷"，因为景东所在的坝子就叫"勐谷"。明景泰《云南图经志书》中谓："景东，古柘南也，蛮云勐谷，又云景董，元为开南州，隶威楚路军民总管府，后升为景东府。"万历《云南通志》亦称："景东，古徼外荒服地，曰柘南，曰勐谷，曰景董，为昔濮、和泥二蛮所居。"实际上，"景东"即"景董"的转音，傣语"景"为城，"董"为坝子，意即坝子边的城。此外，从古籍的记载来看，景董山也是"景东"曾用名称的来源。明人陈循所纂《寰宇通志》中称景董山"在府治西，昔为酋寨，今立卫，筑城其上"。景董山在傣语里的意思是"城边美丽的山"。

　　拔地而起、连绵不绝的横断山脉，凭借其独有的南北走向，为景东乃至整个云南带来了印度洋丰沛的暖湿气流。景东的地质地貌，也在千万年的地形变迁中，形成了山地与河谷相间的独特样貌。无量山和哀牢山这两大山系，就是景东最耀眼的两张大美名片。谈到无量山，很多人就会想起金庸的武侠作品《天龙八部》，书中的主人公跟随茶商来到无量山，在静谧幽深之中迎来诸多奇遇。现实中，无量山也有着飞瀑静湖、茂林修竹，自然景观壮美卓绝。此外，无量山还是重要的茶树品种资源宝库，无论是野生原始种、自然杂交种还是现代培育品种，无量山都有着相当丰富的植株。普洱茶成为整个云南的门面产品的过程中，景东亦扮演着不可或缺的角色。

◆ 景东土林

哀牢山不但是云贵高原与滇西高原的分界线，也是元江和阿墨江的分水岭。在景东境内哀牢山的西坡，分布着大面积的茶区。泛着清香的普洱茶，通过茶马古道的西北路——滇藏茶马古道，运往云岭之外的大千世界。在过去，这条西南边疆的长路，曾是无数土司、商人甚至是匪帮争夺的经济命脉。而如今，这里已经是换了一种模样，各族人民齐心协力，在美好安宁的家园里共同奋斗。

景东，这位曾遗世而独立的隐者，随着商路的开拓，成为贸易通道中的明珠。然而，在喧嚣和尘世之外，这里的宁静也从未褪去。澜沧江、川河、者干河三条水系滚滚而去，像是流淌着千万年来未曾冷却过的热血；在壮阔横断山脉的怀抱中，分出的两条臂膊，正是无量山和哀牢山，它们用自己苍劲的身躯，为景东撑起从远古直到未来的希望。

> **· 资料卡 ·**
>
> **景东彝族自治县：**位于普洱市北部，其地东与南华、楚雄、双柏3市（县）接壤，南与镇沅县毗邻，西与云县、临翔2县（区）相望，北与南涧、弥渡2县山水相连。全县面积4532平方千米，辖锦屏、文井、花山、大街、太忠、漫湾、文龙、安定、景福、大朝山东镇10个镇和林街、曼等、龙街3个乡。2021年底常住人口约29.91万人。境内以彝族为主，还有汉族、哈尼族、瑶族、傣族、回族等26个民族。

景谷傣族彝族自治县 · 茶祖之源

在景谷下辖的正兴镇、永平镇等地，考古工作者发掘出众多新石器时代的文化遗存，可见早在新石器时代，景谷已有先民安居了。

西汉时，今景谷地属益州郡徼外地。东汉永平十二年（69），哀牢国内附，景谷隶属永昌郡。南诏置威远城，属银生节度。大理前期沿南诏旧制，属银生节度威远城，后期则改属蒙舍镇，为威远赕。

蒙古攻宋之前，为保证后方，先在大理国境内设万户、千户、百户等军事辖区，前威远赕傣族土目归附威楚万户。元统一全国后，设立云南行省，裁撤了原有的各级军事辖区，今景谷县先后被划入景东军民府威远州、平缅宣慰司。由于麓川政权的叛服无常，景谷所在的威远州也多次改变建置。直到明建文四年（1402），重置威远土知州，直隶云南省布政使司管辖。清雍正年间，通过改土归流，景谷设为威远厅，划归镇沅府。乾隆三十五年（1770），改属普洱府。民国元年（1912），改为威远县，属普洱道；民国三年（1914），因其县名与四川省威远县相同，故以景谷江之名，改为景谷县，属普洱道。1949年6月，成立了景谷县人民政府。1985年，成立景谷傣族彝族自治县，"景谷"之名一直沿用至今。

景谷古称"勐卧"地，傣语"勐"为地方，"卧"为盐井，"勐卧"意即有（盐）井的地方。而"威远"之名则是"卧允"的译音，在傣语中，"允"的意思是城市，因此"卧允"也就意为（盐）井城。

众所周知，普洱茶是云南茶的扛鼎之作。可如果问及其源于何处，那就要谈到景谷。木兰是被子植物的代表，茶树起源于第三纪宽叶木兰，这已被学术界所公认。景谷宽叶木兰（新种）化石，1978年正式由中国科学院北京植物研究所和南京地质古生物研究所描述发表，该化石就发现于普洱市景谷盆地芒现。景谷宽叶木兰（新种）化石，时代定为渐新世，是

◆ 景谷县勐卧总佛寺树包塔塔包树（黄生 摄）

第三纪晚渐新世植物群遗迹，距今约3540万年，是以宽叶木兰（新种）为主体的植物盆地芒现群化石，在地质古生物学上被称为"景谷植物群"，仅见于景谷盆地，也是我国少见的渐新世植物群。继后，云南省地矿局区域地质调查所又在景谷芒现重测了该剖面，并于1982年命名为"三号沟组"，地层厚度大于1592米，时代修改为早中新世。据地质古生物学家调查考证后认为：我国木兰化石只有两个种，一是宽叶木兰（新种），只产于云南景谷，其时代为第三纪晚渐新世；二是中华木兰，产于云南的七个县，景谷就是其中之一。中华木兰较宽叶木兰晚，时代为晚第三纪中新世，距今约2500万年。景谷芒现埋藏最早的宽叶木兰化石的出土，为引证茶树的最原始产地在滇西南地区增添了古植物依据，景谷是茶树起源的核心地带，因此称景谷为茶祖之源，再恰当不过了。

此外，景谷还是南传佛教的重镇。景谷的众多佛寺、"巴达"（傣语音译，意为佛祖在石头上留下的印迹）不但历尽时光的洗礼，也见证着厚重文化的传承。迁糯佛寺已有二百多年历史，如今还保有多部古老的经书和佛教法器。勐卧佛寺双塔俗称"树包塔·塔包树"，塔刹在茂密的菩提树怀抱中，菩提树的冠盖荫庇着古塔，似乎建筑和植物已经融为一体。上面的浮雕记载着世代流传下来的佛经故事、民间传说，堪称自然与人文的完美结合。

自古至今，景谷的影响力深入中国内地和东南亚地区。在茶香与禅意的交融中，景谷之美油然而生。时过境迁，大美不言，景谷的灿烂明天，此刻正在上演。

· 资料卡 ·

> **景谷傣族彝族自治县：**位于普洱市中部偏西，其地东与宁洱县接壤，南与思茅区和宁洱县一水相连，西沿澜沧江与澜沧县和临翔区、双江县隔江相望，北接镇沅县。全县面积7777平方千米，是云南省面积第四大县，辖威远、永平、民乐、正兴、景谷、凤山6个镇和勐班、益智、半坡、碧安4个乡。2021年底常住人口约27.44万人。境内居住汉族、傣族、彝族、拉祜族、哈尼族等26个民族。

镇沅彝族哈尼族拉祜族自治县·物阜民安

"镇沅"一名，始见于《明史·地理志》。原镇沅州驻地（今按板镇杏城老城），傣语称"柳追和"，又称"正也"，傣语"正"为小城，"也"为粮仓，意为粮仓之城。后"正也"转音演变为镇沅。一说"土居沅上"，故名"镇沅"。

据嘉庆《大清统一志》记载："镇沅汉为益州郡徼外地"。镇沅在西汉时属哀牢国辖地。东汉永平十二年（69），哀牢国归附汉朝，今镇沅所在地为永昌郡管辖。蜀汉因之，两晋南北朝改属宁州永昌郡。南诏置柳追和城，属银生节度。大理前期仍属银生节度，后期则改属蒙舍镇。元至元十二年（1275）置开南州，属威楚路；至顺二年（1331）析开南州境置远干州，属景东军民府。明建文四年（1402），置镇沅州；永乐四年（1406），改为镇沅土知府，隶云南布政司。永乐十年（1412）四月，设禄谷寨长官司，隶府。清实行改土归流政策，雍正四年（1726）威远抚夷清响同知（今景谷）隶镇沅府。雍正五年（1727），改者乐甸长官司为恩乐县，归镇沅府。雍正十三年（1735）设新抚巡检司，仍归镇沅府。雍正《云南通志》载："自元时内附，久列版图。其山脉来自景东，至府境之马容山，即其麓建府治焉。……恩乐县又在把边江左，另与元江同派。倚山作部，傍水为居，习俗素号醇朴，近者改土设流，酌其因革规制一新矣。"乾隆三十五年（1770），降为镇沅直隶州；道光二十年（1840），升为镇沅直隶厅。在此期间，镇沅的行政建置多有变化，治所也在恩乐县和按板镇之间多有移动。同治元年（1862），于按板井、恩乐、新抚设分防经历。民国二年（1913）改为镇沅县，隶属普洱道。1949年3月，洪启智攻占按板井时称"镇沅人民县政委员会"。4月，李南山率景镇人民自卫军推翻"镇沅人民县政委员会"，设立"按板城防司令部"。8月，中国人民解放军滇桂黔边区纵队9支队41团3营进驻镇沅，"按板城防司令部"解散。10月成立镇沅县临时人民政府。1950年3月，改称镇沅县人民政府。1959年1月，撤销镇沅县建置并入景谷县。1961年3月，恢复镇沅县建置。镇沅为彝族、哈尼族和拉祜族等16个民族聚居地，1990年经国务院批准撤销镇沅县，成立镇沅彝族哈尼族拉祜族自治县。

镇沅地处哀牢山与无量山之间，是云南省主要林区县之一，澜沧江、李仙江穿流而过，森林覆盖率高达72%，这里是植物的王国、动物的天堂。哀牢山国家级自然保护区管护面积14.69万亩，负氧离子浓度高达20000~30000个/立方厘米，有中草药资源136种，有红豆杉、长蕊木兰等多种稀世保护植物；有动物534种，有黑冠长臂猿、绿孔雀、黑熊等多种珍奇保护动物。其中镇沅瓢鸡——一种天生没有尾羽的鸡，就是当地所独有的品种，被列入国家畜禽遗传资源目录。镇沅瓢鸡凭借其鲜美细嫩的肉质和丰富的营养，成为当地经济发展的重要依托。镇沅黄金金属储量达100.15吨，已探明和平镇麻洋村老王寨社为云南省最大的金矿矿床，储量居全国第五位。镇沅素有"绿海金山"之美称。

镇沅有着它独具特色的文化之美，省级非物质文化遗产黑古陶、杀戏和古老神奇的苦聪造纸术，是厚重的历史积淀；各民族的聚集，让这里的文化气息浓烈香醇，载歌载舞，品茗寻幽的同时，耳边似乎就重新回荡起余音绕梁百年不绝的"非遗"艺术——九甲杀戏。对打厮杀的桥段，淳朴热情的清唱表演，都来源于生活，而最好的戏就来源于真实的生活。烈火与泥土这两样人类历史上最重要的物质，交织在一起，创造出精美典雅的黑陶，墨玉一般的质感，又如陈年古木一般朴实无华。这些馈赠既是古老土地的慷慨，也是平凡生活的涓流传承。

自古镇沅就以茶闻名

◆ 镇沅县千家寨野生古茶树（镇沅县委党史研究室 提供）

遐迩，在今天，镇沅拥有23.77万亩野生茶树群落，其中千家寨的一棵古茶树，其树龄高达2700余年，是迄今发现的世界最古老的野生茶树。祖辈世代住在这里的人们，辛勤地种茶、采茶、晒茶、炒茶，重复过不知多少遍的步骤，就在时光的堆叠下化作了永恒的艺术，是直过民族"苦聪人"生活的最后秘境，被誉为世界野生茶树王之乡。

镇沅，并不只有一面。捧一件黑古陶，沏一壶香茗，听一曲杀戏，尝一碗瓢鸡。年华似水，奔流不息，镇沅如梦，千载传奇。

江城哈尼族彝族自治县·三国交界

西汉时，今江城县属哀牢国辖地。东汉永平十二年（69），江城县地属永昌郡管辖。南诏时期置银生节度，所辖河普川为今江城之地。大理国时期沿袭南诏旧制，设银生节度；后期改设蒙舍镇，统辖包括今江城在内的步日、思麽等诸部。元至元十三年（1276），设立元江路，下辖诸长官司，今江城县境属元江路普日思麽甸长官司管辖。明洪武十五年（1382），明军平滇后，改元江路为元江府，今江城县境把边江流域和澜沧江流域地区分别归属元江府和车里军民总管府（后改车里军民宣慰司）管辖。宣德八年（1433），元江府下增设钮兀御夷长官司，今江城县境把边江流域地区属钮兀御夷长官司管辖，澜沧江流域地区仍属车里宣慰司管辖。清沿袭明制，设元江府、车里宣慰司，废除钮兀御夷长官司，今江城县境仍分属元江府和车里宣慰司管辖。雍正七年（1729），清分车里宣慰司澜沧江以东地区设普洱府，辖宁洱县、思茅厅等。雍正十年（1732），在元江府下设他郎厅，今江城县境分属元江府他郎厅和普洱府宁洱县管辖。民国十八年（1929），墨江县南部土目领地、宁洱县东南部土目领地合并设立江城县。中华人民共和国成立后，1950年，江城县成立了人民政府。1954年，江城县改为江城哈尼族彝族自治区；次年，江城哈尼族彝族自治区改称江城哈尼族彝族自治县，并沿用至今。

◆ 江城县城（陆华 摄）

江城县地处李仙江（把边江）、曼老江、勐野江三江环抱之中，故以江水环绕县境的地理特征为名，定名江城县。同时，江城县也是云南省内唯一一个与越南、老挝两国同时接壤的县，故有"一城连三国"之称。

江城县是一座山城，99.6%的面积均为山地，76.86%的森林覆盖率。良好的水热条件赋予了这里丰富的物种，每当大象和白鹇穿山而行的时候，江城县仿若展开人与自然的和谐画卷。古老先民创造的灿烂文化，也随着各族人民的继承与融合，在时光的发酵中变得更加醇厚奇妙。哈尼族同胞旋转跳跃，用曼妙的舞姿表达着对于生活的美好期望。彝族同胞从不相信长夜漫漫，因为明亮的火把就在他们手中。傣族同胞泼起清澈的泉水，将一切烦恼与疲惫洗濯干净。

虽然地处边陲，可江城却在"惟余莽莽"的高山密林之中，推开了通向多彩外界的一扇窗户。连绵不绝的重重山脉，阻挡不住一份开放包容的心，幽深茂密的亚热带雨林，始终在积蓄着勇往直前的力量。一望无际的胶园和茶园，是江城为全国乃至全世界的奉献。从前，曼老江、勐野江、李仙江三条激流用三腔孤勇，怀揣着雪山的呼吸，冲向遥远的海洋。如今，三条激流也在科技和时代的帮助下，逐渐套上辔头和鞍鞯，为沿岸人民带来了源源不断的宝贵电力，并为生态环境提供了有力的保障。此外，身为普洱的一部分，江城也自然少不了香茗的戏份。百年前这里的茶商，就借助便捷的水路，将普洱茶经越南销往南洋和港澳，直至大千世界的每一个角落。"水上茶马古道"的美名，江城当之无愧。它是边陲，也是窗口；它是绿野，也是商路。它历经沧桑，又与时俱进。过往的荣光还在让人回味，今天的江城又重新揭开了新的面纱，向所有人展现着她绝美的容颜。

> **· 资料卡 ·**
>
> **江城哈尼族彝族自治县：** 位于普洱市东南部，其地东与绿春县为邻，东南与越南接壤，南与老挝交界，西与勐腊县、景洪市毗邻，西北与思茅区、宁洱县相连，北与墨江县隔江相望，是云南省唯一一个与老挝、越南两国陆路接壤的边境县。全县面积3544.38平方千米，辖勐烈、整董、康平、宝藏、曲水5个镇和国庆、嘉禾2个乡。2021年底常住人口约10.80万人。境内除哈尼族和彝族外，还有汉族、傣族、瑶族、拉祜族等20余个民族。

澜沧拉祜族自治县 · 江流涛涛

西汉时，今澜沧县地属哀牢国辖地；东汉永平十二年（69），哀牢国内附，汉朝于其地置永昌郡，澜沧县属永昌郡管辖。南诏时期称"邛鹅川"，属永昌节度管辖。大理国时期沿袭南诏旧制设永昌节度，后改设为永昌府。元至正十五年（1355），麓川势力归附元朝，元于其地设平缅宣慰司；天历二年（1329）元设银沙、罗甸等处宣慰司都元帅府，今澜沧属之；至正二十六年（1366），元在孟定路东南增设木连路，今澜沧属木连路。明初，设麓川平缅宣慰司。永乐四年（1406），设孟琏长官司，隶属于麓川平缅宣慰司。明"三征麓川"后，孟琏长官司复置。其后，孟琏长官司又经多次废置。明灭亡后，孟琏长官司归附清，清于其地先设孟连长官司，后升为宣抚司，并由永昌府划归顺宁府，光绪二十年（1894）又归直隶镇边抚夷厅。民国二年（1913），民国政府改直隶镇边抚夷厅为镇边县，四年（1915）又改称澜沧县。1953年，澜沧县分设准县级澜沧拉祜族自治区；1955年改为澜沧拉祜族自治县，并沿用至今。

澜沧县地处澜沧江畔，故以江水之名命名。《后汉书·南蛮西南夷列传》载："始通博南山，度兰仓水，行者苦之。歌曰：汉德广，开不宾。度博南，越兰津。度兰令，为它人。"其中"博南"是山名，"兰津"是渡口，"兰仓"就是澜沧江。开山劈路，逢水架桥，后人认为诗歌表现了筑路工人的哀怨与苦闷。黄懋材的《澜沧江源流考》认为"澜沧之名始于此"。到唐代，"兰仓"逐渐演化成"澜沧"，樊绰《蛮书》中记载："澜沧江源出吐蕃中大雪山下莎川。东南过聿赍城西，谓之濑水河。又过顺蛮部落。南流过剑川大山之西，澜沧江南流入海。"

关于澜沧名字的民族语解释，在临沧市一节正文中有其他来源介绍，本节不做赘述。

澜沧县内的拉祜族，被认为是猎虎的民族，"拉"是虎，"祜"属猎虎时老虎发出的声音的摹拟；"祜"也有养育的意思，一种说法是，地名"澜沧"也与虎崇拜有关。

在拉祜语中，神话不是虚构或者捏造的，而是被当作在一个恒定不变的往昔中通过拉祜族祖先口耳相传下来的"古理"。当问及拉祜族长者，拉祜人的"老根"在哪里时，老人们会回答说："北基南基牡密是拉祜族祖先创建的寨子，牡必密必是拉祜族古老的故乡。"拉祜人对族群迁徙历史记忆的表述，基于一系列的古地名叙事单元。

在澜沧县内的拉祜语村寨中存在着大量与居住环境相关的名字。这些拉祜语村寨名是澜沧拉祜族山地文化的载体，基本反映其世居环境的概貌，分别有描述性、记叙性、寓托性等命名方式。例如，"哈不巴寨"，含义为石头旁边的寨子；"务列都寨"，含义为太阳照得暖的坝子；"糯格寨"，含义为泥塘寨；"拉撒姑寨"含义为老虎干巴寨；"哥格寨"，含义为让人害怕的寨，起因是此地过去森林旺盛，野兽多。

◆ 澜沧县景迈山芒景寨

　　澜沧江流域的发展脉络，与怒江流域的发展脉络颇有相似之处。生活在原始纯净的密林高山江河之间的佤族、拉祜族等民族，从原始社会直接过渡到社会主义社会。也许在日新月异的变迁面前，他们曾面临陌生的压力，但澜沧人民始终保持着那份纯朴赤诚的心，在青山绿水中载歌载舞，在香茗流传中笑看流年。拉祜族人民的传世诗篇《牡帕密帕》与芦笙舞，记载着从古至今的澜沧记忆。万亩茶树林，长于高山上；澜沧水涛涛，古茶飘香远。澜沧江水从巍峨的雪山来，奔腾向广袤的海洋，而澜沧县承载着当地人民的生活，在未来的大潮中勇敢卷起属于自己的浪花。

· 资料卡 ·

　　澜沧拉祜族自治县：位于普洱市西南部，其地东接景谷县和思茅区，南连勐海县，西与西盟县、孟连县相接，北与双江县和沧源县相连。全县面积约8807平方千米，辖勐朗、上允、糯扎渡、东回、惠民5个镇和东河乡、大山乡、南岭乡、拉巴乡、竹塘乡、木戛乡、糯福乡、富邦乡、富东乡、发展河哈尼族乡、酒井哈尼族乡、雪林佤族乡、安康佤族乡、文东佤族乡、谦六彝族乡15个乡。2021年底常住人口约43.75万人，其中拉祜族占去了将近一半，是全国唯一的拉祜族自治县。境内除拉祜族外，还有汉族、佤族、哈尼族、彝族、傣族、布朗族、回族、景颇族等民族。

孟连傣族拉祜族佤族自治县·寻得宝地

西汉时，今孟连境属哀牢国。东汉永平十二年（69），哀牢国内附，汉朝于其地设永昌郡，孟连属永昌郡辖地。南诏时期，属永昌节度，号为"茫天连"。大理国时期沿袭南诏旧制，设永昌节度，后改设永昌府。元至正十五年（1355），麓川势力归附元政府，政府于其地设平缅宣慰司；天历二年（1329）元设银沙、罗甸等处宣慰司都元帅府，今孟连属之；至正二十六年（1366），元在孟定路东南增设木连路，今孟连属木连路。明初，设麓川平缅宣慰司。永乐四年（1406），设孟琏长官司，隶属于麓川平缅宣慰司。明"三征麓川"后，孟琏长官司复置。其后，孟琏长官司又经多次废置，并于清康熙元年（1662）归附清朝，设置孟连长官司。康熙四十八年（1709），孟连长官司升级为孟连宣抚司，乾隆二十九年（1764）划归顺宁府，光绪二十年（1894）由顺宁府划归直隶镇边抚夷厅。民国二年（1913），民国政府裁直隶镇边抚夷厅，改设镇边县；四年（1915），改镇边县为澜沧县。1949年，澜沧、孟连等县合并为澜沧县。1954年，析澜沧县所辖孟连区、南卡区设孟连傣族拉祜族卡佤族自治区。1959年，又改为孟连傣族拉祜族卡佤族自治县。1963年，改名为孟连傣族拉祜族佤族自治县，并沿用至今。

孟连之名，南诏时期称"茫天连"；大理国时期称"孟连"，元称"木连"；明称"孟琏"（又写作勐脸）；均是相同语义的不同译音。"孟连"原系傣语地名，在傣语中"孟"与"勐""茫"音义相通，孟连的意思即"寻找到的一个好地方"。

取名的先人找到好地方了吗？很明显找到了。孟连素有"边地绿宝石"和"龙血树故乡"的美誉，大黑山和南垒河是孟连自然景观的两张名片。大黑山保存着非常珍贵的58平方千米原始森林，正如一颗绿宝石镶嵌在山河之间，步行于山间，野生的古茶树随处可见，整座山都弥漫着茶叶清香。当地的拉祜族人民每年春季都会爬上古茶树，收获天然有机的鲜嫩茶叶。南垒河的喀斯特地貌也让人流连忘返，作为孟连的母亲河，南垒河滋养出两岸的沃土，健壮短粗的龙血树掩映其中，正是最原生态的造化神秀。

根据孟连县城附近的河流沿岸出土的石器、陶器可知，早在新石器

◆ 孟连娜允古镇总佛寺

时代孟连地区就已有先民生活其间。这片历史悠久的土地上，现今少数民族人口约占总人口的86.5%，传承数百年的孟连宣抚司让人置身历史，娜允古镇则是赫赫有名的中国历史文化名镇，保留着原汁原味的傣族古风。每年四月，古镇都会举办神鱼节，人们遵循着古老的文化与传统，在这一天下河捕鱼，感谢上苍慷慨的馈赠。法罕山一片青翠，南垒河上则挤满了龙舟和竹筏。人们摇曳起舞，对于自然生命的敬畏与珍惜，对于美好生活的期待与向往，都在这个节日体现得淋漓尽致。此间山水承载的是此间人民的记忆，此间人民也总会为此间山水的明秀富饶感恩且努力。

孟连正如它名字的原本含义一样，此间宝地，寻觅而得。

· 资料卡 ·

孟连傣族拉祜族佤族自治县：位于普洱市西南部，其地东接澜沧县，南部和西部与缅甸接壤，北临西盟县。全县面积1893.42平方千米，辖芒信、勐马、娜允、富岩4个镇和公信、景信2个乡。2021年底常住人口约14.17万人。境内以傣族、拉祜族和佤族为主，还有其他20余个民族。

西盟佤族自治县·云深秘境

西汉时，今西盟县地属哀牢国辖地。东汉永平十二年（69），属永昌郡管辖。南诏属永昌节度。大理沿南诏旧制属永昌节度，后改属永昌府。元至正十五年（1355），元设平缅宣慰司。天历二年（1329）设银沙、罗甸等处宣慰司都元帅府，今西盟属之。至正二十六年（1366）在孟定路东南增设木连路，属木连路。明设麓川平缅宣慰司。明永乐四年（1406），设孟琏长官司，隶属于麓川平缅宣慰司。明代"三征麓川"后，设孟琏长官司。清初，孟琏土官归附，其地设立孟连长官司，隶属永昌府。康熙四十八年（1709），孟连长官司升级为孟连宣抚司。乾隆二十九年（1764），孟连宣抚司由永昌府划予顺宁府；光绪二十年（1894），孟连宣抚司又由顺宁府划归直隶镇边抚夷厅。民国二年（1913），民国政府裁直隶镇边抚夷厅设镇边县；四年（1915），改为澜沧县，辖有今西盟地。十八年（1929），设西盟区，二十八年（1939）后改称西盟乡，属澜沧县。1950年，设立西盟区人民政府，隶属澜沧县。1956年，成立西盟佤族自治县筹备委员会。同年10月，澜沧县所属的西盟山区划出、设立西盟县。1965年，西盟县改为西盟佤族自治县，并沿用至今。

西盟名称的来源，有三种说法。第一种说法认为西盟为拉祜族语，"西"为金子，"盟"为地方，即产金子的地方；傣语又称"勐坎"，意思是产金子的地方。第二种说法源自清末故事，传说佛教与各大少数民族部落头领立下誓约，以三佛祖为首统治西盟，西盟即纪念当时的盟誓之意。第三种说法则认为西盟乃佛教用语"须弥"的转音，"须弥"曾写作"西明"，后演化为"西盟"。以上三种说法，现多认为第一种说法最为可信。

地处祖国西南边疆的西盟，有着得天独厚的地理条件和自然环境。青翠的阿佤山连绵不绝，茂密的森林掩映着清澈的河水，蒸腾出的云海映在平静的水面上，自是西盟独有胜景。得天独厚的自然资源和生态环境，为西盟先后赢得了"中国最美休闲度假旅游名县""中国最美生态文化旅游名县"等诸多美誉。以佤族为主的当地少数民族同胞世世代代生活在这片沃土上，悠扬的山歌，曼妙的舞蹈，是当地人民表达对家乡故土热爱的方式。玄妙的神话传说，明丽的服饰与民居，也无一不在彰显着这里的奇幻与独特。佤族美食闻名遐迩，香醇的水酒，美味的鸡肉稀饭，无一不保留着自然的气息，随时唤醒食客们的味蕾。绿色有机也是这里生态农业的标签。"蜜蜂酿得百花蜜，黄牛流转青山前。"从原始社会末期一步跨入社会主义社会的西盟县，是人类社会发展的"活化石"，较为完整地保留了独特的民族文化。大量的神话史诗、诗歌谚语、服饰歌舞、民居习俗，都是祖国民族文化宝库中的瑰宝。2014年，佤族原生态歌舞剧《佤部落》赴国家大剧院演出获得圆满成功，西盟民族文化工作队成为全国首个登上中国最高艺术殿堂的县级民族文化工作队。脱贫攻坚现实题材文艺精品音乐剧《阿佤人民再唱新歌》，被文化和旅游部评为"全国优秀现实题材舞台艺术作品"，获"云南文化精品工程"奖。

2018年，西盟县正式退出贫困县序列。2019年，西盟县荣获"全国脱贫攻坚组织创新奖""全国民族团结进步模范集体"荣誉称号。如果说西盟县从原始社会过渡到社会主义社会是一次千年跨越的话，那么从整体贫困到实现整县脱贫，西盟县又实现了一次千年跨越。如今的西

◆ 西盟县城全景（张彤 摄）

盟，城镇幸福，村寨美丽，民族团结，边境安宁。奋斗目标新征程，西盟县正在争做高质量跨越发展践行区、高水平民族团结进步示范区、高标准生态文明先行区、高端化全域旅游样板区，为全面建设社会主义现代化国家、以中国式现代化全面推进中华民族伟大复兴谱写西盟新篇章发挥积极作用。

·资料卡·

西盟佤族自治县：位于普洱市西部，其地东、东北、东南环接澜沧县，南与孟连县相接，西、西北与缅甸毗邻。全县面积1353.57平方千米，辖勐梭、勐卡、中课、新厂、翁嘎科5个镇和力所、岳宋2个乡。2021年底常住人口约8.93万人，其中少数民族占比超过90%，又以佤族为多，也是全国仅有的两个佤族自治县之一。境内除佤族外，还有汉族、拉祜族、傣族、彝族、哈尼族等20多个民族。

西双版纳傣族自治州

——植物王国，风情绿洲

西双版纳境域西汉为益州郡边隅，东汉属永昌郡。唐代为部落联盟"渤西双邦"，隶属南诏。南宋绍兴三十年（1160）傣族首领帕雅真统一各部，以勐泐为中心，建景昽金殿国。元元贞二年（1296）置彻里军民总管府；泰定四年（1327）改车里军民总管府。明清置车里宣慰司，实际上，宣慰与景陇王（召片领）为一体。隆庆四年（1570），宣慰使刀应勐在下令征集贡品时，将辖区划分为十二个贡赋单位，即"十二版纳"。清雍正年间，部分辖区改土归流，隶属普洱府、思茅厅，但傣族聚居区的统治者仍是召片领。光绪二十一年（1895）法国侵占东部的勐乌、乌得及南端的磨丁、磨杏、磨别。民国二年（1913）置普思沿边行政总局；十四年（1925）改普思殖边总办公署；十六年（1927）改置车里、五福、佛海、镇越、象明、普文、芦山等七县及临江行政区；十八年（1929）裁普文、象明二县，改芦山县为六顺县；二十一年（1932）改临江行政区为临江设治区；二十三年（1934）改五福县为南峤县；二十四年（1935）改临江设治区为宁江设治区。中华人民共和国成立后，1953年1月23日置西双版纳傣族自治区，1955年6月西双版纳傣族自治区改为西双版纳傣族自治州。1957年7月12日，国务院批准将十二版纳并为景洪、勐海、勐遮、勐腊、易武五个版纳，1958年改置县。1959年裁勐遮、易武二县。1993年12月22日，经国务院批准，撤销景洪县，改置景洪市。至今，西双版纳傣族自治州辖景洪市、勐腊县、勐海县，州府设于景洪市。

西双版纳作为地名，始于五代后晋天福八年（943）。傣语"西双"

◆ 西双版纳州曼春满佛寺

为自然数"十二","版纳"为千田,"西双版纳"意即十二千田。

西双版纳属于横断山脉的南延部分,怒江、澜沧江、金沙江褶皱系的末端,山地丘陵约占95%,山间盆地(坝子)和河流谷地约占5%。全州周围高,中间低;西北高,东南低。以澜沧江为界,分中、西、东3个地貌区域:东部无量山脉,纵贯景洪市东北部和勐腊县;西部为怒江山脉余脉,分布在勐海县全境,除有少数珠状相串的盆地和低山外,多为切割山峦;中部被澜沧江下游及其支流侵蚀切割成众多的开阔低峡和群山环抱的宽谷盆地,集中在景洪市西部、南部和勐腊县南部,地势相对平缓。

州境内有大小河流2761条,属于澜沧江水系。澜沧江在思茅、勐海、景洪3县(市区)交界处入州境,由西北向东南纵贯州境,在景洪市内河段干流总长174千米,流域面积7093平方千米,于勐腊县南腊河汇口流出国境后称湄公河。澜沧江在州境内的主要支流有普文河、补远河、流沙河、南阿河、南腊河、南览河、南果河等。澜沧江出国境后,流经东南亚缅甸、老挝、泰国、柬埔寨、越南后汇入南海，是一江连六国的黄金水道，被誉为"东方多瑙河"。

西双版纳地处北回归线以南的热带湿润区，属热带季风气候，高温多雨，干湿季分明，而四季不分明。西双版纳是北纬21°上唯一的绿洲，是中国热带生态系统保存最完整的地区，全州有森林面积155.5万公顷，植物种类占全国的1/6，动物种类占全国的1/4，生物资源具有原始性和多样性。热带雨林中有高等植物5000多种，其中特有植物153种，如望天树、版纳青梅、云南肉豆蔻等；濒危植物134种，如西南紫薇、铁力木、云南石梓、云南美登木等。药用植物资源十分丰富，有中草药1724种，经过鉴定的有500多种。野生动物756种，占全国的25.3%。其中有，已知哺乳类动物108种、鸟类427种、两栖类野生动物47种、爬行动物74种。在这些野生动物中，被列入国家重点保护名录的珍稀动物就多达109种，不仅保存着中国最大的野生亚洲象种群，还分布着野牛、印支虎、绿孔雀、巨蜥、蟒及仅产于此地的鼷鹿等珍稀动物。西双版纳是我国热带生态系统保存最完整的地区，被誉为"植物王国""动物王国""天然动物园""生物基因库""世界物种基因库""森林生态博物馆""天然疗养院"，有"植物王国桂冠上的一颗绿宝石"之美称。西双版纳还是中国第二大天然橡胶生产基地，大叶种茶的原生地。

西双版纳现有13个少数民族，是我国唯一的傣族自治州，也是傣、基诺、布朗3种民族的主要聚居地。

西双版纳以少数民族风情闻名于世，少数民族的节庆文化绚丽多彩。哈尼族的新年节"嘎汤帕"和纪念祖先的"耶苦扎"节，瑶族的盘王节，彝族的"百诗佳"节，傣族的"桑堪比迈""豪瓦萨""奥瓦萨"等等，是西双版纳少数民族传统文化的缩影。傣历新年（泼水节），一般在傣历六月，为期3到4天。节中举行泼水狂欢、沐佛求福、软苏布施、赶摆庆典。赶摆活动中又有燃放高升、火花、水灯活动，还有跳"依拉灰"，跳"孔雀舞"、表演傣族传统武术等民间技艺表演和堆沙、划龙舟、斗鸡等民间体育竞赛，同时还进行民族商品交易等活动。如今，西双版纳泼水节是全州各族人民共同的民族传统节日，已于2006年列入国家级非物质文化遗产名录。

西双版纳三面向外，东与老挝相连，南、西与缅甸接壤，国境线长966.3千米，约占全省的1/4，是云南省拥有国境线最长的地州。其位于亚太经济核心腹地，坐拥澜湄经济圈，是对外开放的门户。丰富的资源，良好的生态，浓郁的民族风情，推动西双版纳走向旅游复合贸易的区域发展之路。

· 资料卡 ·

　　西双版纳傣族自治州：位于云南省西南部，东、东南与老挝相连，南、西与缅甸接壤，西北与澜沧县为邻，北与思茅区相接，东北与江城县毗邻。全州面积19124.50平方千米。辖景洪市及勐海、勐腊2县。2021年底常住人口约130.60万人。傣族为境内主体民族，其他还有哈尼族、彝族、拉祜族、布朗族、基诺族、瑶族等12个世居民族。

景洪市·黎明之城

　　今景洪市在南诏时期名"茫乃道"，属银生节度。大理国时期名"勐泐"，为景昽金殿国中心区。傣语"勐"为地方，"泐"为傣泐人，"勐泐"意即傣泐人居住的地方，因傣族聚居而得名。元属彻里军民总管府。明清为景洪、勐醒、勐笼、勐啦四版纳，属车里宣慰司。民国二年（1913）置第一区（车里）、第四区（勐龙）、第七区（普文）等行政分局，属普思沿边行政总局；十六年（1927）置车里、普文二县，属普洱道；十八年（1929）属第二殖边督办公署，裁普文县入思茅县。1953年改置版纳景洪、版纳勐养、版纳勐笼、版纳勐旺，属西双版纳傣族自治区。1957年并为版纳景洪，属西双版纳傣族自治州。1958年改为景洪县。1993年12月撤县设市，为景洪市。

　　景洪为傣语地名，"景"为城，"洪"为黎明，意即黎明之城。相传，释迦牟尼夜间行到一城，天近黎明，因而得名。

　　景洪市具山原地形，山峦叠嶂，沟壑纵横。最高海拔2196.6米，最低海拔485米。境内山脉走向多由西北至东南。北部是无量山尾梢，有菠萝大山、三达山、关坪山、曼岺大山、基诺山等；西部是怒山余脉，有安麻山、路南山、广三边山、勐松西山等。在迤逦的群山和奔腾的河流之间，镶嵌着景洪坝、勐龙坝、橄榄坝、勐养坝、勐宽坝、普文坝、景讷坝、勐板坝、勐旺坝、勐宋坝等10个坝子。

景洪境内河网密布，沟壑纵横，共有江河71条，属澜沧江水系。澜沧江由北向南穿越而过，市内流程158千米。澜沧江流经景洪这一段，史称"九龙江"，境外则称湄公河。

景洪地处热带边缘，属热带和南亚热带季风气候，兼有大陆性气候和海洋性气候的优点，静风少寒，全年无霜，干湿季分明。

景洪境内动植物资源丰富，有高等植物3890种，其中包括可供利用的经济植物1200多种、珍贵名木树种340多种、列为国家级保护的有52种。茂盛的热带雨林和温暖、湿润的气候环境给各种野生动物提供生长繁殖的良好条件，仅脊柱动物就有500多种，其中鸟类390余种，兽类60余种，分别占全国的1/3和1/4，列入国家级保护的有38种。两栖动物47种，爬行动物68种，占全国两栖爬行动物总类的1/5以上。野象受到重点保护，金钱豹、印支豹、野牛、白颊长臂猿、猕猴、大灵猫、巨蜥、蟒蛇等几十种动物被国务院列为重点保护的珍稀动物。景洪被誉为"动植物王国""植物的宝库""森林生态博物馆""动物王国"和"天然动物园"，当之无愧是中国宝贵的物种基因库。矿产资源有铁、锰、煤、锡等20多种。出露的热泉群、矿泉点15处。

景洪民族文化资源多姿多彩，有傣族的"贝叶文化"，哈尼族的"无文字文化"和基诺族的"热带丛林文化"等特色鲜明的民族文化。民族节日有傣族的"泼水节"、哈尼族的"嘎汤帕节"、基诺族的"特懋克节"、拉祜族的"拉祜扩节"和瑶族的"盘王节"。

景洪主要旅游景区（点）有西双版纳原始森林公园、傣族园、曼听公园、野象谷等。在景洪城西南约60千米的勐龙镇曼飞龙村，有著名的曼飞龙白塔，筑于清乾隆年间（1736—1795），主塔高16.29米，周围由八座小塔环绕，是一座金刚宝座式的群塔，宛如一丛春笋破土而出，故傣语称为"塔糯庄龙"，意为大头笋塔，因其通体洁白如雪，又称"白塔"。塔内供奉着两尊佛像和传说中留有佛祖脚印的青石。曼飞龙塔在国内南传上座

◆ 景洪市城区一角（陈宏 摄）

部佛教流行的地区颇具影响，缅甸、老挝、泰国的佛教信徒亦前来朝拜。每年傣历一月十四日（公历10月20日）赕佛祭塔。曼飞龙塔于1988年被列为全国重点文物保护单位。

> **· 资料卡 ·**
>
> 　**景洪市**：位于西双版纳傣族自治州中部，东与勐腊县相连，南与缅甸接壤，西与勐海县毗邻，北与思茅区相接，东北与江城县相邻。全市面积6867平方千米。辖景哈、基诺、大渡岗、景讷、勐旺5个乡和普文、勐养、勐罕、勐龙4个镇及允景洪、江北、嘎洒3个街道办事处。2021年底常住人口约64.47万人。境内有傣族、哈尼族、拉祜族、布朗族等8个世居民族。

勐海县·第一茶县

　　今勐海县，南诏为银生节度地。大理国时期属景晄金殿国。元属彻里军民总管府。明清为勐海、勐混、勐遮、景洛四版纳，属车里宣慰司。民国二年（1913）置第二区（勐遮）、第三区（勐海）行政分局，属普思沿边行政总局；十六年（1927）置佛海、五福两县及临江行政区，属普洱道；二十一年（1932）改临江行政区为临江设治区；十九年（1930）改五福县为南峤县；二十四年（1935）改临江设治区为宁江设治区。1953年改置勐海、勐混、勐阿、勐遮、曼墩等五版纳及格朗和哈尼族自治区、布朗山区，属西双版纳傣族自治区。1957年版纳西定并入版纳勐遮，其他并入版纳勐海，属西双版纳傣族自治州。1958年改置勐海、勐遮两县。1958年11月撤勐遮县并入勐海县，延续至今。

　　"勐海"作为地名，古称"勐咳"，傣语意为失犬之地。传说景洪阿腊维王到此狩猎，丢失猎犬，因名。后来傣族首领召海居此，改名"勐海"，意即召海居住和管辖的地方。或说傣语中"勐"为平坝或区域，"海"为厉害，勐海意为勇敢者居住的地方。

　　勐海县处于横断山系纵谷区南段、怒山山脉向南延伸的余脉部，属滇西南山原地貌区的西南边缘。境内地势四周高峻，中部平缓，山峰、丘陵、平坝相互交错。山地占全县总面积的93.45%，大小坝子15个，占全县总面积的6.55%。其中勐遮坝子153平方千米，是境内最大的盆地，也是西双版纳州最大的盆地。

　　勐海县地处北回归线以南，属南亚热带高原季风气候。夏秋季多阴雨天气，冬春季天气晴朗，因地形高低差大，垂直变化突出，具有立体气候特点。年平均气温18.9℃，年均日照2088小时，最适宜人居。

　　县境内生物资源丰富，有植物1865种，国家重点保护野生植物20种。有陆生野生动物361种，国家重点保护野生动物27种。全县有18种矿产资源，矿种主要有独居石、磷钇矿、锆英石、钛铁矿、金、锰、

◆勐海县勐遮镇曼燕村曼桂村民小组田园风光（佐连江 摄）

铁等。

勐海县是国际茶界公认的世界茶树原产地的中心地带，更是驰名中外的普洱茶主产区，是全国唯一的"普洱茶产业知名品牌创建示范区"，获评"中国西部最美茶乡""中国普洱茶第一县"等美誉。2022年底，全县茶叶种植面积90.59万亩，可采摘面积为84万亩，拥有迄今世界上保存面积最大、品种最多的古茶山和古茶园，普洱茶产业历经千年、传承不息。

勐海素有"滇南粮仓""渔米之乡"之称。常年粮食种植面积70万亩左右，粮食以水稻为主，先后被认定为国家商品粮生产基地县、全国水稻生产机械化示范县、农业综合开发示范区、云南省优质水稻生产基地县、云南国家野生稻资源圃。"勐海香米"为中国地理标志证明商标，是云南"六大名米"之一。

勐海县是南传上座部佛教的传播地域。距县城17公里的勐遮镇景真行政村境内有一座八角亭。此亭系景真高僧厅蚌叫在傣历1063年（1701）主持建造的。属宫塔式建筑，由座、身、檐、面、顶五部分组成，高21米，亭基为砖砌，底直径为10米。亭身为木质结构，分8个大面31个小面，交成32个角。亭室内供有一尊释迦牟尼铜像。12棵10米长的横梁托着10层别致的八角状亭面，上盖金黄色琉璃瓦，逐层收缩，汇聚绝顶。顶冠上是一具铝制的莲花形华盖，华盖上面立一根4米长的铁杆。亭的东西南北四面各立一道门户，南面为正门，有木梯和石阶与地面相接，台阶两侧立有狮像，形象生动。亭身绘有象、牛、马、虎、花草等各种动植物图案。楼阁上挂有铜铃数十个，微风吹来，丁零作响，悦耳动听。该亭造型独特，工艺精细，小巧玲珑，集中反映了傣族佛寺建筑艺术。历史上八角亭曾是景真土司召集各地头人议事和僧侣决定重大事项开会的地方，现在是西双版纳的重要文物，也是勐海县的重要历史文化标志。

勐海县区位优越，西部和南部与缅甸接壤，国境线长146.556千米，国家级一类口岸打洛距缅甸景栋仅86千米，距泰国北部口岸米赛仅240千米，是我国通往缅甸、泰国及整个东南亚距离最近的陆路通道，也是中国面向东南亚的重要门户。

勐海县：位于西双版纳傣族自治州西部，东与景洪市相连，南、西与缅甸接壤，西北、北与普洱市澜沧县相邻。全县面积5368.09平方千米。现辖勐海、打洛、勐混、勐遮、勐阿、勐满6个镇和勐往乡、勐宋乡、西定哈尼族布朗族乡、格朗和哈尼族乡、布朗山布朗族乡5个乡。2021年底常住人口35.51万人。境内除汉族外，还有傣族、哈尼族、拉祜族、布朗族、彝族、回族、佤族、景颇族等世居民族。

勐腊县 · 产茶之地

今勐腊县在南诏时期为利润城，属银生节度。大理属景陇金殿国。元属彻里军民总管府。明清为勐腊、勐捧二版纳。民国二年（1913）置第五区、第六区行政分局，属普思沿边行政总局；十六年（1927）第五区改置镇越县，治勐腊；第六区改置象明县，治倚邦，属普洱道；十八年（1929）象明县并入镇越县，移治易武，属第二殖边督办公署。中华人民共和国成立后，1953年改置勐腊、易武、勐捧三版纳和瑶族自治区，属西双版纳傣族自治区。1955年属西双版纳傣族自治州。1957年瑶族自治区并入版纳易武，版纳勐捧并入版纳勐腊。1958年改置易武、勐腊二县。1959年易武县并入勐腊县。

"勐腊"地名来源于傣语。一说意为产茶叶的地方，《勐腊县地名志》："勐：地方或区域；腊：茶。勐腊：意为产茶之地。"另一说意为献茶之地，传说佛祖曾经游历至此，当地人献茶款待，于是佛祖称此地为"勐腊"。

勐腊县位于澜沧江大断裂以东，无量山南延尾间，整体地势东北部高、西南部和南部低，由东北向西南呈梯状下降。县域山地占95.6%，山间盆地（坝子）占4.4%。

勐腊县自然条件十分优越，地处北回归线以南，属亚热带季风气候，终年暖热，平均气温21.8℃，平均相对湿度84%，是云南省湿度最大的县份之一。勐腊是中国大陆和世界上同纬度地区植物生长最密集、植物种类

◆ 航拍勐腊县城风光（勐腊县委党史研究室 提供）

最多的地区，已识别的植物有4000多种，占全国植物总数的12%左右。其中能直接利用的经济植物有1000多种，有重要保护价值的300余种，已被列入国家重点保护的433种。有望天树、木连、柚木、团花木、红椿、翅子树、楠木、番龙眼、版纳青梅、董棕、箭毒木、龙脑香、苏铁、缅茄、树蕨、鸡毛松、铁力木等珍稀濒危植物；羯布罗香、缅茄、野生大叶茶为勐腊特有。已知的动物6000多种，鸟类占全国总数的16%，陆栖脊椎动物占全国总数的25%。有大象、野牛、鼷鹿、白眉长臂猿、孔雀雉、犀鸟等珍贵动物。境内有保存完好的原始森林400多万亩，森林覆盖率达88%，是国家重点生态功能区和国家级生态示范区，素有"动植物王国"和"物种基因库"的美誉。

勐腊植茶历史悠久，是大叶种茶的发源地之一。清代中叶，以大叶种茶为原料制作的普洱茶已经誉满海内。《普洱府志》卷十九《食货志》载："普茶名重于天下，出普洱所属六茶山。"檀萃《滇海虞衡志》载："普洱所属六茶山，一曰攸乐，二曰革登，三曰倚邦，四曰莽枝，五曰曼崝，六曰慢撒，周八百里。"六茶山除攸乐外，其余均在勐腊县象明、易武一带。今易武镇有古茶园两万亩，是勐腊县乃至西双版纳州古茶园面积最大的乡镇之一。该镇黑水梁子现存一大茶树，根围208厘米，直径66.2厘米，高11米，蔚为大观。易武传承以"七子饼茶"为代表的普洱茶传统制作工艺，遗存数百里的茶马古道，保留数量巨大的文书，积累有丰富的与普洱茶有关的实物，在普洱茶文化史上有举足轻重的地位。

勐腊区位优势独特，境内有我国通往老挝的最大陆路口岸——磨憨国家级口岸；有中南半岛腹地和东南亚各国经湄公河进入我国的第一港——关累港；有穿境而过的昆曼国际大通道、澜沧江—湄公河黄金水道和泛亚铁路中线，是我国通往中南半岛国家最便捷的陆路、水路通道，是云南省实施"中路突破、打开南门、走向东南亚"经济发展战略的重要通道桥梁和窗口，是云南省参与澜沧江—湄公河次区域经济合作开发、构建中国—东盟自由贸易区的重要前沿，是我国面向东盟的门户。

· 资料卡 ·

　　勐腊县：位于西双版纳傣族自治州东部，东、南与老挝接壤，西与缅甸隔澜沧江相望，西北与景洪市连接，北与普洱市江城县毗邻。全县面积6860.84平方千米。辖勐腊、勐仑、勐捧、关累、勐满、勐伴、尚勇、易武8个镇和瑶区、象明2个乡。2021年底常住人口约30.62万人。境内有傣族、哈尼族、彝族、瑶族等26个少数民族。

大理白族自治州

——悠悠白州，大治大理

在大理这片安宁的土地上，匆忙的人们总会不自觉地停下脚步。清晨，从苍山远眺，日出的霞光映照着翻滚的云海；傍晚，明亮的圆月坠入粼粼的洱海，放逐纷扰，在苍洱庇护下，大理人民安然入睡。

关于"大理"一名的由来，一说"大理"二字源于民族语，译为汉字时被赋予了汉文涵义。大理最初是一个小地名，也就是今天的喜洲，最早见于唐代樊绰编著的《蛮书》："大厘城，南去阳苴咩城四十里，北去龙口城二十五里。邑居人户尤众。今并南诏往来所居也。"《资治通鉴》载："（唐）大中十三年（859）酋龙立，国号大礼。"方国瑜《云南地方史讲义》载："大理乃沿用大礼之名，大礼之来源当与大厘城有关。"吴光范《云南地名探源》认为大厘"来源于少数民族语古地名的译音，此古地名乃地理物产所形成"。《南诏德化碑》记载："越赕天马生郊，大利流波涤锦。"其中"大利"显然是一个地名，大厘、大利、大礼都是少数民族语的同音异写，书中记载的区域位置在喜洲附近水边，厘、礼、利、理为该地民族语中"鱼"的近音，"大厘城"意为"大鱼城"，所以"大理"是民族语古地名的衍变地名，译为汉字时可能又赋予了其溢美扬善的新意。

这样的少数民族语译音地名，在大理白族自治州并不少见。比如宾川县，有说法认为是由白语"宾居"译音而来，是"产盐之地"的意思；再如大理市的喜洲镇，古称"大厘赕"，白语中"厘"也读"xī"，是"禧"的异体字，有幸福、吉祥之意，后演变为"喜洲"；还有弥渡县的德苴乡，彝语中"德"为"平地"，"苴"为"山梁"，"德苴"意即大山梁下的平地,是依照地形地势所得的彝语地名译音。另有一说法认为"大理"是汉语地名,南诏、大理两地名受汉文化影响,倾慕汉唐,效行礼治而取名。远在新石器时代,就有白族、彝族等少数民族先民在洱海一带繁衍生息。西汉元封二年(前109),汉武帝开始经营西南地区,在洱海区域设置叶榆县,隶属益州郡。唐开元二十六年(738),南诏建都太和城(今太和村)。大历中,迁都阳苴咩城(今大理);大中十三年(859)改国号为"大礼",称大礼国,此时国号已与"大理"同音。后南诏蒙氏政权先后被短暂的郑氏大长和国、赵氏大天兴国和杨干贞的大义宁国代替。后晋天福三年(938),通海节度使段思平推翻杨干贞大义宁国的奴隶制政权,承袭"大礼"之名,建立大理国,取大治大理之意,寄托礼治的愿景。自此,"大理"一名开始在史书中崭露头角。大理国覆灭后,元设大理总管府,明洪武十五年(1382)设大理府,后又置鹤庆府、蒙化府。此后大理地区始终是中央管辖下的地方行政单位。

1949年12月,中国人民解放军滇桂黔纵队第七支队、第八支队解放大理地区。1950年,大理专员公署正式成立,设立大理专区,析大理、凤仪两县部分地区置下关区(县级)为专署驻地,辖下关区、大理、凤仪、漾濞、永平、云龙、祥云、宾川、弥渡、蒙化、云县、顺宁、缅宁、邓川、洱源等1区14县。1956年,经国务院批准,撤销大理专区,正式成立大理

◆ 洱海湖畔的白族传统建筑

白族自治州。此后，社会主义制度的风吹向大理，全州人民走进繁荣昌盛，开启时代的新篇章。在社会主义制度的指引下，白族同胞在民族区域自治的基础上，不断推进经济社会发展，推动各项事业繁荣进步，实现民族团结、宗教和谐、文化繁荣、生态文明共建共享。

白族是我国56个民族中人口百万以上的民族之一，大理是白族的主要聚居地，全国白族人口的84.34%都聚居在大理白族自治州。学术界对于白族族源有不同的看法，但大量的调查和考证都提及，白族先民应追溯到秦汉时期的"滇僰人"。这个称谓最早记载于秦相吕不韦主编的《吕氏春秋·恃君览》："氐羌，呼唐，离水之西；僰人，野人，篇笮之川；舟人送龙，突人之乡，多无君。"随着时间的推移，白族先民又先后被冠以"叟""爨""白人""民家"等称谓。直到新中国成立后的1956年，人民政府根据广大白族人民的意愿，正式确定其族称为"白族"。白族是一个拥有悠久历史和丰富文化遗产的民族，独特的语言、风俗、文化和艺术让白族在中国五十六个民族中独树一帜。白族语言在白族文化和社会中具有重要地位，它是白族人民日常交流的主要语言之一，同时也是白族传统文化和文学的重要表现形式。随着社会的不断发展和变化，白族语言也在不断发展和演变，为保护和传承白族文化作出了重要贡献。在门楼照壁环绕的住宅里，白族人民雕着木雕，染着扎染，邻里和睦；在山茶金桂的花香中，白族人民吃着乳扇，跳着"霸王鞭"，阖家欢乐。

作为云南文化发源地之一，新石器时代，海门口文化就在大理发源。苍山不墨千秋画，洱海无弦万古琴，"妙香佛国"大理吸引着无数游客。金花和阿鹏们，在白家屋檐下，邀请世界人民同观苍洱景，共饮三道茶。

· 资料卡 ·

大理白族自治州：处云南省西南部。东与楚雄彝族自治州接壤，南与普洱市、临沧市两市相连，西北与保山市和怒江傈僳族自治州毗邻，北与丽江市接界。全州面积29459平方千米。辖大理市及漾濞彝族自治县、祥云县、宾川县、弥渡县、巍山彝族回族自治县、南涧彝族自治县、永平县、云龙县、洱源县、剑川县、鹤庆县11县。2021年底常住人口约332.10万人。白族为境内主体民族，还有汉族、彝族、回族、傈僳族、苗族、纳西族等13个民族。

大理市·风花雪月

　　洱海地区的人们，对大理这个词有着超乎寻常的喜爱。大理白族自治州、大理市、大理古城，都常简称为大理。大理，既是不同的行政区域名，又是让人充满归属感的文化概念。

　　关于"大理"一名的由来，主要有两种说法：一说"大理"二字源于民族语，"大厘""大利""大礼"都是民族语的同音异写。大理地区在今喜洲附近水边，渡水需建桥，许多地名因桥得来，比如湾桥镇、银桥镇。水中常有河鱼游走，因此当时附近的居民称此地为"大鱼城"。"厘""利""力"等字为当时该地民族语中"鱼"的近音，是代际更迭过程中当地民族对该地口头名称的不同书面记载形式。

　　另有说法认为后晋天福三年（938），通海节度使段思平以"减尔税粮半，宽尔徭役三载"为号召，获得广大农奴响应，又以"赦徭役"为条件，取得滇东三十七部的支持，推翻杨干贞大义宁国的政权，承袭南诏大礼国的国名，建立大理国，取大治大理之意，寄托礼治的愿景。

　　西汉元封二年（前109），汉武帝开始经营西南地区，在洱海区域设置叶榆县，隶属益州郡。唐开元二十六年（738），南诏建都太和城（今太和村）。大历中，迁都阳苴咩城（今大理）。大中十三年（859）改国号为"大礼"，称大礼国，此时国号已与"大理"同音。元至元七年（1270），置太和县和赵州，属大理路。民国二年（1913），改太和县为大理县。1950年，析大理、凤仪部分地置下关区，为大理专区驻地。1951年，撤销下关区，设下关市。1958年，撤下关市及大理、凤仪、漾濞三县，合置大理市。1961年撤大理市，恢复大理县、漾濞县和下关市。1983年，下关市与大理县合并，设立县级大理市。

　　苍山之麓，洱海之滨；作为大理白族自治州首府，大理市依山傍水，苍山十九峰在此拔地而起。南诏王皮罗阁建龙尾城，因"山势逆回，如游龙之调尾"，故名。元、明以后多作龙尾关，简写"龙关"，处于洱海出口处，也称"河尾关"。与其北部的龙首关（上关）相对，称下关。白语为"耳国"，意即"下面的关口"，即今天的下关。下关风终年不歇，尤其在冬春季节，来自西面的风灌入点苍山山谷，经狭管效应在此地形成世

◆ 大理崇圣寺

所罕见的强风，吹出了下关"风城"的响亮名声。下关是大理市政府驻地，2019年大理白族自治州人民政府批准设立下关街道、太和街道和满江街道。自此，大理市辖3个街道，另有大理、凤仪、湾桥、银桥、喜洲、上关、双廊、挖色、海东9个镇和太邑乡1个乡。

与龙尾关相对的北部龙首关，则因"山势凸起，如游龙之首"得名，白语名"斗国"，是"上面的关口"的意思，也就是今天我们所说的上关镇所在地。上关气候温和湿润，相传古时有一棵叫"朝珠花"的奇花，花大如莲，花开十二瓣，遇闰年则开十三瓣，花香四溢，果实可作朝珠。当时徐霞客也曾慕名前来观赏，可惜只见树而未见花。后来，上关花便成为了大理地区珍奇花卉的代称。"下关风，上关花，苍山雪，洱海月"，大理四景至此就还剩雪和月了。雪，便是苍山之巅那经夏不消的白雪；月，则是澄明洱海倒映出来的一轮明月。

还有"喜洲"，同为少数民族口头名称的同音汉字记载形式。隋开皇中史万岁征南中，渡西洱河至此，因名"史城"（南诏时称该地为"史赕"或"大厘赕"），"赕"即"州"，"史"即白语中的"歹史"，意为"第二"，"史城"即第二城。该地作为北部屏障，相较于都城阳苴咩城，是该地区第二大人口聚居地，因名。而喜洲最终是沿用大厘赕的提法，白语中"厘"读"xī"，是"禧"的异体字，有幸福、吉祥之意。大理国时根据白语译音后写作"喜赕"。1987年，大理白族自治州政府在此地置喜洲镇，镇区呈方块状，以四方街为中心，是电影《五朵金花》的拍摄地。

这里是《天龙八部》故事开始的地方，是电影《五朵金花》的故乡。饮一盏感通寺的清茶，抚过周城蓝白相间的手工扎染，泛舟双廊"罗莳曲"，在观音古市赶一场盛大的三月街。户户流水、家家有花的大理古城里，俏丽的白族女孩拉开青石板院落的大门，笑意盈盈。汇聚世界的目光，过着自己的日子，美且从容的大理，是很多人心之所向的理想邦。

> **· 资料卡 ·**
>
> **大理市**：位于大理州中部。东与宾川县、祥云县接壤，南与巍山县、弥渡县毗邻，西接漾濞县，北与洱源县、鹤庆县交界。全市面积1815平方千米。辖下关、太和、满江3街道，大理、凤仪、湾桥、银桥、喜洲、上关、双廊、挖色、海东9镇，太邑1乡。2021年底常住人口约77.43万人。白族为境内主体民族，其他还有汉族、彝族、回族等民族。

漾濞彝族自治县 · 漾濞合流

云气开成银色界，天工斫出点苍山。走进苍山西麓，云海翻涌，千沟万壑，涧水汇入漾濞江，时而幽静如私语窃窃，时而奔腾如万马出征，时而满川红涛，时而一江雪浪，奔腾流过滇西山地中的一方绿地、一座小城——漾濞。

唐代窦滂所著《云南别录》中有"唐样备诏地"的记载，是古籍中最早出现的漾濞地区地名，后被《资治通鉴》所引述。有学者考证：样备诏即蒙嶲诏，是六诏称雄时期最靠近蒙舍诏（即南诏）的一个诏，迁府至样备后，改诏名为样备诏。"样备"二字作何解释未见资料，地名普查时经多方考查认为是彝语译音。元代时设样备站，属蒙化州。明代设样备驿及样备巡检司，属蒙化府。清代时，改样备巡检司为漾濞江巡检司，归蒙化厅管理。民国元年（1912），析漾濞江巡检司和云龙州、永平县、浪穹县，置漾濞县。1950年1月1日，中共漾濞县工委，漾濞县人民政府成立，漾濞和平解放。1985年，经国务院批复，改漾濞县为漾濞彝族自治县。

关于"漾濞"一名，一说由南诏"样备"演变而来；二说漾濞县因水得名。清《永昌府志》载："碧溪江，一名神庄江，一名漾水。因黑惠江源出剑川，经赵赕绕苍山之西，与濞水合流，即谓之漾濞江。前清设漾濞巡检司，今遂以漾濞名县。"漾水濞水汇入，漾濞江因此得名，而漾濞县以江命名。

漾濞江养育了世世代代的漾濞人。漾濞江奔腾于苍山西麓，横贯漾濞县域南北，是澜沧江在云南境内最大的支流。江岸有时青山对立，松涛送波，秀色逸人；有时乱石嵯峨，云飞雾腾，江风啸啸。每逢七八月雨季，漾濞江以摧枯拉朽之势，移山填海之姿，奔湍在莽莽的横断山脉云层中。江水旁，核桃树成片生长，枝叶繁茂，硕果累累。漾濞核桃种植历史达3000多年，古核桃树有百年至千年，漾濞人民依托古树核桃资源，创建自己的核桃品牌。1995年，国务院授予漾濞"中国核桃之乡"的桂冠。漾濞人如漾濞江水，默默耕耘，厚积沉淀，待得志之时，冲破苍山之门，抒飒

◆ 漾濞县特产核桃

爽豪情，腾青云而上，寻万丈之光。

被称为漾濞北大门的漾江镇，不仅开启了漾濞江之源，亦是漾濞红色革命发源地——金脉镇所在地。抗日战争时期，漾濞各族儿女，用最原始的工具和血肉，修筑成33千米的抗日输血管道——国际大通道滇缅公路漾濞段，见证了这条江水与这片土地的风痕，浓缩了一段风云震撼的历史。漾濞是一个多民族聚居的地区，到2021年，这个坐落在大理白族自治州中部的山中彝乡，近10万漾濞儿女在1860平方千米的土地上辛勤劳作，彝族、汉族、回族、白族、苗族、傈僳族等13个世居民族在这里繁衍生息，形成了漾濞丰富多彩的多民族文化特征。"彝山处处是舞场，彝乡寨寨有歌手"，漾濞彝族的"大刀舞"，舞步优美中带着气势，舞动中显现豪放之美。

漾濞的山里，苍山岩画深深印刻，藏着苍洱文化的源头之气；漾濞的河畔，茶马古道和博南古道默默守候，留下马帮驼队幽幽的铃声；漾濞的江上，明代修建的横空于两岸的云龙桥，承载着中原与西南少数民族相互交融的文化脉络。沿着历史的长河，随漾濞江轻歌曼舞，漾濞人民站起来、富起来，踏上了蓬勃向前的新征程。

· 资料卡 ·

漾濞彝族自治县： 位于大理州中部、点苍山之西。东以点苍山为屏障与大理市接壤、与巍山县隔漾濞江相望，南与昌宁县毗邻，西与永平县、云龙县相连，北接洱源县。全县面积1860平方千米。辖苍山西、漾江、平坡、顺濞4镇，富恒、太平、龙潭、瓦厂、鸡街5乡。2021年底常住人口9.74万人。彝族为境内主体民族，其他还有汉族、白族、回族等民族。

祥云县 · 彩云南现

彩云之南，润野泽泽。《南诏野史》记载："彩云现于龙兴和山，县在云之南，故名云南。"相传西汉降服滇王后，汉武帝偶然梦见彩云南现，醒来后对梦里熠熠生辉的彩云念念不忘，便派人南下，翻山越岭，寻到西南这片丰沃的坝土，取名"云南"，设立云南县。

西汉元封二年（前109），云南县作为益州郡的24个县之一，进入汉朝的版图之中。唐先后在此设立宗州、祥州。元至元十一年（1274），设云南州，属大理路。明又降为云南县，属大理府。"试问先祖在何处，路人皆指小云南。"明清以后，世人常说的"小云南"，有专家考证就是当时的云南县，也就是今祥云县。

古时，这一方小小平坝，是祥瑞的神秘沃土，也是人们眼中全部的云南。彩云之南，是云的故乡，祥云，便是"云南"的故乡。片片彩云飘荡，滋润着这一片沃野。峰峦如聚的云贵高原上，文明随着先民在祥云坝子生根发芽。祥云坝子带着"云南"之名，在西南边陲经历政权更迭，在历史的风口浪尖一站就是两千多年。

民国七年（1918），因省县同名，"取彩云南现，人以为祥"之意，承袭彩云的祥瑞寄托，云南县才改名祥云县，沿用至今。而"云南"这个名字的起源地，仅保留乡镇名——云南驿。祥云县是古代南方丝绸之路的重要站点，茶马古道穿境而过，驿站颇多。大理国时，称该地设立的驿站为大云南驿。元代也在云南设驿站，称为云南驿，云南驿之名因此源起。明清两代沿用这个站名，但驿站位置稍有变动。原来驿站所在地便被人们称为"旧站"。驿站所在之处多车马来往，人口众多，旧站在作为驿站时聚集了许多客家、居民，最终发展成村寨，一直留存至今，和云南驿一起记述着马帮文化。悠悠的马帮长队，哒哒的马蹄声，演奏着祥瑞之城美妙的背景乐。

云南驿镇还有许多村寨名与驻军驿马有关，比如前所村，又被称为下马街，因明代设军屯前所得名；上马街村，则是因清乾隆时在此地建街场，逢马日赶集，故得名；天马营村，是明洪武时军队在此处驻扎马营，唤它马房营，清代又取"天神之马，一日千里"之意改名"天马"。

观祥云地名，与民族语言相关者甚多。如米甸镇，白语称"聂赕"，"聂"为白银，"赕"为坝子，意即出产白银的坝子，因该镇北部天宝山古时产银而得名，后译音演变为"米甸"。那么照此推论，若理解"禾"在白语中的译音，则可知禾甸镇地名由来。"禾甸"，白语称"鹅赕"，但需要注意的是其并非"出产鹅的坝子"之意，"鹅"这个发音在白语中意为小山坡脚，禾甸实际上是因为处于山坡脚得名。而当地民族古时还称水坝为"溯"，当时有普姓居民挖地建坝蓄水，于是后人就把建坝之地称为"普溯"。

祥云之下，人才济济。在中国人民解放的崎岖征途上，有一个家庭被历史铭记，他们是来自祥云的革命先驱王复生、王德三、王馨廷三兄弟。王复生是第一个云南籍共产党员，作为马列主义的播火先驱，在齐齐哈尔投身革命时被日本侵略者杀害，牺牲时年仅40岁；王德三是云南农民武装起义的主要领导者，后因叛徒出卖被捕，于民国十九年（1930）十二月在昆明英勇就义，年仅32岁；王馨廷随两位兄长一起从事革命工作，在反对北洋军阀的学生运动中负伤去世，年仅16岁。王氏三杰为中共早期革命及民族解放事业作出了不朽的贡献。

作为西南丝绸之路与茶马古道的重镇，汉族、白族、彝族、苗族、回族、傈僳族等6个世居民族在这里生活。祥云是通往滇西八地州的必经之地，纵横交错的公路上穿流着滇西八地州各式各样的车辆，呼啸着进站又马不停蹄奔赴下一程。祥云是新时代的驿站，用四通八达的交通线搭建起"滇西咽喉"。

◆ 祥云县云南驿镇的茶马古道

　　祥云县：位于大理州东部。东与大姚县、姚安县、南华县3县交界，南连弥渡县，西接大理市，北邻宾川县。全县面积2425平方千米。辖祥城、沙龙、云南驿、下庄、普淜、刘厂、禾甸、米甸8镇，鹿鸣乡和东山彝族乡2乡。2021年底常住人口40.40万人。境内除汉族外，还居住着白族、彝族、苗族等民族。

宾川县·热区宝地

　　在苍茫的横断山脉与滚滚金沙江交界处，大自然的鬼斧神工创造了海拔3000多米的鸡足山，千万年来的山与水，滋养着拥有4000年人类文明史的宾川坝子。

　　白羊村新石器时代遗址，诉说着宾川千百年稻耕文明的岁月沧桑。宾川在战国至秦时属古滇国。两汉先后属益州郡、永昌郡。三国属云南郡。西晋时设云平县。隋朝又设越析州，属南宁州总管府。唐属姚州都督府，后为越析诏。大理为天水郡河东赕。

　　明弘治七年（1494），析太和、云南两县和赵州部分地，设州建置，取名宾川州，"宾川"一名由此开始。唐代《云南志》中有"宾居川"一说，相传此地古时为沼泽，早期移民辟为平坝定居，故名宾居。另一说"宾居"一词是古代白族先民口中的"产盐、易盐之地"，因古时宾川是产盐丰富的坝子，故演变为宾川。还有第三种说法认为宾川之名源于白族语言，白语称该地为"必造正""必更滋"，"宾"与"必"均为白语"盐"的译写；又因境内石宝溪（宾居河）、寒玉溪（大营河）、丰乐溪（炼铜河）三水纵贯，形若"川"字，故名宾川。第四种说法则是明太祖时中原地区大姓家族移至滇西，居民多为外来之客，谓客者宾也。宾川之名缘起，众说纷纭，足见此富庶坝地，人气兴旺。

　　清承明制，历经风雨变迁，直至民国二年（1913），宾川改州为县，十八年（1929）直属省。中华人民共和国成立后，1950年宾川县人民政府成立，属大理专区。1956年11月，归属大理白族自治州。1958年，并入祥云县，1961年又恢复宾川县建置。

宾川地界居住有白族、彝族、傈僳族等多个少数民族。少数民族语言对地名的影响由"宾居"到"宾川"的演变就可见一斑。除白语译音地名外，宾川境内的拉乌乡地名属彝语译音，由彝语"拉杂务"演变而来，云南方言译为"河头上"，因拉乌河由南向北穿境而过，村落多在河流上游得名。而钟英傈僳族彝族乡则有一个傈僳语名，叫做"兹辟哩"，意即棕树多的地方。据传清光绪年间这里连考中两名进士，取"钟灵毓秀，地灵人杰"之意才改名钟英。要注意，虽民族语言译音地名众多，但也不能乱戴帽子。比如乔甸镇，听起来与祥云县的米甸镇和禾甸镇是同一套命名方法。"米"和"禾"分别在白语中作"聂"和"鹅"的谐音，有"白银"和"山坡脚"的意思，"甸"在白语中意为坝子，两地地名因物产和地形源起，意即产银之坝和坡脚之坝。顺理成章，"乔甸"是否只需弄清楚"乔"在白语中的译音字和释义，就能对其地名来源作解呢？那就大错特错了。事实上"乔甸"并不是一个少数民族语译音地名，而是根据地形产生的描述性地名。古时此地为一块平坦的大草甸，开辟后土质贫瘠，水源较少，产荞子，故有"荞甸"之称，后演变为"乔甸"。

宾川之山，数鸡足山最负盛名。鸡足山又名九曲山、青巅山，是中国十大佛教名山之一。据古籍记载："大哉圣人化，万古垂休经，自非上智士，何由得其精，饴光受遗命，传衣表相承，持之入大定，坐待慈氏生，抵鸡足山。"两千多年前，释迦牟尼大弟子迦叶，入定鸡足山华首门。鸡足山佛教文化盛于明清，高僧辈出，大师讲经、说法、著述、建寺；部派兼容，是藏传佛教和汉传佛教的交汇点，盛名享誉海内外。明代著名地理学家徐霞客专门修纂了《鸡山志》；近代以来，孙中山、梁启超、徐悲鸿、赵朴初等名人也纷纷为鸡足山题字。每至清晨，鸡足山顶云雾缭绕，太阳冲破白雾的一瞬，顷刻间天光乍泄，红日渐起，佛音绕梁，金光照亮佛寺，僧人对日诵经，令人震撼。

宾川之地，光热充足，瓜果宝地。金沙江河谷的热土，蕴藏二十余种矿藏资源，也是孕育清洁能源的宝库，太阳能、风能十分丰富，开发潜力巨大。横断山脉与金沙江水赋予宾川得天独厚的自然资源。宾川县素有"天然温室""热区宝地"的美称，被誉为"中国水果之乡"。

◆ 宾川县鸡足山风光（甘凡 摄）

灵岳重辉，饮光俨然。绵延厚重的南诏白族文明在这里孕育，源远流长的佛教文化在这里传承，雄、秀、幽、奇、绝的自然景观在这里与天地共荣。巍巍鸡足山，见证了千年宾川的丰厚底蕴，也见证了新时代新宾川的旧貌换新颜与展翅高飞。

> **· 资料卡 ·**
>
> **宾川县：** 位于大理州西北部。东接大姚县，南邻祥云县，西连大理市，北与鹤庆县、永胜县交界。全县面积2563.67平方千米。辖乔甸、宾居、州城、金牛、鸡足山、大营、力角、平川8镇，钟英、拉乌2乡。2021年底常住人口约33.95万人。境内除汉族外，还居住着白族、彝族、傈僳族等民族。

弥渡县·小河淌水

半个多世纪以来，一首叫《小河淌水》的云南民歌把弥渡亮汪汪的月亮、清悠悠的河水，通过动人的音符传遍世界。阿哥阿妹的相思，缠缠绵绵，如丝如缕，绕过九顶山，顺着毗雄河，融着桂花箐四溢的桂花香，令弥渡儿女沉醉、世界人民向往。

《弥渡县志》载："前109年，汉武帝在西南地区设郡县，弥渡属益州郡云南县地，此后隶属多有变迁。"东汉时随云南县归属永昌郡。南诏时属匡州。大理国时期置白崖赕。元至元十一年（1274），改置建宁县，属赵州；二十五年（1288）废。明置迷渡市巡检司，属赵州。据《弥渡县志稿》载："自昆弥山发源之水南流至境，为三江二十四沟坝。众水汇聚，汪洋若海，一篇弥漫，行人失路，故言迷渡。"可见"迷渡"一名源起有"水道众多，往来之人往往迷向"之意。明末该地治理江河，修筑桥梁，交通有所改善，曾改名"普渡"。清大力治水建桥，"或遵道遵路，不迷所往"，被誉为"桥乡"。因忌讳水患，修桥筑路后取"水多易渡"之意，改为弥渡市镇，驻通判。自此，"弥渡"之名成形，并被后代承袭沿用。

弥渡县地名，多因地形地貌而起。如红岩镇，原名"白崖"，因其西天柱岩色白得名。清代时因后山有另一赤色岩石更名为红岩。再如位于弥渡东北部的海坝庄村，村旁的一处小盆地形似海塘，村名由此演变。还有寅街镇，因处于白虎山下而取名"虎街"，清咸丰元年（1851）迁至西边山脚的大平地，改名"猫街"，后迁回旧址更名寅街。而弥渡县城东南边的山谷中，则有东西石壁对峙，两山如门，万花溪从下穿过，溪上有一巨石横跨于壁上，状若城门洞，形成天然石桥，因名"天生桥"。昔人称誉："天下无双景，人间第一桥。"

民国元年（1912），置弥渡县。中华人民共和国成立后，1950年，弥渡县属大理专区，1956年归属大理白族自治州管辖。1958年，弥渡、宾川、祥云三县合并，建祥云县，旋即撤销。1961年，经国务院批准，复置弥渡县。至2021年，汉族、彝族、白族、回族、傈僳族、佤族、傣族等22个民族同胞其乐融融，互帮互助，32万桥乡子民在1523平方千米的土地上辛勤劳作，生生不息。

划一只小船，在悠扬的歌声里"迷渡"，耳边是对岸山里的阿妹呢喃般的吟唱。入选国家级非物质文化遗产的弥渡花灯、民歌，极具地方特色。"十个弥渡人，九个会唱灯"，《十大姐》《绣荷包》《弥渡山歌》等花灯、民歌蜚声海内外，久唱不衰。最有名的当属尹宜公先生谱写的《小河淌水》，以其超越地域的音乐之美，被称为"东方小夜曲"。这首民歌的发源地密祉镇，原被称为"波罗密"，是彝族语言，大意为老虎生活过的地方。与大理白族自治州其他县市的白语译音地名不同，弥渡县地名中的少数民族语地名，多为彝族语言译音。彝语中"苴"为山梁，"力"为大，经倒装释义，"苴力"即是大山梁下的村庄，古时写为佐力，是今苴力镇地名来由。还有德苴村，"德"在彝语中意即平地，由苴力之释义推演，"德苴"的意思则是山梁下的平地"，因德苴村所在地处于群山环绕中的小坝子而得名。

过一段驿道，在沿路人家的饭菜香里"迷渡"，嘴里是芋头和卷蹄交杂的喷香。清代李春葵有诗云"村妇结群朝上市，提篮紫芋大如瓜"。紫芋就是弥渡著名的一棵菜——大芋头。又传清代同治年间，卷蹄因弥渡翰林尹萧怡带进京赶考而名扬开来。从此，弥渡卷蹄被列为宫廷名菜，久负盛名。扯一个路边枝头高挂的香酥梨，梨香沁入心脾，充盈一整天。

做一场佳梦，在四海宾朋的脚步声里"迷渡"，眼前是朝阳照亮太极顶，弥渡谱写新篇章。如今，马帮文化陈列馆、古驿道、南方路上丝绸之路成为弥渡的文明风物。鼓角铃声惊鸿起，万丈雄关等雁鸣。从唐咸通十三年（872）起就屹立于一见方高台之上的南诏铁柱，不根不扶却千年不朽、千年不倒，伫立在弥渡境内铁柱庙中，标定着白乡故里人才辈出、人杰地灵的文化经纬。

小河淌水清悠悠，月下"迷渡"儿多愁。当琴外之音《小河淌水》的旋律一次次在世界各地响起，弥渡已然敞开怀抱，在密祉小镇、在天生桥、在小河淌水的故乡，恭候四海宾朋。新时代的弥渡，在变幻的浪潮

◆ 弥渡县密祉古镇太极山

里，也将脚踏实地，永不迷向。

　　弥渡县：位于大理州东南部。东至水目山顶与祥云县交界，东南与南华县接界，南接景东县，西南连南涧县，西邻巍山县，北与大理市、祥云县相接。全县面积1523.43平方千米。辖弥城、红岩、新街、寅街、苴力、密祉6镇，德苴乡、牛街彝族乡2乡。2021年底常住人口25.86万人。境内除汉族外，还居住着彝族、白族、回族等民族。

南涧彝族自治县·幸福无量

　　红樱染绿茶，春意顶早至。在哀牢山和无量山北部的山野里，在澜沧红河的涧水之间，小城南涧温暖和乐。

　　南涧历史悠久，先秦属古哀牢国。西汉为益州郡邪龙县地，东汉属永昌郡。三国至南朝属云南郡。南诏属蒙舍赕，大理国置开南县。元至元十二年（1275），置定边县，属威楚路镇南州。明属楚雄府。清雍正七年（1729），撤定边县并入蒙化府。民国二年（1913）属蒙化县，后设南涧、公郎两县佐。南涧之名的正式记载由此开始。但南涧之名并不由此缘起，相传早在南诏时，就有人唤此地为"南涧"。据《定边县志》载："唐时因地处所属蒙舍诏南部，夹涧水之间，故名南涧。元置县制，时称定边，迄今已有七百多年的建县史。"这是说南涧周围哀牢山、无量山等山川耸立，中间大河穿过，地貌形似槽涧，又因当地位于蒙舍诏南部，故称"南涧"；另一说"南涧"是一个傣语地名，意为"清水河"。南涧处于澜沧江和红河分水岭，江河沿岸两岸青山对立，松涛送波，倒映澄澈的江水中，仿若水下也有青松伫立，苍翠欲滴。

　　值得注意的是与南涧县佐同时出现的公郎县佐，一直到今天也还在南涧彝族自治县留有痕迹，承袭其名的是南涧彝族自治县下辖的公郎镇。公郎，原称"故路把"，是一个彝语演绎地名。彝语"故路"系"姑鲁"谐音，"姑"为"九"，"鲁"为"龙"，"把"为"人"，意即彝族先民九龙人居住的地方。传说诸葛亮在此射死部落酋长公狼，当地因名公狼，后写作公郎。类似的彝语地名还有乐秋乡，原名"罗丘"，彝语中"罗"为"彝族"，"罗丘"是彝族居住的山地的意思，后译音演变为乐秋。

1950年，无量山地置蒙化县，属大理专区，1954年又归并巍山县，

◆ 南涧彝族跳菜

直到1961年析出，重置南涧县，1965年11月经国务院批准成立南涧彝族自治县。

郁郁葱葱的无量山，奔流不息的红河水，见证着这片彝乡热土的古往今来。生活在这片热土上的彝人，热情豁达，开放包容，创造了悠久的历史和灿烂的民族文化。南涧跳菜历史悠久，盛行于唐代民间，从最初的感恩食物与收获的仪式到如今的相聚庆典，这里的彝族村寨数千年间，不论婚丧嫁娶，都跃动着一个个独特的身影。逢喜事，以之助兴；遇丧事，用其化悲。唢呐声里，引菜人和抬菜人跳着彝族特有舞步，把饭从灶房送到餐桌。高手更能口中送菜，木托盘旋转舞动间，美味土菜纷纷上桌，跳菜的功夫，摆菜的讲究，延续着千百年来的传统规矩，跳过有滋有味的漫长岁月。从南涧的山野，跳到央视春晚，从锅台饭桌，跳进了英国皇宫。头顶托盘山模样，跳得哀牢山回响。

南涧地处北纬25°，世界公认的黄金气候生态带从这里穿过，涧水云雾的终年滋润，孕育了这里秀美的自然景观和富饶的物产资源。无量山国

家级自然保护区是滇中南地区唯一一块储存了无数珍稀动植物物种基因的宝库。

　　川流奔涌，斗转星移。置县百年，南涧儿女如山般坚定，质朴务实；似水般进取，奋勇向前，在早早到来的春日暖阳里，谱写"美丽彝乡，幸福无量，跳菜南涧，活力山城"的新篇章。

　　南涧彝族自治县：位于大理州南端。东接弥渡县，南与景东县毗邻，西南以澜沧江为界，与云县相望，西与凤庆县接壤，北接巍山县。全县面积1738.82平方千米。辖南涧、公郎、小湾东、宝华、无量山5镇，拥翠、碧溪、乐秋3乡。2021年底常住人口19.10万人。彝族为境内主体民族，其他还有汉族、苗族、回族等7个世居民族。

巍山彝族回族自治县·南诏之源

　　巍山，因其辖区境内巍宝山得名。据《巍宝山志》记载："巍宝山亦名巍山。巍山之名，起于唐代，以其为南诏发源地而著称于世也。"唐代樊绰所著《蛮书》记载："南诏，或曰鹤拓、曰龙尾、曰苴咩、曰阳剑，本哀牢夷后，乌蛮别种也。"可考证细奴逻耕于巍宝山下。唐贞观年间，细奴逻统一了巍山南部，建立蒙舍诏，"诏"在当地有"王、君主"和"地方"之意。此时洱海附近有许多"诏"，其中较大的有蒙舍诏、邆赕诏、施浪诏、越析诏、蒙嶲诏、浪穹诏六诏，因蒙舍诏地处最南端，故称为南诏。永徽元年（650），细奴逻在今巍山县垅圩图山建立了南诏第一个都城。南诏派人到长安朝贡，因南诏统治区域倚靠巍宝山，唐高宗封细奴逻为巍州刺史。唐开元二十六年（738），细奴逻的曾孙皮罗阁在唐王朝的支持下完成了统一六诏的丰功伟业，被大唐敕封为云南王。此后群雄争据，风云变幻，南诏没落。大理国时在原蒙舍诏置开南县。元至元十一年（1274），升开南县为蒙化府。"蒙化"一名，一说有少数民族归化的意思。巍宝山区域带着"蒙化"的名字，冠以不同的行政级别，走过了明、清和民国的数百年，中华人

◆ 南诏国发祥地巍宝山

民共和国成立后，1954年，正式改名为"巍山县"。巍巍宝山，熠熠生辉，自此，巍山县走向了新时代的新篇章。

巍巍宝山，风调民安。1956年11月，人民政府在今巍山县域分设巍山彝族自治县和永建回族自治县，属大理白族自治州管辖；1958年，两县合并；1960年，经国务院正式批准，设立巍山彝族回族自治县。

巍巍宝山，文化璀璨。作为县名来源的巍宝山，是全国四大道教名山之一，绵亘数十里，峰峦起伏，山形似一头蹲坐的雄狮回首俯瞰巍山城。山上古木参天，浓荫葱郁，溪泉叮咚，花繁草茂。巍宝山道教宫观依山就势，布局巧妙，出阁架斗，工艺精湛，雄浑古雅，雕塑形象逼真传神，雕刻壁画图案丰富多姿，具有浓厚的宗教色彩和民族特色。每年农历二月一日至十五日是巍宝山传统朝山庙会，届时山上宫观香烟缭绕，四方游人香客络绎不绝。拾级而上，在葱郁树木的荫蔽下，幽风袭来，身上渐起的凉意让人清醒；树影摇曳，偶有几缕阳光漏过，穿过时又觉得分外温暖。就好像巍山这片土地，山川肃立令人敬畏，人民热情暖流入心。

巍巍宝山，灵水秀川。巍山地处哀牢山和苍山结合部，山川逶迤秀丽。横跨澜沧江和红河两大水系，从县境西部穿过的漾濞江气势磅礴；作为红河源头的杨瓜江悠悠流淌，带着巍山人民的希冀一路向南，奔向遥远的太平洋。巍山境内河谷、山地、盆地相间分布，地域辽阔，气候温和。借着优越的自然地理条件，辅以悠久的人文历史文化，巍山成为古迹众多的文献名邦，县城中心保存有明代建筑古城楼，巍宝山、玄龙寺等风景名胜荟萃，是云南省级历史文化名城。

巍山彝族回族自治县是南诏故地，千年以后，南诏征伐的硝烟和王者的权谋已被时光淹没，只有仍然伫立的巍山古城，依稀记住些过往的沧桑。拱辰楼、星拱楼、北社学、等觉寺、文庙，满城的古迹让人们找寻到与历史的接口。踏着先人的足迹，巍山再启程，励志谱华章。

> **· 资料卡 ·**
>
> 巍山彝族回族自治县：位于大理州南部。东邻弥渡县，南与南涧县、凤庆县相邻，西以漾濞江为界，与漾濞县、昌宁县相望，北连大理市。全县面积2200平方千米。辖南诏、庙街、大仓、永建4镇，巍宝山、紫金、马鞍山、五印、牛街、青华6乡。2021年底常见人口26.51万人。彝族为境内主体民族，其他还有汉族、回族等民族。

永平县 · 永远太平

"汉德广，开不宾，度博南，越兰津；渡澜沧，为他人。"《博南谣》是云南最早的诗歌，被北魏郦道元《水经注》收录。民歌中的博南，是永平的古称，这首诗歌也是汉朝开拓南方丝绸之路博南道的最早史料。

永平汉代属哀牢国地，据《续汉书·西南夷传》记载，东汉明帝永平十二年（69），于哀牢地置永昌郡，"始通博南，度仓水，行者苦之"，在今永平设博南县。《水经·若水注》记载："博南，山名也，县以氏之"，系以境内博南山命名。博南二字在永平境域延续近两千年，如今永平县城所在地博南镇，仍承袭此名。

关于"永平"一名的来历，有两种说法。一说南诏置胜乡郡，属永昌节度。元至元十一年（1274），改置永平县，这种说法寓有永远安定太平之意。另一说为纪念"东汉永平中始置县"，故以年号命名县域。

"永平"一名从此开始在史书落墨，今已有七百多年。

洪武十五年（1382），改县为永平御，寻改千户所，属金齿卫。嘉靖三年（1524）复置县，属永昌府。民国三年（1914）归腾越道；十八年（1929）废道，直属省。1950年属大理专区，1956年属大理白族自治州。

前文所说"度博南，越兰津"，描述的就是马帮经过博南古道一段的情景。马帮经过此道，与之相关的商业、饮食业便拔地而起，沿途曲硐、花桥、杉阳等村落逐渐发展壮大，成为古道上的重要驿站。曲硐村，历史上两次成为永平县县治所在地，如今是永平县城的一部分。相传此村村后小狮山有洞，狗追猫，狗能通，猫不能通，因名"奇洞"，后谐音演绎为"曲硐"。花桥村则是东汉博南县县治所在地，据说这里原有一座雕梁画栋的花桥。杉阳村后来发展成为今天的杉阳镇，镇名乍一看因林木而取，实则不然。"杉阳"原为"沙阳"，"沙"是因村落聚于沙河旁，"阳"则指方向。"阴"为北，"阳"为南，"沙阳"意即沙河南面，清道光年间演变为"杉阳"。永平黄焖鸡也最早在博南古道驿站的餐桌上出现，以其色味俱佳、烹制快捷的特点受到人们的好评，随驿站的车来马往美名远扬。

永平历史悠久，文化多元，南方丝绸之路从永平穿境而过。沿线古迹众多，人文丰富。南流的澜沧江在此西拐东折，环抱了绵延百余里的

◆ 永平县高山茶园

博南山，江流湍急，山势险峻，造就了境内一江环一山的地理奇观。横跨澜沧江上的霁虹桥，是世界最早的铁索桥，被视为中国桥梁建筑史上的一大奇迹。明代才子杨慎自号博南山人，清代大儒桂馥在永平任职，民族英雄林则徐在永平留驻，著名画家徐悲鸿在永平的故事，美国作家埃德加·斯诺留下关于永平的记述，都成为了珍贵的历史文化印迹。抗战时期的永平人民，举全县之力，日夜奋战，手刨肩挑，用最快的速度修建了滇缅公路最为艰巨复杂的修筑路段，用血汗之躯打通了抗战救国的重要生命线。

永平县山岭雄峻，古木参天，风景秀丽，生态良好，宝台山国家森林公园原始森林地处昌宁、漾濞、巍山、永平四县市结合部，气候垂直变化明显，植被具有从滇南到滇西北过渡的显著特征，拥有国家重点保护珍稀植物15种，珍稀动物40多种。永平县是典型的多民族聚居的山区农业县，被誉为"离天空最近的茶园"。

今天的永平县正飞速奔跑在经济社会跨越发展的快车道上，一座积淀千年的边陲小城，从开荒拓路到商贸枢纽，民族秉性生生不息。

> **· 资料卡 ·**
>
> **永平县：** 位于大理州西部。东与漾濞县、巍山县毗邻，南与昌宁县相连，西与保山市隆阳区接壤，北连云龙县。全县面积2884平方千米。辖博南、杉阳、龙街3镇、厂街彝族乡、水泄彝族乡、北斗彝族乡、龙门乡4乡。2021年底常住人口16.31万人。境内除汉族外，还居住着彝族、回族、白族、傈僳族、苗族等民族。

云龙县 · 江雾如龙

通往云龙的道路，曲折蜿蜒。行走桥间，云龙悠久的历史款款而来，仿佛能听到马帮由远及近的声音。

西汉元封二年（前109），置比苏县，属益州郡；古白语中"比苏"即"产盐地"的意思。南诏属剑川节度。大理设云龙赕，治今旧州。清董善庆

◆ 云龙县诺邓村（杨茂川 摄）

在《云龙记往》中记载："云龙，得名于澜沧江，江上夜覆云雾，晨则渐以升起，如龙。"冬季澜沧江及其支流沘江流域昼夜温差较大，夜晚气温低，湿度大，江水升腾成云雾，在两岸高山丘壑形成的峡谷间缓缓移动，因此云雾像是白龙盘旋，故称为"云龙"。元至元二十六年（1289），云龙赕改置云龙甸军民府，后改云龙州，属大理路。明初属大理府，正统年间改属蒙化府。清复属大理府。民国二年（1913）改为云龙县。1950年属大理专区，1956年属大理白族自治州，1958年并入永平县，1961年析出复置。

云龙因地处横断山脉北段腹地，东为云岭，西为怒山，中间有槽涧、旧州两个坝子，怒江从西缘往南流，沘江纵贯县域，形成一个大大的S型，生成一幅壮观的天然太极图，形成云龙山川并列、山高谷深的地形地势。石门镇摩崖石刻，众多文人墨客再次咏景怀古，被称为"高原明珠"的天池，四时景色各异，是天然的森林公园。

如今云龙县城所在地已改名诺邓镇。"诺邓"一名，既是镇名，也是村落名，还是盐井名。一说"诺邓"是白语译音地名，意为"有老虎的山坡"；又说因南诏时诺、邓二姓首先在此定居，故名。自南诏以来近1300年，诺邓村村名一直没有改变，是滇西北地区年代最久远的村邑，被称为

"千年白族村"。诺邓村有诺邓井，至今能打井取卤，煮水成盐。用诺邓盐腌制的诺邓火腿，色鲜味美，闻名遐迩。

"万驮盐巴千担米，百货流通土士奇，行商坐贾交流密，铓铃时鸣驿道里。"云龙盛产井盐，明洪武十六年（1383）在诺邓置"五井盐课提举司"，下辖诺邓井、顺荡井、山井、大井和师井五个盐井。嘉靖年间又增设石门井、宝丰井、天耳井，共成八大盐井，但习惯上仍称"五井"。其中，顺荡井名源白语，原名"书妥"，意为顺路，后演变为顺荡；师井是因明末开井煮盐时掘得一石狮而得名"狮井"，后演变为师井；宝丰井又名金泉井、雒马井，"雒马"是傈僳族对白族的称呼，因此地白族聚居得名；天耳井以附近天耳山命名，传说此山酷似人耳，且能预报天气，先民们便将此山誉为"能听知天上降雨动静的耳朵"，将此井唤做"天耳"。

宝丰井所在的宝丰古镇，依山傍水，钟灵毓秀，曾是云龙州治所在地，培育出云南大学前身东陆大学的首任校长董泽等一批杰出人士。

跨江而过的云龙是桥梁之乡，人们沿沘江修建了众多的桥梁。古老的溜索、独特的铁索吊桥、藤桥、木梁风雨桥、石拱桥等，各式各样，种类繁多，形态各异，足有上百座，堪称"中国古桥梁博物馆"。

古道今驿，盐调百味。云龙这座古城，在盐井、桥梁、古道间，串起了古来今往。人们透过奔流的沘江水，把人间烟火演绎成最质朴动人的样子，吸引着无数游客造访，看着浑然天成的太极图，感悟天地之造化，体会人生之百味。

· 资料卡 ·

云龙县：位于大理州西北部。东与洱源县、漾濞县相连，南与永平县、隆阳区毗邻，西与怒江傈僳族自治州泸水市交界，北与剑川县、怒江傈僳族自治州兰坪白族普米族自治县接壤。全县面积4400平方千米。辖诺邓、功果桥、漕涧、白石4镇，宝丰、关坪、团结、长新、检槽、苗尾、民建7乡。2021年底常住人口约18.17万人。境内除汉族外，还居住着白族、彝族、傈僳族、阿昌族等民族。

洱源县·洱海之源

在滇西高原上，有一颗璀璨夺目的明珠——洱海；在洱海的源头，有一个美丽神奇的地方——洱源。"洱水西源第一流，川名沃野稻先秋"。茈碧湖清波荡漾，烟笼寒翠，引出的弥苴河缓缓流淌，穿流过参天古树，盘绕着静谧的村庄。

《山海经·西山经》里有"黑谷之山，洱水出焉，而西流注于洛，其中多茈碧"的文字，或许是对洱海源头的最早记载。湖泊、水库、龙潭、溪流，汇聚成弥苴河、罗时江、永安江三条江河，在邓川成川字型排列，注入洱海，是为"洱源"。

旧石器时代，洱源就有古人类居住。西汉时，洱源属益州郡叶榆县地，东汉属永昌郡，隋属南宁州总管府。唐初，洱海地区群雄并起，六诏逐鹿，浪穹、邓赕、施浪三诏都在此建立统治，所以洱源又被称为"三诏故地"。南诏时期，洱源地区设浪穹、邓备、舍利等州。大理国时期，设宁北赕、邓赕、凤羽郡。蒙古宪宗七年（1257），设浪穹、德源两千户所。元至元十一年（1274），置邓川州，辖浪穹、凤羽两县，属大理路管辖。明清设邓川州、浪穹县。民国元年（1912）浪穹县改称洱源县，因洱海发源于县境得名，白语称"老后细"，意即水花冒出的地方，"洱源"之名自此开始。那么浪穹又作何解？唐代樊绰编著的《蛮书》记载："南

◆ 洱源白族妇女制作乳扇

诏击破剑川，俘矣罗君，徙永昌，凡浪穹、邓赕、施浪，总谓之浪人，故云三浪诏。"这是对浪穹一名最早的记录。

在洱源地名演变历程中，还经常出现一个政区名——凤羽。凤羽郡、凤羽县皆在洱源地境曾有建置，如今凤羽镇也属洱源所辖6镇之一，是国家级历史文化名镇。凤羽镇境内有一山脉，山岗数十支东下，如凤之羽，故名凤羽。"凤殁于此，白鸟集吊，羽化而成。"传说凤凰死于此地，众鸟来此凭吊，凤凰羽化后滋养了此地。于是这座山便被唤作鸟吊山。

1950年，洱源县归属大理专区，1956年属大理白族自治州。1958年，撤洱源、邓川两县，并入剑川县。1961年10月，原洱源、邓川两县合并称为洱源县。到2021年，洱源境内汉族、白族、彝族、回族、傣族、傈僳族等24个民族杂居，是以白族为主的多民族聚居县，近30万洱源人民在2614平方千米的湖源仙境幽居，风调雨顺，生活胜意。

相传开元二十六年（738），南诏统一六诏时，邓赕诏主皮罗邓夫人白洁曾领兵在德源城抵抗皮罗阁，人们知道后在夜晚燃举火把赶赴支援，但最终皮罗阁平定六诏，白洁反抗失败后，投井而亡。有说法认为白族的火把节起源于此。历史的烟云苍茫变换，洱源的清溪碧水依然自在流淌。一村三渡水，十里九重山。洱源的地势由西北向东南倾斜。马鞍山、罗坪山、西罗坪山三支主山脉由北向南纵贯全境，马鞍山又叫马耳山，因山形似马耳而得名。《水经注》中则称罗坪山为"阜山"，白语称为"乐比脑"，意即顶峰有坪的冰雪高山，后取"乐"的白语译音，加上"坪"的地貌地形，组合成"罗坪"这个名字。洱源西部山区高山峡谷，山外青山，巍峨绵延，一幅雄奇壮美的画卷；东部坝区平畴沃野，江河如织，湖泊棋布，一派高原水乡风光。东湖四营三村，西湖六村七岛，村在湖水中，碧溪绕庭院，水流花静，田畴交错，三坊一照壁，四合五天井，是清白传家的洱源故事。

物华天宝，大自然给洱源这块土地上的动植物提供了优越的生态环境。上关花（滇藏木兰）在洱河之源摇曳，"滇省唯浪穹优之，称仙品"的素心兰暗香馥郁，茈碧湖畔茈碧花随风盛开。最有名的还属梅子，洱源全县山区和坝区梅子树遍布，被誉为"梅子之乡"。"小小青梅上指尖，巧手翻作玉菊兰，蜜糖浸渍味鲜美，疑是仙葩落人间"，这首清新的小诗，描述的就是洱源特产——雕梅。因自然资源丰富，洱源素有"鱼米之乡""乳牛之乡""温泉之乡""兰花之乡""唢呐之乡""高原水乡"等美誉。

农耕稻作，畜牧挤奶；雕梅煮酒，读书传家，洱源人四时无闲暇。在山水的滋养中，勤劳、智慧，与土地和水相依相存。碧水潺潺，万物生长；温泉汩汩，天然馈赠。蒸腾的暖雾抚过身心，温润的水如温润的洱源，让人忍不住回首，流连忘返。

剑川县·山河为名

　　在茫茫横断山脉的南端，源自青藏高原的金沙江、澜沧江、怒江，在深山峡谷间日夜奔腾，形成"三江并流"的自然地理奇观。剑川县地处大理白族自治州最北端，是自南向北进入这一人间秘境的重要门户。

　　剑川之名的来源，说法颇多。一说县以河名，"剑川"之名诞于唐代，但记载见于明清，剑川境内有天然湖泊——湖尾河，据《肇域志·云南志》等志书记载，湖尾河，河尾水，汹涌澎湃，水激如剑，曲流三折，形如川字，古称"剑川"。二说依据自然地势，综合山河特征得名，有"山形如剑，曲流成川"之意。三说剑川是化族名为地名，"剑"为族称或部落称号，即唐初居住于该地的施、顺诸蛮的自称，剑川即是剑人居住的地方。四说，从语言学分析，汉语"剑川"或为白语的汉音雅化词。五说，因物产得名，因剑川坝子盛产"浪剑"，远近闻名，"剑川"意为铸剑民族居住的地方。总之，剑川之名的起源，众说纷纭。白州北大门多元包容之特性，正在于此。

　　元至元十一年（1274），剑川设县，属鹤庆路。明洪武十七年（1384），升剑川县为剑川州，治今金华镇，属鹤庆府。清乾隆三十五

◆ 剑川沙溪古镇

年（1770）改属丽江府。民国二年（1913），复置剑川县。中华人民共和国成立后，1950年属丽江专区，1956年改属大理白族自治州；1958年洱源、邓川两县并入；1961年洱源县析出复置；2021年，剑川县辖金华、甸南、沙溪、马登、老君山5镇，羊岑、弥沙、象图3乡。白族、汉族、彝族、傈僳族、回族、纳西族6个世居民族互帮互助，18万白国儿女在2250平方千米的坝地上生活劳作，登如剑高山，淌如川流水，生生不息。

循着先贤走过的路，来到石宝山，静对着石窟雕像，南诏国的金戈铁马和大理国的杳杳钟声仿佛在这里回响。向着滇藏茶马古道，马帮的响铃声踏着月色而来，又迎着朝霞远去，一晃就是千年。明代以后，儒家思想深刻地影响着剑川，在此后几百年里，剑川文风大开，创造了"七进八举""一门三进士""一府三将军"等科考佳话，成为享誉西南的文献名邦。作为云南文明发祥地之一，2008年国家第三次对剑川海门口文化遗址进行考古发掘，发现了距今5300年前的中国最大的水滨木构干栏式建筑聚落遗址和碳化稻、麦等农作物种子，为重新认识中国古代稻麦复种技术的起源，提供了重要线索。

听着工匠磨刻的声音，走进木雕坊，深山石料、木材被逐渐雕琢成形，雕刻着千年文脉，传承着百代风华。剑川是中国木雕艺术之乡，以能工巧匠闻名。石匠们也不甘寂寞，一锤一钻、一凿一磨，刻下了一座山——满贤林千狮山。"买取深林半日闲，万户烦愁随云去"，融自然景观和人文景观为一体，三千余头石狮，千姿百态，栩栩如生，是东汉至清代历代狮纹图案与白族狮文化相结合的典型代表，堪称"千狮双绝"。

唱着革命的歌，探索千年文脉，承袭百代风华，剑川儿女谱写佳话。剑川有着良好的革命传统，1949年4月2日，中共滇西工委在这里领导了四二武装暴动，打响了滇西北武装推翻国民党反动政府的第一枪。如今，剑川地处南方丝绸之路主干线和滇藏茶马古道交汇地带，白族人口占全县总人口的九成以上，被誉为"中国白族第一县"。原生文化、汉文化、藏文化以及来自南亚、东南亚的印缅文化在这里碰撞，构成其丰富多元的文化形态。

2022年，国家方志馆南方丝绸之路分馆在剑川建成并正式开馆。位于剑川县东南部，纵贯2500多年古道历史的沙溪古镇，是国家历史文化名镇。古镇上的寺登街是"世界纪念建筑遗产"和茶马古道上唯一幸存的古集市。阡陌纵横，溪河之间，恍若隔世的安详涤荡着到访游人心中的愁绪，不经世俗喧嚣浸染的沙溪就这样安静地穿越了千年。

· 资料卡 ·

剑川县：位于大理州北部。东与鹤庆县相连，南与洱源县接壤，西接兰坪县，北邻玉龙县。全县面积2250平方千米。辖金华、甸南、沙溪、马登、老君山5镇，羊岑、弥沙、象图3乡。2021年底常住人口15.91万人。白族为境内主体民族，其他还有汉族、彝族、傈僳族等民族。

鹤庆县 · 祥鹤庆辉

暗香馥郁，是鹤庆兰花盛开的时节；水光潋滟，是鹤庆龙潭窈窈的私语；翩跹飘逸，是鹤庆草海飞鸟的纤姿。漫漫古道中，瑶台仙池下，小锤声声里，鹤庆水乡被錾刻得晶莹透亮，熠熠生辉。

唐代樊绰在《蛮书》中提到地名"俄坤"，是"白鹤一双"的意思。

◆ 云鹤楼（韩海娥 摄）

可考证为今天的鹤庆，当地白族语还保留着这个称呼，据康熙《鹤庆府志》记载，汉代以前，鹤庆是西南夷的一部分。西汉为叶榆县地。隋及唐初属姚州都督府。南诏设谋统部。大理为谋统府。蒙古宪宗三年（1253）设鹤州。元至元二十三年（1286）改鹤庆路，鹤庆之名由此开始。

关于"鹤庆"的释义，有两种说法。一说鹤庆坝子原来是一个湖泊，有成群的白鹤傍水而栖，湖中绰绰白影，湖上丹顶霜翎，美不胜收，故称为鹤川；一说初建古城楼竖梁柱时，有双鹤飞来（"俄坤"），盘旋上空，人们认为这是祥瑞之兆，于是将此地取名为鹤庆，历朝历代承袭鹤庆之名。

明洪武十五年（1382）设鹤庆府，下辖六州，鹤庆成为当时滇西北的政治中心。经过几朝政权更迭，民国政府改立鹤庆县。直至1949年，中华人民共和国成立后，设置鹤庆县人民政府，属丽江专区，1956年改属大理白族自治州。

瑶池仙台，散落凡尘。鹤庆坝子大小龙潭，潭水清澈，四季涌动；百鸟齐飞，山水云天，四季色彩变幻，如歌如沐。到2021年，在大理白族自治州北端的这片土地上，白族、汉族、彝族、傈僳族、纳西族等28万鹤州儿女日出而作，日落而息，共同守护着2395平方千米的逍遥天地。草海湿地河渠纵横，春季杨柳依依，夏季红荷怒放，秋季芦花飘雪，冬季候鸟云集；云鹤楼斗拱交错，飞阁流丹，如云中白鹤，祈愿文物通达、民安物阜；还有马耳山的松涛林海，金沙江的翻涌激流，北衙石林的突兀峥嵘和青玄洞、天华洞、幺龙洞的嶙峋怪石，伴着龙潭温泉的碧波粼粼，无一不是奇秀天成。

古道漫漫，马铃回响。昔日穿行在山间的马帮驼队为鹤庆商帮踩出了一条千古通行的道路。清道光年间，李恒春创办同心德商号，此后百年，鹤庆涌现出大小商号近百家，以同心德、兴盛和、福春恒、恒盛公四大商号为首，鹤庆商帮历史悠久，影响深远，促进了民族地区商贸和手工业的发展，加快了当地经济的发展。

日出日落，小锤声声。新华村，一座名不见经传的小村，在千锤百炼的粹变下，成为远近闻名的白族工匠村。新华银器制品原料纯度高达99.9%，采用纯手工制作，常用浮雕、镂空等技艺手法，装饰图案造型复杂、内容丰富，以设计精美、工艺精湛而蜚声省内外，沿茶马古道远销印度、尼泊尔等国家，慕名游客纷至而来，在叮叮当当的錾刻声中，选购传统手工制作的精美器物，品味鹤庆白族纯正典雅的生活方式。鹤庆银器充分体现出鹤庆工匠艺人的创造才能和高超的工艺制作水平。

丹顶宜承日，霜翎不染泥。逐利的商帮文化没有动摇鹤庆人民质朴的心，他们始终像白鹤一样，出淤泥而不染，以手起家，以技服人。祥鹤双飞至，盘旋在古城楼上的两只飞鹤，一路保佑着这片水乡福地。美不胜收的泉潭湿地、小锤敲打一千年的辛勤，一步一个脚印，铺陈出鹤庆未来的美好画卷。

· 资料卡 ·

　　鹤庆县： 位于大理州北端。东以金沙江为界，与永胜县相望，南与宾川县、大理市接界，西与剑川县、洱源县接壤，北与丽江市古城区毗邻。全县面积2395平方千米。辖辛屯、草海、云鹤、松桂、西邑、黄坪、龙开口7镇，金墩乡、六合彝族乡2乡。2021年底常住人口24.15万人。境内除汉族外，还居住着白族、彝族、回族、纳西族等民族。

德宏傣族景颇族自治州

——美丽秘境，富庶之城

德宏地处祖国西南边陲，是我国面向印度洋的主要陆路出口。早在公元前4世纪，德宏就成为中国历史上最早通往缅甸、印度、巴基斯坦、阿富汗等国陆路商贸交通线"蜀身毒道"的必经之地之一，地理交通意义非凡。

东汉属永昌郡哀牢县。南诏时期属永昌节度和丽水节度管辖。大理国时期属永昌、腾越金齿部地。元设置茫施路（今芒市）、镇西路（今盈江）、平缅路（今陇川）、麓川路（今瑞丽）四路及南甸军民府（今梁河），隶属金齿宣抚司六路军民总管府。明建立土司制度，设立了南甸（今梁河）、干崖（今盈江）、陇川宣抚司和盏达（原莲山）、遮放副宣抚司，芒市、勐卯（今瑞丽）安抚司，隶属永昌府腾越州。清承袭明制，乾隆年间增设了腊撒、户撒两个长官司（今陇川县户撒乡），光绪二十五年（1899）增设勐板土千总（今芒市芒牛坝一带）。南甸、干崖、陇川、盏达、勐卯、户撒、腊撒土司隶属腾越厅管辖；芒市、遮放土司和勐板土千总隶属龙陵厅管辖。当时德宏地界上共有十个土司。土司职位世袭相传，实行封建领主制度。中华人民共和国成立后方彻底废止，德宏土司制度经历了五百七十四年之久，是云南省土司制度延续时间最长的地区。

德宏州的少数民族中，人口最多的是傣族。"德宏"地名的由来，也取自傣语的译音，"德"为下面，"宏"为怒江，意为怒江下游以西的地方。

德宏，是全国傣族、景颇族、德昂族和阿昌族的主要聚居地。景颇族、阿昌族、德昂族是全国人口较少民族。人们可以在这里感受到浓郁的亚热带自然风光以及风格各异的民族风情。主要民族节日有傣族、德昂族泼水节，景颇族目瑙纵歌节，还有阿昌族阿露窝罗节以及傈僳族的阔时

◆ 勐焕大金塔（张仁韬 摄）

节。同时，中缅边界同一民族跨境而居，由此构成了"一寨两国"，两国居民同饮一井水的独特景观。改革开放以后，瑞丽"中缅街"互市贸易和中缅旅游的发展，使德宏更添一份富有异国情调的边地风情。

德宏地名来自傣语，而傣族是德宏历史最悠久的世居民族之一。今天德宏傣族约占全州总人口的27.27%。德宏傣族历史上有"滇越""掸""金齿""百衣""摆夷"等称谓，多居住在平坝河谷地带。根据傣族史书《嘿勐沽勐》记载，公元前499年，德宏形成诸多部落，周威烈王二年（前424）就已有傣族部落战争的记载。司马迁《史记》中的"滇越"即指今德宏及附近地区的傣族先民。德宏傣族有傣勒、傣德之分，傣勒主要分布在芒市、盈江、梁河等县市，居所多为土木砖瓦结构的四合院式建筑；傣德主要分布在瑞丽一带，其民居建筑样式多为干栏式竹楼。傣族男子有文身习俗，绝大多数人信奉南传佛教。德宏的佛寺和塔遍布各地村寨，比如瑞丽的雷奘相寺，乃是传说中释迦牟尼亲临传教的8大寺之一。芒市的菩提寺，曾因迎奉过佛牙而在东南亚有着较大的影响。而芒市的勐焕大金塔、瑞丽的姐勒金塔、弄安金塔和陇川的景坎以及芒市遮放的洞尚允等佛塔，传说是释迦牟尼转世金鸡、金熊、鸳鸯、玉兔和金孔雀等的舍利塔。

德宏傣族文化丰富多彩，比如民间文学中的叙事诗就有500多部，这在各少数民族中亦属罕见。另外，德宏傣剧是全国少数民族四大剧种之一，在民族戏剧当中享有崇高地位。

德宏傣族景颇族自治州地处南亚热带，是祖国西南边陲上的一颗明珠。这里不仅有肥沃平坦的坝子，是云南重要的粮食和蔗糖基地，还是云南边境贸易最活跃的地区之一。同时，德宏还是我国重要的旅游城市，素有"孔雀之乡"的美誉。时至今日，德宏这块美丽的土地已经发生了翻天覆地的改变，而未来的德宏，一定会像美丽的孔雀展翅腾飞，孔雀之乡也会更加美丽。

德宏傣族景颇族自治州： 位于云南省西部，东面和东北面与保山市相邻，南、西和西北与缅甸接壤。全州面积约11172万平方千米，辖芒市、瑞丽、盈江、陇川、梁河等2市3县。2021年底常住人口约131.6万人。境内除居住着汉族外，还居住着以傣族、景颇族、阿昌族、傈僳族、德昂族等5个主要世居少数民族为主的40多个少数民族。

芒市 · 芒芒朝光

芒市，傣语为"勐焕"，意为"黎明之城"，地处云南省西部，是德宏傣族景颇族自治州州府所在地。芒市历史源远流长，早在公元前4世纪就是"蜀身毒道"，是由成都通往古印度的重要驿站。秦汉时期，芒市又是"南方丝绸之路"云南段的终端。

芒市，古为"乘象国滇越"地。西汉时为不韦县，属益州郡。东汉永平十二年（69）划入哀牢县，属永昌郡。三国蜀汉时沿袭旧制。西晋泰始七年（271）属宁州辖地。唐初，以些乐城为中心地区（今芒市）称茫施、茫施蛮，属金齿部，隶属剑南道姚州都督管辖。南诏上元十一年（794），茫施（今芒市）属永昌节度地。大理国时期，易名怒谋，属永昌府，为金齿白夷地。元中统二年（1261），在金齿地设安抚司，属贺天爵安抚使管辖；至元十年（1273）分金齿司地为"路"；次年，东路改名镇康路；至元十三年（1276）从镇康路划出，设茫施路，隶属金齿宣抚司六路总管府。明洪武十五年（1382）废茫施路，置茫施府，隶云南承宣布政司；正统八年（1443）改置芒市御夷长官司，属金齿军民指挥司，后隶云南布政司；万历十三年（1585）在遮放地区置遮放副宣抚司；崇祯十三年（1640）芒市御夷长官司升格置为芒市安抚司。清初属永昌府；乾隆三十五年（1770）改属龙陵厅；光绪二十五年（1899）置勐板土千总（今芒牛坝一带），属龙陵厅管辖。

民国二年（1913）划芒市、勐板两司为芒板弹压委员辖地，划遮放、勐卯两司为遮卯弹压委员辖地，均隶属滇西道观察使；民国四年（1915）改划芒遮板三司地为芒遮板行政区，属腾越道尹，公署设在勐戛。后废道制，改属第一殖边督办公署；民国二十一年（1932）改为芒遮板设治局（准县级）；民国二十三年（1934）改设潞西设治局——因以芒市位于（怒江）以西的方位关系而得名；民国二十五年（1936）十一月始设区、乡（镇），与土司制度原设合一，共设3区24乡4镇。1949年3月潞西设治局从勐戛迁入芒市。8月改为县治，县名仍为"潞西县"，隶属第十二区行政督察专员公署。

1950年4月21日潞西和平解放，潞西县人民政府建立，隶属保山专

◆傣族古镇（芒市委党史研究室 提供）

署。1953年7月，潞西划入德宏傣族景颇族自治区。1956年，自治区改自治州，潞西县隶属德宏州。1996年10月，潞西县撤县改市，改称潞西市。2010年7月，经国务院批准，潞西市更名为芒市。"芒市"是国务院继1989年以后正式批准的唯一一个专名和通名只有两个字的县级市名称。"芒市"既是专名，其"市"字又是政区通名。

芒市，在唐代称"茫施"先是部落名称，后为地名。最早见于唐代樊绰《蛮书》之《云南志》卷四："茫施，茫蛮部落。茫是其君之号，蛮呼茫诏。从永昌城（今保山）南，先过唐封（今缅甸），以至凤蓝苴（今凤庆）。以次茫天连（今孟连）。以次茫吐薅。又有大赕（今缅甸克钦邦北部）、茫昌（今勐卯）、茫盛恐、茫薜、茫施（今芒市），皆其类也。楼居，无城郭。或漆齿。皆衣青布裤，藤蔑缠腰，红缯布缠髻，出其余垂后为饰。妇人披五色娑罗笼。孔雀巢人家树上。象大如牛。土俗养象以耕田，仍烧其粪。"

《读史方舆纪要》载："在永昌西南四百里，东至镇康州。西南俱至陇川宣抚司界，北至永昌府潞江安抚司界。"《芒市代土司简史》载：正东起自石头山，东北以怒江为界，包括勐弄、平戛、象达等地。南方至勐牙、勐板等地，西至卸冷河（今轩岗河）和芒市河相交处。"芒市"之名始于此。

"茫施"在德昂语中原意为德昂族首领名，后为部落名称。"蛮"为傣语村寨（部落），"诏"者傣族首领。"蛮"后来写作"芒"，"施"意为虎，"茫施"意为虎寨。芒市傣语为"勐焕"，勐焕是一句佛语，传说释迦牟尼传教来到芒市，雄鸡啼鸣，晨曦就要照耀在这金色的坝子上，于是取名"勐焕"，意即黎明城或金鸡啼叫之城。

早在唐代，芒市就已经是傣族、德昂族等多民族先民共同生活的地方。这些地名，既蕴含着各民族的文化元素，同时又是各民族共同的家园代称。今天的芒市是德宏州的政治、经济与文化中心，是祖国西南边陲的重镇，更是中缅文化交流的重要窗口以及中缅经济的门户。未来的芒市，将承载着这些重要的意涵继续发展，为中外交流作出更大的贡献。

芒市：地处云南省西部，德宏傣族景颇族自治州东南部，东临龙陵县，西南连瑞丽市，西边与陇川县、梁河县隔龙川江相望，南与缅甸接壤。全市面积2900.91平方千米。辖5个镇（芒市、风平、遮放、勐戛、芒海），6个乡（轩岗、江东、西山、中山、五岔路、三台山德昂族乡），1个勐焕街道办事处，1个遮放农场社区管理委员会。2021年，芒市常住人口约46.17万人，有汉族、傣族、景颇族、德昂族、阿昌族、傈僳族等6个世居民族。

梁河县·永镇边陲

梁河，古名南宋，又名南甸，傣族名勐底。西汉时属益州郡不韦县。东汉永平十二年（公元69）地属永昌郡哀牢县。南齐改哀牢县为西城县，地属西城县。隋朝时属濮部地。南诏时期属永昌节度押西城所辖。大理国时期属腾冲府。蒙古中统二年（1261）属金齿安抚司辖区。元至元八年（1271）属西部安抚使辖区；至元十三年（1276）属平缅路总管府，隶属金齿宣抚司；至元二十六年（1289）置南甸路军民总管府，隶属大理金齿宣慰司。"南甸"地名由此而来，这也是南甸作为一个独立的行政区的开始。明洪武十五年（1382）三月，设南甸土知府，后废（时境内尚为麓川思氏所据，设府未曾实施）；洪武三十一年（1398）至永乐十一年（1413）南甸属腾冲守御千户所下辖的千夫长之地。永乐十二年（1414）置南甸土知州，直隶布政司，州治设于官城（今河西大地）；正统九年（1444），升南甸州为宣抚司，直隶布政司。清袭明制，顺治十七年（1660），准南甸以宣抚司职世袭，隶属腾越州（厅）。

民国年间，南甸地区实行"土流并治"。民国元年（1912）腾冲县移司狱于南甸土司辖区设八撮县丞（后改为分治员，县佐），八撮归县丞管辖，其余地区仍由土司依旧制管辖；十九年（1930），裁县佐，改设腾冲第六区；二十年（1931），裁区，恢复县佐；二十一年（1932），置梁河设治局，驻所大厂街，以梁河为地名至此始。设治局先后隶属云南第一殖

◆ 南甸宣抚司署（李洪达 摄）

边督办署、腾龙边区行政监督、云南第六、第十二区行政督察专员公署。

中华人民共和国成立后，设治局于1949年12月响应起义，成立临时解放委员会，在滇西人民解放委员会领导下管理梁河政务。1950年5月6日，人民解放军和党政代表团进驻原土司驻地遮岛，同年5月成立梁河各民族行政委员会。1952年5月25日，成立梁河县各族人民联合政府，梁河设县自此始。行政委员会和联合政府隶属保山专员公署。遮岛被沿用为县政府驻地。从1953年7月起，梁河改属德宏傣族景颇族自治区，1956年改属德宏傣族景颇族自治州。1958年10月18日，经国务院批准，撤销梁河县建置。1961年4月15日，恢复梁河县建置。1969年梁河随州并入保山地区。1971年起属德宏傣族景颇族自治州。

梁河地名的由来，是因县境内主要河流南底河旧名"小梁河"而得名。旧名南宋，因境内有南宋河而得名。傣语称"勐底"，"勐"为地方，"底"为下游，意即在河流下游的地方。"南甸"一名的来历，"南"是指位于腾冲南部而言，"甸"是指郊外的坝子。据乾隆《腾越州志》载："以其接壤腾南仅二十里，故曰南甸，盖腾之一甸也。"

梁河的南甸宣抚司署是我国西南边疆民族自治的重要见证，素有"中国土司制度的博物馆"之称，堪称中国西南地区土司制度的"活化石"。

南甸宣抚司署是目前国内规模最大、保护最完好的土司衙署之一，被誉为"傣族故宫"，1996年11月27日被国务院公布为全国重点文物保护单位，在2004年12月被评定为国家4A级旅游景区。这座土司署始建于清咸丰元年（1851），落成于民国二十四年（1935）。建筑为砖木结构宫殿式，按土司衙门等级分为大堂、二堂、三堂、正堂，一进四院逐级升高。该建筑群按汉式衙署布局，整个建筑群规划整齐，主次分明，共有4个主院落、10个旁院落、47幢149间房，占地面积10625平方米，建筑面积7780平方米。由牢房、巡捕房、公堂、属官房、军装房、会客厅、议事厅、账房、正堂、护印府等建筑组成。建筑雕梁画栋，错落有致，是研究云南少数民族史、地方史、土司制度及建筑技术、艺术等方面的重要实物资料，具有较高的历史艺术价值。

> **· 资料卡 ·**
>
> 梁河县：地处云南省西部，德宏傣族景颇族自治州东北部，东北与腾冲市接壤，东南与龙陵县交界，南与芒市、陇川县毗连，西与盈江县为邻。全县面积约为1136平方千米。辖遮岛、芒东、勐养3镇，平山、小厂、大厂、河西、九保阿昌族乡、曩宋阿昌族乡等6个乡。2021年常住人口约为13.86万人。境内除汉族外，还有傣族、阿昌族、景颇族、德昂族、傈僳族、佤族等26个民族。

盈江县 · 山绿水阔

盈江县处于云贵高原西南缘，西面俯瞰缅甸伊洛瓦底江上游流域低海拔平原，县内有十余个较大平坝，其中盈江坝为最大冲积型宽谷平坝；流经县域的主要河流为大盈江，在盈江县内长145.5公里。

盈江，傣语称"勐腊"，意为腊人（古代民族）居住的地方。早在两千多年前就是古代南方丝绸之路"蜀身毒道"的必经之地。

西汉时，盈江县为滇越乘象国属地；东汉永平二年（59）为永昌郡所辖；十二年（69），属永昌郡哀牢县辖地。蜀汉、两晋延续之。南朝属永昌郡辖西城县。唐初为腾越软化府辖。南诏时期于旧城设押西城，隶属永昌节度软化府。大理国时期属腾冲府乞兰部辖。元代开始实行"羁縻之治"，就地分封部落酋长，形成早期的土司制度；元属大理金齿等处宣慰司都元帅府；至元十三年（1276），置镇西路军民总管府。明代，由干崖宣抚司、盏达副宣抚司以及盏西土目司分而治之；明洪武十五年（1382），改镇西府；永乐元年（1403），置干崖长官司；正统九年（1444），升宣抚司，直隶布政司；天顺二年（1458），刀思忠为干崖副使管盏达地。清顺治十六年（1659），置盏达副宣抚司；光绪二十四年（1898），盏达第十九任土司刀思必被朝廷定罪处死，其子思鸿升因系"罪人之子，不得承袭"，由刀安善、思必发代办至宣统二年（1910），盏达副宣抚使停袭。

民国元年（1912），国民政府于干崖、盏达各设弹压委员一职；二年（1913）改行政委员，设行政公署；二十一年（1932），改设盈江、莲山设治局，为建县过渡机构，属云南省第一殖边督办所辖。1950年和平解放，翌年建盈江、莲山二县；1958年两县合并为盈江县。

盈江县以大盈江贯流县境而得名。大盈江，古称太平江，纵贯滇西边陲的盈江县，上游右支为槟榔江，左支为南底河，在旧城镇下拉相村交汇后为大盈江。自此，江面开阔一平如镜，遥遥数里，晴天澄练，碧水绮丽，沿江两岸，远山隐约，林荫染黛。清道光五年（1825）拔贡刘桐杆，趁月夜郊游至江边，面对滟滟飘逸的波光月影，诗兴油然而生，感赋《夜游大盈江》诗一首：

> 碧天如水雁横秋，良夜无烦秉烛游。
>
> 一片波光万里月，何人吹笛小桥头。

晚清文人尹乃汤，置身峰顶，远眺滚滚西去的激流，思绪万千，当即咏气吞山河的《大盈江》诗一首，以志史事：

> 盈江滚滚向西流，萦合清川赴海陬。
>
> 灏气直通中外域，洪涛洗尽古今愁。
>
> 漫谈节帅三征绩，放美渔翁一钓舟。
>
> 龙路金沙真带砺，同跨天堑壮腾州。

赞美大盈江的诗歌众多。引清代廪生尹仕三一语以概括之："大盈江

◆ 盈江县因大盈江贯流全境而得名（盈江县委党史研究室 提供）

之奇胜也，若在名区则文人学士之咏歌赞扬者，不知其若何之夸耀矣。"

历史上的大盈江为文人赋诗提供了绝佳的素材，但与此同时，大盈江两岸洪涝灾害频繁。自清末以来，有资料记载的重大灾害便有多起。中华人民共和国成立以后，党和政府加强了对大盈江干支流、浑水沟滑坡泥石流的的治理，开展汛期抢险救灾工作，使得大盈江洪涝灾害有所减轻。但由于防洪工程艰巨，灾情仍时有发生。百余年来沿江河两岸各族人民进行了以筑堤打坝为主要内容的防洪治理工程，抑制了洪灾蔓延，控制住了流域灾害恶化，给农业生产的发展创造了条件。

盈江地名的来由，不仅记载了大盈江滚滚西去、激荡涌流的历史，也是中华各族人民团结勇敢治理洪灾的重要见证。

· 资料卡 ·

盈江县：位于云南西南部，德宏州西北部。其东北与腾冲市接壤，东南与梁河县相邻，南临陇川县，西、西北、西南与缅甸接界。全县总面积约4316.97平方千米。辖平原、太平、旧城、弄璋、昔马、那邦、卡场以及盏西等8个镇，铜壁关、油松岭、新城、芒章、支那、勐弄和苏典傈僳族乡等7个民族乡。2021年常住人口约30.28万人。境内除汉族外，还有傣族、景颇族、阿昌族、傈僳族、德昂族等26个民族。

德宏傣族景颇族自治州——美丽秘境，富庶之城

陇川县·日光照耀

陇川县位于中国西南边陲的最前端。东汉属于永昌郡哀牢县。南诏时期属永昌节度。元至元十三年（1276）置麓川路，隶金齿宣抚司；天历三年（1330）置麓川军民总管府；至正十五年（1355）置麓川平缅宣慰使司。明初废平缅路，置麓川平缅军民宣慰使司；正统九年（1444）"三征麓川"中，析麓川平缅宣慰使司地立陇川宣抚司。清沿明制。民国元年（1912），设置弹压委员与土司并存，兼领户撒、腊撒两司地，隶腾越道；民国五年（1916），改为"行政委员"，而户撒归干崖，腊撒归勐卯；民国二十一年（1932），改置陇川设治局，隶属第一殖边督办。1950年5月陇川和平解放，1950年11月成立陇川各民族行政委员会；1951年12月21日成立陇川县各民族联合政府，隶属保山专区管辖。1958年10月，瑞丽、陇川二县合并为瑞丽县；1959年9月，瑞丽、陇川分开，重置陇川县，隶属德宏州。

据《明史》载，陇川的得名最早是在明正统九年（1444），当时设置陇川宣抚司，取陇把的"陇"与原麓川的"川"合为陇川，傣语称为"勐宛"，意为太阳照耀的地方。关于"勐宛"这个地名的故事，流传于德宏傣族景颇族自治州的傣族地区。传说佛历九九六年（450）秋，有一个傣族部落首领，名叫法赛列（可释为"太阳王"），他得知勐宛这个地方山水丰茂，适宜农耕，便组织并率领367户民众，从勐卡斯洼（今保山市昌宁县）率先迁移到这个地方开垦定居。他们的队伍渡过了南宏江（即怒江），历时一个月。在路途中，大部分的时间都是阴雨天，很少有阳光照射的时候。但是当队伍到达勐宛这个地方时，晴空万里，阳光洒满大地。于是部落首领法赛列便根据当时的情景，把此地取名为"勐宛"，即太阳坝子，也就是太阳照耀的地方。这个地名在民间沿用至今。当然，勐宛的地方传说还有另外一个版本，即傣族首领法赛列所率先民从宛尚迁徙而来，为了纪念故土而取名"勐宛"，意为来自宛尚的人居住之地。

虽然地名来源于傣族的传说故事，实际上陇川景颇族的人口也非常多，其境内景颇族大概占全国景颇族总人口的1/3以上，所举办的目瑙纵歌节也最为盛大。2006年5月，"景颇族目瑙纵歌"被国务院列入第一批国家

◆ 目瑙纵歌（陇川县委党史研究室 提供）

级非物质文化遗产名录。同年陇川县被确定为云南民族民间文化艺术"景颇族目瑙纵歌之乡"。

陇川不仅是傣族、景颇族等少数民族聚居地，自古以来亦是云南通往缅甸和东南亚的重要通道，境内土壤肥沃、物产富饶、边贸活跃。陇川的章凤镇地处于瑞保、瑞盈公路的要冲，与缅甸雷基紧紧相邻，距缅北商品集散地重镇八莫只有80公里的路程，是云南省及大西南地区发展外向型经济、与东南亚及世界各国进行商品贸易的重要陆地通商口岸。

陇川地名的背后，不仅蕴含着当地民族勤劳奋进勇于开拓的历史记忆，也是中缅两国友好往来的重要见证。

·资料卡·

陇川县：位于我国西南边陲。东邻芒市，南连瑞丽市，北接梁河、盈江二县，西与缅甸毗邻。全县面积约1873平方千米，辖章凤、陇把、景罕、城子四个镇，护国、清平、王子树、勐约和户撒阿昌民族乡等5个乡以及陇川农场社区管委会。2021年常住人口约18.62万人。陇川境内除了汉族，还有傣族、景颇族、阿昌族、德昂族、傈僳族、彝族、白族、壮族、苗族、回族等26个民族。

瑞丽市·祥瑞美丽

瑞丽是古代南方丝绸之路通往缅甸、印度的一个重要通道，历史悠久，人文厚重，是国际傣族古文化圈的中心和傣族文明的主要发祥地。据傣文史籍《嘿勐沽勐——勐卯古代诸王史》记载：公元前425年（战国时期）以伊洛瓦底江东岸的达光（今太公城）为王城建立了傣族的达光王国，勐卯属达光王国辖地。秦汉时勐卯属古哀牢地，东汉时属永昌郡哀牢县。公元567年，混鲁、混赖兄弟在瑞丽江河谷建立勐卯果占璧王国。唐代果占璧王国隶属南诏国永昌节度，宋代先后隶属大理国软化府、腾冲府。元至元十三年（1276），在勐卯地区设麓川路，置麓川路军民总管府，委任果占璧国王芳罕为麓川路总管，隶属金齿路宣抚司；至正十五年（1355）置平缅宣慰司，委任思汉法为宣慰使。明洪武十五年（1382），在勐卯地区置平缅宣慰司，封授果占璧国王思伦发为宣慰使；洪武十七年（1384），改设麓川平缅宣慰司，仍以思伦发为宣慰使；永乐十一年（1413）思任法（思昂法）承袭麓川平缅军民宣慰司使。思任法穷兵黩武，四处扩张，严重触碰了明王朝的底线，导致"三征麓川"之战爆发。在"三征麓川"期间，明王朝于正统九年（1444）革除麓川平缅宣慰司，以原麓川属地陇把（今章凤）建立陇川宣抚司，此后勐卯由陇川宣抚司管辖。万历三十二年（1604），明朝政府重置勐卯安抚司，委任麓川土司后裔思忠为首任安抚使，隶属永昌府腾越州。清顺治十六年（1659），勐卯土司归附清朝，仍设安抚司，隶属腾越州。

民国元年（1912），国民政府在勐卯设遮卯弹压区，与土司并存，隶属迤西道，辖勐卯和遮放；五年（1916），撤销遮卯弹压区，改设勐撒行政区，隶属腾越道，辖勐卯和腊撒；二十一年（1932），设立瑞丽设治局，与勐卯土司并存，辖勐卯和腊撒，隶属云南省第一殖边督办公署。1950年5月，中国人民解放军进驻瑞丽，瑞丽和平解放，随即成立瑞丽各族各界联合政府。1952年11月，经政务院批准设立瑞丽县。1992年6月，经国务院批准瑞丽撤县设市。

瑞丽的地名最早称"勐卯"，其来源据说是因旱季江上雾大，故傣语将其称作"勐卯"，意为雾蒙蒙的地方。其后，中原历代王朝对此地各有称呼，三国时期称"南沛""南里"；唐宋名"些乐城"与"布茫甸"，元明时期称"麓川"，而当地傣族民间却一直沿用"勐卯"。"瑞丽"作为行政区划名称是从民国二十一年（1932）五月才开始的。据云南省档案馆所藏的民国年间《关于更改县名及设治局土名译音》卷载："令催备属查存前令拟议更改土名译音名称，并查有无更改之必要，以凭核办"的训令，瑞丽原名"勐卯"，为傣语译音，意为雾原，当在更改之列。该训令又称："瑞丽勐卯与缅甸系瑞丽江分界，取此名称，乃保存历史，永垂不朽之意。"因此"勐卯"更名为"瑞丽"，瑞丽作为地名遂沿用至今。瑞丽原意即为"金水"，后来逐渐演化，被赋予吉祥、秀丽的美好寓意。

瑞丽江发源于腾冲县境内高黎贡山西侧的分水岭。据《腾冲县地名志》载："龙川江由北向南流经腾冲县全境，一支包括西沙河、明光河等。干流上游小江源头，来自界头乡的龙洞水，自北向南沿高黎贡

◆ 一寨两国（邵元武 摄）

山脚支流而下，以高黎贡山降水积雪补给水源。"龙川江出腾冲后，流入龙陵、陇川、梁河等县至芒市遮放汇入芒市河进入瑞丽地界，称为瑞丽江。

瑞丽江沿江流域土壤肥沃，据《腾越州志》载，该地"阡陌膏腴"。美丽的瑞丽江孕育了一代又一代辛勤勇敢的人民，赋予了这片土地动人的美景，也给祖国西南边陲镶嵌上了一串吉祥秀丽的珍珠。

· 资料卡 ·

　　瑞丽市：位于云南省西南边陲中缅边境。东连芒市，北接陇川县，东南、西南、西北三面与缅甸联邦缅北重镇九谷、木姐、南坎接壤。与缅甸构成1坝（瑞丽坝）、2国（中国、缅甸）、3省邦（云南省、克钦邦、掸邦）、5区、5座城市（瑞丽、畹町、木姐、南坎、九谷）以及一桥两国，一城两国，一寨两国，一院两国的特殊地理景观。全市总面积944.75平方千米。辖勐卯街道办事处，畹町、弄岛、姐相3个镇，户育、勐秀2个乡以及瑞丽、畹町2个农场。2021年常住人口约22.66万人。境内除汉族外，还有傣族、景颇族、德昂族、傈僳族以及阿昌族等26个民族。

丽江市
——金生丽水，雪映大江

　　从旧石器晚期"丽江人"化石、金沙江河谷洞穴岩画以及新石器时代文化遗存的发现可知，丽江一直是远古人类活动的重要地区之一。今丽江地区西汉归属益州越嶲郡遂久县管辖。三国属云南郡。唐代为姚州都督府地。南诏时期为剑川节度地。蒙古宪宗三年（1253），忽必烈灭亡大理国后，其地归属察罕章管民官；元至元八年（1271），改为察罕章宣慰司；至元十三年（1276），改设丽江路军民总管府，"丽江"之名始现；至元二十二年（1285），又置丽江路宣抚司。明洪武十五年（1382），改称丽江府，后升为丽江军民府。清顺治十七年（1660），仍设丽江军民府；乾隆三十五年（1770），署丽江县。民国时期，丽江的辖区和行政建置几经变迁。1961年成立丽江纳西族自治县，属丽江地区。2002年，经国务院批准，丽江撤地设市，原丽江地区改设丽江市。

　　丽江市境内的金沙江古称"丽水"，后称"金沙江"，故以两名称各取一字，得名"丽江"。这说明丽江是一座因江河而名的城市。"丽水"之名，为"犁水"之同音误用。明末顾炎武《肇域志》中称："金沙江，古名丽水。源出吐蕃界黎石下，名犁水，讹为丽。流经巨津、宝山二州。江出沙金，故名。"关于丽江的得名，还有另一种说法，即"金生丽水"之说。《韩非子·内储说上》中称"荆南之地，丽水之中生金"，可见早在春秋战国时期人们就已经知道金沙江中产金。明代宋应星《天工开物》中也曾提到"水金多出于云南金沙江"。综合来看，两说均有各溯源，但考虑到云南乃少数民族聚集之地，且地名常源于少数民族语言，故第一种说法，当更为可信。不过"金生丽水"的说法，仍然对于丽江的历史形象

◆ 玉龙雪山蓝月谷瀑布风光

构建起到过不可估量的作用。

有趣的是，这条"丽水"在后世还被一些学者指称为是《禹贡》中的"黑水"。如清初顾祖禹《读史方舆纪要》中即称："咸通中，樊绰宣慰安南，亲见山川，以丽水为即古之黑水。夫丽水乃金沙江之异名，在云南北境，其下流仍合大江，初非入南海之水。樊绰所称丽水者，谬以澜沧江为丽水下流也。"在这里，顾祖禹认为樊绰以丽水（金沙江）为《禹贡》中的"黑水"，实际上这是一种误解。因为在中国古代"丽水"并非金沙江的专称，大金沙江（今缅甸伊洛瓦底江）也被称为丽水，而樊绰所称"丽水"应是指大金沙江。不过，从中也可以看到中国古代的地理名著《禹贡》对后世地理考证的深远影响。

由于地处青藏高原东南缘与云贵高原的衔接段，又有大江穿境而过，西北高东南低的地势赋予了丽江造化钟神秀般的自然景观。丽江市的最高点玉龙雪山主峰海拔高达5596米，而最低点的华坪县石龙坝海拔仅为1015米。在玉龙雪山西侧，横断山脉切割出河谷相间的雄壮地貌，而在另一侧，滇西北中山山原又带来了浑厚的景象。在清幽秀美的拉市海，湿地倒映出晴空长云，马帮的铃声余音绕梁，似乎百年后都还回荡在呼啸的风中。纯清明澈的泸沽湖，则让人惊叹于世间亦有无瑕美玉。沧海桑田的漫长时光，终究在大地崛起抬升后，灌注进了此间的生命之源。丽江也不只有岁月静好的恬淡无争，激情的涛声从古到今都响应着这里的心跳。金沙江、澜沧江、雅砻江等多条河流分布其中，为丽江的大地，画满了无拘无束的缤纷线条。作为著名的世界自然遗产"三江并流"中的核心区域，丽江展现着江水滔滔齐头并进的壮丽。在险峻无俦的虎跳峡，那喧嚣的怒吼回荡在两岸的悬崖峭壁间，乱石穿空卷起千万堆浪花。这就是丽江之美，亦动亦静，动如猛虎，长啸林间；静若平湖，淡看云天。

古城门口的巨大水车，舀不尽的是丽江流淌的永恒梦幻。当每天的流水洗净青石板路，当木氏土司府邸的"天雨流芳"映入眼中，当文昌宫和科贡坊留下文教诗礼的传承，丽江也就在旖旎的莽荒原野中，获得了一份沉甸甸的人文力量。在每一段旅途的堆积下，丽江逐渐成了包容并蓄的伊甸之园。纳西人动情地弹琴唱歌，彝族人紧闭着双眼旋转跳跃。虽然从前他们用的是篝火，如今是霓虹，但他们点亮的，还是繁星不语的古老夜空，还是矗立于斯的雪山投下的深邃身影。

金生丽水，雪映大江。高山巍峨，古城恒昌。寓形宇内，复又几时？曷不委心，任己去留？无论月色阴晴圆缺，还是世间红尘纷扰，丽江就在那里，挂着清心无邪的微笑。当生活无惧平凡，飞鸟翱翔盘桓，丽江之美，才最是嫣然。

· 资料卡 ·

丽江市：位于云南省西北部，其地东接凉山州和攀枝花市，南连大理州及楚雄州，西、北分别与怒江州及迪庆州毗邻。全市面积20600平方千米，辖古城区、玉龙纳西族自治县、永胜县、华坪县、宁蒗彝族自治县。2021年底全市常住人口125.40万人。除汉族外，境内有纳西族、彝族、傈僳族、白族、普米族、藏族、傣族、苗族、回族等20多个民族。

古城区 · 流水空明

古城区因大研古城而得名。大研古城是整个丽江的心脏。随着时光推移，人们未至丽江，先闻古城之名。因此，如果说丽江是人文自然景色中的王冠，那么古城就是它冠冕之上的明珠。

西汉时，今古城区属越巂郡遂久县辖区。三国时，划归云南郡。唐代，吐蕃和南诏先后在铁桥城（今塔城乡）设神川都督府，后划归铁桥节度。大理国前期，今古城区属剑川节度，后期则属成纪镇善巨郡节制。蒙古宪宗三年（1253），忽必烈征服大理国后，在其地设茶罕章管民官。至元八年（1271），改为茶罕章宣慰司；至元十三年（1276），又改置丽江路军民总管府，"丽江"之名始现。明洪武十五年（1382），其地设丽江府，属云南布政使司，后又改置丽江军民府。清乾隆三十五年（1770），始设丽江县。1961年，丽江纳西族自治县成立。直到2003年，丽江撤地设市，原丽江纳西族自治县分设古城区和玉龙纳西族自治县。同年，古城区正式成立。

在"天雨流芳"的牌坊下，木氏土司那恢弘的府邸熠熠生辉。就连见多识广、云游四方的徐霞客在其《徐霞客游记》中也忍不住赞叹："木氏居此二千载，宫室之丽，拟于王者。"春华秋实，夏雨冬雪，映衬着不一样的古城。早已经闻名遐迩的四方街，原本只是茶马古道上客商歇脚的地方，后来则随着文昌宫的迁址，四方街因其地处大研东西景观带的核心位置，逐渐成为古城中重要的节点。后来科贡坊的建立，更是体现出边疆民族地区对中原文化的文化向心力。由于古城区本就地处滇、川、藏三省交界之地，各族人民之间的经济、文化交流非常频繁，古城的建筑与布局，

◆ 丽江大研古城古建筑

也就自然融合了各族的文化精髓。三山为屏，一川相连，很难想象在西南边陲的山原之中，竟也会有如同江南水乡一般的惊艳景观。狮子山的万古楼，其势雄壮，高阁飞檐；福国寺内的五凤楼，则处处是雕梁画栋的精美图案。普济寺的晨钟暮鼓洗尽铅华，映雪桥下的水面，则流淌着玉龙雪山的倩影。

古城处处皆流水。人们每天洒水洗路，将块块石砖都荡涤得纤毫不染。古城没有围墙，它与周遭的景观，自然融和在一起。故事里是这样说的：因为木氏土司曾是这里的主人，如果建起围墙，就成了不吉利的困字。此说当然不足为信，在古代不设城墙的情形多是为了防止地方势力反叛围困。可不管怎样，没有围墙的古城，就像是一幅镶在画框中的清丽画作，平移到了自然空间，顿时就变得栩栩如生。木桥流水，青瓦高阁，身处其间，仿佛所有的尘世疲倦都悄然褪去，仿佛田园采菊的生活就在身边触手可及。

更让人觉得神奇的是，古城虽古，亦能通今。是谁说现代的霓虹照进古朴，就不能将穿越般的感觉无限延伸？又是谁说吉他的诉说，就不能与东巴古乐和谐共振？流水不腐，户枢不蠹。古城一直在拥抱现代的文明，它早已成为一个怀古又创新的文化符号。在这里，历史与现代的交相辉映，一杯酥油茶入喉，消弭的正是满腔的忧愁。年轻人们涌向这里，在懵懂中感受着文化与自然的双重洗礼；年长的人们来到这里，感慨平生，心绪平静。

荏苒时光，古城风霜。青石如磬，流水空明。

· 资料卡 ·

　　古城区： 位于丽江市东北部，其地东与宁蒗县和永胜县接壤，南接大理州，西、北连玉龙。全区面积1255.40平方千米，辖西安、大研、祥和、束河、金山、开南、文化7个街道，金安、七河2个镇，大东、金江2个乡。2021年底常住人口28.68万人。境内除汉族外，还有纳西族、白族、藏族、彝族、普米族等30多个民族。

玉龙纳西族自治县·玉龙聚宝

西汉时，今玉龙县属益州越嶲郡遂久县管辖。蜀汉建兴三年（225），划归云南郡。东晋南北朝时则归属宁州云南郡西姑复县管辖。隋属南宁州总管府。唐先属姚州都督府袖州。吐蕃和南诏国先后设神川都督府和铁桥节度。大理国时期先属剑川节度，后又转归成纪镇善巨郡节制。蒙古宪宗三年（1253），忽必烈南征大理，于其地设茶罕章管民官。元至元八年（1271），改属茶罕章宣慰司。至元十三年（1276）转属丽江路军民总管府；至元二十二年（1285），改设丽江路宣慰司。明洪武十五年（1382），置丽江府；洪武三十年（1397），改属丽江军民府。清顺治十七年（1660），设丽江府；乾隆三十五年（1770），置丽江县。

民国二年（1913），废除丽江府，原丽江县划入腾越道；十八年（1929），又废除腾越道，直属云南省。中华人民共和国成立后，属丽江专区丽江县。1961年，改设丽江纳西族自治县。2002年，国务院批准设立玉龙纳西族自治县。2003年，丽江纳西族自治县正式撤销，分设为古城区和玉龙纳西族自治县，并沿用至今。

玉龙纳西族自治县是全国唯一的纳西族自治县，县内纳西族人口约占总人口的56%，因境内有玉龙雪山，故以"玉龙"命名。在纳西语中，玉龙雪山被称作"奔石欧鲁"，意思是"银色的山岩"，十三座雪峰绵延数十里，加之厚重的积雪，恰似一条腾跃的巨龙，故称"白沙银色的雪山"。在当地纳西族人民眼中，玉龙雪山是一座神山，是纳西族保护神"三多"的化身，因此也受到纳西族人民世世代代的崇拜与敬仰。

从玉龙纳西族自治县的名字就能看出玉龙雪山的重要性。这里地处青藏高原与云贵高原的结合部，地势上北高南低，因而造就了多样的地形地貌与壮观的自然景色。玉龙雪山脚下，雪山融水汇成白水河，牧童骑着牦牛，踏水而过。蓝月谷以其令人震撼的色彩，让人想起希尔顿小说里的世外桃源。甘海子的草甸像是带来最美梦境的枕头那般柔软，冰川公园的巨大冰舌，则让人无限感慨自然的洪荒伟力。

在这个滇川藏三省通衢，纳西人世代生活在这里，他们使用东巴文记录历史。东巴文是一种象形表意文字，过去主要是纳西族西部方言区宗教人员（东巴）用于书写宗教经书（即《东巴经》）的文字，偶尔也用于书写其他文献。2003年，东巴古籍被联合国教科文组织列入世界记忆名录。

◆ 玉龙雪山

万里长江在这里急停急转，折出令人惊叹的回湾，正可谓"江流到此成逆转，奔入中原壮大观"。虎跳峡的怒涛在山峦中回荡，像是今生与前世相互呼唤的余音绕梁。拉市海曾经送别了无数的商帮，现在又安然地等待着前来的游客。玉龙山麓的白沙古镇是纳西先民最早居住的地方，是丽江木氏土司的发祥地，文物古迹荟萃，人杰地灵，是丽江古城世界文化遗产的组成部分。坐落在金沙江畔一巨石上的纳西古堡宝山石头城，是玉龙的又一神奇景观。太安的万亩花田，则是雪山神灵遗落的调色盘。横跨丽江、大理、怒江的老君山被誉为"滇省众山之祖"，相传太上老君曾在此设炉炼丹。这里也是"三江并流"世界自然遗产的核心区。在老君山黎明丹霞地貌景区，你可领略到一天三次日出日落的神奇景观。

玉龙是先民安居的乐园，也曾是盛唐与吐蕃南诏的烽烟战场。木氏土司从这里走来，好读诗书，讲求礼义；而红军一路穿过这里，播撒下红色的星火。这座以山为名的城，怀揣着无垠的梦。山，就在那里。虽然沉静不语，静听落雪。可总有一天，你我都会启程，看这盘卧的玉龙，再次傲然登空。

·资料卡·

玉龙纳西族自治县：位于丽江市西北部，其地东接古城区、宁蒗县，南连剑川县、鹤庆县，西接维西县、兰坪县，北邻香格里拉市、木里县。全县面积6198.76平方千米，辖黄山1个街道，石鼓、巨甸、白沙、拉市、奉科、鸣音6个镇，太安、龙蟠、黎明、鲁甸、塔城、大具、宝山、石头、九河9个乡。2021年底常住人口约22.36万人。除纳西族外，还有汉族、傈僳族、白族、彝族、藏族、苗族等10余个民族。

永胜县·永争胜者

西汉时，今永胜县境属越嶲郡遂久县地。蜀汉建兴三年（225），改属云南郡，沿至西晋、梁、陈。唐武德七年（624）置靡州，属姚州都督节制。贞元十一年（795），南诏政权于其地先设北方赆，后又改名成偈赆，属铁桥节度。大理国时期，属成纪镇善巨郡地。元至元十五年（1278）置施州；至元十七年（1280）改称为北胜州，属丽江路；至元二十四年（1287），以金沙江东的北胜、永宁、蒗蕖、顺州五土司地统置北胜府，属丽江宣抚司。明洪武十七年（1384），北胜府改为北胜州，由鹤庆军民府管辖；洪武二十九年（1396），其地又设澜沧卫军民指挥使司，下辖北胜、永宁、蒗蕖等州；正统六年（1441），升北胜为直隶州，属云南省布政使司。清康熙三十一年（1692），合永宁、北胜两地，并各取一字，称永北府；乾隆三十二年（1767），降为永北直隶厅，辖今永胜、华坪、宁蒗三县。

民国元年（1912），降为永北县；二十三年（1934），改称永胜县。

中华人民共和国成立后，永胜县、华坪县曾在1958年合为永华县，1959年10月又分为永胜县和华坪县，并沿用至今。

永胜之名源于元代所设置的永宁州与北胜州，由两州之名各取一字，合称"永胜"。永胜曾称永北。民国二十三年（1934），因屡遭兵戈战乱之祸，民间认为"北"为败北之意，殊为不吉，遂更名为"永胜"，寓意为永远胜利。

永胜县地跨横断山脉和滇西北高原两个地貌单元，属三江并流的边缘地区，有江、河、湖泊、山原、盆地（坝子）、河谷等多种地貌类型。永胜县拥有着得天独厚的自然景观。金沙江像一条灵动的玉带，从永胜县旁飘然流过，整整215千米的金沙江河段，赋予了永胜县专属于这条大江的苍莽气质。程海湖被称作滇西高原的明珠，从印度洋吹来的水汽，一路吹拂到这里，幻化为程海湖的阵阵涛声。而在程海湖之畔，大规模的生态绿化修复工作还在进行，红如烈火的凤凰木，宛若碧空的蓝花楹，更为程海湖之美添上浓墨重彩的一笔。松坪乡的高山坝子，碧草茵茵如同厚重的绿毯，牦牛悠然地奔走取食，所有的景象都像是在厚重云层边的世外桃源。红石崖的古地震遗迹景观呈现着自然之无上伟力，三川土林则证明着大自

◆ 程海风光

然在伟力之外，那份精雕细琢的鬼斧神工。

永胜自古就是一座边屯文化重镇，高耸矗立的牌坊，上面的丹书记录着文教远播的心愿。"一村四进士"的清水驿村，证明遥远边陲也有着浓烈香醇的诗书礼义传统。著名的毛氏宗祠，是永胜毛氏和韶山毛氏的始祖毛太华曾经屯垦、生活并开枝散叶的地方。居住在永胜的"他留人"，也是民族融合的见证者，他们将一份文明口述到了当代；金兰村刀杆节、他留人粑粑节、三川荷花节、傈僳族阔时节、彝族火把节等民俗风情，无一不是永胜美丽而丰富的人文历史组成部分。

金沙江畔的水电站水天一色，高峡平湖。当刀耕火种变成先进的洁净能源，时过境迁之下，永胜也翻开了新的章节。在这里，程海湖出产有享誉全球的螺旋藻，三川火腿的美味闻名遐迩。过去这里曾是南古丝绸之路上的必经之地，马帮也载着香茗远去他乡。每一缕细小的微观演绎，在人口迁徙和民族融合的进程下汇成举世无双的宏大叙事。这座边屯之城，从来都有着力争上游的梦。当前辈先民强烈要求更改地名的时候，永胜和永胜人的气质就已经显露无遗。永争胜者，必不服输！

· 资料卡 ·

永胜县：位于丽江市东南部，其地东与华坪县交界，东南和大姚县接壤，西与玉龙县、鹤庆县山水相依，南与宾川县相连，北和宁浪县毗邻。全县面积4924.80平方千米，辖永北、仁和、期纳、三川、涛源、程海、鲁地拉、片角、顺州9个镇，羊坪、六德、东山、光华、松坪、大安6个乡。2021年底常住人口约33.75万人。境内除汉族外，还有傈僳族、彝族、藏族、普米族等10余个民族。

华坪县 · 在野之坪

把关河回龙湾古人洞穴的考古发掘表明，新石器时代就有人类在今华坪县生活。西汉时期，今华坪县地属越巂郡姑复县管辖。三国时，蜀汉政权在南中设置了七郡，今华坪地改属云南郡。唐初，今华坪县地被划入剑南道姚州都督府辖下；南诏时期属铁桥北方赕大婆地。大理国时期，属善巨郡的管辖。元至元十五年（1278）后，相继隶属云南省丽江路施州地、北胜州地。明洪武十五年（1382）后，先后归鹤庆军民府、澜沧卫军民指挥使司、北胜直隶州、大理府、永北直隶州、永北府等节制。清代实行改土归流政策，先设旧衙坪经历署，后改为华荣庄经历署，均属永北直隶厅管辖；宣统元年（1909），设立华坪县。民国时期又相继归属云南省腾越道、第一绥靖处、第七及第十行政督察区。1950年，华坪县解放。1958年，华坪县、永胜县曾短暂合并为永华县；1959年10月又重新设立华坪县。

华坪县之名源于晚清实行改土归流时，将当时的两经历署"华荣庄"和"旧衙坪"各取一字，从而整合成华坪县之名。

华坪县在历史上曾经长期为土司统治，共出现过三姓土司，分别为白族的高氏土司、纳西族的章氏土司以及汉族的李氏土司。不过，严格意义上，高氏土司和李氏土司实际管辖的土地只占有华坪县的一小部分，只有章氏土司才算是华坪的本地土司。早在元代时，因章氏有功，便被授予了官职，此后章氏土司在华坪扎根，经历了近七百年的统治。直到清代华坪实行改土归流，土司的统治才告结束。今天，华荣庄土司衙署遗址重建的门楼上，还挂着一副充满气势的对联："古衙镇两省，图治三千里江山；华荣经五朝，钩沉七百载风云。"挺立的古树见证过多少人事，静看新的时光流转。饱经风霜的砖瓦，也选择了默默地守卫记忆中的故城。

今日之华坪，属于滇西北山原区，风光旖旎。无论是仙人洞的幽深溶岩，雾坪水库的清澈涟漪，都在诉说华坪的神秘与纯净。金沙江干热河谷带来的良好水热条件，使得华坪晚熟的芒果香飘万里。旧时华坪因煤矿产业而斑驳的面容重变得光彩照人，生态和有机成为这里的主旋律，在江河群山的回声中愈发悠扬。

华坪人也在这片热土上倾洒着自己的热忱。时代楷模张桂梅，从祖国的东北端来到西南端，为了边疆地区的女童和妇女教育事业熊熊燃烧着自己的人生。来到华坪，就是华坪人。也许会有贫瘠的土地，但只要怀抱闪光的理想，就一定不会有贫瘠的人生。无数华坪人的汗水浇灌之下，造

◆ 华坪芒果

就了山花烂漫遍野时，长水共青天一色。当垂柳摇曳在波光粼粼的鲤鱼河上，那是草长莺飞放纸鸢的清新气息；当杜鹃花傲然怒放在无垠的山原时，呈现的是苍莽的色彩。雨过初霁，就有无数的珍奇野菌冒出头来，每一个坠入大地的孢子，都蕴藏着属于华坪的那份美味鲜馐。如果再配上一碗水田人的腊渣酒，一份惹人垂涎的火烧粑粑，更是既可以拂去行人游子身上的风尘，还能从舌尖上激起无限的家国深情。属于华坪的田园歌谣，也在傈僳族妇女身着锦衣、纪念娃尔神的舞蹈中回响。金沙江在亲吻了华坪之后，才转道东行，在华夏大地上画出最绚丽的弧线。华坪也从久远斑驳的历史中，继承着自然的神奇之力和祖先的淳朴奋进，一个转身就来到了今朝。晨光流彩，落日明曦。

> **·资料卡·**
>
> **华坪县：**位于丽江市东南部，其地东接攀枝花市，南望楚雄市，西连古城区，北与宁蒗县毗邻。全县面积2200平方千米，辖中心、荣将、兴泉、石龙坝4个镇和新庄、通达、永兴、船房4个乡。2021年底常住人口约16.12万人。境内除汉族外，还有傈僳族、彝族、傣族、回族、苗族等20多个民族。

宁蒗彝族自治县·高原明珠

宁蒗（清末至民国时期，邻县居民称宁蒗为凉山；中华人民共和国成立后，宁蒗又有小凉山之称）。民国六年（1917）永宁土知府和蒗蕖土知府合并设立分县时各取"永宁""蒗蕖"两地一字合称"宁蒗"。

战国时期，宁蒗属白国地。西汉时期设立越巂郡，宁蒗属越巂郡的遂久、姑复县地。三国至隋属云南郡。唐初为磨豫县地，宁蒗为靡州地，属姚州都督府。南诏时，初属铁桥节度，后属剑川节度。大理国时期属善巨郡。元时忽必烈征大理，驻跸于此，设立永宁、蒗蕖州，属北胜府，统属丽江路。明洪武十七年（1384），属鹤庆府；洪武二十九年（1396），改属澜沧卫军民指挥使司；永乐四年（1406）升永宁土知州为土知府，直属云南布政使司；正统三年（1438）永宁土知府设流官同知；天启年间，永宁改属北胜直隶州。清朝初期，北胜直隶州降为北胜州，属大理府；康熙三十七年（1698），升北胜州为永北府，永宁、蒗蕖、顺州隶属。民国二年（1913），永宁设行政委员，蒗蕖设县佐分治其地；二十五年（1936），撤销县佐，于9月16日成立宁蒗设治局，直隶云南省；三十年（1941），划属云南省第七行政督察区，专员公署设在丽江县；三十五年（1946），划永胜、华坪、宁蒗三县局属云南省第十行政督察区，专员公署设鹤庆。1950年1月，宁蒗和平解放，成立宁蒗县临时政务委员会，治所在永宁。2月本县南部成立凉山彝务办事处，治所在羊坪。5月，宁蒗县临时政务委员会改称宁蒗县人民政府。1956年南北合并成立宁蒗彝族自治县，治所在大村街（今大兴镇）并沿用至今。

宁蒗在古代方志中被记载为险要之地，《明一统志》载："境临极边，与西戎相接，山势峻峭，一夫当要则百夫莫有越者。"由于地处滇西北横断山脉的中段，雄奇山峦绵延不绝，深谷幽壑纵横其间。湍急奔流的金沙江，在宁蒗西部切出悬崖峭壁无数，东部则以高山大原为主，连绵起伏，深沉厚重。绵绵山脉贯穿宁蒗全境，72.33%的森林覆盖率让宁蒗成为了一座超大的氧吧。

宁蒗胜景，首推泸沽湖。泸沽湖是我国湖水能见度最高的自然湖泊之一，堪称"高原明珠"。春意盎然之时，各色鲜花如火般热烈，在碧蓝水畔，织就五彩的锦缎。盛夏来临之后，这里天气凉爽，是绝佳的避暑胜地。秋高气爽的季节，层林尽染着丰收的味道，候鸟开始如期归来，点缀出宁蒗诗一样的生态气息。至于冬季银装素裹之时，更让人惊叹大自然的造化。这面"天空之镜"横跨滇川两省，作为高原断层溶蚀陷落湖泊，湖水中还留存着来自第四纪时的古老记忆。

除此之外，再独特的风景，如果没有人文积淀，那都是不完整、有所遗憾的存在。在这座清澈湖泊的周边，各民族人民都为这世间罕有的景色增添了浓厚的人文色彩。泸沽湖的摩梭人，还保留着远古时期母权制的家庭形式，生活习俗背后的价值观值得当代人去思考。高原山区交通不便，但这里世代生活的各族人民如此淳朴和热情。每年夏天，宁蒗的彝族、傈僳族都会点起熊熊燃烧的火把，暮色苍穹中缀满了闪耀的群星，入夜大地上也闪烁着斑斓的光点。人们牢记着传统文化留下的热闹活动，为来年谷物粮食的丰收祈愿。

◆ 泸沽湖

作为"藏彝走廊"的重要节点，宁蒗也和云南其他地方一起，挽手组成了南方丝绸之路和茶马古道的繁荣与熙攘。藏传佛教、东巴教等各种宗教信仰，将所有人团结在一起，坚定地迈向美好的明天。宁蒗，这个充满神奇和美丽的小城，就如一部内秀的卷轴，属于她的美丽与色彩，正在恬静而又雅致地徐徐展开。

· 资料卡 ·

宁蒗彝族自治县：位于丽江市东北部，其地东、东北分别与盐源、盐边县接壤；南、东南分别与华坪、永胜两县相连；西与玉龙县、古城区隔金沙江相望；北与木里县为邻。全县面积6025平方千米，辖大兴、紫玛2个街道；永宁、红桥、战河3个镇；拉伯、翠玉、宁利、金棉、西川、西布河、永宁坪、跑马坪、蝉战河、新营盘、烂泥箐11个乡。2021年底常住人口28万人，其中60%以上是彝族。境内除彝族外，还有汉族、普米族、傈僳族等10个民族。

怒江傈僳族自治州

——峰峦如聚，波涛如怒

深邃雄奇的怒江大峡谷，气势磅礴的怒江第一湾，银装素裹的碧罗雪山，还有天堑变通途的怒江大桥，共同勾勒出怒江傈僳族自治州的壮美山河。作为全国唯一的傈僳族自治州，这里生活着特有的少数民族——独龙族和怒族。

怒江水量丰沛，且江水深黑，因而有人将其附会为《禹贡》中提到的"黑水"。关于怒江名称的由来，明人杨慎曾言："唐《地理志》安南通天竺道，'自羊苴咩城西至永昌故郡三百里，又西渡怒江，至诸葛亮城二百里。'羊苴咩今在大理，怒江今在腾越。怒江，江波汹涌如怒也。"这种说法认为怒江之名源于其奔腾汹涌的江水之势。还有一种说法，因为怒江流经怒族居住区域，故而称作怒江。雍正《云南通志》中于大理府下谓："潞江，源出吐番哈拉脑儿，入怒夷为怒江。入云南保山大塘隘，经州境六库一带，过永昌，流入缅地。即《禹贡》之黑水也，蒙氏僭封四渎之一。"不过细究起来，自唐代起，文献中曾使用"庐""鹿""泸""卢""洛""潞""怒""弩"及其他发音相近的汉字称呼金沙江、澜沧江、怒江流域的彝语支民族，由于不少地方口语中，"n"和"l"的发音是不区分的，极易混淆。牟成刚《西南官话音韵研究》也提到，在云南省泸水县的语言中，"n""l"是完全混淆的。因此"潞""怒"很可能也是读音相近导致的名称泛化。

换句话说，"怒"的形成是一个族称演化的结果。另外，当地众多大江大河，其含义多少都会与"黑"挂钩，所在流域也往往是少数民族的聚居区，少数民族部落的复杂演变，也直接影响了当地水域的名称变迁。例

◆ 怒江大峡谷

如，怒江的上游源头那曲河，在藏语中的意思就是"黑河"，《云南古代民族之史的分析》中也认为："罗罗，亦称卢卢，'卢'即罗之别称，其族所居之大水，即称泸水（金沙江为泸水）……江名为泸，即以卢族分布其地而得名也。卢之义训为黑，故其族所居大水，在黔中又曰乌江，曰黔江也。"由此可见，怒江之名，大概就是少数民族口语中对当地江河的称呼流转所得。

有关傈僳族居住在怒江沿岸的文献记载，最早见于唐代樊绰的《蛮书》，其中言"高黎贡山，在永昌西，下临怒江，左右平川，谓之穿赕"，"粟粟两姓蛮……茫部台登城，东西散居，皆乌蛮、白蛮之种族"。直到明代《南诏野史》中，"傈僳"才正式成为该民族的称呼："力些，即傈僳，衣麻披毡，岩居穴处，利刀毒弩，刻不离身，登山捷若猿猱。"对于"傈僳"的含义，主要有四种说法。第一种解释中"栗"指栗、板栗等树木，"粟"则指谷子、高粱等粮食。"傈僳"意为住在坡地上种植收获粮食的民族。第二种解释中傈僳语"栗"与"理"读音相近，"傈"即有道理，"僳"即争夺，"傈僳"意为为真理而争论之人。第三种解释则认为这与当地包头、缠腰带等服饰风俗相关，"傈僳"的意思是习惯于缠绕的人们。第四种解释是傈僳族自称"礼耻苏"，意思是居住在山间林区的人们，后来省略了中间的"耻"字，并由读音逐渐演变成"傈傈"。考虑到云南少数民族众多，不少地名均来源于以汉字记称的少数民族语言，因此最后一说当更为可信。

此外，怒族人自称"怒苏""阿怒"和"阿龙"，自古以来也是生活在怒江和澜沧江两岸的古老民族之一。与傈僳族一样脱胎于"潞蛮"的怒族，也为这块土地打上了自己的烙印。不但江名与族名同一，其他许多地名也深受怒族的影响，如碧罗雪山又名"怒山"，怒江也被称为"怒水"，怒江大峡谷别名"怒山怒水""怒地""怒地方"等，说明这些地方都是怒族人长久以来生活的居所。

中华人民共和国成立后，1954年8月23日成立了怒江傈僳族自治区，1957年1月18日根据宪法将怒江傈僳族自治区改为怒江傈僳族自治州，此行政区划的名称沿用至今。怒江州是中国唯一的傈僳族自治州，其中独龙族和怒族是怒江所特有的少数民族。怒江州也是中国民族族别成分最多和中国人口较少民族最多的自治州。

在今天，随着社会的不断进步，神秘的怒江大峡谷也渐渐揭开了它厚重的面纱，位于横断山脉中段的怒江傈僳族自治州，拥有举世罕见的高山峡谷地貌，担当力卡山、高黎贡山、碧罗雪山、云岭山脉交相辉映，共同筑起怒江的伟岸脊梁。神奇壮美的自然奇观，带来的是丰富的水热、森林资源和动植物基因宝库。世世代代生活在这里的少数民族同胞，通过辛勤的劳动，将这片不毛之地开发建设成了绿水青山中的金山银山。

· 资料卡 ·

怒江傈僳族自治州：位于云南省西北部，其地东靠丽江市，东南连大理州，东北临迪庆州，西与缅甸接壤，南接保山市，北邻西藏自治区。全州面积14703平方千米，辖泸水市、福贡县、贡山独龙族怒族自治县、兰坪白族普米族自治县4个县（市）。2021年底常住人口约55.27万人。境内有傈僳族、怒族、独龙族、普米族、白族等民族。

泸水市·边陲锁钥

今泸水地，西汉属益州郡比苏县；东汉永平十年（67），改设益州西部都尉，后又改置永昌郡，分属于永昌郡下的嶲唐、比苏两县。东晋，永昌郡析出西河郡，今泸水改隶于西河郡成昌、建安两县。南诏时期归永昌节度。大理国时期属腾冲府金齿郡。元属金齿宣抚司。明置镇边安抚司及杨塘安抚司。清初，置老窝、登埂、卯照、鲁掌、六库五土司，分属大理府云龙县及永昌府保山县，其中六库、老窝土司属大理府云龙县，登埂、卯照、鲁掌土司隶属永昌府保山县；清置鲁掌、登埂、卯照三土千总属保山县，六库、老窝两土千总属云龙县。

民国二年（1913），民国政府为抵御英国侵略者，特设立泸水行政委，后又在二十一年（1932）改为泸水设治局，保留了当地土司与政区合署的行政制度。中华人民共和国成立后，1950年1月，泸水宣布和平解放，并在次年成立泸水县人民政府。1954年，成立怒江傈僳族自治区，泸水改由其管辖。1961年，根据《中缅边界条约》，中国政府接收片马、古浪、岗房三地，置片古岗特区，起初直辖于丽江专署，后于1966年改为泸水管理。2016年，经国务院批准，同意撤销泸水县，设立县级泸水市，以原泸水县的行政区域为泸水市的行政区域，泸水市由怒江傈僳族自治州管辖。

关于"泸水"名称的由来，第一种说法是因江河得名。"泸水"之名，源于潞江。潞江即为怒江，元人刘应李所辑《翰墨全书》中记载："潞江：俗名怒江。出路蛮，经镇康与大盈江合，入缅中。"路蛮即今怒族，"路""潞""罗""泸"与"怒"系同音异写字。清顾炎武在《肇域志存》中亦沿此说。由于怒江流经泸水全境，故而得名。《泸水行政委员区域地志资料》也持此论："因区域全境俱在怒江东西两岸，故以泸水县为名。"

第二种说法则与清末的护国勘界有关。清宣统二年（1910），英国殖民者无理侵占片马。同年底，云贵总督派云南陆军讲武堂总办李根源前往片马勘查国界，李根源细致考查了片马以及六库、老窝、登埂、鲁掌、卯照等五处土司共治地区。在考查结束后，李根源在《电复蔡都督请改等（登

◆泸水市片马人民抗英胜利纪念碑（泸水市委党史研究室 提供）

埂五土司为泸水县文》中提到："五土司地，幅员相垺，习惯相同，人民之性情、风俗之纯朴，亦无以异。兹拟请将该五土司并改为一县。"因五土司地处怒江峡谷，江边一带林密草深，气候炎热，瘴疠肆虐，恰似孔明五月渡金沙江泸水，故建议取名曰"泸水县"。

除了面对英国侵略者时的英勇抗争义举外，民国三十一年（1942）日军从缅甸入侵云南，泸水人民也曾成立临时接待站主动收容中国远征军的官兵和难民，同时纷纷毁家纾难团结抗日，为固守怒江东岸做出了杰出的贡献。片马口岸直到今天，也是通往缅甸、印度等国家的捷径，具有相当重要的商贸价值与战略意义。

在碧罗雪山和高黎贡山怀抱中的泸水市，其间奔腾的是激流惊涛的怒江。千万年的地壳运动和流水切割，形成了泸水万峰竞立、沟壑纵横、峡谷幽深、原始雄奇的壮美风光。万兽奔驰于密林，俯仰皆为无尽藏。与此同时，在党和国家以及各族同胞的协作下，许多辛勤勇敢的少数民族兄弟姐妹，从原始社会直接跨越到了社会主义新时代。那份勇往直前的气概，那份相互团结的信任，所打通的不单是地理上的艰难险阻，更是不同时代之间的同一情感。泸水的风光固然美丽，泸水的历史当然也悠长如梦，可最让人感动的，仍是那份忠于祖国、民族团结的深厚情谊。泸水滔滔，林深山高。但为此情，暮暮朝朝。

　　泸水市：位于怒江傈僳族自治州南部，其地东与云龙县相邻，南靠隆阳区，东北与兰坪县毗邻，西与缅甸接壤，西南连腾冲市，北接福贡县。全市面积3203.04平方千米，辖六库、大练地2个街道、片马、鲁掌、上江、大兴地4个镇和称杆、古登、洛本卓3个乡。2021年底常住人口约20.49万人。境内有傈僳族、白族、怒族等20多个民族。

福贡县·为民康乐

　　福贡，先秦为西南夷地。西汉为越嶲郡地。东汉时期，今福贡地属永昌郡。三国至东晋时期则属云南郡地。南诏属谋统铁桥节度地。大理属丽江临西县（今维西县）地。元属丽江路宣抚司。明时则属丽江府。清分属鹤庆府、丽江府维西守备厅。民国元年（1912），设立上帕殖边公署，这也是福贡首次设治；五年（1916）改为上帕行政公署；十七年（1928）改称康乐设治局；二十四年（1935）七月，又因与甘肃康乐设治局重名，故而改称福贡设治局。1949年6月，福贡和平解放，被设立为福贡县，其辖区几经划拨，最终在1959年，确定为福贡县，并沿用至今。

　　福贡的地名来源寄托着当地人民对于美好生活的殷切期盼。福贡初设治时，名为康乐设治局，根据《福贡县志》中的记载，"康乐"之意，即愿当地边疆人民安康快乐。民国二十四年（1935），福贡人民起义推翻了时任设治局局长施国英的苛政，继任者马凌云认为"康乐"与"砍落"谐音，取名不吉利，且与甘肃省康乐设治局同名，故改为"福贡"。"福"字前承"康乐"之佳义，"贡"则为高黎贡山之意（当时境内高黎贡山和碧罗雪山概称为高黎贡山），"福贡"则寄托着高黎贡山百姓民众对幸福的期许。

　　福贡县位于滇西北横断山脉中段碧罗雪山和高黎贡山之间的怒江峡谷，怒江由北向南纵贯全境，地形呈一个狭长"V"型谷地。这也为福贡县壮阔绝伦的自然之美奠定了基础。地处碧罗雪山腹地的福贡县马吉乡古当村，至今还保留着传统的村落格局，其"千脚落地"的房屋结构，体现着当地先民传承下来的智慧。傈僳族的特色舞蹈"千俄千"，通过纷繁形象的表演艺术形式，栩栩如生地展现了民族特色的生产与生活。怒族民歌"哦得得"，则通俗易懂地流露着数不尽的热情。让人印象深刻的，是这里作为祖国的边关，始终见证并竖守着各族同胞的文化融合传统。虽然这里地形复杂，谷深山高，还有着自然灾害的威胁，可在那无数陡峭的山坡上，福贡人民硬是克服困难，从蛮荒之中开拓出了丰收的沃土。2020年，福贡县正式退出了贫困县序列。

　　所有对于美好生活的向往，都值得尊重与赞美。所有源远流长的历史，都需要不断奋斗方能留存至今。在巍峨雪山的臂弯中，在怒江浪潮的推动下，即使是面对着许多"直过民族"所必须经历的问题，福贡也从未失去它的勇气。这里的人民是勇敢无畏的人民，这里的土地则正是他们勇

◆ 福贡县老姆登村（福贡县委党史研究室 提供）

敢奋斗的疆场。远古岁月的悠扬回声配上当下时代的激情交响，福贡的明天，会是更美妙的乐章。

贡山独龙族怒族自治县 · 怒山怒水

贡山历史悠久。两汉时期先后在西南边陲设益州郡、永昌郡，辖境包括今怒江州部分地区。南诏时期属剑川节度。大理国时期为谋统府管辖。元时先后受丽江木氏土司和丽江路军民宣抚司临西县节制。明隶属维西康普、叶枝土千总。清雍正元年（1723），丽江实行"改土归流"后，今贡山地属丽江府维西厅。清代末年，又先后被划为五区、五保董。民国成立后，先后设菖蒲桶殖边公署、行政委员会、行政委员公署，民国七年（1918）曾划归维西县，十一年（1922）设立菖蒲桶行政区。"菖蒲桶"是藏语，"菖蒲"意为一层层；"桶"意为平地；"菖蒲桶"的含义就是一层层的平地，因当地地势以三个缓坡台地延伸到怒江边，故得此名。二十二年（1933），改称贡山设治局。中华人民共和国成立后，1950年设贡山县政务委员会。1952年又改为贡山县人民政府。1956年10月1日，经国务院批准，成立贡山独龙族怒族自治县，并沿用至今。

贡山之名，源于县境内雄伟巍峨的高黎贡山。由于县境内居民大多居住在高黎贡山的两侧，且独龙族、怒族占有总人口的相当比例，故称贡山独龙族怒族自治县。贡山独龙族怒族自治县是全国唯一的独龙族怒族自治县。

◆ 独龙族纹面女（黄海波 提供）

　　云南自然之美，常依托于险峻壮阔的高山。高山之间，因积雪消融，又常夹有奔腾的长河。山河相间，江水并流的自然造化，凸显了造物主之妙笔生花。碧罗雪山、高黎贡山和担当力卡山撑起了属于贡山的立体景观，怒江、独龙江在这三座高耸雪山之间的峡谷里奔流，一往无前。碧罗雪山山势挺拔，被称为"万瀑千湖之山"，厚重的积雪使得其拥有无数瀑布和湖泊。高黎贡山垂直高差极大，怪石嶙峋，花海遍地，动植物资源极其丰富。担当力卡山降水丰富，还是中国与缅甸之间的界山，其在我国境内的东坡百丈绝壁，险不可攀。由于人迹罕至，也是整个怒江地区植被保存最完好的区域。怒江第一湾蜿蜒着在大地上画下浓墨重彩的一笔，抑扬顿挫之中尽显磅礴力量。曾被称为最险的、也是最神秘的进藏路线"丙察察"，沿途的景色美不胜收。丙中洛总是一副世外桃源的模样，云雾缭绕之间，似是人间仙境。在秋那桶这个怒族特色村寨，极致的自然环境和纯粹的村落人文达成了令人惊叹的和谐与统一，茂密的森林中若隐若现着充满民族风情的房屋，良田美竹，诗情画意，令人心醉。

　　贡山县的少数民族人口占比超过当地总人口的96.43%，独龙族是这里最具有标志性的少数民族。虽然历史上长期地处偏僻，交通不便，可独龙族人民凭借勤劳勇敢，在2018年成为第一个整族脱贫的少数民族。心灵手巧的独龙族人民以其特有的"独龙毯"闻名。怒族善于酿美酒，其制作的咕嘟酒是酒中珍品，朴实香醇。怒族的民居木楞房，体现着与当地自然环境浑然一体的人居理念。

历史上的"茶马古道"曾经连接着整个云南。在贡山，直到现在还有仍在使用中的茶马古道，道路开凿在怒江峡谷的悬崖峭壁之上，体现着此间人民的奋进与开拓。作为"直过民族"，贡山的独龙族、怒族等少数民族同胞，在短时间内凭借政策的扶持和自身的努力，穿越了长达千年的社会形态变革，并成功地在崭新的时代中扮演了精彩的角色。从来没有真正的美能够脱离纯净无暇的自然环境，也从来没有真正的美会缺乏奇妙人文的画龙点睛，而贡山，凭借其自然与人文的完美融合，如同人神共居的仙境一般，散发着原始而又现代的强烈吸引力。天地有大美而不言，但在贡山葱郁的山河树湖之间，充满和谐的时代奇迹，一直都在上演。

> **·资料卡·**
>
> **贡山独龙族怒族自治县：**位于怒江傈僳族自治州北部，其地东与德钦县和维西县相连，西与缅甸毗邻，南与福贡县相邻，北与察隅县接壤。全县面积1379平方千米，辖茨开、丙中洛2个镇和捧当、普拉底、独龙江3个乡。2021年底常住总人口约3.85万人。境内有独龙族、怒族、傈僳族、藏族等20多个少数民族。

兰坪白族普米族自治县·三江之门

兰坪历史悠久，西汉为益州郡比苏县地。东汉至西晋期间，属永昌郡地。东晋南朝改属西河阳郡。唐初分属眉邓州和洪郎州，均隶于姚安都督府。南诏时期，眉邓、洪郎两州属南诏所置宁北节度管辖，后为剑川节度所辖。大理国时期设兰溪郡属谋统府，蒙古军南下后，兰溪郡内附丽江茶罕章管民官，后转为茶罕章宣慰司。元至元十二年（1275）置兰州，次年属丽江路军民总管府；元至元二十二年（1285）兰州改属丽江路军民

◆ "普米情人节" 罗古箐会场（兰坪县委党史研究室 提供）

宣抚司。明洪武十五年（1382）立鹤庆府，兰州属鹤庆府；后又属丽江府、丽江军民府。清顺治十六年（1659）丽江军民府土知府木懿率众归附清代，雍正元年（1723），兰州随丽江府进行"改土归流"，乾隆三十五年（1770）在丽江府下置丽江县，兰州属丽江县。

民国元年（1912），民国政府调整原兰州境内6个里的辖区，由县境内上兰（今属剑川）和白地坪两地各取一字，名为兰坪。当时上兰里（乡）和白地坪为兰坪县之首区。白地坪因其地多白沙土故而得名。民国三年（1914），正式改称兰坪县。1949年4月，兰坪解放。同年十月，成立兰坪县人民政府。1957年，兰坪县划入怒江傈僳族自治州。1987年11月27日，经国务院批准，设立兰坪白族普米族自治县，并沿用至今。

兰坪是全国唯一的白族普米族自治县。携三江而歌，襟三山以舞。怒江、澜沧江、金沙江将碧罗雪山、云岭、老君山撕开三口，以令人无比震撼的气势，从世界屋脊青藏高原奔流南下，她们流经的沃土，孕育滋养出不同的文明。鸟瞰"三江并流"的画卷里神态迥异的林立雪山之间大小湖泊星罗棋布，清澈见底的河流两岸植被郁郁葱葱，群山环抱的广阔草甸山花浪漫，兰坪，就是进入世界地理奇观"三江并流"地区最便捷的门户，是人们探究于始、探究于斯的"三江之门、绿色新城"。

兰坪玉水坪古人类遗址考古表明，在三万年前，这里就是先民繁衍生息的家园。传说这里曾留下轩辕黄帝的古老足迹，杨玉科爵府、兔峨土司衙署也见证着先人戍守边陲的爱国荣光。碧罗雪山捧出星罗棋布的万瀑千湖，罗古箐的丹霞映照着普米族姑娘脸上的红晕。滇金丝猴腾跃在茂密的丛林之中，人与自然和谐相处的情景，在兰坪随处可见。滇、川、藏民族文化走廊在这里形成了一个充满多样性又彼此融合的节点，拉玛人传承着古老悠扬的民歌，普米族则旋转起裙摆舞动出曼妙的身姿。兰坪那份有力的心跳，如三江并流的拍岸惊涛，如白族普米族同胞的琴声绕梁，回荡着历史的光荣与朴素，也充盈着未来的浪漫与和谐。

兰坪地处著名的三江成矿带，被誉为"有色金属王国王冠上的一颗明珠"。兰坪是全省林业重点县之一，森林覆盖率达73.2%，是云南省生物类型组合最为丰富和保存完好的地区之一，有"古树名花博物馆""珍禽异兽繁衍之地""云药之乡"美称。澜沧江在境内奔流不息，干流及其支流蕴藏着巨大的水能资源，总装机300万千瓦的清洁能源源源不断地输向远方，谱写着绿色发展的新篇章。

· 资料卡 ·

兰坪白族普米族自治县：处云南省怒江傈僳族自治州中部。辖四镇四乡：金顶镇、啦井镇、营盘镇、通甸镇；兔峨乡、河西乡、石登乡、中排乡。兰坪北与维西县相连，南抵云龙县，西接泸水市、福贡县，东北、东南方向分别紧邻玉龙县和剑川县。全县面积4371.20平方千米，2021年底常住人口约19.28万人，其中少数民族占总人口的95.09%。

迪庆藏族自治州

——如意宝地，锦绣山川

早在旧石器时代晚期到新石器时代早期，今迪庆境内就有人类活动的痕迹。无论是考古发现的岩画或是石器工具，都昭示着从早期狩猎阶段到原始农业生产阶段，迪庆先民就在这片土地上生活。20世纪七十年代后，金沙江、澜沧江沿岸发现了众多石棺墓葬，证明两三千年前，今迪庆地区就已经进入了氏族社会。除了当地先民之外，还有白狼、姐羌等古代部落留下的遗迹。

东汉时期，今迪庆地区为牦牛羌地；三国时属云南郡地；隋属南宁州总管辖；唐武德四年（621）设神州，今维西、香格里拉的部分地区为唐剑南道姚州都督府十三羁縻州之一；永隆元年（680），吐蕃在今维西、塔城一带设神川都督府。南诏时期先后属铁桥节度、剑川节度管辖。大理国时期先沿南诏旧制，后改制为镇、府，今维西县境属成纪镇，乃大理国极为边远之地。元征大理国，忽必烈亲率兵马"革囊渡江"，"又经行山谷二千余里至金沙江，乘革囊及栈以渡，摩娑蛮主迎降"。元至元八年（1271），置茶罕章宣慰司。至元三十年（1293），云南旦当（今香格里拉一带）因其藏族人口众多，划归宣政院管辖。明永乐四年（1406），在今迪庆州维西县设置剌和庄长官司，由云南都指挥使司直接管辖。成化四年（1468）开始，丽江木氏土司与藏族地方政权争夺临西县；成化十九年（1483）起，木氏土司逐年向迪庆地区用兵；正德四年（1509）木氏土司占领德钦境，称阿德酋；嘉靖三十二年（1553）木氏土司全面占领迪庆境；崇祯十二年（1639）青海蒙古和硕特部派兵进康区，击败木氏土司势力，控制迪庆全境。雍正五年

（1727）设维西厅；乾隆二十一年（1756）中甸升格为厅；清末"改土归流"，今迪庆转归川、滇边务大臣衙门节制，光绪三十二年（1906）设阿墩子弹压委员。

民国二年（1913），改中甸厅、维西厅为县，置阿墩子设治局，治所在今德钦县；三年（1914）属腾越道；十八年（1929）属第一殖边督办公署管辖；三十七年（1948），第十三行政督察专员公署设置于维西县，管辖维西、丽江、中甸、兰坪4县和德钦、贡山、福贡、碧江4个设治局。1949年10月1日，维西县率先成立人民政府，旋即中甸、德钦也相继和平解放，分别成立中甸县人民政府和德钦藏族自治区，1950年改属丽江专区。直到1957年9月，设立迪庆藏族自治州。1973年，迪庆藏族自治州不再由丽江专区代管，转由省直属管辖。

由于青藏高原东南缘的横断山区地貌错综复杂，山谷相间、雪山耸峙，人们主要生活在"三江并流"地区的高山峡谷地带，日常生活方方面面与大自然的关系十分密切。所以，当地人民在给那些地理实体命名时，对地形、地貌、山系、水系等都有非常精细的观察和体验，各地地名很大程度上体现了横断山区高山峡谷地带的地理环境特色。如维西傈僳族自治县攀天阁乡嘎嘎塘村的曲子洛，"曲"为水，"子"为甘露或

◆ 松赞林寺

精华的意思，"曲子"为含硝等矿物原料的水，当地人称作圣水，有治疗疾病的功效，"洛"为沟或地方，因村旁有一含硝等矿物原料的小溪而得名。

而有的地名则更像是词语地图，为人们指出方位和信息。如香格里拉市小中甸镇的野依，"野"为上方，"依"为地方，"野依"为上方的村子；香格里拉市东旺乡的擦玉，"擦"为干热，"玉"为地方，"擦玉"为干热的地方。

有时地名与美好的愿景紧密相关。建塘镇的金母隆，"金母"为幸福，"金母龙"为幸福的地方；香格里拉市格咱乡的央仲也是以嘉言吉兆命名，"央"为福，"仲"为村，"央仲"意为有福的村子。

藏族人在远古时代就把牦牛、大鹏鸟、雪狮等作为图腾崇拜的对象。迪庆藏语地名中也有与牦牛、大鹏鸟、雪狮等相关地名。如：下穷贡，位于德钦县拖顶乡左力村委会西北面，"下穷"为大鹏鸟，"贡"为山梁，因山梁的形状似大鹏鸟而得名。

地名是地域文化的典型体现，千百年来，生活在此地的人们世代繁衍生息，创造出灿烂的历史和文化。由于地处四川、西藏、云南三省交界之处，迪庆州自古以来就是交通要道，也是各民族聚集杂居之地。一年一度的五月赛马会上，无数宝骏扬蹄飞奔，骑手们在马背之上仿佛肋生双翅，在高原上翱翔驰骋；梅里雪山弦子节上，人们献上德钦特色的弦子表演，在曼妙的舞蹈中，一起引吭高歌，释放天性里的纯真与快乐；还有傈僳族的阿尺目刮、瓦器器，纳西族的东巴舞、阿里利，彝族的跳乐和打歌……

迪庆地处青藏高原向南的延伸段，同时又处在横断山脉的西南腹地，独特的地理位置造就了迪庆令人惊叹的自然之美。梅里雪山、云岭雪山、中甸雪山拔地而起依次排开，其间澜沧江、金沙江由北向南，纵贯而下。令世人魂牵梦萦的极乐之地——香格里拉，就坐落在迪庆的臂弯之中。作为无数人"心中的日月"，香格里拉已经不仅是一个地名，而是永不褪色的文化符号。德钦县的梅里雪山绵延长达数百里，其主峰卡瓦格博位居涉藏地区八大神山之首。每当云雾散去，雨霁天晴，日照金山的壮观景象让任何语言都显得苍白无力。明永冰川在其胸前倾泻而下，冰碛推开沿途的障碍，足见洪荒之力。在卡瓦格博的南侧，还有着朝山者心目中的另一个圣地——雨崩。万籁俱寂，鸟鸣山幽，彩虹飞瀑，气蒸群峦，哈巴雪山和玉龙雪山之间的虎跳峡，危崖高千尺，湍流如巨雷。东巴文化圣地白水台，有着大面积的坡状岩溶地貌，乳白色的台阶配合着潺潺流水，被称为"仙人遗田"。佛光缭绕的松赞林寺，在每个清晨和黄昏的雾霭中，是那样的肃穆与辉煌。殿内的壁画笔触细腻，记载着丰富厚重的历史，弘扬着藏传佛教教义。这里还曾是长征时期红军经过、并与寺内僧侣交流互助的地方……

在迪庆，所有人的脸上都挂着笑意，所有蓝天下的雪山都载满了最真挚的祝福。那份充满吉祥寓意的心中日月，众望所归地属于迪庆。历史一直被书写，不变的是人们对美好生活的愿景。

就像藏语中，"迪庆"的嘉意：吉祥如意、富足兴旺、平和安乐。

> **·资料卡·**
>
> **迪庆藏族自治州**：位于云南省西北部，东与木里县、宁蒗县接壤，西与左贡、察隅县及贡山县毗邻，南界玉龙县及兰坪、福贡县，北与芒康县及巴塘、德荣、乡城县交错接壤。全州面积23185.67平方千米。辖香格里拉市、维西傈僳族自治县和德钦县3个县（市）。2021年底常住人口38.90万人，境内有藏族、傈僳族、纳西族、白族、彝族等20多个民族。

香格里拉市·心中日月

香格里拉人类活动的历史可以上溯至旧石器时代。西周时期，已有人类在此定居。先秦时属于牦牛地。西汉时起逐渐内附于中原王朝。南北朝到隋代属附国地，为白狼及姐羌部落所居。隋时属南宁州总管府。唐武德四年（621）设神州都督府，为唐剑南道姚州都督府十三羁縻州之一；贞观八年（634）松赞干布进军现中甸地区；调露元年（679），吐蕃铁桥东城建成，属神川都督府管辖，是为香格里拉最早的建城记载。大、小中甸高寒坝子成为吐蕃屯兵之所。南诏时期香格里

341

迪庆藏族自治州——如意宝地，锦绣山川

◆ 香格里拉市高原坝区村庄（燕子 摄）

拉为剑川节度使地，称其为"剑赕"，属善巨郡。元代称大中甸为"大旦当"，先属察罕章宣慰司管辖，又改为丽江路军民总管府；元至元三十年（1293），划归宣政院辖，其当地首领受封达鲁花赤，为建塘土司制度之肇始。明时先隶于云南都司，后被木氏土司占领，建立香格瓦寨、大年玉瓦寨形成历史上著称的日月城（城址即在今香格里拉市城区）。清康熙六年（1667）蒙古和硕特部占领中甸，设置朵克宗；雍正五年（1727）设置流官州判，改世袭为承袭制，流官管理全县，土官管理各境，属鹤庆府；乾隆二十一年（1756）中甸改升为厅，改由丽江府管辖。

民国时期，中甸多次改署，直到1950年5月中甸县和平解放，并于同年成立县人民政府，属丽江专区。1957年，迪庆藏族自治州人民政府成立，中甸改属迪庆藏族自治州，仍属丽江专区代管。1973年迪庆自治州恢复，中甸由迪庆藏族自治州管辖。2001年12月，国务院批准中甸县更名为香格里拉县。2014年12月，国务院批准撤县设市，以原香格里拉县的行政区域为香格里拉市的行政区域，并沿用至今。香格里拉市是云南省面积最大的县级行政单位。

"太阳最早照耀的地方，是东方的结塘，人间最殊胜的净土是奶子河畔的香格里拉"。香格里拉原名"中甸"，藏语中最早称作"杰"，原本在此生活着名为"妞羌"的古代部族。唐代吐蕃人誉其为"无比殊胜的宝地"称为"结塘"。自唐以来，见于汉藏史籍者有杰汤、剑赕、结达木、节达木、且当、旦当、丹当、当当、吉赕、结当、结党、结塘、杰塘、吉塘、嘉塘、佳塘、加塘、镇道、嘉梅朵塘等，皆为"结塘"一词的同音译写。"结塘"始见于唐樊绰《云南志·名类》所载之"剑赕"："顺蛮，本乌蛮种类，初与施蛮部落参居剑、共诸川。咩罗皮、铎罗望即失邓川、浪穹，退而逼夺剑、共，由是迁居铁桥上，名剑羌。其地在剑赕西北四百里。"元代时，"妞羌"逐渐为吐蕃所同化。明代丽江木氏土司占领中甸，纳西语称其为"主地"，取酋长住地之意，汉文译音起初写作"忠甸"，后逐渐演化为"中甸"，其后历代沿用。

香格里拉境内地名从专名看，有地名语种，以少数民族语音译地名为主，主要有藏语、傈僳语、纳西语、彝语等音译地名；地名来历，以植物命名、以动物命名、以位置命名；从通名看，以村、坪子、坝子等为通名，部分地名通名沿用旧时驻军地名称如"塘"，结塘意为"又一块坝子"。香格里拉，为迪庆藏族方言，意为"心中的日月"。20世纪20年代起，先后有多国学者、植物学家、探险家、语言学家曾到中甸考察，在《中国西南古纳西王国》《在华植物采集·中国及藏边植物探险史》《金沙江》等著作中均有描写中甸的文章。1933年，詹姆斯·希尔顿在长篇小说《失去的地平线》中，用较长的笔墨描写了香格里拉峡谷、雪山、草甸和蓝色的高原湖泊、金碧辉煌的寺庙等，小说出版后，立刻成为畅销书，后被好莱坞制版公司拍成电影，风靡一时。"香格里拉"这一名称被广为人知。值得一提的是，除了希尔顿在小说中将中甸描写成香格里拉式的世外桃园外，早在清光绪年间剑川贡生杨丽拙在《公农村记》中也有这样的记载："地处方外，民性朴实，不善诡诈，宛如武陵桃源。"1933年被称为东方奇女子的刘曼卿在《康藏轺征续记·中甸实纪》中也写出了一种东方式的"香格里拉"感觉。1995年，一位新加坡客人来到中甸高原，被眼前景色所震，感叹到这不正是一个世纪以来人们一直在寻找的香格里拉吗？香格里拉热在新加坡掀起，之后掀起寻访热潮。1996年云南省开启了寻找香格里拉活动，1997年参照历史记述和相关人士的实地考察，宣布"香格里拉"就在云南迪庆。此举也为中甸之后正式更名香格里拉奠定了基础。

香格里拉地处青藏高原东南缘横断山脉腹地，作为滇、川、藏大三角区域的交汇地带，是"滇藏茶马古道"要冲。独克宗古城巨大的经筒，一圈圈转动无休，那些虔诚的许愿，在流动中惠及四海。在这里，似乎所有的对立都化为统一，所有的融合都自然而然。普达措国家公园里，明净清澈的湖泊正如天上珍珠洒落人间；"玉埂银丘数万塍，层层琼涌水常凝"的白水台，小中甸千湖山、尼汝七彩瀑布，虎跳峡畔激流迸发，悬崖绝壁之下便是咆哮的江水；松赞林寺晨钟暮鼓，在每一缕朝霞和夕阳中诵经祈福。香格里拉本已足够美好，可现在它的价值超越地名本身，甚至已成为美之化身。大自然仿佛一个伟大的艺术家，把巴拉格宗雪山、石卡雪山、哈巴雪山、中甸雪山齐齐罗列在这个真正的世外桃源里，再将金沙江和澜沧江这两条玉带镶嵌其中。如果这里不是心中如日月般生辉的梦想之地，那么哪里还会是呢？

德钦县 · 吉祥安宁

德钦在秦汉时为牦牛羌地，牦牛羌是古羌人的一支，以畜养良种牦牛著称。两晋时为马儿敢地；南北朝属党项部；隋属于南宁州总管府，小部分归吐蕃管辖；唐初属吐蕃治下；南诏时期先后属铁桥节度和剑川节度辖地。大理国时期分属善巨郡、吐蕃。元为巴宗（即巴塘）辖区。明正德四年（1509），为云南省丽江土知府纳西族木氏占据，时称"阿德酉"；明末时期，蒙古族和硕特部击败木氏土知府，今德钦地区遂为蒙古和硕特部控制。清顺治五年（1648），德钦归属西藏统属范围；康熙五十八年（1719），复归巴塘管辖；雍正五年（1727），划归云南省丽江府，改称"阿墩子"。《雍正云南通志》记载："……旧属丽江，无城，本朝雍正八年设兵驻防，筑土城。"1932年，改设阿墩子设治局。1935年，又更名为德钦设治局。中华人民共和国成立后，1950年，德钦设治局人民政府成立，1952年11月，撤销德钦设治局，设立德钦县藏族自治区，1955年12月，改称德钦县。

德钦之名，来源于县城驻地的一座寺庙"德钦林"，"德钦"意思就是吉祥安宁；"林"意为寺庙。由于德钦为藏族聚居地，佛教文化盛行，因此选择以其地寺名为整个县域命名。

德钦最美之处，在于连绵不绝的雪山。梅里雪山当仁不让，身为云南之巅，屹立于飞来寺前，被公认为藏地八大神山之一，以自然之躯，承神圣之灵。海拔6740米的主峰卡瓦格博，从古至今，是未经人类涉足的处女峰。每当朝霞东升或落日西坠，金色的流昀洒在山壁厚重的明永冰川之上，就会溅起无穷无尽的瑰丽之状。人们说有幸看到这样震撼的景色，会带来持久绵恒的好运。那是自然造物的慷慨馈赠。因此，2005年梅里雪山被《中国国家地理》杂志评为中国十大最美名山之一。在卡瓦格博的南

◆ 梅里雪山

麓，坐落着遗世秘境雨崩村。炊烟环绕树梢，良田美竹映照，神瀑冰湖星罗棋布，世外桃源绽放眼前。

每逢喜庆节日，藏族人民举起酒杯引吭高歌，跳起弦子、舞动热巴，德钦的民情风俗，在天地之间精彩绽放。深山峡谷之间，岩层豁然断开，垂直带上的景观，峰峦叠嶂。雪莲生在石岩间，葡萄爬蔓山麓前。这是纯净的生态环境赋予人类的珍贵礼物。千山万水，满目芳菲。在德钦，一声声"扎西德勒"，道不尽人们朴实与真挚的祝福，一条条洁白的哈达，是最深情的表达。在人与人、人与自然的和谐共融的美好沿续中，德钦的精彩，永不落幕。

> **·资料卡·**
>
> **德钦县：**位于迪庆藏族自治州西北部，东与巴塘县、德荣县及香格里拉市隔江相望，西南与维西县、贡山县接壤，北靠芒康县、左贡县及察隅县。全县面积7273平方千米。辖升平、奔子栏2个镇和羊拉、佛山、燕门、云岭、霞若、拖顶6个乡。2021年底常住人口约5.48万人。境内有藏族、傈僳族、纳西族、白族、回族、彝族、壮族、苗族、哈尼族、怒族、傣族、普米族等13个世居民族。

维西傈僳族自治县·镇守边关

西汉时期，今维西县境为越巂郡徼外地。唐初属吐蕃铁桥节度地。南诏时属剑川节度使。大理国建立政权后，今维西归其节制，先沿南诏旧制，后又名"罗衰间"，改隶善巨郡，属大理国极为偏远之地。《元史》中记载有："……（临西）下县在州之西北，乃大理极边险僻之地，夷名罗衰间，居民皆么些二种蛮。"

元至元十四年（1277），罗衰间设置临西县，归巨津州管辖，上属茶罕章宣慰司统管。这也是今维西县地在历史上首次正式设为县治。明洪武十四年（1381），临西县改隶丽江府。后丽江木氏土司与吐蕃多有征战，占领临西县地，直到万历年间，临西全境又重新归属丽江军民府管理。

清代实行"改土归流"，雍正五年（1727）四月，云贵总督鄂尔泰设维西厅，维西厅东跨金沙江，北临芒康，西北直至独龙江，起初归鹤庆府管辖，后改隶丽江府。

民国时期废厅设县，是为维西县。1949年5月12日，在中国共产党的

◆ 维西县滇金丝猴国家公园（李建生 摄）

领导下，维西成立了临时人民政权，是为维西县临时参议会。中华人民共和国成立后，成立维西县人民政府，隶属于滇西北人民专员公署。1957年，维西、中甸、德钦共同并为迪庆藏族自治州。1985年6月11日，国务院批准撤销维西县，建立维西傈僳族自治县。同年10月，维西傈僳族自治县正式成立，并一直沿用至今。

关于维西地名的来历，共有三种说法。一说，维西之名，源自元代首设县治，今维西在地理上靠近吐蕃，乃极其险要之地，所以维西之名，取镇守边关之意。二说，唐时在靠近吐蕃之地曾建有姜维城，并以之命名有维州。清代设有维西厅，意为"维州之西"，因其地处维州以西而得名。第三种说法，在《维西地志全编》中，言及清雍正时期实施改土归流政策，因为其县治所处自古以来居西极，取四维之一之意，因此命名维西。

立体多样的自然环境为维西提供了异常丰富的生物资源。珍贵的滇金丝猴，狡黠可爱的小熊猫，有着珍贵药用价值的红豆杉，都生长在这片生命的沃土之间。人间四月，芳菲初春，正是维西的油菜花盛放的时节。无数山坡被染成一片金黄，恰似灿烂温暖的太阳。暮春初夏，又到了杜鹃花的花期，目之所及，尽是姹紫嫣红，维西也因此被称为"杜鹃之乡"。此外，在中国传统文化中象征君子高洁操守的兰花，同样是维西的招牌花种，每每在世界级兰花大赛中摘得佳绩。维西面朝五湖四海，有的是明艳动人的春暖花开。虽然地处边陲，但维西，除却蓝天碧树，还有着被打翻的调色盘一样的绚丽。

维西还是全国唯一一个傈僳族自治县，与此同时，这里还生活着纳西族、藏族、彝族、普米族、白族等20多个民族。两千多年来，这里一直是中国大西南的组成部分，是滇西北疆防要塞之地，也是通往印度、缅甸、康藏的重要驿道之一，还是古代滇西北"茶马互市"的汇集点。那些神秘古朴的民俗仪式，那些热情洋溢的山歌舞蹈，那些悠远厚重的历史传说，还有堪称"活化石"的维西大词戏，都昭示着这块土地上蕴藏着的旺盛生命力。眼下，维西这块"横断山中的绿宝石"，也会如同澜沧江的江水一样，澎湃汹涌，一往无前。属于它的伟大时代，既在恢弘的过去，更在锦绣的现在，也在梦幻的未来。

> **·资料卡·**
>
> **维西傈僳族自治县：** 位于迪庆藏族自治州西南部，东与香格里拉毗邻，东南与玉龙县相连，西与贡山、福贡两县交界，东北及北面与德钦县为睦，南与兰坪县接壤。全县面积4476.67平方千米，辖保和、塔城、叶枝3个镇和永春、攀天阁、维登、中路、白济汛、康普、巴迪7个乡。2021年底常住人口约14.74万人。境内有傈僳族、纳西族、白族、藏族、彝族、普米族、怒族、独龙族等20多个民族。

临沧市

——澜沧之水，恒春之都

临沧之地，西汉以前属哀牢地。东汉、蜀汉、西晋属永昌郡。南诏时期隶永昌节度。大理国时期属永昌管辖。明万历二十六年（1598）属顺宁、大候、勐缅、镇康等地，先后改土归流。清中叶，今临沧尚有属永昌府的孟定土知府、镇康土州，属顺宁府的顺宁县、缅宁厅、云州、耿马宣抚司和镇边直属厅管辖的班洪土都司。民国设立顺宁、云县、缅宁、镇康、双江等县和沧源、耿马设治局，先后属第一、第五、第九行政督察专员公署。1952年10月，经政务院批准，成立缅宁专区，辖缅宁县（原属大理专区）、双江县、耿马县（双耿2县原属保山专区）、沧源县（原属普洱专区）。1953至1956年，先后将原属保山专区的镇康县和原属大理专区的顺宁县（今凤庆县）、云县划归临沧专区。1954年改缅宁专区为临沧专区。1970年改称临沧地区。2003年12月，国务院批复同意撤销临沧地区，设立临沧市。

被称为"东方多瑙河"、亚洲第六大河之一的澜沧江沿岸，有一个与澜沧江密切相关的地方，它就是临沧市，因濒临澜沧江而得名。

临水思源，要谈临沧美名，就不得不先追溯澜沧江的由来。北魏《水经注》已有记载："兰仓水，出金沙，越人收以为黄金，又有光珠穴，穴出光珠，又有琥珀、珊瑚，黄、白、青珠也。"《中国古今地名大词典》说："古兰仓水，又名鹿沧江，或讹为浪沧。上源曰杂鄂穆楚河，出西康西北境之格尔吉山，经昌都而东南流，名拉楚河，即澜沧之转音，西为怒山脉，东为宁静山脉，入云南西境，歧为二：东曰漾备江，西曰澜沧江，至顺宁而合，曲折南流，经柬埔寨，至交趾支那，分数道而入于南海。"

澜沧江又有兰仓水、兰仓江、鹿沧江、浪仓江等古名，书写朗读皆优美动人，均为少数民族语言音译。

一说源于藏语。藏族牧民称之为"拉楚"，拉楚河、拉克楚河意为"獐子河"，当时澜沧江河源区河谷的森林、灌木丛中多獐子，是牧民们捕猎的对象。

二说来自彝语。彝族称之为"拉策"，意为"老虎跌入的江"，而连老虎行走于澜沧江岸边都可能不慎跌入江流坠亡，足见其两岸之险峻。

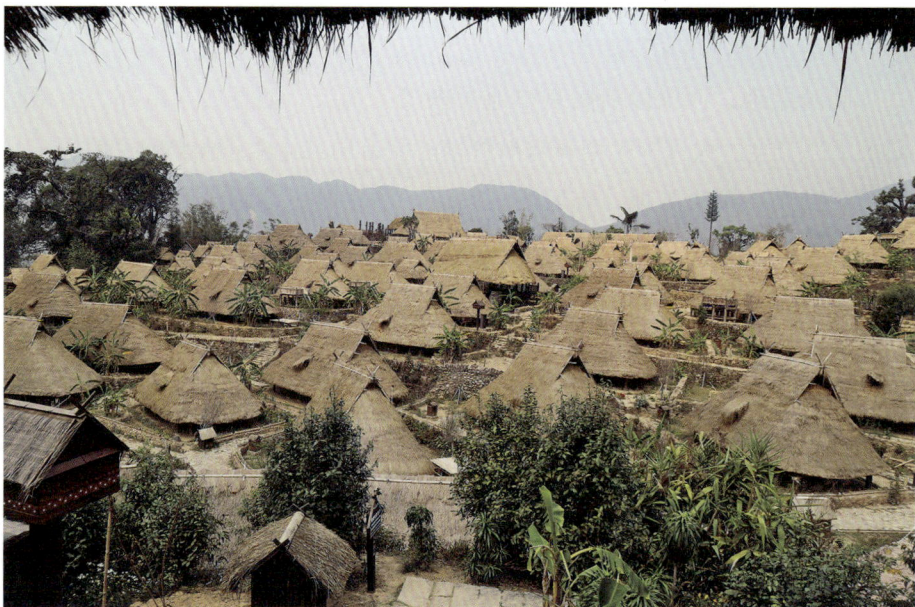

◆ 中国最后一个佤族原始部落——翁丁寨（临沧市委党史研究室 提供）

三说来自傣语。傣族称之为"南咪兰章"，"南咪"指江河，"兰"意为百万，"章"是大象，汉译为百万大象之江，老挝语中也是这个意思。遥想古时气候更为温暖湿润，澜沧江两岸森林茂密，地广人稀，茫茫林海之中栖息着不计其数的亚洲象，沿江两岸的傣族农民，都有养象耕田的传统，西双版纳有一句谚语"傣族依靠大象，大象依靠傣族"。由于兰章与澜沧语音相近，不识傣语的人，误将兰章读作澜沧，于是逐渐演变为澜沧江这个名称。

四说来自白语。白族习惯以动物为地域、植物命名，白语意译"澜"为名词"猛虎"，"沧"为动词"呼啸"；"澜沧江"意为"虎啸江"，形象描述了江水奔流的浩荡气势。

澜沧江沿岸地形复杂，景致万千。"绝壁积铁黑，路作之字折。下有百丈洪，怒喷雪花热。"清代著名文学家、史学家赵翼，以短短20个字，就将澜沧江的雄奇险峻和震慑人心的水态山容描写出来。澜沧江以日夜不息的激流，携带着野性的激情，穿过圣洁的雪域高原，奔腾于临沧的崇山峻岭间，勾勒出了一幅幅山水彩云相伴的绝美画面，百里长湖、佤山云海、白莺山……每一帧都是一幅水墨画卷。临沧，这个位于北回归线上，美得像诗一样的地方，境内群山连绵起伏，森林覆盖率达到65%。冬无严寒、夏无酷暑，被称为中国"十大避寒城市"之一。临沧之美，说不尽、道不完，踏上这片沃土，诗和远方就在当下！

如今，置身临沧，你会被它的神秘、古老、纯粹、多元所征服。历经三千多年风雨的沧源崖画，诉说着临沧神秘而古老的历史文化。沧源县勐省农克硝洞旧石器早期遗址、永德小勐统大岩房旧石器遗址、耿马石佛洞新石器遗址、云县忙怀新石器遗址、临翔区邦东等新石器遗址，将人类的文明薪火相传。锦绣茶尊虽三千多岁却风华正茂，是临沧作为茶树起源和拥有悠久茶历史的有力佐证。茶马古道上驼铃声声响起，冰岛、昔归、白莺山、小户赛、户南、回京、忙肺、坝糯、马鞍山、帕迫，还有凤庆滇红，这些名山名茶走向远方，扬名海内外。沿着这条古道，边疆文化、民族文化和中原文化相交相融。在这里，皮肤黝黑的佤族姑娘甩起黑发跳起豪放的舞步，性格开朗的佤族小伙唱起《阿佤人民唱新歌》，各民族男女老少齐唱"阿数瑟"，传扬着多元民族文化和边地文化的精髓……

临沧是世界著名的"滇红"之乡、亚洲独具特色的水电基地、中国佤族文化的荟萃之地、云南重要的蔗糖生产之地，"临沧坚果"种植面积、产量居世界第一。临沧还是一个乐享自然温度的地方、是一个充满人文温度的地方、是一个彰显发展温度的地方，是中国陆上连接太平洋、印度洋最近的陆路通道。临沧是云南省第四个同时拥有飞机、动车、高速公路和水运的州市，特别是"中缅印度洋新通道"开通运营，临沧正从开放的"末梢"变为"前沿"，这是一条开放共赢、跨越发展的黄金通道。

临沧市：位于云南省西南部。东邻普洱市，西南与缅甸交界，西接保山市，北连大理州。全市面积23620.89平方千米。辖临翔1个区和云县、凤庆县、永德县、镇康县、耿马傣族佤族自治县、沧源佤族自治县、双江拉祜族佤族布朗族傣族自治县7个县。2021年底常住人口约223.30万人。境内除汉族外，有23个少数民族，其中包括彝族、佤族、傣族、拉祜族等11个世居少数民族。

临翔区·临江高翔

山川有灵气盘郁，不钟于人即于物。普洱名扬天下，茗皇昔归是其中珍品，其香气浓郁、滋味醇厚、回甘生津。"昔归"这个名字，从民族语言翻译过来，意为"搓麻绳的村子"，这个村子所产的茶，便是昔归茶。美茗昔归茶，产自美丽的临翔区澜沧江畔忙麓山。登上山顶，在云雾缭绕的茶园中品茗，回溯临翔的地名演变，茶香中便多了几分不一样的味道。

临翔区，西汉为益州郡哀牢属地。东汉、蜀汉、两晋、南朝、宋、齐均属永昌郡治。唐属剑南道。南诏时期属永昌节度。大理国时期属蒲满孟佑地。元属大理谋粘路和景东府地。明宣德五年（1430）始设治，以景东勐缅、勐梳地，置勐缅长官司，属勐卯安抚司，万历二十五年（1597）改属顺宁府。"勐缅"，成为临翔区第一个正式的名字，傣族人称他为"勐缅密缅"，指拉祜族人生存的坝子，沿用300多年。清乾隆十二年（1747），改土归流，置缅宁厅，属顺宁府，隶迤西道，后改隶迤南道。缅宁一名，乃皇帝钦定，据《临沧县志》载："清高宗（乾隆）十一年（1746）颁赐称缅宁，意为"边远安宁"；光绪十三年（1887），析缅宁、勐连地，设镇边厅。

民国三十五年（1946），分设行政督察专员公署。中华人民共和国成立后，1950年成立缅宁县人民政府，属大理专区，1952年属缅宁专区。1954年7月，缅宁县更名为临沧县，属临沧专区。1959年1月，临沧县、双江县合并，改名临双县；12月恢复临沧、双江两县建置。2003年12月26日国务院批准撤销临沧县，设立临翔区，取原县名"临沧"和临沧市政府所在地"凤翔

◆ 玉龙湖

镇"各一字，故名临翔，延伸为澜沧江畔，有凤来仪的吉祥之意。

临翔区傣语地名众多，如章驮，傣语"章"为大象，"驮"为打架，意即大象打过架的地方。很有意思的是，傣语地名和汉语地名的表达方式不同，一般是倒装结构，即通名在前，专名在后，如带"南"、"勐"、"那"的地名，其中"南"为"水、河"，"勐"为地方，"那"为"田"，与之相关的地名有南美、南乃、南信、勐旺、勐准、那令、那招等，这些地名都是把"南""勐""那"等通名放在了前面。民族语地名与少数民族的迁徙和生活密切相关，临翔区世代生息繁衍着傣族、彝族、拉祜族等24个民族，各族同胞和谐共处、和睦发展，浓郁的民族风情赋予临翔独特的文化魅力，素有"中国象脚鼓文化之乡""中国碗窑土陶文化之乡"的美誉。

被誉为"恒春之都，花园临翔"的临翔区，有得天独厚的自然条件。境内有澜沧江和怒江两大水系，径流面积覆盖全区；从玉龙湖到大雪山，森林茂密，冬无严寒、夏无酷暑，四季花开、钟灵毓秀，生态宜居。它历史上是"茶马古道"滇缅段的必经之地，进入新时代，随着航空、高速、动车的全面贯通，作为面向南亚东南亚开放的前沿窗口，对缅甸开放的重要门户，临翔发展前景更加广阔。

千百年磨砺，造就了临翔多元开放的特征；天时恒春，地产富庶，更为临翔人鼓足了迎势翱翔的勇气与信心。如今的临翔，正映着光明锦绣的底色，畅想如梦美好的未来。

临翔区：南与双江县毗邻，是临沧市政府所在地。东邻景谷县。南与景东县和镇沅县接壤，西与耿马县相连，北与云县交界。全区面积2557.58平方千米。辖凤翔、忙畔2街道，博尚1镇，南美拉祜族、平村彝族傣族、马台、邦东等7个乡。2021年底常住人口约36.68万人。境内除汉族外，还居住着傣族、彝族、拉祜族等少数民族。

云县·祥云瑞彩

沈从文先生在《云南的云》一文中曾经写到"云南的云似乎是用西藏高山的冰雪，和南海长年的热浪，两种原料经过一种神奇的手续完成的。色调出奇的单纯。惟其单纯反而见出伟大。"简单的语句，让很多人对云南的云，心生向往。

在云南西南部，就有一片与云有关的地方——云县。它是西南边陲进入内地的咽喉要冲，是镶嵌在云南澜沧江畔的一颗璀璨明珠。

云县古名大侯，是勐佑蒲蛮部落十三寨之一。西汉属哀牢地。东汉、三国、两晋属益州永昌郡。隋属濮部地。南诏时期属永昌节度。大理国时期为蒲蛮勐佑地，属永昌郡。元中统（1260）间属麓川路。明、清属顺宁府。明洪武二十四年（1391）设大侯长官司；宣德三年（1428）五月升大侯御夷州，直属布政司；万历二十六年（1598）废大侯土州设流官，改名云州，属顺宁府。徐霞客在《云中游记》中载"云州，即古之大侯州也。昔为土知州俸姓，万历间，俸贞以从逆诛，遂并顺宁设流官，即以此州属之。州治前额标'钦命云州'四字，想经御定而名之也"，从州府额标推断云州一名乃皇帝御赐，但其是否确为钦定之名，却暂无法考证。

民国二年（1913）云州改为云县。中华人民共和国成立后，1950年2月15日属大理专区。1956年8月1日起改属临沧专区。1959年1月与凤庆县合并称云凤县，同年10月两县分设，恢复云县建置。

作为云南省唯一以单字命名的县份，云县有着和名字一样诗意而优美的景色。澜沧江和怒江穿境而过，百里长湖时而清澈，时而烟波浩渺，山

◆ 云县县城一角（王凤强 摄）

水相依，水天一色，颇有"分明看见青山顶，船在青山顶上行"的感受；莽莽群山，万峰连绵高耸入云，大雪山群峰、大朝山日出、澜沧江晨雾等景色美不胜收，放眼望去，雾山云海，画中有景，景中有画，令人目不暇接，心旷神怡！

高山云雾出好茶。走进大丙山东麓漫湾镇白莺山村的千年万株古茶园，云雾缭绕，鸟语花香，闻着茶香，仿佛千言万语，便尽在一抹绿中。更令人称奇的是，在此地古树茶园中，可以看到茶树从野生到家种的全过程，是天然的古茶树自然演化博物馆和茶树种资源基因库。

信步而行，澜沧江畔散布各处的"忙怀型"新石器遗址见证了孕育数千年的澜沧江文明，西汉铜鼓、元明陶器、茂兰长安桥、县城文笔塔、雄伟的大武庙等众多文物古迹，展示着这片土地上灿烂且诗意的文化。而今穿越神舟渡、羊街渡、漫贤渡、课保渡、温盈渡、忙别渡、沙坝渡、王家渡、松山渡等古渡口，昔日"直流如线舟如梭，飞将军已凌空过"的险峻已无从寻觅，但承接历史、通达四方的茶马古道却依然凝视着远方。

在这里，你可以喝着美酒，吃着美食，闲来倒上一杯古茗，看庭前花开花落，也可以泛舟百里长湖，忆茶马古道、澜沧文明，漫随天外云卷云

临沧市——澜沧之水，恒春之都

舒。悠悠岁月，滔滔江水，如今的云县，正带着独属它的那份美丽，在通往国内和东南亚各国的咽喉要道上，创造更加美好且诗意的未来！

凤庆县 · 有凤来仪

　　一盏滇红在手，茶香氤氲。杯盏浮生中，中国著名茶专家、滇红之父冯绍裘研制红茶技艺的画面就浮现在眼前：民国二十七年（1938），东南各省茶区接近战区，产制不易。中茶公司即派冯绍裘、范和钧到云南调查茶叶产销情况，冯绍裘被分到顺宁（今凤庆县）。他到凤庆即请凤山茶园试采芽叶5千克，分别制成红茶（一芽二叶标准）、绿茶（一芽一叶标准）各500克，样品寄往香港茶市，被誉为"中国红绿茶中之上品"，"滇红"由此诞生。后他又着手建厂制茶，经过潜心研究和艰苦努力，采用土法试制成功了第一批滇红茶，绍裘式"三筒式手揉机""脚踏与动力两用之揉茶机"和"脚踏与动力两用之烘茶机"也应运而生，开创了我国机制红茶之先河，滇红也因品质优秀远销海内外。

　　早在春秋战国以前，便有人类在凤庆繁衍生活。唐属姚州。宋归永昌。元泰定二年（1325），夷长孟氏，请求内附；泰定四年内附后设顺宁土府。明天顺元年（1328），设顺宁府宝通州、庆甸县；万历二十六年（1598），改为流官制，称顺宁府。清乾隆三十五年（1770），置顺宁县。

　　民国二年（1913）废府留县，先隶迤南道，后属迤西道；十八年（1929），裁撤道署，直属云南省府；三十一年（1942）属蒙化第五行政区；三十八年（1949）属蒙化第十一行政区。1950年，顺宁县人民政府成立。1953年属大理专区。1954年改名凤庆，县治驻凤山镇，故县以镇为名，取凤山及古地名庆甸各一字为县名，寓意"金凤来栖，安宁吉庆"。1956年改属临沧专区，1959年与云县合并后又分开，分设凤庆建置。

凤庆悠久的历史孕育了耀眼的文明。明创"聚书楼"，清设义学、私塾遍布城乡，崇文尚学之气蔚然成风。滇西南保存最完整的凤庆文庙群、石洞寺、红龟山文笔塔等众多的文物古迹，诉说着"滇西文献名邦"历史文化的源远流长。数百年诗书育人，凤庆养育出忠烈尚书龚彝、护国之神赵又新、翻译家罗稷南等众多名人志士。而今穿梭于群山起伏中的鲁史古镇，火红的灯笼照亮古镇的"楼梯街"，一块块被马蹄踏穿的青石板、一间间古朴的特色民居整齐排列，衙门旧地门额上"阿鲁司巡检司"的匾额依旧，"厚德传家""文明续庚"的联语中都蕴藏着深厚的历史文化底蕴。

驼铃生香，茶篓载道。茶海绿波中，已三千两百多岁高龄的锦绣茶尊历经岁月的风华仍然葱茏苍翠，书写着生命的奇迹。澜沧江岸上高枧槽的梅姓老人曾煎予徐霞客的太华茶，在煎茶的清醇厚味里得以流传；体现百年家国情怀的滇红荣光依旧。鲁史古镇在文明的岁月更迭中，弥漫着一抹回味悠长的茶香，正带着美如花上露的滋味，净似石中泉的清凉走向远方。岁月荏苒中，凤庆如同金凤一般，正在山谷中跃起，时光中飞翔！

◆ 凤庆县诗礼乡古墨流浪河磨房群

·资料卡·

　　凤庆县：位于临沧市北部。东与南涧县、云县交界，南与云县、永德县接壤，西与昌宁县毗邻，北与昌宁县、巍山县接界。全县面积3323.80平方千米。辖凤山、鲁史、营盘、小湾、洛党、勐佑、雪山、三岔河8个镇，诗礼乡、大寺乡、新华彝族苗族乡、腰街彝族乡、郭大寨彝族白族乡5个乡。2021年底常住人口约38.12万人。境内除汉族外，还居住着彝族、白族、回族、苗族等少数民族。

永德县·德化永昭

　　永德县地理位置独特，"东屏雪山，西扼怒江"，境内有着以大雪山、棠梨山、三宝山为主骨架的群峰脊梁，有着以永康河、赛米河、南汀河、怒江为主血液的汹涌奔流。雪山涵养，怒水滋润，山与水的交融碰撞之间，江东古赕得天独厚的宜人气候悄然成就。"恒春古郡"的美誉，不仅是得天独厚的气温、气候资源的经典总结，更是厚重的历史和灿烂的文化的综合体现。

　　境内的大岩房旧石器遗址和观音洞新石器遗址，将人类历史岁月的痕迹在古郡永德深深留下；斋公寺的形象崖画和红岩的抽象崖画穿梭千年，用简单大气的红白两色将古人的生活场景一一呈现；忙况山红铜锸和灵泉洞青铜油灯碗等出土实物点亮了青铜文明的星火……无一不诉说着这片山川地域的古老文明和悠久历史。

　　永德县，曾历经赕、城、路、府、州、县之易名。其境地秦汉称赕。南诏时期，在县境筑拓南城，属永昌节度。大理国时期改拓南为棣赕镇康城，属永昌府。元至元十二年（1275），设镇康路，上隶永昌府。明洪武十五年（1382），改置镇康府，属云南布政司；十七年（1384），降为镇康御夷州；正统年间（1441—1448），为世袭镇康土州，土司政权相传20代，延续460余年。清光绪三十三年（1907），县境改土归流，废除土司世袭制，仍上隶永昌府，次年（1908），镇康州治所由永康迁至德党；清宣统二年（1910），改名永康州，仍属永昌府。

◆ 永德县城全貌（永德县委党史研究室 提供）

民国二年（1913），全国废府、厅、州名为县治，因与浙江永康重名，将永康州改名镇康县。中华人民共和国成立后，1950年4月，县境和平解放，县名延袭镇康县，上隶保山专区；1953年春，县境划归缅宁专区；1964年元旦，镇康分设永德、镇康两个县：将原县境西部沿边4外区划出，另建新县，为维系边界地名的相对稳定，所设新县则沿袭镇康县名；余下地域则老县新名，称永德县，治所仍沿袭故地德党。

永德系取永康、德党两地首名组合而成，寓意德化永昭永康。"永康"因清宣统二年（1910）曾设过永康州得名，取唐、宋、元、明、清代的永昌治所（今保山市）的"永"字与镇康坝（今永康坝）的"康"字组成永康；"德党"是傣语地名，德意为下，党意为路，德党意为大路下面的寨子，德党镇以驻地名称得名。

曾经，在"西南丝绸之路"江东走廊上，赶马人风餐露宿，以天为被，以地为床，将永德的繁荣与四通八达的古驿道穿越时空联系在一起。如今，永德人民在古老的恒春之隅，在《赶马调》的声声回响中，在茶树始祖"中华木兰"的见证下，书写着笑饮着自己的前世今生，演绎着"一座山（永德大雪山）、一串果（澳洲坚果）、一棵药（野生诃子）、一汪水（德党河水库）、一个黑衣部落（彝族支系俐侎人）"的精彩故事，诠释着永德古郡的朝气勃发！

永德县： 位于临沧市西北部。东北与云县、凤庆县及昌宁县毗连，东南与耿马县隔河相望，西同镇康县山水相依，西北与龙陵县、施甸县交界。全县面积3220.75平方千米。辖勐板、亚练、乌木龙、大雪山等7个乡，德党、小勐统、永康3个镇。2021年底常住人口约32.51万人。境内除汉族外，还居住着彝族、佤族、布朗族、傣族、傈僳族、拉祜族等少数民族。

镇康县·边安民康

镇康古属哀牢国，后归蜀汉。东汉属永昌郡哀牢县，后析哀牢县为永寿、雍乡、南涪三县，镇康属永寿到南朝萧齐时期。隋朝属濮部地。唐初属黑爨濮部地。南诏时期属永康节度地的望部及拓南城辖。大理国时期属金齿地，后设镇康城。元中统二年（1261）起，先后属镇康东路安抚使司、镇康路安抚（宣抚）司和镇康路军民总管府辖治，部分属麓川景麻甸、孟定军民总管府辖治。明洪武十五年（1382）改镇康路军民总管府为镇康府；十七年（1384）降为州，旋撤，镇康之地归隶湾甸御夷州；永乐七年（1409）析湾甸御夷州复置镇康御夷州。清光绪三十四年（1908）改土归流设镇康州，宣统二年（1910）改镇康州为永康州，仍属永昌府。

民国二年（1913）改镇康县。中华人民共和国成立后，1950年起，先后隶属保山专区、缅宁专区、临沧专区、临沧市。1963年9月，镇康县析为镇康、永德两县，1964年1月两县分署办公，镇康县级机关从德党迁往忙丙暂驻，1967年2月迁至凤尾坝，2005年5月迁至南伞镇，是全省最年轻、最抵边的县城。2021年12月21日，镇康县被云南省人民政府公布为陆地边境口岸城市。

镇康，寓意"镇守边关、幸福安康"。镇康县地处祖国西南边陲，与缅甸掸邦果敢自治区山水相连，边境线长96.358千米，有1个国家二类口岸和6个边民互市点，县城南伞和缅甸果敢杨龙寨一桥相连，是"界碑在城边，国门在城中，一城连两国，岸城一体化"的"边地新城"。在极为复杂的自然环境和人文环境中，镇康儿女用青春热血和赤诚忠心戍守国门边境，守护万家安宁，践行守土有责、守土担责、守土尽责的使命担当。追忆历史，滇西抗战期间，镇康既是抗日的前沿又是抗日支前的大后方，从军需民工到滇缅铁路的修筑和捣毁，镇康儿女在百里边关浴血奋战、耗尽家底，书写了"抗日一昼夜，输米三万担；夫役日二千，驮马三千三"的保家卫国壮歌！在维稳处突期间，镇康"党政军警民"五位一体，形成"村村是堡垒、户户是哨所、人人是哨兵"的常态化格局，妥善应对边境突发事件，有效维护国家安全、边疆稳定、人民安宁，续写了守边固防、兴边富民的精彩华章。在忠诚戍边、勇担使命的过程中，镇康人民坚决反对一切破坏国家利益和人民生命财产安全的活动，涌现出张从顺、张子权父子等一批禁毒、守边英模，将赤子之心镌刻于热血边关。

回眸往昔，镇康马鞍山茶以贯穿喉底的清凉和浓郁，行走在茶马古道上，将其独特的口感带向五湖四海。镇康先民借"茶马古道"与华夏融合，和古茶驿道一起度过匆匆岁月，创造了包容且独具特色的边城文化。如今，漫步于边境山川要道，放眼望去，山岗沟壑间，灰瓦白墙的镇康民居错落有致，家家户户屋顶上飘扬的五星红旗格外醒目，尽显"百里边关美如画，山河无恙俱欢颜"的和谐之境，自豪之感不禁油然而生。走进盛夏的镇康南伞镇，青山叠翠，绿水缠绕，"廊桥孤影卧清波，春柳含笑燕语迟"，山川美景尽收眼底。置身于镇康县国门文化广场中，"阿数瑟呢瞧着，罗细瑟呢甩着"！声音传来，一片歌舞欢腾、其乐融融之景。着装

◆ 中国南伞口岸（李丽娟 摄）

各异的男女老少齐聚一堂，现编现唱的"阿数瑟"歌声缭绕，语言通俗直白，唱词涵盖天文地理、生产节气、男女之爱、古今风物……唱出最质朴的生活、最真挚的情感、最形象的夸张和最贴切的比喻，传扬着民族文化和边地文化相互交融的精髓……

在"茶马古道上的天籁之音"阿数瑟的伴唱下，镇康将在国家"一带一路"倡议、孟中印缅经济走廊建设和云南面向南亚东南亚辐射中心建设的前沿窗口上，利用中缅印度洋海公铁联运新通道核心区、沿边环线的重要节点优势，通海向洋、建设边城，绘就祖国西南边疆永固、山河锦绣的美好画卷！

·资料卡·

　　镇康县：位于临沧市西部。东邻永德县，南接耿马县，西与缅甸果敢接壤，北与龙陵县隔江相望。全县面积2529.30平方千米。辖凤尾、南伞、勐捧3个镇，忙丙、木场、军赛、勐堆4个乡。2021年底常住人口约17.10万人。境内除汉族外，还居住着佤族、傣族、德昂族、傈僳族、苗族、拉祜族等少数民族。

耿马傣族佤族自治县·白马寻地

　　耿马，西汉属益州哀牢国地。东汉属益州永昌郡辖。蜀汉时期隶属庲降都督永昌郡地。两晋南朝同为宁州永昌郡，称永寿。隋为剑南道所辖夑仆濮部。南诏时期属永昌节度。大理国时期属永昌府，置景麻甸（孟定）、小苗甸（耿马）。元朝建立孟定土司制度，至元二十六年（1289）设孟定路，管辖滚弄江两岸广大地区。北接镇康，东包括耿马、双江，西北与麓川、西与木邦相连，东南包括沧源、孟连、澜沧、西盟等大部分，与车里（西双版纳）相接，南与景栋（缅甸勐艮）、八百（泰北地区王国）接壤。至元三十一年（1294），置孟定路军民总管府，领景麻、孟缠二甸；元泰定三年（1326），于孟定路东南置谋粘路军民府，领小苗、孟凌二甸；至正八年（1348），两路被勐卯思可法侵并，纳入麓川辖地。明洪武十五年（1382），明兵下金齿，析麓川地，置孟定御夷府，编户五里，领孟连；永乐四年（1406），自孟定府析孟连，置长官司；景泰五年（1454），置孟定左都督府；嘉靖中，木邦罕烈据地夺印，孟定悉归木邦；万历十二年（1584），明将邓子龙战三尖山，平耿马，复孟定府；万历十三年，拨孟定附近数村置耿马安抚司，隶属孟定府；万历十五年（1587）孟定改授土知府。清康熙二十二年（1683）升宣抚司，直隶云南布政司；三十八年（1699），勐勐脱离耿马统辖。乾隆二十九年（1764），耿马直隶宣抚司改隶顺宁府。将辖区划为九勐十三圈的行政单位，修建四至驿道。筑城楼、建佛寺，开辟逢丙、辛日为期的街市（即五日一街期）；光绪十三年，耿马宣抚司析勐董，改隶镇边厅辖，后置世袭土千总。

民国元年（1912）废府置县，耿马宣抚司仍隶顺宁县，孟定土司府由永昌府改隶镇康县辖，土司制度与保甲制度双轨运行。1940年，耿马脱离顺宁县成立设治局，土流并举维护治理至1950年。1950年11月22日，耿马解放，滇西南最后一个土司政权消亡。1951年2月成立耿马各民族行政委员会，撤销耿马设治局。1952年1月，成立耿马县各族人民联合政府，隶属保山专区，孟定正式划归耿马县。1953年1月1日，耿马县正式从保山专署改隶缅宁（临沧）专区。1955年3月，国务院批准成立耿马傣族佤族自治县。

耿马地名有两种说法。第一种说法要从一支傣族的迁徙故事讲起，傣族地方史料《利肯勐》记载，明洪武十三年（1380），麓川（勐卯）一带傣族由思可法之后裔罕帅、罕谢两兄弟率领百姓出来寻找可安居的地方，誓言在先，"找不到地方，死不回头"。他们辞别麓川者阑南下，经木邦（兴威），爬越公明大山，历尽艰难险阻，先后开辟勐角（傣语意为开始到的地方）、勐董（傣语意为集中之地）、勐短（傣语意为隐藏之地）、勐省（傣语意为记得之地）四个地方。数年后，人多不够吃，不够住，罕谢提出要再找地方，其兄应允，罕谢带一部分臣民百姓，爬过徕线坡头，来到安雅，人们站在安雅的高山上又看到一个很好的且四周总是环抱着的园坝，他们很高兴，罕谢下令。各人选地盖屋居住，这里称头嘎街（东张西望的意思）。到了明洪武二十八年（1395），在嘎街住了一年多，感到地点不理想，要找个好的地方建城池。洪武三十年（1397），他们按傣家人的习俗，备起一匹白马，打扮一番，当天祝告神灵，望天神保佑，指引我们不迷途找到称心如意世代发展的好地方。祷告完毕，纵马所往，白马在前面走，人们就在后面跟，白马顺着坝子走，一直走到完全是大森林的地方，白马不走了，停下来吃草。随后大家敲锣打鼓跟来，见白马在此跳跃撒欢、打滚、撒尿，土司头人百姓就在白马打滚、撒尿、马笼头掉落之处钉上桩。这里古木参天、森林密茂，地势平坦，便于建筑；又因是跟着白马找着的地方，为作纪念，命名耿马。在傣语中"耿"和"勐"为同一个意思，意思是地方，耿马即跟着马找到的地方，是"跟随白色神马寻觅到的黄金宝石之地"。另一说为佤语，意为"母亲之邦"或"母亲之国"，据说从前有一佤族女酋长为三个儿子选择了三个定居点，形成了以允母为中心，以金列和勐简大寨为南、北门户的疆域格局，开疆拓土，发展强大，故名。目前两种说法中以傣语一说为主，也从侧面反映出耿马民族的迁徙变化和历史发展进程。

如今的耿马山河秀丽，风情更甚往昔，其土地资源和生物资源富集，是云南民营橡胶主产区。孟定坝子亚热带风光热烈而又含蓄，郁郁葱葱的原始热带雨林神秘莫测，丰富的珍稀濒危植物自然生长，孟定边贸口岸热闹非凡，耿马总佛寺和澜沧江流域先民创造的史前文明石佛洞遗址文化特色鲜明。走进耿马，看傣族白象舞，尝佤族美食，体验芒团手工造纸技艺，不同的人感受着不一样的精彩。在这片美丽的土地上，耿马人民用他们勤劳的双手，正在实现美丽蝶变，谱写出属于他们的雄壮乐章。

◆ 孟定清水河口岸（陈云川 摄）

> **耿马傣族佤族自治县**：位于临沧市西南部。东与临翔区、双江县接壤，南与沧源县毗邻，西与缅甸山水相连，北与镇康县、永德县隔南汀河相望。全县面积3726.96平方千米。辖耿马、勐永、勐撒、孟定4个镇，大兴、四排山、贺派、勐简、芒洪拉祜族布朗族5个乡。2021年底常住人口约28.24万人。傣族和佤族为境内主体民族，其他还有汉族、拉祜族、布朗族、景颇族、德昂族等民族。

沧源佤族自治县 · 世界佤乡

沧源古称阿佤山区，部分地区称葫芦王地。"沧源"县名始见于民国二十三年（1934）澜沧县析置沧源设治区，取源于澜沧之意。

沧源，西汉为古哀牢地。东汉至三国属益州永昌郡。西晋、东晋、南北朝属宁州永昌郡。南诏时期属永昌节度。大理国时期属永昌府。元属孟定路。明属孟定府。清分属永昌府属孟定土府、顺宁府属耿马宣抚司、迤南道镇边直隶厅。民国二年（1913）镇边直隶厅改置镇边县；四年（1915）镇边县改称澜沧县，沧源属澜沧县，隶普洱道；二十二年（1934）析置沧源设治区，先后属第二殖边督办公署（驻宁洱）、第十政务视察区（驻宁洱）、第九行政督察区（驻缅宁）辖。

1949年4月，成立沧源县临时人民政府，属宁洱专区，后改普洱专区。1951年3月成立沧源县人民政府，驻岩帅。1952年11月，政务院正式批准沧源设治区改置沧源县，划归缅宁专区，年末县政府机关迁驻勐董。后缅宁专区先后改临沧专区、临沧地区，沧源均归其辖。1958年9月24日，国务院批准撤销沧源县设立"沧源佧佤族自治县"。1963年9月13日，更名"沧源佤族自治县"，1964年2月28日正式成立沧源佤族自治县。2003年12月，临沧撤地设市，沧源佤族自治县属临沧市。

早在3500年前，生活在这片土地上的先民，在崖壁上留下了文明的印迹。这用手指或羽毛等蘸抹红色颜料绘成的画图，或描述了狩猎、采集等生产活动，或表现宗教活动的场面，或记录着手持兵器、驱赶猪羊胜利而

◆ 沧源崖画（罗夏 摄）

归的人们……其内容丰富多彩，画风粗犷古朴，是研究南方古代民族历史的重要资料。沧源，让人从崖画进入那个古老而神奇的时代！

如果翻阅沧源的地图，就会发现沧源的边境线较长。1934年，这里发生了著名的班洪抗英事件，英军被赶出滚弄江一带，班洪、班老部落基本收复失地。但是1941年，英方以关闭滇缅公路施压，国民政府签订外交换文，把班老地区划归英国殖民地缅甸。班老佤族人民坚持斗争至新中国成立。1960年10月，周恩来总理与缅甸联邦政府总理吴努在北京签订《中缅边界条约》，班老乡回归祖国怀抱，成为沧源下辖乡镇。如今，《告全国同胞书》中"我全体佤山民众，决不愿伈伈伣伣，以听英帝之驱使……愿断头颅，不愿为英帝之牛马"的爱国精神依然响彻阿佤山上空，你不得不震撼：沧源，因边关而不朽！

走进沧源，清晨站在山顶，但见云雾从峡谷中渐渐升腾至山腰，形成茫茫云海，一座座山峦若隐若现，宛若仙山琼阁，气象万千，妙不可言。行至山谷，薄雾如纱，轻风微凉。漫步石桥上，感受自然山水，身旁崖壁似上古巨作，恍惚间时光凝聚，虚实不辨。在千年古树下略作停留，像是把时间踩在了脚下，你走它便走，你停它也停，仿佛在轻声低语：沧源，因山水而灵秀！

远山云，近山雾，佤族云中住。沧源境内人口中85%都是佤族，当你无意中步入佤族村落，龙潭水渠、茶园梯田、村寨炊烟，所有的美好都会在这不期而遇。如果有幸碰到佤王宴，席间敬酒歌中唱到"远方的客人啊，请您留下来"，会顿觉不枉此行。快乐的氛围中，佤族老人"我生是因为我存在，我存在是因为我快乐"的哲语穿越时空而来，你不得不感叹：沧源，因佤族而传奇！

在佤乡，围着火塘，唱着《阿佤人民唱新歌》《月亮升起来》《司岗里之恋》等一首首脍炙人口的佤歌，参与到"万人摸你黑"中，观赏着佤族姑娘"千人甩发舞"，用心感受，一个"会说话就会唱歌、会走路就会跳舞"的民族原生态风情魅力尽显其中。你不得不相信：佤乡，因歌舞而驰名！

如今的沧源，葫芦王的传说流传至今，沧源崖画历久弥新，翁丁古寨涅槃重生……阿佤人民正载歌载舞，奔向更美好的明天！

> **·资料卡·**
>
> **沧源佤族自治县：** 位于临沧市西南部。东接双江县，东南与澜沧县相连，西部和南部与缅甸接壤，北邻耿马县。全县面积2446.95平方千米。辖勐董、岩帅、勐省、芒卡4个镇，单甲、糯良、勐来、勐角傣族彝族拉祜族、班洪、班老6个乡。2021年底常住人口约15.85万人。佤族为境内主体民族，其他还有汉族、傣族、拉祜族、彝族等民族。

双江拉祜族佤族布朗族傣族自治县·两江交汇

在靠近北极圈的地方，有一个国家叫做冰岛，以冰火之国、极光圣地而闻名世界。在中国境内，也有一个地方叫冰岛，却是一个古老的傣族村寨。冰岛，系傣语地名，意为用竹篱笆做寨门的地方。这片生产极品普洱茶的地方，便位于双江拉祜族佤族布依族傣族自治县。

双江因茶而闻名，是勐库大叶种茶的故乡，被确定为"云南省双江古茶山国家森林公园"。勐库大叶种茶素有"云南大叶茶正宗"之美誉，因其条索肥厚、芽峰显豪、滋味浓郁、内含物质丰富，备受广大茶叶爱好者喜爱。冰岛茶作为普洱茶的标杆，是勐库大叶种茶的杰出代表，香气馥郁、滋味醇厚、"冰糖甜"回甘持久，是茶中极品。高山云雾出好茶，冰岛茶的香便蕴含了双江的美。

双江位于北回归线上，地处云贵高原的西南部，横断山脉南部帚形地带的扩展部位，平面地貌形似桑叶。因邦马山脉古夷平面抬升、错断、河流侵蚀切割作用而形成地面破碎、高差悬殊和西北高、东南低的地势形态。冬无严寒，夏无酷暑，草经冬而不枯，花非春亦不谢，其地光照充足，森林覆盖率达70.73%，被评为"联合国森林文书履约示范单位"，被誉为"北回归线上的绿色明珠"。双江是个很表意的地名，一听便容易让人联想到这地方一定跟两条江有联系。事实也是如此，双江因水而得名，澜沧江纵流于东，小黑江横亘于南，两江于县境东南汇为一流、相交相融，故名双江。

双江之水千百年来奔流不息，而双江作为县名其实只有90多年的历史。据史料记载，双江之地，西汉至东汉初期为益州郡哀牢地，东汉至隋朝时期为永昌郡闽濮地，唐朝南诏时期为永昌节度蒲满部地，宋朝大理国时期为永昌府蒲满地，元朝至明朝中期为云南行省谋粘路管辖，称"蒲蛮"和"倮黑"部地。

民国十六年（1927），将缅宁县属的四排山县佐，澜沧县属的上改心县佐和勐勐土司地合并命名双江县；十八年（1929）十月，经云南省政府110次省务会议议决，划上改心、四排山、勐勐土司地设置双江县；十九年（1930）一月六日，双江县正式成立，县署设于勐勐，隶属保山行政督察专员公署；二十九年（1940），改隶蒙化行政督察专员公署；1950年11月23日，双江全境解放。1950年12月3日，双江县人民政府成立，隶属保山专区。1952年底，新设缅宁专区，双江县划归缅宁专区管辖。1954年，

◆ 双江县因澜沧江与小黑江交汇于县境东南而得名（吴永达 摄）

缅宁专区改称临沧专区，双江仍属临沧专区。1985年6月11日，国务院批准撤销双江县，设立双江拉祜族佤族布朗族傣族自治县。1985年12月30日，双江拉祜族佤族布朗族傣族自治县正式成立，沿袭至今。

这个长达15字的名字，和甘肃省的"积石山保安族东乡族撒拉族自治县"并列为全国最长的县名。从名字便可看出，双江是全国唯一的拉祜族佤族布朗族傣族自治县，因多元民族文化而扬名，境内居住着23个民族，是布朗族、佤族等民族的主要聚居地和文化发祥地之一。两江之水不仅滋养了一方承载着多个民族的独特乡土，还蕴育了演绎生命之态、自然之态、和谐之态的多元民族文化。走进双江，和谐共融的文化随处可见，汇成一片欢乐的海洋，布朗族蜂桶鼓舞列入国家级非物质文化遗产保护名录，佤族鸡枞陀螺、拉祜族"七十二路"打歌列入省级非物质文化遗产保护名录，双江也因此被誉为民族文化和谐的活化石，被称为"中国多元民族文化之乡"，被授予"世界古茶原乡第一标志地""中国国土古茶树种质基因宝库"等称号。20世纪90年代就被评为全国民族团结进步模范自治县，2018年12月被命名为全国民族团结进步创建示范县，各民族同生共融，形成了团结一心、同舟共济、你中有我、我中有你的民族共同体。

如今，置身在勐库冰岛茶源深处，白云悠悠，薄雾缥缈，不饮亦醉。深厚的茶文化、民族文化与人文历史积淀，造就了这方茶味浓浓、民风浓郁的热土，双江人民正带着茶的芬芳，携手共进，书写边疆少数民族地区发展的新篇章。

· 资料卡 ·

双江拉祜族佤族布朗族傣族自治县：位于临沧市东南部，东与景谷县隔江相望，南以澜沧江、小黑江为界河与澜沧县、沧源县相邻，西连耿马，北接临翔区。全县面积2156.78平方千米。辖沙河、大文、忙糯、邦丙4乡，勐勐、勐库2个镇。2021年底常住人口约16.30万人。拉祜族、佤族、布朗族、傣族为境内主体民族，其他还有汉族、彝族、白族等民族。

主要参考文献

一、古籍和民国文献：

1. （汉）司马迁著：《史记》，中华书局，2013年。

2. （汉）班固撰，（唐）颜师古注：《汉书》，中华书局，1964年。

3. （汉）杨终撰：《哀牢传》，载方国瑜主编《云南史料丛刊》第一卷，云南大学出版社，1998年。

4. （晋）司马彪撰，（梁）刘昭注：《续汉书》，中华书局，1965年。

5. （晋）常璩撰，刘琳校注：《华阳国志校注》，巴蜀书社，1984年。

6. （晋）郭义恭撰：《广志》，清顺治四年（1647）刻本，云南省图书馆藏。

7. （南朝宋）范晔撰，（唐）李贤等注：《后汉书》，中华书局，1973年。

8. （北魏）郦道元撰，陈桥驿校证：《水经注校证》，中华书局，2007年。

9. （后晋）刘昫等撰：《旧唐书》，中华书局，1975年。

10. （唐）樊绰撰，向达校注：《蛮书校注》，中华书局，1962年。

11. （唐）樊绰撰，向达原校，木芹补注：《云南志补注》，云南人民出版社，1995年。

12. （宋）欧阳修、宋祁撰：《新唐书》，中华书局，1975年。

13. （宋）李心传撰，徐规点校：《建炎以来朝野杂记》，中华书局，2000年。

14. （元）刘应李原编，詹友谅改编，郭声波整理：《大元混一方舆胜览》，四川大学出版社，2003年。

15. （元）张道宗撰：《记古滇说原集》，载方国瑜主编《云南史料丛刊》第二卷，云南大学出版社，1998年。

16. （元）刘应李辑：《翰墨全书》后乙集，元大德十一年（1307）刻本，云南省图书馆藏。

17. （明）宋濂、王炜编修：《元史》，中华书局，1976年。

18. （明）李贤等撰：《明一统志》，上海古籍出版社，1987年。

19. （明）杨慎辑，（清）胡蔚订正：《南诏野史》，清抄本，云南省图书馆藏。

20. （明）陈文修，李春龙、刘景毛校注：《景泰云南图经志书校注》，云南民族出版社，2002年。

21. （明）李元阳著，刘景毛、江燕点校：《万历云南通志》，中国文联出版社，2013年。

22. （明）刘文征纂修，古永继点校：（天启）《滇志》，云南教育出版社，1991年。

23. （明）谢肇淛撰：《滇略》，抄本，云南大学图书馆藏。

24. （明）杨慎撰：《升庵集：四库明人文集丛刊》，上海古籍出版社，1993年。

25. （明）郭了章撰：《郡县释名》，万历四十三年（1615）刻本。

26. （明）徐弘祖著，朱惠荣校注：《徐霞客游记校注》，云南人民出版社，1985年。

27. （清）顾祖禹撰，贺次君、施和金点校：《读史方舆纪要》，中华书局，2005年。

28. 《清实录·雍正朝实录》卷五十九，中华书局影印本，1986年。

29. （清）穆彰阿纂修：《嘉庆重修一统志》，中华书局，1986年。

30. （清）鄂尔泰修、靖道谟纂：（雍正）《云南通志》，清乾隆元年（1736）刻本，云南省图书馆藏。

31. （清）阮元等修，王崧等纂：（道光）《云南通志》，清道光十五年（1835）刻本，云南省图书馆藏。

32. （清）毛玉成修，张翊辰等纂：（咸丰）《南宁县志》，清咸丰二年（1852）刻本，云南省图书馆藏。

33. （清）韩再兰修，李恩光纂：（光绪）《平彝县志》，载政协富源县委员会文史资料委员会编《富源文史资料第十二辑》（内部资料），2007年。

34. （清）罗纶监修、李文渊纂修，中共保山市委史志委、保山学院编：《康熙永昌府志》，云南人民出版社，2015年。

35. （清）郑绍谦纂修，李熙龄续纂修：（道光）《普洱府志》，清咸丰元年（1851）刻本，云南省图书馆藏。

36. （清）王清贤、陈淳纂修：《康熙武定府志》，载《楚雄彝族自治州旧方志全书·武定卷》，云南人民出版社，2005年。

37. （清）檀萃纂：《华竹新编》，载《楚雄彝族自治州旧方志全书·元谋卷》，云南人民出版社，2005年。

38. （清）苏鸣鹤纂修：《嘉庆楚雄县志》，载《楚雄彝族自治州旧方志全书·楚雄卷》，云南人民出版社，2005年。

39. （清）沈宗舜纂修：《宣统楚雄县志述辑》，载《楚雄彝族自治州旧方志全书·楚雄卷》，云南人民出版社，2005年。

40. （清）黎恂主修：《道光大姚县志》，载《楚雄彝族自治州旧方志全书·大姚卷》，云南人民出版社，2005年。

41. （清）周炳、万重筼等纂修：（道光）《开化府志》，清道光九年（1829）刻本，云南省图书馆藏。

42. （民国）赵尔巽等撰：《清史稿》，中华书局，1977年。

43. （民国）龙云修，周钟岳等纂，刘景毛点校，李春龙审订：《新纂云南通志》，云南人民出版社，2007年。

44. （民国）葛延春、陈之俊纂修：《武定县地志》，载《楚雄彝族自治州旧方志全书·武定卷》，云南人民出版社，2005年。

45. （民国）由云龙总纂：《民国姚安县志》，载《楚雄彝族自治州旧方志全书·姚安卷》，云南人民出版社，2005年。

46. （民国）段世璋纂修：《姚安县地志》，载《楚雄彝族自治州旧方志全书·姚安卷》，云南人民出版社，2005年。

47. （民国）佚名纂：《平彝县地志资料表册》，抄本，云南省图书馆藏。

48. （民国）王懋昭纂修：《续修马龙县志》，载《中国地方志集成·云南府县志辑》第25册，凤凰出版社，2009年。

49. （民国）赵耀基等辑：《云南兰坪县治绘图地志说明书》，抄本，云南省图书馆藏。

50. （民国）臧励龢编：《中国古今地名大辞典》，上海书店出版社，2014年。

51. （民国）吕式斌撰：《今县释名》，北平恒和商行，1931年。

52. （民国）范义田著：《云南古代民族之史的分析》，商务印书馆，1944年。

二、今人著作：

1. 《辞海》编辑委员会编：《辞海·修订稿·地理分册·中国地理》，上海人民出版社，1977年。

2. 《云南大百科全书》编纂委员会编：《云南大百科全书·地理》，中国大百科全书出版社有限公司，2020年。

3. 《中国矿产地质志·云南卷》编撰委员会编著：《中国矿产地质志·云南卷》，地质出版社，2019年版。

4. 朱道清编纂：《中国水系大辞典》，青岛出版社，1993年。

5. 中华人民共和国民政部编、李立国总主编、段丽元主编：《中华人民共和国政区大典云南省卷》，中国社会出版社，2016年。

6. 周振鹤主编：《中国行政区划通史》，复旦大学出版社，2017年。

7. 方国瑜著：《中国西南历史地理考释》（上下册），中华书局，1987年。

8. 朱惠荣著：《朱惠荣学术文选》，云南大学出版社、云南人民出版社，2014年。

9. 尤中著：《中国西南的古代民族》，云南人民出版社，1980年。

10. 何少林主编：《中国少数民族大辞典》（傣族卷），云南民族出版社，2014年。

11. 刀永明主编：《中国傣族史料辑要》，云南省少数民族古籍译丛（第14辑），云南民族出版社，1987年。

12. 魏德明（尼嘎）著：《佤族历史与文化研究》，德宏民族出版社，1999年。

13. 刘江著：《阿昌族文化史》，云南民族出版社，2014年。

14. 白利斌著：《哀牢文化》，云南美术出版社，2002年。

15. 牟成刚著：《西南官话音韵研究》，中国社会科学出版社，2016年。

16. 苍铭著：《云南边地移民史》，民族出版社，2004年。

17. 胡洪江著：《不一样的云南》，中国画报出版社，2019年。

18. 杨红文著：《茶马古道上的风物》，云南大学出版社，2020年。

19. 朱自清著，林非主编：《朱自清散文集》，太白文艺出版社，2016年。

20. 索奋起著：《踏歌行记》，山西经济出版社，2019年。

21. 云南省地方志编纂委员会办公室编：《云南年鉴2022》，云南年鉴社，2022年。

22. 复旦大学历史地理研究所《中国历史地名辞典》编委会编：《中国历史地名辞典》，江西教育出版社，1986年。

23. 史为乐主编：《中国历史地名大辞典》，中国社会科学出版社，2005年。

24. 牛汝辰编：《中国地名掌故词典》，中国社会出版社，2016年。

25. 高俊良，梅锋编：《中国县级以上政区地名史考》，学习出版社，2013年。

26. 朱惠荣主编，《云南省》编纂委员会编：《中华人民共和国地名词典·云南省》，商务印书馆，1994年。

27. 云南省地方志编纂委员会总编：《云南省志·地名志》，云南人民出版社，1997年版。

28. 吴光范著：《话说云南　沿着地名的线索》，云南人民出版社，1999年。

29. 吴光范著：《昆明地名博览词典》，云南人民出版社，2005年。

30. 吴光范著：《昆明古今地名考释》，云南人民出版社，2006年。

31. 张科仁著：《昆明地名漫谈》，云南大学出版社，1993年。

32. 苏国有著：《昆明密码——滇池区域地名探秘》，云南人民出版社，2012年。

33. 朱惠荣著：《昆明古城与滇池》，云南人民出版社，2017年。

34. 昆明市地方志编纂委员会编：《昆明市志1978—2005》，云南人民出版社，2016年。

35. 昆明市人民政府编：《云南省昆明市地名志》（内部资料），1987年。

36. 五华区人民政府编：《云南省昆明市五华区地名志》（内部资料），

2019年。

37. 昆明市西山区人民政府编：《云南省昆明市西山区地名志》（内部资料），1986年。

38. 昆明市官渡区人民政府编：《云南省昆明市官渡区地名志》（内部资料），1988年。

39. 呈贡县人民政府编：《云南省呈贡县地名志》（内部资料），1986年。

40. 东川市人民政府编：《云南省东川市地名志》（内部资料），1989年。

41. 云南省晋宁县地名志编委办公室编：《云南省晋宁县地名志》（内部资料），1987年。

42. 安宁县人民政府编：《云南省安宁县地名志》（内部资料），1986年。

43. 富民县人民政府编：《云南省富民县地名志》（内部资料），1985年。

44. 宜良县人民政府编：《宜良县地名志》（内部资料），1987年。

45. 嵩明县人民政府编：《云南省嵩明县地名志》（内部资料），1983年。

46. 路南彝族自治县人民政府编：《云南省路南彝族自治县地名志》（内部资料），1989年。

47. 禄劝彝族苗族自治县人民政府编：《云南省禄劝彝族苗族自治县地名志》（内部资料），1995年。

48. 寻甸回族彝族自治县人民政府编：《云南省寻甸回族彝族自治县地名志》（内部资料），1999年。

49. 曲靖市人民政府编：《云南省曲靖市地名志》（内部资料），1985年。

50. 马龙县人民政府编：《云南省马龙县地名志》（内部资料），1983年。

51. 陆良县人民政府编：《云南省陆良县地名志》（内部资料），1984年。

52. 富源县人民政府编：《云南省富源县地名志》（内部资料），1985年。

53. 会泽县人民政府编：《云南省会泽县地名志》（内部资料），1986年。

54. 罗平县人民政府编：《云南省罗平县地名志》（内部资料），2002年。

55. 师宗县人民政府编：《云南省师宗县地名志》（内部资料），1986年。

56. 宣威县人民政府编：《云南省宣威县地名志》（内部资料），1983年。

57. 玉溪市地方志编纂委员会编：《玉溪市志》，中华书局，1993年版。

58. 云南省玉溪地区地方志编纂委员会编：《玉溪地区志》，中华书局，1994年。

59. 江川县史志编纂委员会编：《江川县志》，云南人民出版社，1994年版。

60. 通海县史志工作委员会编：《通海县志》，云南人民出版社，1992年版。

61. 华宁县志编纂委员会编：《华宁县志》，中华书局，1994年版。

62. 易门县地方志编纂委员会编：《易门县志》，中华书局，2006年版。

63. 冯晓燕著：《云南玉溪·易门卷》，知识产权出版社，2015年版。

64. 峨山彝族自治县志编纂委员会编：《峨山彝族自治县志》，中华书局，1993年。

65. 新平彝族傣族自治县志编纂委员会编：《新平县志》，生活·读书·新知三联书店，1993年。

66. 元江哈尼族彝族傣族自治县志编纂委员会编：《元江哈尼族彝族傣族自治县志》，中华书局，1993年。

67. 方国瑜主编，沙必璐点校主编，保山市隆阳区史志委点校：《保山县志稿》，云南民族出版社，2003年。

68. 云南省保山地区地方志编纂委员会编：《保山地区志》，中华书局，1999年。

69. 腾冲县史志办公室编：《腾冲县志稿》（内部资料），1984年。

70. 腾冲县人民政府编：《云南省腾冲县地名志》（内部资料），1982年。

71. 云南省昌宁县志编纂委员会编纂：《昌宁县志》，德宏民族出版社，1990年。

72. 云南省昌宁县志编纂委员会编纂：《昌宁县志》，方志出版社，2019年。

73. 昭通市人民政府编印：《昭通市地名志》（内部资料），2005年。

74. 中国人民政治协商会议云南省威信县委员会编著：《印象·威信》，团结出版社，2019年。

75. 李群育主编：《新编丽江风物志》，云南人民出版社，1999年。

76. 黄桂枢编著：《新编思茅风物志》，云南人民出版社，2000年。

77. 思茅县人民政府编：《云南省思茅县地名志》（内部资料），1986年。

78. 江城哈尼族彝族自治县人民政府编：《云南省江城哈尼族彝族自治县地名志》（内部资料），1986年。

79. 景东彝族自治县人民政府编：《云南省景东彝族自治县地名志》（内部资料），1985年。

80. 景谷傣族彝族自治县人民政府编：《云南省景谷傣族彝族自治县地名志》（内部资料），1985年。

81. 澜沧拉祜族自治县人民政府编：《云南省澜沧拉祜族自治县地名志》（内部资料），1985年。

82. 孟连傣族拉祜族佤族自治县人民政府编：《云南省孟连傣族拉祜族佤族自治县地名志》（内部资料），1986年。

83. 墨江哈尼族自治县人民政府编：《云南省墨江哈尼族自治县地名志》（内部资料），1985年。

84. 普洱哈尼族彝族自治县人民政府编：《云南省普洱哈尼族彝族自治县地名志》（内部资料），1985年。

85. 西盟佤族自治县人民政府编：《云南省西盟佤族自治县地名志》（内部资料），1994年。

86. 镇沅县人民政府编：《云南省镇沅县地名志》（内部资料），1984年。

87. 临沧县地方志编纂委员会编：《临沧县志》，云南人民出版社，1993年。

88. 云县人民政府编：《云南省云县地名志》（内部资料），1985年。

89. 永德县人民政府编：《云南省永德县地名志》（内部资料），1986年。

90. 凤庆县人民政府编：《云南省凤庆县地名志》（内部资料），1999年。

91. 镇康县人民政府编：《云南省镇康县地名志》（内部资料），1986年。

92. 沧源佤族自治县人民政府编：《云南省沧源佤族自治县地名志》（内部资料），1988年。

93. 耿马傣族佤族自治县人民政府编：《云南省耿马傣族佤族自治县地名志》（内部资料），1985年。

94. 双江拉祜族佤族布朗族傣族自治县人民政府编：《云南省双江拉祜族佤族布朗族傣族自治县地名志》（内部资料），1985年。

95. 楚雄彝族自治州地方志编纂委员会编：《楚雄彝族自治州志》，人民出版社，1993年。

96. 云南省楚雄市地方志编纂委员会编：《楚雄市志》，云南人民出版社，1993年。

97. 云南省大姚县志编纂委员会编：《大姚县志》，云南人民出版社，1999年。

98. 云南省禄丰县志编纂委员会编：《禄丰县志》，云南人民出版社，1997年。

99. 云南省牟定县志编纂委员会编：《牟定县志》，云南人民出版社，1993年。

100. 牟定县人民政府编：《云南省牟定县地名志》（内部资料），1989年。

101. 云南省南华县志编纂委员会编：《南华县志》，云南人民出版社，1989年。

102. 云南省双柏县志编纂委员会编：《双柏县志》，云南人民出版社，1996年。

103. 云南省武定县志编纂委员会编：《武定县志》，天津人民出版社，1990年。

104. 武定县人民政府编：《武定县地名志》（内部资料），1986年。

105. 云南省姚安县志编纂委员会编：《姚安县志》，云南人民出版社，1996年。

106. 云南省永仁县志编纂委员会编：《永仁县志》，云南人民出版社，1995年。

107. 云南省元谋县志编纂委员会编：《元谋县志》，云南人民出版社，1993年。

108. 元谋县人民政府编：《元谋县地名志》（内部资料），1982年。

109. 云南省红河哈尼族彝族自治州志编纂委员会编：《红河哈尼族彝族自治州志》，生活·读书·新知三联书店，1995年。

110. 李增耀著：《红河地名溯源》，德宏民族出版社，2007年。

111. 红河哈尼族彝族自治州民族事务委员会编：《红河风情》（内部资料），1982年。

112. 红河州非物质文化遗产保护中心主编：《红河非遗旅游随身书》，云南大学出版社，2022年。

113. 师有福主编：《红河彝族辞典》，云南民族出版社，2002年。

114. 红河州文化局编：《红河州文物志》，云南人民出版社，2007年。

115. 中国人民政治协商会议云南省个旧市文史资料研究委员会编：《个旧市文史资料选辑》第4辑（内部资料），1990年。

116. 葛永才著：《弥勒彝族历史文化探源》，云南民族出版社，1995年。

117. 葛永才著：《弥勒史话》，云南民族出版社，2007年。

118. 木基元著：《石屏史话》，云南人民出版社，2004年。

119. 曹定安编著：《开远民族民间传说故事集》，云南美术出版社，2007年。

120. 中国人民政治协商会议开远市委员会文史资料研究委员会编：《开远市文史资料选辑》第1辑（内部资料），1987年。

121. 中国人民政治协商会议云南省绿春县委员会编：《绿春县文史资料选辑》第1辑（内部资料），政协云南省绿春县委员会，1996年。

122. 曹绍鸿著：《金平文史资料》（内部资料），1994年。

123. 云南省泸西县志编纂委员会编纂：《泸西县志》，云南人民出版社，1992年。

124. 云南省文物考古研究所等编著：《泸西石洞村大逸圃墓地》，云南科技出版社，2009年版。

125. 云南省河口瑶族自治县地方志编纂委员会编：《河口瑶族自治县志》，生活·读书·新知三联书店，1994年。

126. 《砚山县志》编纂委员会编：《砚山县志》，云南人民出版社，2000年。

127. 农艳主编：《文化文山·富宁》，云南人民出版社，2013年。

128. 西双版纳州地方志小公室：《西双版纳州志》，新华出版社，2001年。

129. 景洪县地方志编纂委员会：《景洪县志》，云南人民出版社，1993年。

130. 景洪县人民政府编：《景洪县地名志》（内部资料），1985年。

131. 云南省勐海县地方志编纂委员会：《勐海县志》，云南人民出版社，1997年。

132. 勐腊县人民政府编：《勐腊县地名志》（内部资料），1988年。

133. 云南省勐腊县志编纂委员会编：《勐腊县志》，云南人民出版社，1994年。

134. 大理市地方志编纂委员会编：《大理市志》，中华书局，1998年。

135. 大理白族自治州地方志编纂委员会编：《大理白族自治州志》，云南人民出版社，2020年。

136. 剑川县地方志编纂委员会编：《剑川县志》，云南民族出版社，1999年。

137. 祥云县地方志编纂委员会编：《祥云县志》，中华书局，1996年。

138. 宾川县地方志编纂委员会编：《宾川县志》，云南人民出版社，1997年。

139. 洱源县地方志编纂委员会编：《洱源县志》，云南人民出版社，1996年。

140. 鹤庆县地方志编纂委员会编：《鹤庆县志》，云南人民出版社，1991年。

141. 弥渡县地方志编纂委员会编：《弥渡县志》，四川辞书出版社，1993年。

142. 永平县地方志编纂委员会编：《永平县志》，云南人民出版社，1994年。

143. 云龙县地方志编纂委员会编：《云龙县志》，农业出版社，1992年。

144. 南涧彝族自治县地方志编纂委员会编：《南涧彝族自治县志》，云南人民出版社，1993年。

145. 巍山彝族回族自治县编纂委员会编：《巍山彝族回族自治县志》，云南人民出版社，1993年。

146. 漾濞彝族自治县地方志编纂委员会编：《漾濞彝族自治县志》，云南人民出版社，2000年。

147. 德宏州史志编委办公室编辑：《德宏史志资料》（第十一集），德宏民族出版社，1988年。

148. 中国人民政治协商会议德宏傣族景颇族自治州委员会文史资料研究委员会编：《德宏州文史资料选辑》（第10辑），德宏民族出版社，1997年。

149. 张方元主编：《新编德宏风物志》，云南人民出版社，2000年。

150. 云南省盈江县志编纂委员会编纂：《盈江县志》，云南民族出版社，1997年。

151. 云南省盈江县志编纂委员会编纂：《盈江县志》，德宏民族出版社，2016年。

152. 云南省梁河县志编纂委员会编纂：《梁河县志》，云南人民出版社，1993年。

153. 中国人民政治协商会议云南省梁河县委员会文史资料编辑组编：《梁河县文史资料选》（第1辑），1988年。

154. 赵伯乐主编：《新编怒江风物志》，云南人民出版社，2000年。

155. 木劲松：《福贡县志》，云南民族出版社，1999年。

156. 德钦县志编纂委员会编：《德钦县志》，云南人民出版社，1997年。

157. 云南省地名委员会编：《地名集刊》。

158. 黄懋材著：《西徼水道》，载《中国水利史典》编委会编《中国水利史典·西部卷一》，中国水利水电出版社，2015年。

三、论文

1. 王树五：《保山地区各县地名考》，《研究集刊》1985年第2期。

2. 朱惠荣：《云南民族语地名探析》，《云南地理环境研究》1994年第1期。

3. 吴光范：《彝语地名学初探》，《云南社会科学》2000年第6期。

4. 文薇、尹家政：《"腾冲""柘俞"地名考注》，《大理学院学报》2007年第3期。

5. 陈丽萍：《"腾冲"名考》，《云南民族大学学报》（哲学社会科学版）2008年第1期。

6. 张琪：《澜沧拉祜语村寨名研究》，云南民族大学硕士学位论文，2012年。

7. 王磊裔，刘朦：《拉祜族口传神话与仪式文本中古地名的文化隐喻》，《民间文化论坛》2015年第3期。

后　记

　　对地名来源的追溯，是一场对人类数千年发展变迁之路的"文本考古"。通过地名文化，人们既能看到历史的发展痕迹，也能看到民间口耳相传的集体记忆。

　　"从前有几个兄弟到这儿来，分别建立了属于自己的寨子……"在西南各民族传说中，这一类"弟兄祖先故事"非常普遍。诸如此类的"历史"，说明了寨子的起源与村民之间的祖源关系。千百年来，不同的民族跨越山川阻隔、交流互鉴，如同一根纽带，将中华民族血脉中无法分割的人文精神、风骨气韵延续至今。如果人类历史是一条分支众多的长河，那么在这广阔的流域中，地名就是随着河流迁徙、散落到各地的美丽宝石。

　　为传承弘扬中华优秀传统文化，打造全面可信的"云南地名库"，寻找、记住"乡愁"，云南省地方志办公室编纂了《云南地名来历》一书。全书共146篇文章，以云南省各个州（市）、县（市、区）为主题，对其行政地名进行溯源，记述其变迁始末。

　　云南省地方志办公室高度重视该书编写工作，多次组织专家及有关人员论证、修改书稿，精心打磨。云南省及各州市（含所辖县市区）地名文稿撰写人员分别为：云南，陈庆江；昆明市，于元平（其中盘龙区为钱秉毅撰写）；昭通市、文山州，钱秉毅；曲靖市、临沧市，吕艳玲；楚雄州、西双版纳州，彭洪俊；大理州，徐瑜洁；红河州，沈媛；普洱市、丽江市，孔庆贤；保山市、德宏州，钟行；怒江州、迪庆州，孙波；玉溪市，葛云霞。王烨参加了全书统稿，完成了大量工作。刘羽倩、钱秉毅、吕艳玲、陶永政、周志丹、胡思颖参与了该书的编校。吴瑾、自晓龙参与了编务工作。16个州市及129个县市区地方志工作机构对书稿进行了认真审核。

《云南地名来历》得以面世，凝聚着地名专家和全省地方志工作者的心血与智慧，在此谨向所有为本书编写工作做出贡献的单位和同志表示诚挚感谢！

受历史资料所限，本书在史料运用、详略处理、文字表述等方面难免有疏漏或不妥之处，敬请读者批评指正。

云南省地方志编纂委员会办公室

2024年1月